江苏省社会科学院专家文集

率先发展中的探讨

严英龙 著

凤凰出版传媒集团 凤凰出版社

图书在版编目（CIP）数据

率先发展中的探讨 / 严英龙著. -- 南京 ： 凤凰出
版社， 2011.9
（江苏省社会科学院专家文集）
ISBN 978-7-5506-0862-7

Ⅰ. ①率… Ⅱ. ①严… Ⅲ. ①区域经济发展－江苏省
－文集 Ⅳ. ①F127.53-53

中国版本图书馆CIP数据核字(2011)第192949号

书　　名	率先发展中的探讨
著　　者	严英龙
责任编辑	林日波
出版发行	凤凰出版传媒集团
	凤凰出版社(原江苏古籍出版社)
	南京市中央路165号　邮编 210009
	发行部电话025—83223462
集团网址	凤凰出版传媒网　http://www.ppm.cn
照　　排	南京凯建图文制作有限公司
印　　刷	江苏凤凰通达印刷有限公司
	南京市六合区冶山镇　邮编:211523
开　　本	880×1230毫米　1/32
印　　张	15.375
字　　数	428千字
版　　次	2011年9月第1版　2011年9月第1次印刷
标准书号	ISBN 978-7-5506-0862-7
定　　价	55.00元

（本书凡印装错误可向承印厂调换,电话:025-57572508）

江苏省社会科学院专家文集

总 序

2010 年,我们迎来了江苏省社会科学院建院 30 周年!

30 年来,在江苏省委、省政府的领导下,在社会各界的大力支持下,我们社科院各项事业不断发展,尤其是科研队伍不断壮大,科研成果不断增加、积累,学术影响和地位不断扩大、提升。据不完全统计,建院 30 年,我院研究人员牵头主持国家社会科学基金课题共 63 项,牵头主持江苏省社会科学基金课题共 208 项,共发表学术论文 14100 多篇,出版学术著作 900 多部,共有 246 项成果获得省部级哲学社会科学优秀成果奖和国家、江苏省精神文明建设"五个一工程"奖。这些成果来之不易,是全院广大科研人员勤劳智慧之结晶。

30 年不断发展创新的科研过程,形成了我院一大批学者、专家和学科带头人,特别是那些荣获国家"有突出贡献的中青年专家"、国务院"政府特殊津贴"享受者和江苏省"有突出贡献的中青年专家"称号的教授、研究员,他们为我院科研事业发展做出了突出贡献。因此,在庆祝建院 30 周年之际,我们决定为我院享有以上三类专家称号的教授、研究员出版个人文集,作为江苏省社会科学院专家文集隆重推出,委托凤凰出版社出版,每位专家 1 本,每本 40 万字左右,主要汇集已公开发表的学术论文。以后,我们还将为我院上述三类专家称号的新获得者(已出专家文集者不重复出)和学科带头人出版专家文集。

首次列入出版专家文集的这 21 位专家,涵盖了我院经济学、社会学、马克思主义研究与政治学、文学、历史学、哲学等多种学科,他们在各自的工作岗位辛勤耕耘,在各自的学科领域长期探索,形成了丰富的成果,积累了宝贵的经验,创新了研究方法,走出了一条各具特色的成功的科学研究之路,在全国和江苏省享有较高的知名度,受到社会的广泛称赞和好评。这是我院事业兴旺发达、科研持续发展的一笔宝贵的精神财富,值得全院同志特别是青年科研人员学习借鉴。如今,这些专家,他们中有些年事已高,却依然忙于笔耕;更有不少年富力强者,他们任务重,压力大,积极作为,发挥着学术带头人的作用。

江泽民同志强调社会科学的认识世界、传承文明、创新理论、咨政育人、服务社会等功能作用,强调以科学的理论武装人。胡锦涛为总书记的党中央倡行科学发展观,强调党和国家的各项工作都要以人为本。我们社会科学工作者要深入学习领会中央领导同志的这些重大战略思想,努力把这些重大战略思想贯彻落实到自己的科研实践中去。在我院事业发展的最近十多年的时间里,我们继承发扬我院已有的解放思想、实事求是、重视实际调查和科研团队协作等优良传统与作风,与时俱进,进行一系列新的开拓创新。最近十多年来,我们坚持理论研究和应用研究相结合,贴近现实,贴近决策,努力创建一流的地方社会科学院。我们陆续推出了江苏经济形势分析会、重点课题研究、江苏经济社会形势分析与预测蓝皮书、《咨询要报》、江苏研究报告、江苏研究丛书、院学术文库和青年学者文库、比较优势学科基地建设、研究员论坛、《江苏通史》、《历代江苏名人辞典》、《江苏历代名人传记丛书》等重大科研工程项目与活动,有效调动了全院科研人员的积极性和创造性,科研成果增长加快,成果质量不断提高,社会影响不断扩大,使我们的科研工作让领导满意、学界认同、社会欢迎。这些重要的开拓创新与努力及其形成的成果为我院事业以后的发展打下了深厚扎实的基础。

当前,我国正处在深化改革开放与发展的关键时期,江苏也正处于建设更高水平的全面小康社会进而率先基本实现现代化的关键时期,有大量的理论与实践问题亟待我们社科工作者去研究探索。我们社科院的同志要戒骄戒躁,踏实前进,不断创新,多出成果,多出精品力作,通过多出成果，多出精品力作，而多出人才，多出专家、名家甚至大家。不仅深入研究江苏，而且要重视研究全国性、普遍性的问题，还要有世界眼光，博采众长，兼收并蓄，加强学理性，突出重点，搞好协作攻关，努力提升工作水平，进一步彰显我院的特长与优势，为国家和江苏省的社会主义现代化建设做出更大的贡献。

　　今天正是 30 年前江苏省政府批复江苏省哲学社会科学研究所扩建为江苏省社会科学院的日子，仅以上述所言为专家文集总序。

江苏省社会科学院院长、党委书记、教授

宋林飞

2010 年 6 月 3 日

作者小传

严英龙,江苏泰州人,1941 年生。1963 年毕业于南京农学院农业经济系,先后在中国农业科学院农业经济所、江苏省农药研究所、江苏省社会科院工作。历任研实员、工程师、副研究员、研究员。学科领域:农业经济、区域经济;研究方向:地区现代化。曾任省社科院农村发展所副所长、现代化研究中心主任,兼南京农业大学经管学院教授、博士生导师。中国农经学会理事,江苏农经学会副会长、名誉会长。1993 年起享受国务院特殊津贴,1998 年获"江苏省优秀哲学社会科学工作者"称号。出版著作 15 部(含合著),发表论文、研究报告 300 余篇。获省社科优秀成果一等奖 2 项,三等奖 5 项,省科技进步二等奖 1 项,三等奖 2 项,国家发改委优秀成果二等奖 2 项。

目　录

第三编　地区发展与合作

第四编　科技进步

第五编　全面小康与现代化

自　序

　　学习和研究经济学,原本并不是我的主动选择。我常爱自嘲地对别人说,自己是"误入经门"。孩提时代,我的理想是当一名物理学家。1959年,我以优异的成绩从江苏省泰州中学高中毕业,并获得了保送留苏预备生的资格,满怀信心地报考了前苏联莫斯科大学核物理专业。可惜,天不遂人意。随着中苏两党开始公开论战,两国取消了包括交换留学生在内的"中苏友好同盟条约"。在这样的历史背景下,我毫无思想准备地被重新"分配"到南京农学院农业经济系学习。为了解决我的专业思想问题,学校派人找我谈话,他们解释说:"你不是要攻克尖端科学吗? 好,现在就有一门现代尖端科学叫做人民公社经济学,组织上需要你来学这个专业,希望你能服从分配。"那时候,我只能以"思想不通,组织服从"这样一种心态,勉强地被带进了经济学的殿堂。

　　我喜欢1979年度诺贝尔经济学奖得主舒尔茨说过的一段话:"世界上绝大多数人是贫苦的,因而懂得了穷国的经济学就大体懂得了真正重要的经济学。世界上大多数穷人靠农业养活自己,因而懂得了农业经济学,也就大体懂得了穷国的经济学。"

　　改革开放后,中国崛起的实践,为我们真正读懂弄通当代经济学提供了最好的教材和强大的动力。特别是江苏率先发展的历程,不断涌现出丰富多彩的新鲜经验,所引发的新问题、新矛盾和新挑战又层出不穷。这一切都为我从事经济研究提供了最好的研究"场"和研究对象。从1981年起,我有幸在江苏省社会科学院工作,直至退休,度过了我一生中最美好的时光。随着工作条件和生活条件的逐步改善,宽松、自由的学术环境以及和谐的人际关系,使我能心无旁骛、专心致志地做研究。感谢江苏社科院为我搭建了一个能充分展现自我的平台!尽管所承担的工作任务比较繁重,但感到生活很充实,幸福指数还是比较高的。在这一时期,我先后主持承担并参与了近三十项国家、省级和国际合作研究课题。公开出版了十五本著作(含合著),发表论文、研究报告三百余篇。此外,由于我先后被聘为中国社会科学院研究生院兼职教授,南京农业大学经贸学院教授、博士生导师,因此,每学期我还承担了一部分教学工作,亲手和参与培养出一批硕士、博士研究生。令人欣慰的是,如今他们都已经逐步成长为行政、教学、科研和企业的领导干部或业务骨干。

这次,借江苏省社科院纪念建院三十周年出版专家文集的机会,我对自己的研究工作做了一次比较系统的回顾和梳理。近三十年来,我主要围绕着"三农"、江苏率先发展和地区现代化等领域展开研究,大体可分为三个阶段:

第一阶段是二十世纪八十年代。这一阶段的研究,我强调要充分尊重农民的意愿,给农民更多的经济权利,打破城乡之间的壁垒,推动生产要素自由流动。我认为,只有让农民有更大的选择自由,同时又通过各种手段把土地、资源和尚未实现的未来收入等等"死"财富,运用各种市场化的手段调动起来,提高资源配置的效率,才有可能增加农民的创业资本,增加就业机会。特别是要把农村剩余劳动力,包括农民的剩余劳动时间都用来创造财富,才能从根本上解决农民脱贫致富的问题。我多次在全国学术会议上呼吁,要彻底改革把广大农民排斥在工业化进程之外的制度安排。城市经济在集聚和生长现代生产力的同时,非但不要去抑制农村剩余劳动力的转移,相反地要积极鼓励和支持多渠道转移农村剩余劳动力,以城带乡,带动乡镇企业的发展,让农民真正分享工业化的成果。同时,还竭力主张在发展乡镇企业的过程中,必须努力克服"村村点火,户户冒烟"的分散布局,防治环境污染,特别是要加强对全省水环境的保护,维持生态平衡。

第二阶段是二十世纪九十年代。这一阶段,我的研究是进一步把

农村彻底摆脱贫困、农民走向富裕、实现农业现代化作为江苏经济发展
战略的中心内容,并提出了"加强城乡体制改革协调性的构想"。在这
一阶段的中后期,我跟随胡福明、贾轸同志把研究的目标聚焦在地区现
代化上,组成了国内学术界最早重新研究地区现代化的科研团队。我
深刻体会到,"研究现代化问题,越是具有地区性,就越有中国特色"。
在中国现代化这个巨系统中,最短的板块是政治体制与政府职能转变,
如果不持续补上这个短板,中国现代化恐怕永远不能令人满意。由信
念、规则和组织组合而成的制度的变革在中国特别艰难。如果政治改
革与政府职能转变不能跨过既定权益格局这道门槛,实现中国社会主
义现代化的目标有可能再次被延误。这是因为,改革开放以来,财富增
长最快的三个群体是:权力者及其亲属,权力法定的国有垄断部门群体
以及与权力结盟的资本代表(如房地产商)。一直困扰普通民众的"上
不起学、看不起病、买不起房"这三大难题,曾被一些人当作是市场化的
失败,其实是政府对住房、教育、医疗资源供给上的不足,其背后则是公
众对政府权力的制约不足,也就是说,民权的不足才导致公共产品和服
务的供应不足。"旧计划体制的惯性,传统观念的阻滞和各种利益主体
的冲突,更增加了中国体制变革的难度。"

进入二十一世纪后,我主要从构建全面小康和实现基本现代化的
指标体系、加强比较研究等方面,深化地区现代化的研究。我认为,江
苏经济社会发展进入了重要的历史转折关头,必须转变经济增长方式,
进行战略转换,而发展观念的转变是转变经济增长方式和转换发展战
略的前提。实践一再证明,现代经济的成长,社会全面进步的实现总是
以适应其发展需要的先进思想、文化观念为指导的,推进江苏经济、社
会在新世纪的发展,需要有新的经济增长方式和新的发展战略,而解放
思想、更新观念是最重要的前提。我明确主张,进入二十一世纪,江苏
应不失时机地确立富民战略。因为"富民战略反映了人是社会主义现
代化主体的新发展观,也是经济社会协调发展的集中体现。"我还通过
对改革开放以来江苏基本统计信息的处理和分析,以及与上海、浙江、
广东等省市的对比研究,进一步提出可以用"人均年收入(城乡居民统

算)占人均国内生产总值的比重"这样一个指标,科学评估富民战略实施的状况,衡量全省人民得到的经济利益与他们所付出的辛劳是否相称。

在长期的研究生涯中,我的治学态度概括起来有三条:

一是树立强烈的"问题"意识,充分发挥经济学解释功能强的优势,把及时发现"问题"、科学地分析"问题"、提出解决"问题"的方案,当作是自己义不容辞的使命和社会责任。

二是要注重改进研究方法,描述经济现象,要努力避免用事实去说明事实。理论分析,一定要有理论假设;理论分析,又切忌单纯的理论演绎,一定要关注约束条件;进行宏观经济研究,绝不脱离微观经济的案例,一定要有对企业、农户或城市、乡(镇)、村的定点观察和长期跟踪调查。

三是笃信青年学子当后来者居上,希望他们"长江后浪推前浪",能够涌现出世界级的经济学大师,以及一大批推动中国经济持续繁荣的"实干家"。

为此,我经常自勉要扮演好三种"角色",即当好"巡逻兵"、"向导"和"铺路石",为青年研究人员和研究生们正确地把握学科前沿,选准治学成才的路径,提供尽可能多的帮助和服务。

汇入本书的文稿,除极个别的标题或文字稍有改动外,其余均保持当初公开发表时的原貌。本书的出版,我真诚地感谢以宋林飞教授为核心的江苏省社会科学院领导的正确决策,感谢院科研处及有关部门的鼎力支持与所付出的辛劳。对于在本书选编过程中给予帮助的金春鹏、女儿严丹丹,一并在此致谢。

在本书付梓之际,我衷心希望,本书能对所有关注"三农"、地区经济发展和地区现代化的人士有所裨益,对书中可能出现的讹误、偏颇或疏漏,心存不安,敬请读者批评指正!

第 一 编

三农与城乡关系

江苏省的农业调整和农业经济效益

党的三中全会之后,江苏省农业在调整中有了哪些变化,它的经济效益如何,怎样客观地衡量一个地区的农业经济效益,这是值得探讨的一个问题。

三年来江苏农业的调整和变化

3 年来,江苏农业主要在两个方面作了调整。

一是调整农村生产关系和分配政策。根据中央有关农业的几个文件,先后落实了尊重生产队自主权、扩大自留地、发展家庭副业、恢复集市贸易、提高农副产品价格、减免农业税、加强生产责任制等各项农村经济政策。1978 年全省自留地 515 万亩,1980 年扩大到 534 万亩。1979、1980 两年农村社队交售的农副产品,农民仅从国家收购牌价提高和超购加价多获得的收益计有 27 亿多元,按农业人口平均每人多受益 53 元。建立农业生产责任制的生产队,1978 年占 60％左右,1981 年底已占 97.9％。

二是调整农村经济结构。不仅农业生产结构有调整,如粮食和经济作物、种植业和林牧副渔业的比重有改变,而且农村经济结构也有调整,如农副工的综合经营、家庭经济的发展等等。近 3 年(1979—1981)粮食播种面积年均 9100 万亩左右,比前 3 年(1976—1978)年均少 400 万亩左右。棉花播种面积,近 3 年年均 940 万亩左右,比前 3 年平均增加 60 万亩左右。油料播种面积长期低于五十年代的水平,近 3 年年均

400 万亩左右,超过了历史最高水平。

农村经济政策和经济结构的调整,带来了 6 个主要变化。

1. 农业发展速度加快。近 3 年江苏的年景是一丰一欠一平,农业总产值平均 146 亿元,比前 3 年年均 110 亿元增长 32%,年递增率为 6.5%,高于全国同期年递增 5% 的水平,也超过本省前 29 年年递增率 5.2% 的历史水平。

2. 粮食和经济作物普遍增长。近 3 年与前 3 年比,粮食产量增长 12.4%,棉花产量增长 16.8%,油料产量增长 79.1%,其他经济作物的产量也都有增长。1979、1981 年的棉花产量,1981 年的油料产量,均突破了 1000 万担,创造了新的历史水平。

3. 林牧副渔业产值在农业产值中的比重上升。近 3 年种植业产值在农业产值中的比重,由前 3 年 65% 左右下降为 55% 左右;林牧副渔业的产值,相应地由 35% 上升到 45%。蚕桑事业长期无大发展,近 3 年也有所突破,蚕茧平均年产量达 72 万担,比前 3 年增长 35%,超过了战前 1931 年 63.7 万担的历史最高水平。

4. 社队工业迅猛发展。社队工业产值,近 3 年年均 104.4 亿元,比前 3 年年均 49.5 亿元增长 1 倍多,社队工业产值占全省工农业总产值的 1/6,收入占全省人民公社三级经济总收入的 1/2,税收占全省工商税收的 1/8。

5. 各个地区之间生产水平的差距缩小。原来低产贫困的淮阴地区,1981 年粮食总产达 76 亿斤,跃居全省第一位,棉花、油料分别增长 15.7%、2.2 倍,徐州地区在连续 4 年丰收的基础上,1981 年粮食产量突破 70 亿斤。盐城地区的棉花总产超过南通地区,南通地区的蚕茧产量超过苏州地区。

6. 农民收入增加,生活改善。1981 年集体分配总额比 1978 年增长 29.4%,年递增率为 9%,人均分配比上年增加 19 元,这是最近几年来社员增收最多的一年。农民生活显著改善,消费结构有了变化。这几年吃的所占比重逐年下降,住和用的所占比重不断上升,每年新建、翻建房屋的约有八九十万户,建房面积约有 4000 万平方米。

调整中也出现了以下一些问题：

1. 绿肥减少。由于油菜面积发展过快，挤掉了一部分冬绿肥面积。1979 年是 1349 万亩，1980 年减少为 1237 万亩，1981 年又减少到 1071 万亩，冬绿肥面积减少，不仅影响秋粮的肥源，使茬口延迟，不利于全年增产，更重要的是对耕地养的少用的多，造成土壤肥力下降，不利于农业长远增产。

2. 养猪下降。生猪年末存栏数，1979 年为 2356 万头，创造了历史最高水平。后因养猪政策有了一些变化，主要是集体养猪大量减少，全省 1980 年年末存栏下降为 2088 万头，1981 年又下降到 1946 万头。这种下降趋势，如不迅速扭转，将对农业用肥、市场供应产生不良影响。

3. 苏州地区粮食连年减产。1979 年全区粮食总产 82 亿斤，是历史最高水平。后两年由于自然灾害，双季稻面积调减，以及工作上的原因，减产幅度较大。1982 年减为 64 亿斤，1981 年又减为 57 亿斤，低于七十年代 69 亿斤的平均水平，对全省向国家提供商品粮大有影响。

4. 粮食征购量增多，上调量减少。近 3 年粮食征购量年均 105 亿斤，比"三定"的征购任务 65 亿斤增加了 61.5%，比前 3 年年均征购量 87 亿斤增加了 12%，而上调量却减少了，1976—1978 年年均上调原粮为 14 亿斤，1979—1980 年年均上调原粮只有 10 亿斤。

5. 农业生产总费用仍然较大，1981 年才开始好转。近 3 年与前 3 年比，农业总收入增长 32.9%，农业总费用增长 33.8%，总费用的增长超过了总收入的增长。总费用占总收入的比例，近 3 年占 39.7%，前 3 年占 39.5%，近 3 年还略高于前 3 年。1981 年全省基本核算单位可分配的总收入，比上年增长 9.6%，总费用下降 2.7%，纯收入增长 18.7%，开始有了好转。

三年来江苏农业的经济效益

上述江苏农业在调整中的变化和问题以及有关数据，只是一般经济分析及其指标，不是经济效益分析及其指标。农业的经济效益，是农业领域及其生产过程中劳动耗费(包括劳动占有)与劳动成果的比较,即通常所说的费用与收入的比较,也就是投入与产出的比较。

农业生产过程,影响农业生产的经济效益有多种因素起作用。就大的方面而言,有自然、经济和科学技术3个方面,除了自然因素外,一般把农业生产的投入归结为土地、劳动和资金3大类。农业生产的最终目的,是为了满足包括农民在内的全体人民的物质生活和文化生活的需要。因此,按照现有条件,评价农业经济效益似可运用土地生产率、劳动生产率、资金生产率、农产品商品率、农民得益率等5个指标。农业生产的产出,在存在商品生产的社会里,不仅可用实物量指标,还可采用价值量指标。为了便于统一度量,评价地区农业经济的效益,则应以价值指标为主,实物指标为辅。

1. 土地生产率　土地是农业生产不可替代的基本生产资料。它既是一项自然资源,又是人类劳动的产物。它是一种特殊的劳动占有形式,具有与一般人工制造的固定资产、劳动资料很不相同的特点,土地的使用价值永远不会损耗完,土地的"价值"永远不会转移完。农业生产中活劳动和物化劳动利用的经济效益,在很大程度上取决于土地利用水平。评价一个地区的农业经济效益,首先要考核土地的利用效益,即把土地占用同劳动成果进行比较。为了综合反映全省农业土地资源的利用状况,说明单位农用地面积上劳动创造价值的水平,我们用单位农用地面积总产值和单位农用地面积净产值这两个指标。江苏省近3年的调整,反映在土地利用的经济效益上,较之调整前的3年有了显著的提高。土地生产率3年平均增长17.3%,土地净产率平均增长32.3%。

	单位农用地面积总产值 (元)	单位农用地面积净产值 (元)
1976—1978 年平均数	85.2	44.2
1979—1981 年平均数	99.9	58.5
增长%	17.3	32.3

注:表内的总产值、净产值均未包括社队工业产值,均按1970年不变价格计算。

2. **劳动生产率** 发展农业生产,除了取决于投入生产过程的劳动总量外,还取决于单位劳动量所能生产的农产品数量(或产值),即劳动生产率。由于在实际工作中,无法还原为劳动时间,不好计算消耗的总劳动量,因此,一般只计算活劳动生产率。鉴于目前统计资料中无法将务工的劳动日数与务农的劳动日数分开,为使计算简便易行,我们采用每个务农劳动力一年生产的产值、净产值、粮食指标,即"人年"指标。采用劳动净产率这个指标,对合理使用物化劳动和活劳动,特别是提高活劳动生产率,有着十分现实的意义。近 3 年来,江苏省农业的剩余劳力进一步向社队工业转移,投入集体农业(包括林牧副渔业)的劳动力总数逐步下降,1981 年比 1978 年下降了 10%。由于落实了党的各项农村经济政策,生产者的积极性日益高涨,劳动生产率明显提高。经加权平均计算,近 3 年比前 3 年每个农业劳动力每年生产的产值、净产值、粮食分别增长了 22.8%、14%、16.9%。"人年"产值的增长率高于"人年"净产值的增长率,说明近 3 年在活劳动生产率提高的同时,也投入了更多的物化劳动。

	农业劳动生产率		农业劳动净产率 每劳净产值 (元)
	每劳产值(元)	每劳生产粮食(斤)	
1976—1978 年加权平均	446	2055	295
1979—1981 年加权平均	549	2403	337
增长率(%)	22.8	16.9	14.0

3. **资金生产率** 同国民经济其他部门一样,农业生产过程中消耗的劳动,也是用资金进行补偿的,而资金又是过去劳动的价值表现。因此,资金生产率指标,能综合反映劳动消耗与资金消耗的经济效益。特别是资金消耗产品率的倒数形式,即单位产品的成本,是个广泛应用的综合性指标。但由于我国农村社队现行的财务统计制度只计算物质费用,不计算完全的产品成本,在计算物质费用时又不计算固定资产折旧费,所以,衡量资金利用的效益时,只有根据可能取得的资料,从实际情

况出发,选择每百元生产费用投资的纯收入指标。经过加权平均计算,江苏省近 3 年每百元生产费用的投资效益,大体与前 3 年相仿,并略有下降,更大大低于历史最高水平的 1957 年。这表明我省农业生产过程中,物化劳动的损失浪费仍然很大,纯收入增长的速度还赶不上投入物化劳动增长的速度。但从另一方面看,尽管农业生产投资效益下降,但由于土地、劳力利用比过去充分、合理,加上提高农产品价格,近 3 年全省农业纯收入平均绝对数增加了 32.3%,增长幅高度还是不小的。纯收入绝对数的增加,为农业扩大再生产和增加农民收入提供了资金,增加了社队的经济实力。

	每年平均纯收入 (亿元)	每百元生产费用 加权平均纯收入(元)
1976—1978 年	47.1	151
1979—1981 年	62.3	152
1957 年	17.0	252
调整后比调整前 增(＋)减(－)%	＋32.3	－1.3
调整后比 1957 年 增(＋)减(－)%	＋246.1	－33.8

4. 农产品商品率　农业生产除满足农民自给性的需要外,还要满足国民经济发展的需要。一个地区的社会生产的经济效益,就是看它能否满足社会一定水平的需要。满足社会需要的程度,取决于它所能提供的农产品的商品量和商品率。由于各地农业生产结构的不同,某几种农产品商品量难以完全表示一个地区生产商品化的程度,因此,我们具体采用社队出售农产品收入占总收入的比率和每个农业人口提供商品性的粮食、棉花、油料、猪、茧等的数量来衡量。近 3 年来,我省随着农业生产结构的调整,发挥了粮、棉、猪、茧的优势,油料生产迅速发展,主要农产品的商品量全面增长,商品率相应提高,平均每年商品性

收入的比重约比前 3 年的平均水平提高了 5%。

| | 总收入中商品性收入的比重% | 每农业人口提供商品量 | | | | |
		粮(斤)	棉(斤)	油(斤)	猪(头)	茧(斤)
1976—1978 年	35.1	173	16.4	2.1	0.20	1.1
1979—1981 年	38.7	211	19.2	3.3	0.35	1.4
调整后比调整前＋－%	＋10.2	＋22	＋17.1	＋57.1	＋75	＋27.3

5. 农民得益率　农业是否增产增收,是反映农业生产经济效益的一个重要方面。农民从生产中得到更多的实惠,是提高农业生产经济效益的目的之一。所以,农民收入水平的高低是衡量一个地区农业生产经济效益的一项重要指标。近 3 年来,我省由于农业生产的全面发展,加之国家提高农产品收购价格,社员从集体分得的现金和口粮,提高得较快。1981 年社员分配总额比 1978 年增长 29.4%,年递增率为9%。由于正确处理了积累和消费的比例关系,社员分配占总收入的比重近 3 年由前 3 年的 47.5% 提高到了 48.3%。农民从自留地和家庭副业中所得收入增加更快,实际收入水平要比集体分配水平高 50% 左右。农民的消费品购买力,也有显著提高,1980 年比 1978 年人均消费品购买力提高了 62.7%。

	社员分配占总收入(%)	集体分配水平(元/人)	口粮分配水平(斤/人)	人均消费品购买力(元/个)
1976 年	47.3	79	456	※
1977 年	46.8	75	431	67.4
1978 年	48.3	94	462	77.7
1979 年	47.4	110	488	104.2
1980 年	46.0	106	476	126.4
1981 年	50.5	130		※

注:※表示缺统计数据。

综上所述，江苏农业在调整中的经济效益，总的说来是好的，土地生产率、劳动生产率、农产品商品率、农民得益率都有提高。

就土地生产率而言，从江苏地少人多的特点出发，发展农业生产更须强调实行集约经营。要提高土地生产率，就是要提高集约化经营的水平。首先要进一步合理利用现有耕地。苏中、苏北地区相当一部分中产、低产农田，近年来产量虽有较大提高，但潜力仍然大。苏南高产农田，只要认真总结经验，坚持多熟高产的方向，促使产量回升是完全可能的。其次，要充分利用水面资源。现有 540 万亩水面，只要进一步落实水面的归属和使用权等政策，我省水产品产量可能在短期内大幅度增长，取得良好经济效益。还要严格控制非法占用耕地，不论对城镇企事业征地，还是对社队企业和社员盖房，都要有严格的审批手续，杜绝一切滥占滥用土地的现象。

从劳动生产率看，近年来由于农村剩余劳动力转移出一部分从事工副业生产，所以劳动生产率有了一定的提高。但是，现有农业劳动力仍有剩余。全省农业劳动力人均负担耕地 4 亩左右，按现有条件每个劳力可负担 6 亩耕地。以此推算，全省仍有剩余劳力 500 万人左右。要进一步提高劳动生产率，就必须进一步解决剩余劳动力的转移问题。根据前几年的经验，只要领导思想明确，组织得法，继续向多种经营、服务行业有计划地就地转移，就会进一步提高劳动生产率和农产品的商品率，农民也可能得到更多的实惠。

在调整中，农业的资金生产率不但没有提高，反而比前 3 年下降了 1.3%。比 1957 年下降了 38.8%。据有关部门对 6 个县 57 个生产队的调查，1979 年各种农用物质保管使用不当而造成的损失及吃喝招待等不合理开支就占费用的 6%，平均每个生产队 904 元。全省每亩粮田的物质消耗普遍增加，按粮食播种面积计算，用种量 1957 年为 14.2 斤，1965 年 25.5 斤，1979 年达到 44 斤；每亩耕地化肥的施用量，1957 年 2.8 斤，1965 年为 18.8 斤，1979 年达到 133.8 斤；每亩耕地农药消耗量 1957 年为 0.2 斤，1965 年为 1.8 斤，1979 年为 5.7 斤。

总之，提高地区的农业经济效益，关键在于全面发展，综合经营，使农村经济结构合理化。同时,也要注意提高农业企业的经营管理水平,讲究经济核算,节约物化劳动消耗。这正是我省农业生产上的一个薄弱环节,是当前提高农业经济效益的重点所在。

衡量地区农业经济效益存在的几个问题

1. 农业生产是自然再生产与经济再生产的结合。农业的自然再生产过程,就其本质而言,就是动植物有机体与外界环境的能量转化和物质循环。在农业生产过程中,投入能量和物质,必须根据一定的自然规律,采取适宜的技术措施,即不断保持生产过程中的物质和能量交换的平衡,才能使生物的生产量越来越高,形成自然界的良性循环,这就需要保持生态平衡。相反,如果人们为了眼前的利益,所采取的手段超过了大自然自动恢复调节的能力,阻碍物质循环和能量转化的正常进行,最终就会导致生物数量下降,生态系统的结构和功能失去平衡。因此,考察农业经济效益,不能只看一年,而要看三五年,乃至更长的时间。更重要的是,要研究如何采用具体指标,对生态平衡作量的分析。

2. 农业的经济再生产过程,是人们在一定的生产方式下结合起来,通过共同劳动和交换其劳动,反复进行的社会生产过程。在经济再生产过程中,物质循环和能量转化已让位于社会产品的交换,即被凝结在产品中的劳动量之间的交换所取代,形成了生产、分配、交换、消费4个环节间的周而复始的循环。如果经济再生产过程在某个环节受阻,劳动量之间的交换长期不能进行,农业经济部门和要素之间的比例长期失调,最终将导致农业经济萎缩凋零乃至整个国民经济的崩溃。因此,考察农业经济效益,只从生产一个环节来分析是不够的,必须从生产、分配、交换、消费4个环节及其相互联系中进行全面分析。这个问题,有待研究解决。

3. 随着生产的发展,政策的调整,农村经济结构出现了多层次。就生产结构来说,有粮食和经济作物的生产结构,有农林牧副渔的生产结构,有农副工三业的生产结构。就所有制结构看,集体经济虽然仍是主体,但家庭经济比重在不断扩大,国营农场也有它的重要地位。因此,考察农业经济效益,必须对种植业、农林牧副渔业、农副工三业作综合分析;必须对国营经济、集体经济、家庭经济作综合分析,只分析一个方面已经不能反映现实经济的全貌。现在,这方面的统计资料不全,计算口径不一,给农业经济效益的全面综合分析增加了难度,亟待正确地研究和解决。

4. 农业经济是国民经济的重要组成部分。农业的发展,必须按照社会主义有计划按比例的经济规律办事,必须正确处理国家、集体、个人三者之间的关系,兼顾三者的利益,不能只顾哪一头。当前要强调国家的计划管理,树立全局观念和"全国一盘棋"的思想。因此,考察农业经济效益,不仅要看微观经济效益,更要看宏观经济效益,并且把二者统一起来。在一般情况下,地区的经济效益与社会的经济效益是一致的,但有时也会发生矛盾,这里有一个谁服从谁的问题。毫无疑问,地区的经济效益应该服从整个社会的经济效益。现在需要解决的问题在于找到统一的评价方法和统一的评价指标。

　　　　　　（原载《农业经济问题》1982 年第 7 期,与薛金鳌合作）

沿海地区农村产业结构的
演变及其优化

沿海地区是我国经济最发达的地区。从 80 年代中期开始,国家制定"七五"规划时将全国分为东部沿海、中部、西部三大地带。东部沿海地带(通常称沿海地区)包括与渤海、黄海、东海、南海四大海域相连的 12 个省、市,从北至南是辽宁、北京、天津、河北、山东、江苏、上海、浙江、福建、广东、广西、海南。农村是沿海地区经济社会发展的基础,农村产业结构是社会生产力合理组织和资源合理配置的基本问题之一。为了推动沿海与周边地区农村经济协调发展,本文首先回顾沿海地区农村产业结构演变的历史过程,然后分析现状,并提出结构调整和合理化的政策选择。

沿海地区农村产业结构的演变及其原因分析

农村产业结构是指农村经济中的各个产业之间按照一定方式和比例的组合或构成,它反映不同产业部门在农村经济中的地位、作用和发展水平。农村经济是国民经济的重要组成部分,它由若干生产部门组成,这些部门的劳动对象、劳动工具和生产过程各不相同,提供的产品也不相同,但它们又是密切联系在一起的统一整体。农村生产结构是一个多部门、多层次的复合体。因此,深入研究沿海地区的农村产业结构,就必须分层次进行分析,即从沿海地区的种植业结构、大农业(农、林、牧、副、渔)结构以及农村综合结构(农业、工业、建筑业、运输业、商饮及服务业的构成)三个层次来考察。

　　系统考察沿海地区农村经济发展的历史,我们发现,影响农村产业结构状况的主要因素是:农业自然资源条件、人口及消费构成、农业生产水平、社会对农产品的需求、社会经济制度和国家经济政策等。

　　新中国成立前,在封建土地制度束缚下,农业生产力低下,自然经济占主要地位,沿海地区基本上是种植业占绝对优势的农村产业结构,粮食作物生产在种植业中又占很大比重。新中国成立后,沿海地区和全国一样,农村经济有了很大发展,但也发生了几次大的波动,大体可粗略划分为改革前后两个阶段,农村产业结构也相应经历了改革前后两个时期:

一、改革前沿海地区的农村产业结构

　　在 80 年代以前,由于国民经济发展长期实行重工业倾斜战略和片面推行"以粮为纲"方针,我国农村产业结构比较单一,变化不大,形成了偏重于农业特别是偏重于粮食"一头沉"的产业结构。1978 年,全国农村社会总产值中农业占 68.5%,工业占 19.4%,建筑业占 6.6%,运输业占 1.7%,商业占 3.7%,农业与非农产业之比大约为 7:3。

　　在全国这样的大背景下,沿海地区农村产业结构也脱离不了上述总格局。当然,沿海地区内部的差异也是相当明显的。1978 年,沿海地区经济最发达的长江三角洲和珠江三角洲非农产业已有相当程度的发展,工业产值已经接近或超过了农业。当年,苏南和佛山两地农村工农业总产值的比例已分别达到 1:0.92 和 1:0.82,这在沿海地区并不多见。大部分沿海地区农村工农业产值比例在 1:3.0~3.55 之间,而温州、泉州的农村工农业产值比则在 1:4 以上,还低于全国平均水平。

　　这一时期,沿海地区的农业生产结构却发生了较多的变动。在建国最初的 8 年中,沿海农业得到迅速恢复和发展,农业生产结构相对比较合理,主要表现为种植业在农业总产值中的比重明显下降,从 1949 年 83.9% 下降到 1957 年的 78.2%;林业、畜牧业、渔业比重上升,其中林业比重从 1.5% 上升为 3.9%,畜牧业比重从 12.6% 上升为 14.0%,

渔业比重从 2.0％上升为 3.9％(详见表 1),这符合农业生产结构变动
的一般趋势。同时,农业的发展和结构的变化并未破坏生态环境,这类
农产品的生产和需求基本平衡,农业的效益也有所提高。在随后的 20
年中,沿海地区农业发展出现了较大的波动,结构状况也很不合理,农
业内部各部门的比例关系不协调。由于沿海地区人稠地狭,人均占有
土地 0.28 公顷,为全国人均土地占有量的 1/3,人均占有耕地仅为全
国人均水平的 76％。为了解决吃饭问题,又片面推行"以粮为纲"的方
针,林牧渔业等多种经营发展缓慢,长期徘徊。1957—1978 年期间沿
海地区畜牧业的比重仅上升了 1 个百分点,渔业还下降了 0.3 个百分
点。种植业比重虽下降了 1.5 个百分点,但却大大低于全国种植业比
重下降 4.8 个百分点的水平(详见表 1 和表 2)。

表 1　沿海地区的农业生产结构①

单位:％

年　份	种植业	林　业	畜牧业	渔　业	农业总产值(合计)
1949	83.9	1.5	12.6	2.0	100.0
1957	78.2	3.9	14.0	3.9	100.0
1978	76.7	4.7	15.0	5.9	100.0
1987	68.8	4.8	20.5	5.9	100.0
1990	58.4	4.4	27.4	9.8	100.0
1993	55.5	4.1	27.1	13.3	100.0

　＊农业总产值中未包括"副业",因为沿海地区"副业"统计数据中其主要部分
是村办企业,故未列入,以下同。

---

　　① 资料来源:分别根据《中国省市自治区资料手册》,社会科学文献出版社
1990 年版,《中国农业年鉴(1988)》,农业出版社 1988 年版,《中国农业年鉴
(1991)》,农业出版社 1991 年版,以及《中国农村统计年鉴(1994)》,中国统计出版
社 1994 年版的有关数据整理而成。

各类农产品供给和需求的矛盾尖锐,人均消费量被压至低水平。粮食消费停留在 200 公斤左右;纺织品消费最低时不足 3 米;猪肉 1961 年曾降到 1.4 公斤,到 1978 年才恢复到 7.6 公斤;植物油停留在 2 公斤左右;糖停留在 1.5～2 公斤的水平。农产品这种供需失衡的状况,造成国家在 70 年代末不得不大量进口粮、棉、油、糖的局面。

表 2　全国农业产业结构

单位:%

年　份	种植业	林　业	畜牧业	渔　业	农业总产值(合计)
1949	86.2	0.6	13.0	0.2	100.0
1957	84.02	1.8	13.5	0.5	100.0
1978	79.4	3.5	15.5	1.6	100.0
1987	65.3	5.0	24.6	5.1	100.0
1990	62.4	4.6	27.3	5.7	100.0
1993	60.1	4.5	27.4	8.0	100.0

* 未列入"副业",以便与上表口径一致。资料来源同上。

二、改革以来沿海地区的农村产业结构

党的十一届三中全会以来,随着农业指令性计划的取消和多种农副产品价格的放开,沿海地区农村经济开始有了新的活力,农民发展商品生产的积极性空前高涨。在沿海地区起步早的以乡村集体企业为代表的非农产业迅猛发展起来,逐步成为农村集体经济的主体,开辟了农业剩余劳动力就地转移的途径,加快了农村工业化的步伐。与此同时,沿海地区改革不断深化、开放不断扩大,实行了一系列有利于城乡协调发展的区域经济政策,允许农民进城兴办非农产业,鼓励城市工业向农村转移、扩散,打破了长期以来存在的城乡分割的格局,形成了社会主义新型的城乡关系。在短短的十多年时间内,沿海农村经济取得了长足的发展,并有力地推动了农村产业结构发生历史性的变化。1993

年,沿海地区农村社会总产值中农业产值所占比重由 1978 年的 28.0％下降为 20.9％,非农产业由 1978 年的 22.0％上升为 79.1％。在农业总产值中,种植业所占比重由 1978 年的 76.7％下降为 55.5％,畜牧业比重由 1978 年的 15.0％上升为 27.1％,渔业的比重由 1978 年的 3.6％上升为 13.3％(详见表 1)。在种植业中,多数沿海地区十分重视粮食生产的基础地位,粮食总产量从 13112.91 万吨增加到 17473.7 万吨,增长了 33.3％;棉花总产量从 85.76 万吨增加到 113.0 万吨,增长了 31.8％;油料总产量从 274.65 万吨增加到 687.42 万吨,增长了 150.3％;糖料总产量从 1143.5 万吨增加到 4862.11 万吨,增长了 325％。沿海地区农业的高速增长,使长期困扰我国的农产品供应紧张的状况有了根本性的好转。在非农产业中,工业占 82.9％,建筑业占 8.3％,运输业占 3.3％,商业、饮食业占 5.5％,彻底改变了过去那种单一的、重农型的农村产业结构。

综上所述,沿海地区农村产业结构演变的总体趋势是:第一产业在农村结构中的比重逐渐下降,第二、三产业的比重不断上升,在一些发达地区非农产业已成为农村经济的主体;在农业内部,种植业的比重逐步下降,林、牧、渔业的比重逐步上升;在种植业内部,棉花、油料、糖料等经济作物和蔬菜的发展速度明显快于粮食作物,粮食作物所占的比重呈下降态势,经济作物和蔬菜的比重呈上升态势。可以认为,沿海地区的农村产业结构已经形成了农、林、牧、副、渔全面发展,农、工、商、建、运、服综合经营的新格局。

引起沿海地区农村产业结构变动的原因,首先就在于第一、二、三产业在产品属性、技术进步条件和占用劳动力方面不同,从而有着不同的发展速度,它们所占的比重也就随之出现此长彼消的状况。

1. 农产品的收入弹性远低于其他产业产品,决定了农业的比重会逐步下降。农产品虽然是生活必需品,但人们对农产品的消费到达一定水平后,又是有限的。随着城乡居民收入的增长,人们对农产品的质量要求不断提高,农业初级产品的消费量在居民消费总额中所占的比重相对缩小;相反,农产品的加工品、耐用消费品以及服务性的劳务"产品"的需求量则越来越大。这就是说,若将价格因素固定不变,用来反映居民收入提高时第一、二、三产业的产品需求量的收入弹性是大不一样的。一般说来,农产品的收入弹性最低,工业品居中,劳务"产品"最高。当然,在每一类产品中又有多种不同情况,如农产品中人们对粮食、棉花等产品的需求量是有限的,其收入弹性较低的产品生产部门的增长速度相对就要慢得多。

2. 由于产业之间技术条件不同的限制,致使农业的相对速度较慢。在目前的科学技术条件下,工业生产的技术进步一般快于农业。工业生产技术的改进主要依靠物理学、化学、工艺科学的发展,这些学科可以通过实验室在一定时间内进行反复实验而较快获得成功,并运用于生产。农业生产除了要靠以上学科的发展外,主要依靠生物学、遗传学、病理学、生理学等更多学科的发展。农业生产周期长,受多种自然因素的制约,在无特殊设施的情况下,一年内作物栽培的试验次数非常有限,动、植物的生长发育都有其特殊的规律性。所有这些,都制约着农业生产率的提高。当然,农业发展速度低于工业的状况只是一种历史的现象。在科学技术高度发展后的未来社会,随着生物科学的飞跃发展,高新技术在农业上的广泛应用,农业可能成为知识和技术最密集的产业。在这种条件下,农业生产除了人类劳动参与外,还有自然力的协同作用,从而也有可能成为劳动生产率较高、发展最快的产业。

3. 农业部门占用的劳动力是一定的、有限的。只要农业生产的产品能够满足一定时期内人们的需要,农业中的剩余劳动力就必然要向非农业部门转移。随着科学技术的进步,农业劳动生产率大为提高,从而使向非农部门转移劳动力具备可能性,同时也为拓宽非农业部门的生产领域提供了条件,进而对农业提出劳动力转移的迫切需求。这样就从需求和可能两个方面构成农业劳动力转移的潮流,结果是农业部门占用的劳动力越来越少,非农产业占用的劳动力越来越多,最终导致农村产业结构中农业比重下降,非农产业比重上升。

沿海地区农业内部结构的变动,很大程度上是与我国农产品供求的变化有关。80 年代中期,沿海地区率先基本实现粮、棉、油等重要农产品供求平衡后,对肉类和水产品旺盛的市场需求,推动畜牧业、渔业的增长快于种植业,表现为提供低脂肪高蛋白型的畜禽产品的生产日益发展。同时,随着畜牧业的发展,种植业提供的原来传统意义上的粮食,越来越多地被用作饲料。进入 90 年代后,适应高消费需要的产品,在沿海地区的畜牧业和种植业内部结构中成了热门,表现为水果、蔬菜的高速增长以及观赏植物和花卉生产的剧增。

必须强调指出,由于沿海地区的改革开放比较超前,从不自觉到自觉地通过市场机制来配置农村经济资源,农民和乡镇企业逐渐成为资源配置的主体,生产经营的积极性比较高,再加上沿海地区所具有的地缘优势、血缘优势,农村产业结构才能按照产业递进客观规律的要求发生了上述历史性的深刻变化。

沿海地区农村产业结构的评价

从总体上看,沿海地区农村产业结构所发生的历史性变化,突破了传统的农村产业分工过于单一、简单的坚硬外壳,正初步朝着专业化生产和多部门相结合的方向发展。我们之所以作出如此肯定的评价,主要依据是农业的产业性质和现阶段的社会生产力水平。

农业生产与其他物质生产一样,随着生产力的发展,要出现社会分工和生产专业化,形成专业化生产部门和专业化农业区。但是,由于农业本身的产业性质,农业走向商品化、市场化是以特殊方式进行的,同工业中这一过程并不一样。工业的专业化生产,可以由一个部门只生产一种产品甚至只生产其中的某一个零部件,而且这种分工越细,生产批量越大,劳动生产率越高,经济效益也越好。对农业而言,往往是实行多品种、小批量生产,反而可能达到成本低而收益高的目的。这是由农产品的特点和农业生产过程的特殊性决定的。农产品主要是人们必需的消费资料,人们对农产品的需求是多种多样的,有些产品还具有体积大、易腐坏、不耐贮藏等特点。在一定条件下,需要组织就地生产,就地供应。即使运输条件许可,有时也很不经济,这种在现有生产力水平条件下对农产品需求所形成的区域性需求结构就导致一定地区农业的多部门发展。同时,农业生产要求合理利用自然资源和不断提高土地生产力,只有多部门经营才能更好地满足农业生产的这种客观要求。农业生产的季节性和部门之间互相利用对方的副产品来组织自身的再生产等特点也要求实行多部门经营。只有这样才能合理利用劳动力和多种自然资源,使生产顺利发展。可见,农村产业分工专业化与多部门经营都是农业生产的客观要求。专业化与多部门经营的结合又是指一业为主、多业为辅的关系。不同生产经营单位的专业化生产可以构成一定区域内的多部门经营;有组织地发展不同经营单位的一业为主、多种经营也会形成地区专业化。然而,这要在全社会范围内进行宏观调节,除了需要正确利用市场机制外,还要运用国家计划和其他行政、法律手段来实现。从这个意义上说,沿海地区已有的产业分工只是初步的,它的合理性也是有限的。

同时,由于沿海地区的农村产业结构演进是在中国改革开放、经济转型这一特定历史条件下进行的,是在多种因素的制约下发展产业分工的,因此它的许多方面带有过渡性的特征。

1. 农村产业结构受邻近城市经济的制约性大

我国沿海地区分布着环渤海湾、长江三角洲、珠江三角洲三大城市群,又是现代大工业的集中地,城市工业与农村非农产业之间有着广泛的经济联系,特别是邻近城市的沿海农村大量接受城市工业的扩散和技术转移,形成了为城市经济的发展服务的多种产业部门。由于国家实行分散的城市化政策,沿海地区农村的交通运输条件又相对较便利,80年代以来沿海地区农村工业获得前所未有的发展,其行业结构以纺织、机械、轻工、化工为主。城乡工业的同构现象十分明显。

2. 产业分工的不彻底性和兼业农户的广泛性

这一特点在沿海地区乡镇企业发展初期更加明显,其根源是由农村剩余劳动的不确定性决定的。当时,农业劳动力除了经营农业外,有相当多的剩余。这部分农业剩余劳动力在时间上和数量上一时尚难确定,从而形成了农忙经营农业,农闲或有生产门路时即经营非农产业的特点,同一农户也就往往兼营几种产业。苏南农村广泛存在的"工业三班倒,农业晚中早"就是这种兼业现象的生动写照。这种状况表明,在农村非农产业发展尚不稳定的情况下,兼业农户既能开辟新的收入来源,又能分散非农产业不稳定的风险,为农业剩余劳动力转移提供一种有力的安全保障。同时,这也说明处于过渡阶段的各种非农产业一时还无明确的专业方向,需要在发展社会主义市场经济的过程中逐步形成专业化的方向。届时,非农产业依附于农业母体上的"脐带"才能最终脱落。

3. 农村产业分工通常发端于劳动密集型产业,并随着劳动者文化教育程度的提高逐步扩展到其他产业

沿海地区农村人均拥有的土地资源显著低于全国平均水平,在实行家庭承包责任制后,出现大量农业剩余劳动力,这为在农村发展劳动密集型产业提供了有利条件。但由于农村劳动者的文化素质普遍较低,65%以上的劳动者只具有小学以下文化程度,这对处于起步阶段的乡镇企业等非农产业的巩固和扩展来说,恰恰是一个最大的限制性因素。大量实证研究的结果表明,农民文化教育程度的高低与农村产业分工和向非农产业转移的稳定性成正相关。农业劳动力转移与农民文化水平的关系是文盲转移率为 4.8%、小学程度为 27.8%、初中为42.9%、高中为 44.7%、大专为 50%。按照农村现有劳动力的文化素质结构,只要初中以上文化劳动力的比重提高 1%,则向非农产业转移的农业剩余劳动力就可增加 6700 万人。再从向非农产业转移的稳定性看,同样是文化程度高的转移的稳定性越强,大专以上文化的 100%是常年转移,中专文化的是 89%的常年转移,高中文化的 56.8%能够常年转移,初中文化的 47.1%、小学文化的 45.5%能常年转移,文盲及半文盲的只有 29.3%的人能常年转移①。由此可见,农村劳动力素质的高低对农村产业结构变换的影响是很大的。

---

①　季建业等:《新时期农民问题研究》,黄河出版社 1996 年版,第 306 页。

4. 对外开放的不断扩大直接影响着沿海农村产业结构的调整

农村与外部联系的状况同产业分工的程度紧密相关。环顾当今世界，任何一种产品只要能被广阔的世界市场所认可，那么该产品的生产就很可能形成独立的产业。随着农村改革的深化和对外开放的不断扩大，沿海农村以国际、国内两个市场为导向，努力建立贸工农、产加销一体化的产业体系，积极发展创汇农业，突破城乡分割、地区和行业界限，把城乡经济、农工商贸技术各个行业紧密结合起来，从而促进生产要素的优化组合和农村产业结构的调整。这种结构一出现，就显示出旺盛的生命力和巨大的优越性，为农村经济发展注入了新的活力，为产业结构的调整和优化提供了新路子。目前，这种新型的结构模式正在更广阔的领域、更多的行业由低级向高级、松散型向紧密型逐步发展起来。

5. 农村产业分工的发展仍然受地区间生产要素逆向流动的制约

由于历史、现实、经济和社会的种种原因，沿海农村内部地区之间以及沿海地区与周边地区之间，农村产业分工存在着巨大的地区差异。这些差异能否及时消失，则要取决于生产要素（诸如劳动力、资金、技术等）能否在地区之间顺畅地合理流动。按照地区经济协调发展的要求，应采取恰当的、综合的政策措施促进发达地区的生产要素向欠发达地区流动。然而，现实的经济生活却往往相反，欠发达地区由于缺乏种种条件，往往留不住资金和人才，发生资源和人才"孔雀东南飞"的逆向流动。这种生产要素的现实流向，显然是同地区协调发展的长期走向相背离，不利于沿海地区不发达部分以及沿海周边地区农村产业结构的调整和升级。如何引导沿海发达地区的人才、技术和资金向欠发达地区流动，借助经济发达地区的技术经济优势，开发、利用欠发达地区的资源优势，促进农村产业结构调整和升级，是一项长期的战略任务。

全面评价沿海地区农村产业结构的演变，我们发现，虽然它正朝着合理化的方向发生了历史性的变化，但仍然存在农业基础地位脆弱、结构层次偏低的问题。

1. 农业的基础地位不稳,一度受到削弱

随着乡镇工业的蓬勃发展和农村第三产业的兴起,沿海部分地区的农村产生了轻视农业的思想倾向。80年代中期以后,沿海地区的农业一度出现了徘徊、萎缩和后劲不足的征兆。由于农业的比较效益明显低于第二、三产业,农业物化劳动和活劳动的投入都在减少。"青年人进厂,中年人经商,老弱妇幼种粮",农业后继无人的状况相当普遍。在国家大幅度削减农业投入的情况下,农民和集体经济组织对农业的投入也普遍减少①。沿海地区不少地方长期存在耕地面积锐减、种子退化、水利失修、农机老化、地力下降等情况。农业发展后劲不足的问题引起了党和政府的高度重视,1992年底以来沿海地区采取了一系列农业"升温"措施,并已初见成效。但应当看到,沿海地区农业基础脆弱的问题仍然比较严峻。从深层次上考察,若干制约农业发展和农民生产积极性的根本因素,诸如农业经营规模狭小、农产品交换指数下降等,并未发生实质性改变。正确处理工业和农业的关系,逐步调整和优化沿海地区农村产业结构,实现工农业协调发展,还有许多问题需要解决。

2. 乡镇企业的行业结构和组织结构亟待调整和优化

从行业结构看,沿海乡镇企业以第二产业为主,沿海乡镇工业在非农产业中的比重一直保持在90%以上,农村第三产业的发展过于滞后。一些地方把乡镇企业与乡镇工业混同起来。事实证明,把乡镇企业长期局限在乡镇工业的范围内,势必影响沿海地区农村产业结构提高层次。目前,沿海地区的产业结构仍然停留在"二、一、三"的格局中。同时,目前沿海地区农村第三产业尚限于发展商业、运输业、修理业、餐饮业等传统的服务行业,至于金融、保险、旅游、信息、咨询、仓储、科技

---

① 据沿海某省统计,1988年与1979年相比,财政支出中用于农业的比重减少了16.1个百分点,农业设备贷款的比重减少了4.2个百分点,集体农业投入占当年农业纯投入的比重减少了15.1个百分点。

服务等新兴行业更显得发展不足。从组织结构看,沿海乡镇企业近年来一部分已经中型化,一部分已集团化,但从总体看仍然没有摆脱"小而全"、"小而散"、"小而粗"的传统格局和传统特征。在加快发展的浪潮中,这种趋势有增未减,结果是交易成本居高不下,严重影响了乡镇企业的市场竞争力和经济效益。

3. 农业内部多元化、专业化的水平有待进一步提高

在整个沿海地区农业生产结构中,种植业的比重虽然已有明显的下降,但林牧渔业的比重仍然偏低(详见表1)。在种植业结构中,粮食作物的比重偏大,经济作物尤其是饲料作物的比重偏小。在沿海地区结构变换过程中有两种倾向常常交替发生,一种是不从实际出发,一讲结构调整就忽视粮食生产,把本来适宜种植粮食的耕地改作他用,该投向粮食的生产资金、劳力也不投入,甚至任意侵占粮食耕地;另一种是对农业结构调整顾虑重重,对发展高产优质高效农业举棋不定,有的甚至否定结构调整的已有成果,不论条件如何都要求退回去种植粮食,从而加剧了种植业的结构性矛盾。在畜牧业结构中,猪肉比重过高,食草畜禽如牛、羊、兔、鹅等比重偏小。在林业结构中,用材林比重大,经济林、防护林和风景林比重小。在渔业结构中,捕捞业比重偏大,养殖业比重偏小。

上述情况表明,为了适应建立社会主义市场经济体制的要求,实现农村经济增长方式的转变,一定要对现有的沿海农村产业结构作进一步的调整与优化。

沿海地区农村产业结构的调整和优化

调整和优化产业结构,使之更加合理,是实现沿海地区农村经济全面发展、粮棉等重要农产品稳定增长、农民增加纯收入的重要保证。

一、农村产业结构调整的方向和目标

从现在起到 21 世纪初,将是我国农村产业结构调整的关键时期,

农村产业结构调整的目的是为了使农村生产结构合理化或优化。对沿海地区来说,农村产业结构的调整必须与全国和本地区的国民经济发展的总目标协调一致,服从于经济体制和经济增长方式"两个根本性转变"的要求。在巩固和加强农业基础地位的前提下,以农村经济全面发展、增加粮棉等重要农产品的有效供给、不断提高农民的收入为目标,合理调整农村产业结构,加快沿海地区农村生产力的发展和农村现代化建设的步伐。

沿海地区农村产业结构调整的实质是根据本地区和整个国民经济发展与社会发展的变化趋势,通过社会劳动和自然资源在农村各产业部门内部、各产业之间的合理分配,使农村的生产结构与社会的消费结构能适应和协调,进而使全社会的总供给与总需求之间处于一种相适应和协调的状态。为此,沿海地区农村产业结构应继续坚持"稳定发展第一产业,大力发展第二产业,相应发展第三产业"的基本方向,以粮食供需平衡为基础,逐步提高农村生产性和生活性基础设施的应变能力;以第二产业作为农村资金积累、农民收入提高和实现农村工业化、农业现代化的重要支柱;以农村第三产业的独立和优化作为搞活农村流通、促进农村经济良性循环和拓宽就业门路的主要任务;努力培育新的带头产业,逐步形成贸工农、产加销一体化、产业化的产业结构,不断提高农村经济市场化的水平;依靠科学技术进步、全面提高劳动者的素质,推动农村经济产业分工的发展和产业结构的整体优化。同时,抓住扩大对外开放的机遇,逐步改变沿海农村以原料产品和初级产品出口为主的外贸结构,顺应国际市场竞争趋势,有计划地在农村各个产业部门进行技术改造,扩大技术、资金、设备、智力的引进,带动农村技术进步和农村经济结构的优化,提高农村经济国际化的水平。

二、农村产业结构调整的原则

农村产业结构的合理化往往需要通过人们自觉调整来实现。沿海地区农村产业结构的合理化,一般需要遵循以下几条原则:

1. 满足市场需求的原则

市场的需要,归根到底是人民群众日益增长的物质生活和精神生活的需要,它是农村经济发展的强大动力,推动着农村综合生产力的不断提高。一种新的社会需求的出现,往往会出现一种新的产业来适应它。近十多年来,沿海农村兴起的养鸡业、养鳗业、银杏业、观光农业等新兴产业,都是适应各种新的市场需求发展起来的结果。各种市场需求的满足程度决定于农业生产结构合理的程度,农村产业结构的调整只有根据人们的需要和市场的变化和发展来进行资源和生产要素的优化配置,才能符合这一结构合理化的目标。

2. 遵循合理利用、开发资源的原则

从自然资源和国情、区情出发,沿海地区农村结构的调整必须建立在资源充分合理利用和注意保护的基础上。农村资源是多种多样的,包括土地、劳力、资金、技术以及大气、水体、生物、矿产、能源等,优化配置就是要实现资源的合理组合,强化农村资源的比较优势,充分合理利用当地的自然资源和社会经济资源,使农村产业结构同当地的资源条件相适应,并能使资源获得较高的转化率,真正做到优化配置。从一定意义上说,农村产业结构调整的目标就是使资源配置具有合理性和高效性。沿海地区的人均资源十分短缺,明显低于全国平均水平,但同时又存在着资源消耗过度或利用不充分、配置不尽合理的状况。沿海地区仍然把农业的重点放在耕地上,大量的低丘坡地、海峡水面及滩涂、林业资源的全面开发尚处于起步阶段。为此,要满足日益增长的社会需求,必须面向广大国土,充分利用各种农业资源,提高资源的产出率和利用率,树立保护资源的观点,把科学开发与连续利用结合起来。

3. 经济、社会、生态效益有机统一的原则

在市场经济条件下,发展农村经济不仅要满足社会的需求,同时也要取得较好的效益,包括经济效益、社会效益和生态效益。合理的农村产业结构可以取得较好的效益,反之亦相反。因此,调整和优化农村产业结构,不但要遵循满足市场需求的原则,而且要遵循效益最大化原则。实现经济效益的最大化,要以最少的投入获得尽可能多的产出,尽

量增加农民的经济收入,但又不局限于经济效益。发展农村经济不仅向社会提供农产品、为国民经济提供资金积累,而且要体现农业作为人类生存和发展的基础所具有的改善生态环境、提高生活质量的功能。调整和优化农村产业结构还应立足社会经济的可持续发展,有利于建立良好的生态环境,符合生态平衡的要求。农村产业在很大程度上是开发利用环境的事业,在开发利用自然资源时就必须在有利于保护生态环境的前提下,用较少的自然资源为社会创造更多的物质产品,提供更多的优质服务。总之,合理化的农村产业结构必须有良好的效益结构,做到经济效益、社会效益和生态效益的有机统一。

4. 因时因地制宜的原则

合理的农村产业结构总是相对于一定时间和空间的自然条件、社会经济条件和市场需求的,是个相对的、动态的概念。随着时间的推移,曾经是合理的农村产业结构现在未必仍然合理,就是在沿海地区,也存在多种消费水平、需求层次和消费行为。加上农业结构受自然因素影响很大,在市场的不同需求牵引下,在甲地合理的生产结构,在乙地未必合理。因此,调整和优化农村产业结构决不能照搬照套搞"一刀切",推行一种模式,一定要切实贯彻因时因地制宜的原则。在资源利用上要注意扬长避短,充分发挥地区优势,实行地尽其利、人尽其才、物尽其用。应特别指出,市场经济中的生产者、消费者和政府是三类相对独立的经济主体,他们具有各自规范的行为,生产者和消费者的利益处于经常性变动中。因此,农村产业结构的调整还应在政府的宏观调控下,根据生产者和消费者交易行为及其利益的变动,因时因地制宜地进行。

5. 工农业协调发展的原则

迄今为止,沿海地区的绝大部分人口仍然居住在农村,农民能否按照市场需求自主地、有效地从事经济活动,农业生产的产品是否具有市场竞争能力,不仅关系到3.6亿农民能否劳动致富的问题,也关系到整个沿海地区经济乃至我国国民经济能否快速增长的问题。实践和理论都反复证明,农业是国民经济的重要组成部分,解决农业问题,必须跳出农业的圈子,把它放到国民经济发展全局中去统筹安排。只有当宏观经济发展战略真正由"工业偏好"的倾斜政策转变为工农协调发展战略,农业的基础地位才能得到巩固。那种违背价值规律,单纯要求农民"保证农产品供给"的农业只能是低效益的农业,到头来只能是"贡献越大效益越低,时间越长包袱越重"。总之,在市场经济条件下,农业结构的调整要跳出种养业的圈子,从大农业出发,以种养加相结合,产供销、贸工农一体化的思路来布局和调整结构。近年来,沿海地区按照这一思路优化农业结构已有了一个良好的开端。今后,要沿着这条农业产业化的道路坚定不移地走下去。

三、农村产业结构调整的内容与对策

沿海地区调整农村产业结构包括三个层次,即调整种植业结构、调整农业结构、调整农村产业结构。

1. 种植业结构调整

沿海地区种植业结构调整的主要内容是:在确保粮食稳步增长的前提下,将种植业由以粮食为主体的"粮食—经济作物"二元结构,逐步转变为"粮食—经济作物—饲料"三元结构。要突破传统的粮食观,把豆类从粮食中分离出来,作为高蛋白作物对待。总之,种植业结构调整的核心是发展高产、优质、高效、创汇能力不断提高的农业。

目前,沿海地区的饲料用粮约占粮食总产量的 28% 左右,未来 15 年这一比重将上升到 32% 左右,即相当于 1333 万公顷左右的耕地面积用于种植饲料粮。如果调整种植业结构,逐步把沿海 666.7 万多公顷粮食播种面积改种优质高产的饲料作物或粮、饲兼用作物,其效益可成倍增加。许多研究结果表明,一公顷苜蓿的蛋白质含量相当于小麦的 7 倍;用腊熟期的玉米青贮,其饲料用量折成饲料单位相当于熟收玉米的 2~3 倍;水稻和玉米如果选用饲用品种,如高赖氨酸玉米,其所获饲料量相当于普通品种的 1.5~2 倍。这就是说,在不增加饲料粮用地的情况下,借助结构调整就能获得一倍以上的饲料,多生产一倍以上的畜禽产品。可见,重新配置耕地资源,大力发展饲料生产,用"粮经

饲"三元结构代替"粮经"二元结构,形成专用饲料基地,培育独立的饲料产业,是沿海地区调整产业结构,发展现代化农业的一项重要内容。

同时,种植业结构调整还包括以品种结构调整为依托,启动整个农业结构的调整。品种结构调整技术难度小、成本低、见效快,易于为农民所接受,其要点是逐步实现大多数农产品品种的良种化、优质化。如增加优质稻和粳稻的比重,选用适当的香稻、血糯、黑稻等名特稀品种;小麦要重点选用适合面包、糕点、面条加工的专用小麦品种;玉米除突出发展高赖氨酸玉米外,适当种植高淀粉玉米、甜玉米、糯玉米等;棉花要选用抗病、抗虫品种,种植一些无毒棉,以提高棉籽油的质量和综合利用价值;油料要选用和推广低芥酸油菜等。

2. 农业生产结构调整

内涵是在重视发展种植业的同时,加快发展畜牧业、林业和渔业,实现农林牧渔内部良性循环,实现各业全面协调发展。农业内部调整的核心内容是妥善处理稳粮增棉与发展多种经营的关系。其主要思路是:(1)从提高耕地利用率入手,解决稳粮增棉和发展高效益的经济作物、饲料作物争地的矛盾,通过适当提高复种指数等集约经营的途径,稳定粮田面积,扩大经济作物和饲料作物面积。(2)从发展粮食优势入手,把发展畜禽水产业作为提高粮食效益的主要手段,解决粮食生产比较效益低的问题。(3)从开发山水资源入手,拓宽农业结构调整的空间,加快林业、养殖业的发展。沿海地区农村仍有相当面积的荒坡、荒地、水面、草山未能很好开发利用,加强对这些国土资源的综合利用,发展多种经营,前景广阔。至于运用生物工程等先进技术发展大农业,更是大有文章可做。可以预见,到 2010 年沿海地区农村产业结构中,种植业的比重将下降到 50% 以下,林、牧、渔业将会获得长足的发展。

林牧渔业内部的结构,也将朝着更加合理化的方向发展:(1)积极调整沿海造林结构,全面实现宜林荒山绿化任务,消灭森林赤字,治理水土流失,既增强农业发展后劲,又在一定程度上改善农业生产条件。从沿海的实际出发,合理安排用材林、防护林、薪炭林、经济林、特种林的比例;合理安排人工造林、飞播造林、封山育林的比例;重视营造不同树种的混交林,特别是针阔混交林;实行乔、灌、草相结合,并注意抓好竹林种植。同时,还应优化沿海林区的产业结构和产品结构,发展高效林业。(2)畜牧业结构在稳定发展生猪的前提下,努力扩大耗粮少、转化率高的畜禽饲养规模,即适当降低耗粮较多的猪肉在肉类中的比重,提高禽肉、禽蛋和奶类在畜产品中的比重。据测算,沿海地区猪肉在肉类中的比重(按实物量)将从目前的 78% 左右下降到 65%,同期禽肉所占比重则从 12% 上升到 25%。与此同时,牛、羊、兔肉比重也将有所提高。(3)水产业结构采取以养为主,养殖、捕捞、加工并举的方针。到 2000 年,水产品总量中淡水渔业产量的比重将达到 50% 以上,海水养殖产量的比重也将达到 20% 以上,海洋捕捞产量的比重则下降到 30% 左右。由于沿海地区海洋的捕捞能力多集中在近海,因而造成近海捕捞强度过大,破坏了生态平衡,严重影响了渔业资源繁衍。因此,应调整近海作业方式,改变不合理的生产结构和资源利用状况,达到保护近海渔业资源,积极开发外海和远洋捕捞的目的。

3. 农村产业结构的调整

这是沿海地区农村产业结构调整的最高层次,也是沿海农村经济实现新的腾飞的重要内容,其根本问题是妥善处理农业与发展第二、三产业之间的关系。沿海乡镇企业必须强调在发展中提高,要在提高经济效益的前提下,保持适当的增长速度,按照市场需要和国家产业政策,加快调整行业结构、产品结构、企业组织结构和布局,鼓励乡镇企业把改制、改组、改造、改善结合起来。深化企业改革,转变经营机制;实行资产重组,引导和支持乡镇企业参加或组建企业集团,提高企业的组织程度和规模经济;搞好技术改造,加快科技进步;改善企业管理,不断提高企业素质和产品质量。沿海地区农村要统筹规划,加强基础设施建设,发展工业小区,促进乡镇工业适当集中,把农村工业化和城市化有机结合起来。同时,沿海乡镇企业要充分发挥区位优势,积极发展"三资"企业和外向型经济,扩大对外经济合作,引进先进技术和管理,积极参与国际竞争。

值得注意的是,近年来沿海地区农村产加销、贸工农一体化的产业化经营有了长足的发展。其实质是在市场机制作用下,把传统分散的农产品生产、加工、流通组合成一个社会化大生产的产业链和产业群,实现规模经济效益。基本做法是:龙头企业按照国际国内两个市场的需求,与农民签订产销合同,建立农副产品生产基地,提供配套服务;农民按合同进行定向生产,按时定量交售产品;企业按合同收购、加工,把产品销往国内外市场。利润在各个环节合理分配,生产者、加工者、销售者结成风险共担、利益均沾、互惠互利的经济共同体。这种经营形式促进了生产要素的优化组合和农村产业结构的调整。沿海农村的产业化经营已取得了一定的成绩,但尚处于起步阶段,还存在不少影响发展的深层次矛盾。宏观上,粮、棉、猪、茧等大宗农产品现行的购销体制极大地制约了贸工农一体化经营的进程;微观上,龙头企业不强,产业和区域的受益面有限,存在着低水平重复建设和过度竞争的问题。同时大部分龙头企业与基地、农户的联结,还仅仅停留在产品买卖为基础的低层次产销合作关系上,尚未能与基地、农民形成真正的利益共同体。翻开中外农业发展史,人们可以发现,贸工农一体化是一个伴随农业市场化、社会化程度的提高而逐步发展的动态过程。因此,沿海地区应坚定不移地把发展产加销、贸工农一体化经营形式,作为农村产业结构调整和优化的重要内容。

从总体上看,沿海地区乡镇企业比较发达,但地区内部发展不平衡。沿海地区内的一些粮棉生产区,如江苏的苏北地区、山东的鲁西南地区、河北省的冀中平原等地的乡镇企业还是比较落后。这些地方调整农村产业结构,加快发展乡镇企业一定要注意掌握好以下几点:一是坚持以市场为导向,决不盲目发展市场滞销甚至没有销路的产品;二是立足本地资源,使原料有充足而又稳定的来源;三是起点尽可能要高一些,有一定的规模并采用先进技术,避免刚兴办就在市场竞争中处于不利地位;四是布局要相对集中,不能搞得太分散;五是机制要灵活,可以通过股份合作制等企业组织形式使广大农民的切身利益与企业的兴衰紧密地联系起来。

综上所述,调整农村产业结构不只是与资源配置有关,而且还涉及

到经营机制、市场发育、管理体制等方面。因此,需要采取综合措施,进行全面配套改革:

第一,进一步解放思想,充分认识市场经济条件下调整农村产业结构的重要意义。当前,社会对农产品的需求正由数量扩张朝着质量提高的方向转变,农村正由产品经济向市场经济过渡。因此,农村产业结构调整必须按照市场经济的原则和农村经济自身的特点进行,改变计划经济体制遗留下来的旧观念、旧方法,开拓农村结构调整的新思路。

第二,加快产加销、贸工农一体化的发展,促进农村产业结构的调整。深层次的结构调整,必须依赖新产业的带动。龙头企业由于采用新工艺、新技术,与种植业、养殖业、林业形成新的分工关系,它的发展会带动或推动加工、仓储、包装、运输、销售等一系列其他相关产业的发展,从而导致农村社会劳动时间和资源的重新配置,在新的比例下实现新的供需平衡。针对制约贸工农发展的种种障碍,政府宜从宏观到微观采取一系列配套政策,包括制定有关的商业法规,保证市场机制的作用;按照产业化的要求,合理规划区域布局;发展农业教育—科研—推广体系,降低农业获取科学知识的成本;及时收集、整理、发布各种市场信息等,加快沿海地区贸工农一体化的发展。

第三,建立农产品批发市场,完善农业市场体系,促进农村产业结构调整。要形成与市场需求相适应的农村产业结构,就必须加快农村社会主义市场体系的发育与完善。农产品批发市场具有重要的影响,应根据农村产业结构调整的要求以及大宗农产品和小宗农产品分类建立批发市场,关系国计民生的可建立全国性批发市场,甚至期货市场;一般产品可建立区域性、综合性的批发市场或专业批发市场,充分发挥市场对结构调整的牵动和导向作用。

第四,依靠科技进步,建立科学的农村产业结构体系。调整和优化农村产业结构,一方面要面向市场,接受市场需求变化的信息;另一方面,还要根据自身的条件,作出调整的科学决策,切不可不顾条件盲目调整。不同地区、不同经济发展阶段,农村产业结构调整的内涵是不同的,需要认真研究什么是科学合理的产业结构。因此,需要依靠科学技术,不仅是硬科学,而且应特别重视软科学。只有通过科学研究,实现科技与地区实践的紧密结合,才能把市场经济条件下的农村产业结构调整,真正建立在科学基础之上。

（原载《区际农村产业结构协调机制研究》,中国农业科技出版社1998年版）

日本农协及其对我国农业
产业化经营的启示

　　应日本爱知县农协中央会的邀请,江苏省农业经济学会代表团日前赴日本对农协的组织及其在农业现代化中的功能进行了为期 10 天的考察。先后访问了名古屋、爱知北、三河、东知多、小牧、赤羽根等市、镇、町的农协组织,考察了农协兴办的农产品加工企业和金融保险、技术推广等服务实体,走访了蔬菜、花卉、果树等专业农户,调查了丰明、北部两个大型农产品批发市场,虽然是走马观花,但颇有收获。特别是对于如何进一步提高我国农民的组织化程度,推进农业产业一体化经营,有许多启迪。

无处不在的合作组织,提高了农民的组织化程度

　　日本的农业合作组织至今已有 50 多年的历史。1947 年 12 月,日本政府在全国农村广泛建立了农业协同组合(简称"农协")。农协的宗旨是开展农民互助合作,维护、提高农民的生产和生活水平。作为独立的经济社团法人组织,其框架分为基层农协、县(都、道府)级农协和全国农协三个层次。基层农协一般以综合农协为主,再加上若干专业农协,我们所访问的爱知县目前有 43 个基层农协。

　　基层农协的内设机构有总务部和经济部,下设若干课。在总务部内设管理课、金融课、共济课、电算课;在经济部内设资材课、畜产课、花卉课、管家课等。在各课下视其情况又设若干支所(店),形成为农民服务的纵横交错的网络。对农民而言,每个农户可以同时参加多个农协

组织，从而使农民之间的互助合作呈现多元化的态势。

日本的农协系统图

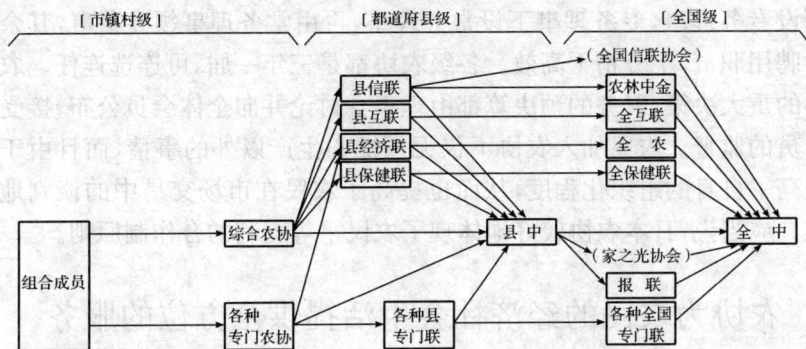

注：箭头表示主要的业务联系。

各团体的正式名称

县　信　联——县信用农业协同组合联合会　　农林中金——农林中央金库

县　互　联——县互助农业协同组合联合会　　全　互　联——全国互助农业协同组合联合会

县经济联——县经济农业协同组合联合会　　全　　农——全国农业协同组合联合会

县保健联——县保健福利农业协同组合联合会　全保健联——全国保健福利农业协同组合联合会

县　　中——县农业协同组合中央会　　　　全　　中——全国农业协同组合中央会

报　　联——全国报纸信息农业协同组合联合会

爱知县级农协，共有中央会和信用、厚生、共济、经济4个联。中央会主要负责对4个联进行综合协调并承担对基层农协进行政策指导，对农民的经营、生活指导以及对农协干部的教育培训等职能。中央会和4个联的领导机构均由会长、副会长和理事组成。为了便于协调，经过改革，厚生、共济、经济3个联的会长一般由中央会的会长、副会长兼任，信用联则须经日本农林省和大藏省审批任免。从选举程序看，先由农户协商推选出农户代表，然后由农户代表协商投票选出基层农协的理事和正、副代表理事组合长；县级农协的理事、副会长和会长由基层农协包括综合农协、专业农协协商推荐，并在各个基层农协的代表理事组合长中选举产生。爱知县农协中央会和15名理事就是由该县的43个基层农协推选产生的，未担任中央会理事的基层农协的代表理事组合长就进入 4 个联的理事会。全国农协则由各县农协的中央会推选。

全国、县级农协的领导机构都是理事会,同时设监事会。在会长下面设专务理事,专务理事下设常务理事,再由常务理事领导参事,其余为聘用职员,十分精干高效。各级农协都是三年一届,可连选连任。农协的重大决策、财务的预决算都由理事会讨论并向全体会员公布,接受会员的监督。农民加入农协不仅无须操心生产以外的事情,而且由于提高了自身的组织化程度,从而也提高了农民在市场交易中的谈判地位。应当说,日本农协较好地体现了农民平等互利的合作制原则。

农协为农民的经济社会生活提供全方位的服务

日本农业的产前、产中、产后以及农民生活的各种服务基本上是由各级农协承担的。按照他们的话说,"农协的职能就是要为农民提供从摇篮到墓地的一切帮助"。从基层的综合农协来说,他们的服务功能已从生产领域扩大到农民的日常生活领域,包括资金融通、生活资料采购、职业技能培训、文化教育、卫生保健、社会保障、婚姻介绍、丧葬服务,等等。从县级农协来看,信用、厚生、共济、经济 4 个联,主要为农民提供六项服务:

1. 指导服务。主要任务是在于加强农协所开展的各种业务同农民农业生产和生活的有效结合,各个农协都配备有专门负责这类指导服务的专职指导员。具体又细分为:(1) 农业经营指导。即负责对组合成员的农业生产经营进行全面指导,不仅仅是技术指导,而且还依靠农协的综合统一力量来指导、援助农民从生产领域到流通领域的整个过程。也就是我们通常所说的全方位、系列化服务。(2) 生活指导。主要是对组合成员的生活作全面指导,其范围极其广泛,包括消费、健康、文化和娱乐等,以创造一个新的农村、农民生活风貌。明年 4 月份还要拓展对丧失劳动能力的老年人看护保险服务,使老年人自立、幸福地生活下去。

2. 贩卖服务。农民生产出来的农产品集中送到农协,由农协帮助其整理调整规格、数量，然后批量出售。这样可实现大量而有计划地出售品种齐全、规格统一的农产品，既可稳定农产品价格、又能使产品销售更加顺畅。

3. 购买服务。该服务是负责共同购买农民所需生产资料和生活资料，然后再将其供应给组合成员。由于是大批量采购，可以降低价格，节省流通费用，向农民提供物美价廉的商品。

4. 信用服务。和我国农民一样，日本农协的单个组合成员在经济上处于比较脆弱的地位，难以从一般的金融机构取得低息贷款。农协的信用服务就是通过吸储组合成员的存款，以长期低息贷给需要农业生产资金或生活资金的组合成员。基层农协组合成员所存资金如用不完可存到其农协的信用联，信用联的资金用不完可存到日本国中央农林基金会，反之则可层层申请贷款，实现资金在更大范围内融通。

5. 保健福利服务。为保障组合成员的健康，农协开展疾病预防和治疗服务，定期集体体检及健康咨询服务等灵活多样的健康管理活动。我们所考察的地方都见到农协自己办的医院。据介绍爱知县共有 9 个农协医院。

6. 互助服务。该服务的目的是当组合成员遭受意外灾难时，要大家一起来填补其损失，以寻求农业生产和农民生活的安定。这一业务所需资金，开始是由农协向农民收取的，然后再进一步向全国性机构集中。现在是从金融及其他经营利润中提取一部分来举办的，据爱知县农协负责人介绍，该协会的储蓄额为 40709 亿日元，购买供应额为 1841 亿日元，贩卖销售额为 1903 亿日元，互助保有额为 175253 亿日元，分别位居全国 47 个县中的第 1、4、6 和 1 位。这些数据可以清楚地说明爱知县农协为农服务是"广覆盖、高水平"。真正体现出了日本农协"万人为我一人，我一人为万人"的理念。

农协在农业结构调整中发挥重要作用

面对经济社会现代化所引起的农产品市场需求的结构性变化，爱知县农协碰到了更高层次的品种、结构性过剩问题,突出的是大米过剩。如何解决这一问题,不是靠政府干预,而是由各级农协及时向农民提供市场信息、引进品种、技术辅导以及必要的经济补偿等服务,积极引导农民进行战略性调整。首先是调整内部结构,适当调减水稻种植面积,转种小麦和蔬菜。以市场为导向,扩大花卉、果品的种植面积。仅1996年,爱知县水稻面积就比上年调减3.6万亩,减少5.9%。在农业总产值中稻米产值所占的比重由95年的16.2%下降为14.6%,调减了1.6个百分点。而蔬菜、花卉、鸡、牛、猪等则相应得到了发展。尤其值得一提的是各市、町在产业结构调整中都已形成了一批在日本有影响的优势产品或主导产业。如丰明、渥美的花卉,三河安城市的黄瓜、梨、草莓等蔬菜水果,尾张地区的茄子,江南市的白菜等,不仅在爱知县,有的在日本全国都很有名气。现在整个爱知县的花卉生产总量名列全国第一,鸡饲养量和鸡蛋生产总量位居全国第二,蔬菜生产总量位居全国第四,牛和猪饲养总量位居全国七八位。由于结构的调整优化,使爱知县的农业能不断地适应社会生活的变化和常新的市场需求,能在激烈的市场竞争和生产要素大量转移的状况下,仍然保持良好的经济效益,农业收入在农民收入中的比重稳中有升。1995年与1990年相比,该县农户户均农业收入增加52.5万日元,增长33.8%,户均农业收入占总收入的比重提高了5.6个百分点。

迎接全球化的知识经济时代的到来, 农协积极引导农民提高技术,更新品种

从政府到各级农协直到农户,立足农业新品种,新技术前沿的意识十分强烈。县政府有农业综合试验场,农协有农业技术推广中心。在考察中,我们强烈地感受到了科技进步和品种更新在爱知县农业现代化中的关键作用。所到之处听得最多的一句话是:"农业的竞争,归根到底是品种的竞争。"目前,在温室中种植各类蔬菜、花卉、水果已十分普遍,且都实现浇水、调温、通风等全程自动化。各种种养业都培育出

一批品质优、口感好的优良新品种:多种小巧玲珑的农机具,适应小田块的操作,大型的粮食、蔬菜加工设备、室内无土栽培技术、嫁接技术,包括我们所品尝到的优质米饭、时令水果蔬菜等,都从不同侧面展示了日本农业的新技术、新品种得以广泛应用的水平。尤其令人叹服的是,科技进步使农业生产摆脱了面朝黄土背朝天的劳作方式,呈现出了轻劳作、反季节、优品种、高收入的新特征。在日本被称为休憩农业、健康农业、快乐农业。城乡一体、农工协调已成为爱知县的一大景观。

新品种、新农技、新农艺的普遍推广,得益于爱知县比较健全的农业科研队伍和农技推广网络。爱知县的农业综合试验场有 266 名研究员,设有 5 部 6 所 3 个中心,立项研究课题共有 157 个,总费用达 3.4 亿日元,包括设施、工资等经费都由政府提供。该县还有一个 300 余人的农技改良中心,科研成果通过他们进行推广、转化。各级农协也均有农技研究和推广的功能。如县经济联创办的营农支援中心,整个投资高达 13 亿日元。它主要发挥三方面作用:一是推广应用技术并和全国大专院校共同开发新技术,以及从县农业综合试验场引进科技成果及时向农户推广。二是努力解决农户需要解决的一些困难,对农户碰到的技术困难,中心和科研机构挂钩,向各地派技术人员帮助排忧解难。三是向农户及时提供生产技术的信息,定期出版科技刊物,举办技术成果展示会。爱知县的基层农协一般都有技术刊物或报纸向农户免费发放。

农协顺应市场化、社会化的要求,不断完善自己的机制

二次大战后,随着日本经济的重建,社会政治的进步,农产品市场的竞争与垄断、开放与保护,使农协的外部环境发生了巨大的变化,尤其是日本政府农业政策的实施和调整,早已动摇了经典合作制的基础。为了适应激烈的市场竞争和农户数量渐减的趋势,日本农协一直在不断修复完善自己。一是在中央会的指导下,坚持自愿的原则,合并农

协,以减少数量,扩大规模。日本全国原有 1500 个农协,现以合并为 535 个。最终目标是合并成 20 个;爱知县原来就有 400 多个农协,现已合并成 43 个,再过 2—3 年拟合并为 15 个。如我们考察的三河农协就是由原来的冈崎、额田、幸田三个农协于今年 3 月合并而成的;知多半岛的大府、东浦、阿久比 3 个农协也将在明年 3 月合并成 1 个。之所以合并,一方面是日本以及爱知县农协的统一规划;而更直接的原因是随着产业结构的调整,农户本身经营活动比过去单纯从事农业广泛得多,分散的农协难以适应农户更宽领域的服务要求,同时自身的经营成本相对较高。合并后适当扩大规模,既可满足农户要求,又使农协之间的资源要素互补,营运更加合理高效,成本趋降,因此农协合并在日本是一种趋势。二是农协的组合成员更具有开放性。农协过去的组合成员一般是本区域内的农户;面对农户数渐减以及兼业户的增加,日本农协在会员吸收上进行了适当改革。目前分为“正会员”和“准会员”两大类,所谓“正会员”就是本区域内的农户;“准会员”就是农民以外的居民包括一些社会团体等。这样做,就大大提高了农协组织的开放度,拓宽了服务领域,扩大了农协的地盘,使其真正成为跨区域的服务性经济社会团体。三是在农产品销售形式上进行改革。以前对组合成员生产的农产品一般采用农户向农协委托代卖的形式,农协负责整理加工、运输、结算等,提取适当的手续费。现在为了适应越来越激烈的市场竞争,他们在进行两方面的改革:一方面鼓励农民自产直销产品,以减少流通环节,提高效益。一般由农协投资兴建超市由农户进市直接经营,有的称“休憩农业”。这种形式一般可减少流通费用 7%～8%,农产品价格相对低廉,很受消费者欢迎。目前爱知县 10 万农户中有 30% 的农户采用了直销形式。另一方面农协自身的农产品销售形式也在改革。由过去接受农户委托代销逐步向直接买断经营转变。既减少农户的市场风险,又增强自身经营的灵活性。我们所考察的基层农协,一般都办起了自己的超市,实行农产品、农业生产资料、生活资料综合经营,实践效果较好。从目前情况看,一般靠近大中城市的,如多知半岛一带,农民直销的比例有扩大之势,相反在渥美半岛一带仍以农协为主,由于农产品数量多、流通距离远等原因,还是委托农协代销为主。

通过短期的考察,我们觉得,日本农协的许多经验和做法值得借鉴,为此建议:

1. 大力发展合作经济组织,尤其是各类专业合作经济组织。我国目前的地区性合作经济组织虽然在人们观念中是一个客观存在,但由于各种原因(包括立法滞后),仅表现为社区内部的管理职能,而其为农服务和开拓市场的经营职能并未体现出来。另一方面,在农民群众自愿的基础上,坚持以市场为导向,以区域化生产为支撑的各类专业合作经济组织发展势头很好,但其法律地位不明确,缺乏必要的引导和扶持。按照我国现行的立法规划,国家对合作经济组织的立法将要等到下一个五年。而我省的农业产业化经营,农产品流通都等不得。建议根据我省的实际情况,加快地方立法的进程,尽快出台有关农村合作经济组织的法律、条例或意见,以促进发展。

2. 加大农业产业化经营的推进力度。农业产业化经营仅停留在一般号召不够,必须把握调控的力点,要有相应的政策措施进行导向。我省今年先后发了苏发[1999]8号和苏政办发[1999]114号文件,对农业结构调整和产业化经营提出了一系列政策措施,但是真正落实到位的微乎其微。主要原因之一是有些部门没有具体的贯彻意见。建议省委、省政府明确有关部门拿出具体的贯彻落实办法,以利基层操作。其次对结构调整和产业化经营的有关基础设施,比如农田基本建设、专业市场建设、重点龙头企业建设等,各级政府采用多种方式包括贷款贴息或低息贷款等进行投入。此外,要加强农产品信息网络建设。在日本考察期间,其纵横交错的农业信息网络,几乎覆盖了生产、加工、流通的全过程。我省目前这项工作也在起步,但往往分散于各有关部门,大多停留在自上而下的宏观应用阶段,开发利用不够,资源如何共享更值得研究。日本的启示是信息要切切实实地为生产者、经营者服务,而不是只为部门、政府官员或管理人员服务。

3. 分步分阶段建设设施农业,推进农业现代化。日本高起点、大范围的设施农业,为农业现代化大添光彩。我省在推进农业现代化过程中应超前思考,加强设施农业建设。可以在沿海发达地区及城郊地带以试点的形式,先行搞一些产品以面向宾馆和大中城市的部分消费者为主的高起点设施农业,具体操作起来可视生产者的投资能力和消费者的消费习惯和能力分步实施,不求一步到位,以求实效。

4. 对农业技术推广体系进行适当改革。借鉴日本的经验,可以按科研、推广两种不同的机制运作。农业科研提供的是公共产品,应由各级政府负责。在日本,农业科研人员是公务员,农业科研成果哪怕获得国家专利也不能获得公务员以外的报酬。而技术的推广则由各级科研推广中心、农协营农中心提供无偿服务,也有大公司派出专业技术人员为其销售产品(包括农作物品种)进行现场指导。另外,还可借鉴其聘用退下来的农业科技人员进行科研和技术推广这一做法,以充分发挥科技人员余热,也能节约成本。

（原载《世界经济与政治论坛》2000 年第 3 期）

增加农民收入　开拓农村市场

目前,多数学者认为:我国工业化进入了一个新的阶段,绝大部分工业品出现了供大于求的局面,由卖方市场转向买方市场,商品销售难度大,开拓市场,为这些商品寻找销售出路成为商家们的首要问题。在出口市场和城市市场竞争日益激烈的情况下,农村市场则表现为另一番景象:农民生活水平提高,由温饱型向小康型迈进,在许多领域需求明显大于供给,消费需求缺口很大,因此,开拓农村市场成为当前人们关注的热点,也成为商家们开拓市场的首选目标。

农村市场的潜力巨大

随着我国市场体制的建立和完善,农民的选择权和生产经营自主权越来越大,他们的消费需求正日益膨胀,对市场的依赖性也将越来越强。因此,农村市场将是一块不容忽视的阵地:(1) 人口基数大。农村人口占全国总人口的 70%,接近 9 亿,是中国最大的消费群体。(2) 农民家庭耐用消费品拥有量低。随着收入和消费水平的提高农民家庭拥有耐用消费品数量不断增加。每百户拥有彩电由 1990 年的 4.72 台增加到 1997 年的 27.32 台。电冰箱由 1.22 台增加到 8.49 台,但其拥有量与城镇相比仍然很低。1997 年城镇居民每百户耐用消费品拥有量彩电已经达到 100.48 台,电冰箱 72.98 台。可见,农村市场在这方面潜力还很大。(3) 农民对生产资料的需求增长。随着我国农业由传统农业向现代农业的转变,小城镇建设和"科技兴农"战略的实施,农业基础设施,农村工业、建筑业、交通业和住房等都将有大发展,这必然产生出对各种农业机械、建筑材料、矿物燃料等的巨大需求,尤其是农业机械,如大型联合收割机和农用载重汽车、小型拖拉机、渔用机动船、机动喷雾器等,都以年均 10％以上的速度增长。柴油机的使用也呈加速增长趋势。随着农业产业一体化经营的推进,农产品加工机械的需求也会增加。显然,开拓农村市场前景广阔。(4)农民消费结构向合理化方向发展。从消费结构看,食品支出比重下降,膳食结构改善。农民恩格尔系数已由 1990 年的 58.8％下降到 1997 年的 55％,食品消费向质量优化转变,并表现为多样化、方便化、营养化变动趋势。衣着方面,对质地好、花色多、价格适中的面料,中低档优质成衣,轻便保暖、式样新颖的羊毛织物以及传统的解放鞋、皮鞋等有很大需求。在住房方面,居住消费支出增加,由 1990 年的 101.37 元增加到 1997 年 233.23 元,同时,农民要求住房的质量标准提高了,由砖瓦结构向钢筋混凝土结构转变并注重室内装修。因此,与之相关的建筑材料、装饰材料的需求会增长。

开拓农村市场的条件约束

农村市场潜力巨大,但目前开拓农村市场面临着两个最基本的条件约束:

1. 农民收入与农村市场规模相关性很强。影响农村市场开拓的因素很多,我们主要选择农民人均纯收入、农村流通市场网点数量、农民消费观念、农村水电等基础设施四个变量,利用 1985—1997 年资料对这些相关因素进行统计分析,结果表明:农村市场发展规模与农民收入密切相关,农村消费品零售额与农民人均纯收入的相关系数高达0.87,农民人均纯收入每增加 1 元,农村消费品零售额将增加 5.02 亿元。此外,农村消费品零售额与农村流通市场网点数量、农民消费观念、农村水电等基础设施的相关系数分别为 0.31、0.43、0.58。

2. 农民收入增长趋缓而且绝对数低。在 80 年代中期以后长达 10

余年的时间里,农民收入增长趋缓。1985—1996 年农民人均纯收入由 398 元提高到 1926 元,实际年均增长 4.17%,1997 年农民人均纯收入扣除物价因素后比 1996 年实际增长 4.6%,增幅比 1996 年有较大幅度下降,下降了近 5 个百分点。此外,1997 年农民人均纯收入只有 2090.1 元,这样的收入水平只能解决温饱问题略有余,而且由于农民收入差异扩大,还有几千万农村人口的温饱问题尚未解决,甚至处于贫困状态。

开拓农村市场的关键:增加农民收入

根据以上分析,我们看出:农村市场潜力巨大,前景诱人,但要将这些潜在需求转变为实际购买力,则有赖于大多数农民可支配收入的增长。下面,我们将从影响农民收入因素和增加农民收入对策两个方面来分析这个问题。

(一) 农民收入低的成因分析

1. 农产品结构不合理。改革以前,我国长期处于农产品供给短缺状态,农村改革所带动的农业高速增长使这种状态在短短几年内就被打破,差不多到 80 年代中期,中国的农产品供求格局就已经开始发生根本性变化,主要表现为从供给制约转到需求制约,或从总量矛盾为主转向以结构矛盾为主。如果农产品供给结构不能适应需求结构的变化,就意味着农民增产不增收。事实上,近年来农产品市场出现的粮食价格的回落和"卖粮难"所暴露的总量有余、结构短缺的矛盾说明:我国农业生产结构的调整明显滞后于市场供求格局的变化,这直接导致农民收入的减少。

2. 农村产业结构不合理。尽管 80 年代,乡镇企业异军突起,为农民增加收入带来很大希望,也确实为农民增加收入起到了至关重要的作用,但由于宏观经济环境与政策环境发生剧烈变动,加上乡镇企业集体所有制的实现形式单一、政企不分等自身的先天弱点,存在着机制弱化、竞争力下降、结构雷同、低水平重复等弊端,不能有效地带动第三产业的发展和过早地走上了"资本替代劳动"的发展道路。因此,在农村,第一产业比重偏大、种植业比重偏大的格局仍未根本改变。在生产性纯收入中,农民来自第一产业的收入一直在 65%以上,而在第一产业中来自农业的收入又一直在 68%以上。这种产业结构的不合理状况限制了农民收入的较快增长。

3. 农民文化素质低。根据吴定宪先生(《农业经济问题》,1998.8)对 62 户农民收入差距的随机抽样调查,结果表明:30 个富裕户的 87个劳动力中,高中以上文化程度的有 59 人,占 67.8%,特别是 30 个户主,人人都是高中以上文化程度,都有一技之长。而 10 个贫困户都存在着文化素质低的特点。

(二)增加农民收入的对策思路

1. 坚持农业基础地位不动摇,采取措施,确保农业持续增长,增加农民收入。(1)调整农产品结构,尤其是农产品的品质结构。自 80 年代中期以来,我国的农业生产结构已经经过多次调整,主要是通过减少一些农产品的生产,同时增加另外一些农产品生产的途径来解决的。今后几年,靠这种调整来增加农民收入的余地越来越小。目前,档次低、质量差的农产品"卖难"现象正说明了这个问题,而真正高品质的名、特、优、新农产品从来不缺乏市场。因此,农业生产结构的调整即农产品的品质结构调整将是未来农产品结构调整的重点。(2)大力发展农产品的加工和转化,开辟新的收入来源。卖原粮,卖初级产品是现阶段农民收入的主要来源。今后,农产品的数量增长有限,农产品价格也不可能有更大幅度上涨,增加农民收入的主要出路在于发展农产品的加工转化,提高农产品的附加值。来自农产品生产、加工和销售的收益增加,从总体上延长了农业产业的价值链,增强了农业的比较优势,改变了过去把农业作为弱质产业的形象,提高了农民发展农业的积极性。发展农产品加工转化,首先要走农牧结合之路,发展养殖业,使种植业产品,主要是粮食和各种秸秆,实现增值。其次要大力发展农产品加工业,特别是粮食的加工。粮食转化的途径很多,目前重点要抓好饲料转化,开拓性发展饲料工业;抓好食品转化,发展食品工业;抓好以粮食为主要原料的医药和化工业;同时也要发展畜产品加工业,实现畜产品加工增值。最后还要大力发展运销业,包括包装、储藏、运输和销售,实现再一次增值。(3) 增加科技投入的广度和深度,促进农业增长方式由粗放型向集约型转变。在近年来我国的农业增长中,科技进步起了一定的作用,但与发达国家相比,科技进步的贡献份额还很低。在以后的农业发展中,科技进步必须发挥更大的作用,以弥补价格推力消失对农业发展的不利影响。因此,农业科技进步不是单项或少数几项技术的进步,而是需要全方位的、整体上的农业科技进步,需要进行一次新的农业科技革命。既要有农业生产环节的技术内容,又要有农产品储藏、加工方面的技术内容;既要有生物技术,又要有工程技术。加大农业科技投入的力度,实现农业增长方式的转变,是未来农业发展的趋势,也是农业发展的必由之路。(4) 开拓新思路,促进农业新发展。根据我国的具体资源特点,发挥其比较优势,发展出口创汇农业。比如,李崇光先生和郭犹焕先生的《中国大米与油料比较优势分析》(《中国农村经济》,1998.6)的文章认为:中国大米(水稻)生产具有比较优势,而油料生产具有比较劣势。因此,我们可以扩大水稻的种植面积,根据国际农产品市场的需求变动趋势,调整水稻生产的品种结构,加大对水稻生产、加工的科研投入和物质投入的力度,改善和提高大米的品质,增强出口能力,增加农民收入。其次,在大都市的城郊结合区域还可以发展旅游农业,既可以增加农民收入,也可以拓宽观光者的视野。第三,还可以建立农业科技园区,为不断提高农业科技含量,探索农业发展的新形式作出贡献。(5) 增加政府基础设施投资。长期以来,基础设施建设落后一直是制约农村经济发展的"瓶颈"。在当前情况下,增加政府基础建设投资,包括农村水利设施、交通运输和水电公用设施等,一方面有利于扩大内需,促进经济增长,增加农民就业机会,提高农民收入,另一方面有利于未来农业和农村经济的持续发展。

　2. 调整农村产业结构,促进农村剩余劳动力的吸收转移,拓宽农民增收渠道。(1)继续发挥乡镇企业吸纳农村剩余劳动力的主渠道作用。面临外部竞争环境的变化,乡镇企业在经过第一阶段的高速发展之后,目前正处在"二次创业"的调整分化过程中。一方面,根据市场需求的新变化,从整体上调整乡镇企业的行业结构和产品结构,另一方面,通过改制工作进行制度创新,增强乡镇企业的组织活力;通过技术改造,增加产品科技含量,改进工艺流程,提高管理水平,增强产品的市场竞争力。调整后的乡镇企业会更具活力,对劳动力也会有更大的需求。(2)发展劳务输出,提高劳务收入的比重。根据1992—1996年农村住户调查资料分析:农民人均纯收入增长与种植业收入相关不大,和种粮收入相关更小,其增长的主要来源是劳务收入,劳务收入与毛收入、农民人均纯收入之间的相关系数高达0.83和0.93。可见,劳务收入已成为农民收入新的增长点。若政府能在小城镇建设、土地使用权和户籍制度改革方面迈出更大步伐的话,劳务输出也将会有更大的增长。(3)推进农业产业一体化经营。农业产业一体化经营是继农村家庭联产承包责任制之后的又一次制度创新,它把农业的科研、生产、加工、销售和服务联为一体,与农民形成利益共同体。既有效地促进了农业的规模经营和集约经营,又促进了农村产业结构的调整、农村剩余劳动力的转移和农村市场体系的发育。农业产业一体化经营是当前农业发展的组织制度创新,它没有固定的模式。全国各地可因地制宜,采取多种形式来推进。目前,各地的主要做法有:公司+农户,农业加工企业+农业生产企业,公司+中介组织(合作社)+农户,组建农业企业集团等。(4)以"三个有利于"为标准,大胆地发展私营经济。社会主义市场经济允许多种所有制并存,为发展私营经济去除了体制障碍。近年来,农村私营企业的比重在逐年上升,发展势头强劲,已成为农村经济不可忽视的一支力量。特别是随着我国国有企业和乡镇企业改制、调整步伐的加快,一部分国有企业和乡镇中小亏损企业被私人收购而转为私营企业,并且能较快地实现扭亏为盈,这有利于解决农村剩余劳动力的转移和农村就业问题,也有利于我国国民经济的健康发展,国家应当鼓励其发展,并提供一定的财政、金融等等方面的政策支持。

　　3. 提高农民文化素质,培育农民参与市场的主体意识。我国农业由传统农业向现代农业的转变,经济体制由计划经济向市场经济的转变都对农民提出了强有力的挑战。农民只有提高素质,掌握现代农业技术,发展多种经营,提高对市场的适应能力、预测能力和决策水平,农民收入的持续增长才有希望。

（原载《江苏经济探讨》1999 年第 1 期）

在农民收入既定条件下
如何开拓农村市场

　　开拓农村市场,是近一年多来经济工作的一个热点和难点。经过广泛议论,理论工作者和实际工作者已形成共识:增加农民收入,扩大农村有支付能力的需求,是开拓农村市场的根本和基础。然而,目前农民增收的形势不容乐观。粮棉油等大宗农产品的单位面积产量已接近甚至达到世界先进水平,靠提高单产来增收的难度不小;我国多数农产品的价格水平已相当高,有的还高于国际市场的价格,靠提高农产品收购价格来增收也很不现实;农副产品的买方市场端倪已现,市场竞争十分激烈;加上受宏观经济环境变化、东南亚金融风波的影响,乡镇企业面临许多困难,劳动力转移势头减弱,靠非农产业增收也已今非昔比。因此,在一个较短的时限内,农民增收将是相当有限的。这就在客观上存在一个需要我们认真面对的命题:在农民收入既定的条件下,如何开拓农村市场? 当前,我们不仅需要深入研究扩大农副产品市场需求、增加农民中长期内收入的根本途径和相关政策,更为重要的是还要具体探讨影响农村消费市场的制约因素。鉴于目前企业在开拓农村市场过程中的行为偏差以及农村公共产品供应不足已成为当前制约农村消费市场发展的“瓶颈”,笔者下面将从调整企业行为和充分发挥政府作用两个方面,讨论在当前农民收入既定条件下有效开拓农村市场问题。

调整企业行为

　　面对激烈的市场竞争,在一部分企业瞄准城市居民消费升级,继续开拓城市新兴市场的同时;另一部分企业应该适时调整战略,面向农村,重点开发、扩大、占有农村市场,使得整体产业依靠城乡两个市场保持一个正常的增长过程以及促进城乡经济协调发展。目前,企业在开拓农村市场过程中,主要应做好以下四个方面的革新:

(一)转变观念,树立开拓农村市场、扩大销售的思想作风和服务体系

转变在传统计划经济体制下形成的根深蒂固的产品经济观念和"官商"作风,加强市场经济意识,变"坐商"为"行商",培育和发扬为农民服务的风尚。当前,从实际需要出发,应建立和健全如下服务体系:(1)健全以中央市场为"龙头",以中级批发市场为骨干,以大量零售市场为基础的市场服务体系;(2)扩大以代储、便民店、专卖店和配送中心为主要形式的生活资料服务体系;(3)扩充以连锁店、便民店、专卖店和配送中心为主要形式的生活资料服务体系;(4)以配套供应、维修、租赁等多种形式为特点的生产资料服务体系;(5)建立多形式的有关旧货回收、维修、调剂余缺、满足农民需求的旧货市场服务体系。

(二)根据农村市场的特点和农民需求状况及时调整产品结构

面对当前买方市场的严峻形势,企业只有从自身的实际出发,找准自己投身市场的"切入点"。为此,企业必须认真研究分析农村居民的消费习惯、消费偏好、消费心理,尤其要考虑农民收入低和闲暇时间较多的特殊情况,及时调整产品结构,生产更多符合农村消费者需要的产品。产品适合农村市场需求,并不意味着产品技术含量不高,质量可以差些,档次可以低些,而是要与农村居民的消费习惯、农村的一些客观环境相适应。

(三)根据农村新变化,探索开拓农村市场的新形式

企业除运用原有行之有效的经营服务形式外,更需要探索新型的经营服务形式。目前,可采取的新经营形式主要有:(1)城市大中型零售商业通过到县城或农村乡镇办分店或连锁店等形式,把大商店的良好信誉、先进管理、优质服务和丰富商品带到当地的分店和连锁店;(2)培养一批经纪商,并使之成为传递信息、引线搭桥、连接城乡、开拓

市场、扩大销售的重要力量；(3)国有商业在大中城市建立蔬菜和副食品配送中心。一方面，它一头连着生产基地，直接取得货源；另一方面，一头连着连锁店或便民店，为顾客服务；(4)把农村粮站(所)和食品站改革为综合服务机构，对农民提供代储、代加工、租赁、兑换、技术、咨询等多种服务。

(四)把县城作为开拓农村市场的根据地，实现工农产品市场的双向开拓

开拓农村市场并不是要求所有的商业企业都到农村兴建商业网点，而是根据农业生产与农民消费的特点以及农村市场容量，依托县城各种所有制的流通企业，在城乡结合部办好综合批发市场，如农副产品批发市场、生产资料批发市场与日用工业品批发市场。目前，大城市的一些大商场可以在条件成熟的地区，通过连锁方式与代理方式向县城以及重要集镇扩散。此外，还可根据农村当前的实际情况与未来发展趋势，开拓农村市场新领域，主要是适应农业生产发展的需要，因地制宜地开展农机具的购销、租赁业务，提高农业机械化程度；适应农村居民生活变化的需要，大力开展建筑装饰材料的供应和燃料等工业品的经营以及开辟旧货市场；大商场或一些中介组织可根据农产品供给的季节特点，专门为农产品销售提供相应的人力、物力和财力支持，并利用自己的营销网络、良好信誉等优势，帮助农民销售农产品。总之，企业要千方百计调整产品结构以及服务内容和服务形式，不断满足农村居民在生产和生活中的各种需要。

发挥政府作用

在世界经济日益朝着市场化方向发展的进程中，市场在资源配置方面所起的作用日益重要，并已得到大多数国家的认同和赞赏，但市场配置资源并不是万能的，也不是完美无缺的，它也会存在"市场失灵"问题，在发达国家是如此，发展中国家更是如此。倘若我们善于发挥政府的作用，就能弥补市场的不足，充分提高资源配置效率。我国农村市场

才刚刚起步，现在还很不完善，各种制度、配套设施不健全，在此情况下，更需要政府的支持，充分发挥政府的作用，尤其要发挥政府在改善农村消费环境、提供农村公共产品方面的作用。目前，在开拓农村市场过程中，政府的作用主要体现在以下四个方面：

（一）推进农村小城镇建设

根据国际上的发展经验，城镇人口的比重与人均 GNP 呈正相关关系。若以 1964 年的美元计算，人均 GNP 达到 500 美元时，城镇人口的比重可达到或超过 50％。90 年代前期，我国的经济水平，实际上人均 GNP 已达到 500 美元左右，而直到 1993 年，我国城镇人口的比重才 23％，主要居住在 8 座 350 万人口以上的大城市和 288 座 40 万人以下的中小城市。显然，现有大中城市容纳人口转移的潜力是有限的，因为它受到资源和环境因素的种种制约，不可能再走发达工业国家"城市病"的老路。1993 年召开的党的十四届三中全会《关于建立社会主义市场经济体制若干问题的决定》指出："逐步改革小城镇的户籍管理制度，允许农民进入小城镇务工经商，发展农村第三产业，促进农村剩余劳动力的转移。"改革户籍制度，允许具备条件的务工经商农民在小城镇落户。这是一件事关发展战略的重要转变，务求尽快妥善贯彻落实。当前，可把 2000 个县（市）政府所在地的大多数镇建设成为 10 万人以上的小城市，把 8 万多个乡（镇）政府所在地的一部分建设成为 1 万人以上的聚居点，发挥城镇的聚合效应。这样做，不仅有利于农村发展第三产业，为农民提供就业机会，增加农民收入；而且有利于克服农村居住分散的状况，便于国家集中提供自来水、道路交通、电力等基础设施，改善农村消费环境，促进农村市场繁荣。

（二）制定相应的政策，引导农民消费，使消费结构进一步合理化

尽管近几年来，与以前相比，农民消费结构向合理化方向迈进了一大步，但其消费结构还很不合理。其主要原因是农民在住房方面支出较多。农村居民在住房方面过多的支出抑制了农村市场其它商品的消费，同样的住房支出，倘若投放在家用电器、交通工具和其他日用消费品方面，将会带动国民经济产业群的更大的增长。因此，如何通过国家

制定适当的政策,引导农村居民消费,使其消费结构进一步合理化是一个需要认真研究的重要课题。当前,在引导农民住房消费方面除了要统一规划,重点建设小城镇以外,我们还必须注意:(1)采取有效措施,抑制农村住房短期内频繁重建。目前,农村想重建而要拆毁的住房大部分是还能继续使用的,对于这些重建行为,必然会造成资源浪费。因此,政府要制定相应的制度,适当限制这些浪费行为。(2)根据各地区具体情况,对农民住房制定一定的乡规民约,对超标准的住房依其面积,征收一定比例的房地产税,严格控制超标准建房。(3)政府可通过制定一些优惠政策,吸引和鼓励农民将有限的资金用于生产,从事多种经营活动,实现资本保值增值,引导资金合理流向。(4)通过一定的媒介以及教育等方式,帮助农村树立新的消费观。以前,当农民把积蓄用于住房建设时,往往以降低多年生活质量为代价,结果农民生活很清苦,无法享受到现代物质文明的好处。即使现在,农民仍普遍存在一味注重扩大住房面积的旧观念,忽视室内配套设施和生活质量的提高。(5)通过国家的政策和扶持措施,使农村金融部门,要能为农民新建住房提供低利率等优惠的金融支持,使农民不能因为建设住房而影响其消费水平的提高和生活质量的改善。因此,针对这些情况,我们要多宣传、多引导、多扶持,确保农民能转变观念,不仅要注重适用住房建设,更要注重室内配套设施建设以及生活水平的提高。

（三）增加农村公共产品供给,改善农村消费环境

农村基础设施主要指为供应农业生产资料、农民生活资料和农产品加工销售服务方面的设施,它包括农村道路、电力、交通运输、仓储、加工、通信等。目前,我国农业基础设施薄弱以及农村基础设施差已成为一个公认的事实。例如,农户家庭用电,电压没有城市稳,而电价却比城市高出很多。农村公共产品供应不足,不仅成为我国农业和农村发展的"瓶颈",而且也抑制了农村消费水平的提高,不利于开拓农村市场。因此,政府应加大农村基础设施投资,改善农村消费环境。在这方面,发达国家的做法值得借鉴。它们的主要做法是,坚持电力、交通、仓储设施、加工能力的建设与地区、产业开发同步进行,电力、交通枢纽、

仓库、码头建设成龙配套。在交通运输开发方面,各国是按照交通运输工具的特点进行整体考虑,按产品的运输需要进行合理布局,使铁路、公路、水路和航空运输各有分工,各有侧重,在空间形成运输网络。鉴于农村的特殊情况,目前各国大多把公路建设作为交通运输设施建设的重点,如美国的公路建设相当发达,其农村公路里程占全部公路里程的80%以上。可见,政府应扩大基础设施尤其是农村交通建设方面的投资,并且尽快核减农户用电价格,对于改善农村消费环境起着重要作用。更为重要的是应充分利用目前农民的收入偏好和农村劳动力成本低这一难得的机遇,把基础设施建设好。这样做,不仅有利于农业的持续发展,而且国家可通过发行国债等形式将城市居民为消费升级所准备的基金转移到农村,用于农业和农村基础设施建设。增加农民收入,改善农村消费环境,有利于刺激农村消费的有效需求,繁荣农村市场,以避免城乡消费市场出现"断层",保持国民经济的持续、稳定、健康发展。

(四)完善农村市场体系

第一,加强市场法制建设。一方面,要加快制定有关农业发展的法规。主要包括《农民基本法》、《农业投资法》、《农产品市场交易法》等,使市场农业的发展有法可依;另一方面,规范市场行为,充分保护农民的正当消费权益。

第二,做好农村市场的信息服务。对我国广大农民来说,目前他们最关心的是信息,最需要的也是信息。因此,当前应花大力气加快农村信息产业的大发展。一、要尽快建立农业信息系统,使之能形成政府信息系统、行业信息系统和民间信息系统并存的信息网络。当然,目前政府应当在此方面承担重要责任,扮演重要角色,充分发挥"主渠道"、"主力军"的作用。二、要加快信息处理手段的现代化,以保证能将大量信息及时传递给农民和有关部门。三、要确保信息质量,做好信息的筛选、整理和传递工作,做到提供给农民的信息"新、准、快、真"。

第三,继续发展和完善农村社会保障体系等市场体系。目前,我国农村市场体系还不健全、不完善。今后,我们还要重点继续做好以下三个方面工作:一是在要素市场,改革户籍制度,促进农村劳动力的合理流动;完善土地使用权的流转机制,发展农业规模经营;提供一定的优惠政策,方便农村的资金融通等等;二是在农业生产资料市场,增加国家对农资企业扶持的力度,稳定农资价格;三是在农村社会保障体系方面,要扩大、推进医疗人寿保险的范围和力度,加快其在农村的普及速度,以解决农民消费的后顾之忧。

(原载《学海》1999 年第 2 期)

乡镇企业经济理论研究
在实践中开拓前进

　　积极发展乡镇企业,是一个既有利于农村经济向专业化、商品化、现代化转变,又有利于工业合理布局,建立新型城乡关系的必然的历史性进步。有关乡镇企业的经济理论作为应用经济学的一门分支学科,也在逐步发展。

一

　　乡镇企业经济理论的显著特点之一是它的实践性。

　　发展乡镇企业,使农民"就在农村中从事工业劳动"①,这是恩格斯1829年在《马尔克》一文中提出来的。马克思主义经典作家多次阐明了在农业合作化和大规模经营农业的条件下,组织被排挤出农业的人就在农村从事工业劳动,经营农业以外的企业,走上农业与工业逐步结合的道路的广阔前景。正是这些论述,给予我们十分珍贵的启示,成为我们发展乡镇企业的理论先导。同时必须看到:乡镇企业在我国兴起、发展的具体实践以及围绕乡镇企业的发展所进行的大量理论研究,则是我国乡镇企业经济理论形成的客观基础和前提条件。乡镇企业经济理论研究是在农村工业的实践获得一定程度的发展、引起人们的瞩目以后开始的,并伴随着它的发展而逐步深化。

---

　　①　见恩格斯:《马尔克》,《马克思恩格斯全集》第19卷,第369页。

　　在我国近代史上,零星存在的农民家庭手工业、作坊生产构成了农村工业的历史基础。解放后,特别是随着农业合作化的发展,农民因陋就简地办起了农具修理、农副产品加工等工副业,拉开了我国农村工业发展的序幕。从1958年成立人民公社到六十年代初,在原乡村工业的基础上兴办了大量社办企业。与这样的实践相适应,报刊上陆续发表了一些关于农村工业的文章,反映了当时探讨农村工业发展中各种具体问题的理论研究成果。

　　起初,一些文章使用"社办工业"或"乡村工业"这样的概念,后来,由于农村工业主要由社队两级举办,因而出现了"社队工业"的概念。七十年代末期,农村中的农、工、商、建、运等多业结构逐步形成,与原来的社队工业相区别,又出现了"社队企业"的概念。近几年来,随着家庭工业、联办企业的发展,又进一步扩展为"乡镇企业"的概念。概念上的变化从一个侧面表现了乡镇企业经济理论研究的实践性及其深化的阶段性。

　　尽管六十年代对农村工业的理论研究只是起步,但这个时期的研究是有成绩的。以后十多年进一步探讨的不少观点,正是在这个时期研究基础上形成的,它们对后来乡镇企业理论研究至少起着"提出问题、奠定基础"[①]的作用。

　　但是当时对农村工业产生和发展的客观经济原因还缺乏马克思主义的科学分析。在"左"的思想影响下,不是用客观经济规律来说明经济现象和经济问题,而是用政治和意识上的原因来代替对客观经济的理论分析。这样的经济理论研究不但不能对经济现象作出科学说明,而且很容易受政治形势变化的影响而随时改变其观点和论证,甚至窒息和扼杀理论研究。

　　七十年代以来,特别是党的十一届三中全会以来,乡镇企业在全国

---

　　① 　见林红:《我国社队企业理论研究的概况》,《江苏经济探讨》1982年第6期。

农村普遍、迅猛发展。在这一过程中,实践向理论提出了越来越多的研究课题,而党的坚持从实际出发的原则,为理论工作者解放思想,研究新情况,提出新观点,提供了最为有利的条件,从而大大推进了乡镇企业经济研究。

从1978年起,我国许多报刊发表了大量有关乡镇企业的研究成果。它们努力从中国国情出发,用经济发展的客观规律性来说明问题,一扫过去那种用政治上的说明来代替经济上的说明的风气。许多文章否定了发展国家计划外的社队企业就是"搞资本主义市场经济"[①]的责难,具体分析了乡镇企业在中国发生、发展、成长的实际原因。这样,乡镇企业实践的发展大大丰富了经济理论研究的内容,而乡镇企业理论研究又指导了乡镇企业实践的发展。

当然,人们面对乡镇企业持续发展的这一新情况,不可能很快就有统一的认识,对乡镇企业的非议仍然不少。但这时候对乡镇企业的非议和分歧,主要的已不再是要不要发展乡镇企业的问题了,而是反映了对乡镇企业在中国发生、发展的规律性认识深度的不同,举办和管理乡镇企业指导思想的不同,以及促使乡镇企业健康发展措施办法的不同。

多年来乡镇企业问题的学术讨论及其经济理论研究的成果,为党和政府制订方针政策提供了依据和参考。同时,它正开拓着乡镇企业理论研究面向实践的新路子,对于推动经济科学的发展具有重要意义。

二

近三十年来的历史表明,我国乡镇企业经济理论的形成和发展,始终伴随着对发展乡镇企业实践的种种论争。这些论争是进行理论思考的最好材料。前事不忘,后事之师。今天,我们重提以往的那些争论,只是为了给这门经济学的分支学科的发展,进一步确立必要的历史基

---

①　见喻权域:《为无锡县的社队工业申辩》,《新华日报》1979年4月4日。

础,并为它的建设提供若干有益的经验。这里,择其要者,作些简述。

第一,关于发展乡镇企业在我国现代化建设中的作用、地位及其客观必然性问题。

七十年代中期以后,特别是党的十一届三中全会以来,社队企业发展的步子很快,它们在经济生活中起着越来越明显的作用。面对这样的客观事实,根本否定社队企业作用的文章已不多见。1981年12月在江苏省无锡县召开的全国第一次社队企业学术讨论会,则把发展社队企业同经济、社会发展战略联系起来。有的同志认为,乡镇企业在经济、社会发展战略中的地位和作用,除了表现在改善农村经济结构、促进农村综合经营的发展外,还表现在它是联结国家工业化和农村综合发展的重要纽带[1]。可以认为,这是一条避免工业过于集中,城市人口过于膨胀,实现工业和城市布局均衡化的新路,是一条就地消化农业剩余劳动力,发挥农村丰富劳动资源的优势,实现农业经济结构合理化的新路,也是一条冲破地区、部门界限,城乡联合发展现代化建设的新路[2]。

在强调发展乡镇企业的战略意义的同时,一些同志充分肯定了乡镇企业在我国发生、发展的客观必然性。当时,社会上有人把社队企业指责为"左"的指导思想的产物,把它与人民公社化运动中的某些错误联在一起;另外一些人则把社队企业看成是在右的思潮下盲目发展起来的。而多数同志认为,我国要在公有制基础上实行有计划的商品经济,要大大发展社会主义的商品生产和商品交换,这就必然会有社队企业产生和发展的广阔天地。社队企业的蓬勃发展,既不是"左"的产物,也不是右的结果。它是适应农村社会分工与商品经济发展的需要,在计划指导下利用市场机制的必然;是建设小城镇,促进城镇和工业平衡

---

[1] 见钟永一:《农村工业与经济、社会发展战略》,《怎样办好社队企业》第92页。

[2] 见顾松年、任新保:《社队企业、小城镇与中心城市》,《怎样办好社队企业》第103—106页。

分布,缩小工农差别、城乡差别的必由之路,是社会主义经济的规律性表现①。实践越来越证明,乡镇企业的发展合乎建设有中国特色的社会主义这个总方向。

第二,关于乡镇企业生产经营上的长处与短处及其供产销问题。

一般认为,乡镇企业之所以能在我国农村广泛兴起,并在国民经济中逐步成长为一支重要力量,除了是由我国客观经济条件决定的以外,是与它们有着自己的特性分不开的。有的文章从生产经营方面分析了它们的长处和优点:1. 产销直接见面,对市场需要反应灵敏,对消费变化的适应性强;2. 受行政层次束缚少,企业生产经营的自主权大;3. 企业经营与劳动者的经济利益结合得比较紧,经济动力大;4. 大多是劳动密集型行业,投资省,积累率高,扩大再生产的步子快。这些,总的反映了乡镇企业具有适应我国经济建设在国家计划指导下充分运用价值规律要求的长处和优点。这就是它们在我国现阶段具有强大生命力的内在原因②。

怎样在肯定乡镇企业的长处和优点的同时,实事求是地分析它们的短处和弱点?多年来存在分歧。这主要表现在如何看待它们在供产销中的盲目性以及衡量它们的经济效益。

有一种意见,把近几年社队工业的大发展,称之为我国工业企业的第三次盲目发展③。在一段时间里,"经济效益差","以小挤大,以落后挤先进,以集体挤国营","同大工业争原料,争能源,争市场"等等,成为指责社队企业的典型用语。有些同志甚至把社队企业看做是社会上不正之风的一个来源。

① 见江苏省社科院经济研究所:《社队工业发展的必然性及其继续前进的途径》,《江苏经济探讨》1984年第4期。
② 见顾松年、李宗金:《社队企业问题研究》,《江苏社队企业经济文选》第59页。
③ 参见《关于社队企业"以小挤大"问题座谈会的文章和发言》,《农业经济丛刊》1981年第5期。

一般说来，凡是经过实地调查，对社队企业发展中提出的重大问题作过具体分析、深入探索的同志，都不赞同以上说法，认为这些都不够公正，不够客观。

1. 怎样评价社队工业的经济效益？不少同志指出，应当对社队工业的微观经济效益和宏观经济效益作全面考察。考察微观经济效益，可以发现社队工业的微观经济效益是大大高于农副业的；它的产值利润率和固定资产产值率也并不低，至于劳动生产率和每一职工平均提供税利比较低，这是与它担负的主要任务是安排劳动就业这一点相适应的。而且这方面的效益也是可以逐步提高的。考察宏观经济效益，社队企业的发展为解决"八亿农民搞饭吃"这个全局性的问题开辟了一条道路，此外，能补充计划安排之不足，增产社会需要的大量商品，还能为国家增加很大一笔税收。

2. 能不能说社队企业"以小挤大"？有些同志认为，就原料来讲，现状不是社队工业挤占农产品原料的问题，而是社队工业加工农产品的份额过小。至于燃料和原材料供应，计划部门应当有个松散计划，考虑社队工业和农村的需要。再就市场来说，社队工业是以其创造的新价值扩大社会购买力，从而向由此扩大了的市场取得自己的份额。1981 年，国家机械工业委员会曾对江苏省社队办的机械、电子工业进行过专题调查，其结论是："补"的多，"挤"的少，基本上否定了"以小挤大"的问题[1]。

3. 社队企业是不是不正之风的"风源"？不少同志指出，不正之风是一种社会现象，是有关党风的问题，不能单纯指责社队企业，需要从多方面分析原因。从经济上看，某些社队企业的不正之风是在供产销渠道不畅通的情况下，为了求生存、争发展而搞起来的[2]。

第三，关于乡镇企业的生产方向以及要不要坚持"三就地"原则的

---

① 参见《农业经济丛刊》1981 年第 5 期，第 51 页。
② 参见《江苏经济探讨》1982 年第 2 期和 1984 年第 4 期。

问题。

如前所述,早期的农村工业是以开办农机具修造、粮油加工等农用工厂而逐步兴旺起来的。六十年代到七十年代,许多地方的农村都是明确以支援农业作为发展社队工业的目标的。江苏一些农村就提出了"围绕农业办工业,办好工业促农业"的口号,这就更加强调社队工业必须坚持为农业服务的生产方向。

随着实践的发展,在这个问题上也出现了不同意见。一种意见,强调农村工业的发展,要从有利于农业这个基础出发,把为农业生产服务摆在首要位置[①]。另一种意见则指出,社队工业为农业服务,是理所当然的,但也应根据各地特点,立足本地具体条件,不能"一刀切"。实际上,随着国民经济和社队工业的发展,其趋势是为大工业服务的比重将越来越大,这在靠近城市的地方尤其是这样[②]。

有些同志提出并论证了"农工一体化"的理论,指出:我国目前农村工业中的大部分企业与农业没有内在联系,这不是严格科学意义上的农工一体化,在实践上会导致与城市工业争原料、争能源的矛盾。他们主张这类农村工业应当下马、让路,尽可能转向"农业前"和"农业后"的生产部门和生产技术服务部门。

针对上述观点,有的同志作了分析,指出:现阶段农村工业的部门结构和生产方向,是由农业劳动生产率和农产品商品率、工农产品价格剪刀差和工业品的比价,各地人口、土地、资源以及技术水平等等复杂的客观经济条件决定的,而不取决于某种既定模式的规定和人们的主观愿望。国外的农工一体化的理论,可供我们借鉴。但是,在我国现阶段,要求多数地区农村经济的综合发展,都按照农工一体化一个模式行事,既不恰当,也行不通,应当允许有多种模式并存[③]。应当说,这样的

---

①　见包耀法:《谈谈社队工业的特点》,《群众论丛》1979年第1期。

②　见喻权域:《为无锡县的社队企业申辩》,《新华日报》1979年4月4日。

③　见钟永一:《农村工业与经济、社会发展战略》,《怎样办好社队企业》第92页。

认识比较合乎实际。

　　同上面这一争论相联系的，就是发展社队企业要不要坚持早期提出的"就地取材，就地加工，就地销售"的原则。有文章指出，"三就地"固然有利于促进开发利用本地资源，投资少，上马快，但是"三就地"本身有很大的局限性，它并不符合生产愈发展就愈要求生产社会化、商品化这一经济发展的总趋势①。这一争论的实质是在我国农村要按社会化大生产的客观要求发展开放式的商品生产，还是固守小生产的习惯，搞封闭式的自然经济的问题。按照有计划发展商品生产、搞开放型经济的要求，应当在积极开发利用地方资源，充分发展种植、养殖业的前提下，允许因地制宜地发展各种加工工业。这样，才便于更好地发挥地区优势，促使不同地区建立各有自己特色的农村工业部门结构和整个农村产业结构。

　　第四，关于乡镇企业的利润分配以及农村里农副工各产业部门协调发展的问题。

　　在分配领域里，社队工业企业不仅有着一般社会主义企业共有的国家、集体、个人三者关系，而且"集体"这方面包括社队和企业本身两部分，"个人"这方面又包括企业职工和企业所在乡村（社队）的务农社员两方面。正是由于存在着这"三者五方"的多边关系，因而使社队企业的利润分配关系显得十分复杂②。处理得好不好，直接关系到坚持社会主义按劳分配原则的问题，关系到在稳定农业这个基础条件下促使农副工协调发展的问题，也关系到乡镇企业扩大再生产的合理规模问题。

　　在这个问题上，理论界也有种种争议，其中争议最激烈的是"以工补农"问题。

　　一种意见对"以工补农"持否定态度。认为社队企业获得的利润应

　　①　见缪祖辛：《"三就地"可以突破》，《群众》1980 年第 6 期。
　　②　见李宗金：《社队企业与三者关系》，《怎样办好社队企业》第 195 页。

该归自己支配,不能给生产队,这是企业自主权的问题。还有人认为"用工业利润来补贴农业",会导致忽视和掩盖农业本身的矛盾,不利于农业的发展[1]。更有人明确认为,"以工补农"是把城市工业的部分利润拿过来补偿给农民,这是把当前利益和长远利益对立起来,把农民的利益和全国人民的共同利益对立起来[2]。

另一种意见坚决主张"以工补农"。认为社队企业是农民集体所有,利润也属于全体社员所有,必须使农民得到实惠,使农民从个人利益上更好地关心企业的发展[3]。还有同志进一步指出,以工补农的实质,就是在集体经济内部,运用自己的经济力量,以补国家之不足,达到稳定农业、协调农村中农副工生产的目的[4]。

看来,由于国家的财力有限,当宏观上尚不具备建立合理的价格体系的条件时,集体经济有必要采取微观调节的办法,使本来应当实现而未实现的那部分农业部门创造的价值得以实现,从而来平衡务工和务农劳力的经济利益,以促进农村经济中各个产业部门的协调发展,提高农民生活水平。

以上种种争论,归根结底,都通向这样一个核心的理论问题,即承认不承认我国现阶段的社会主义经济是在公有制基础上的有计划的商品经济;承认不承认商品经济的充分发展是社会经济发展的不可逾越的阶段,是实现我国经济现代化的必要条件。以往的争论表明,我国乡镇企业发展的实践,为我们研究计划经济同运用价值规律、发展商品生产之间的辩证统一的关系提供了绝好的材料。以往的争论还说明,人们对于现代化建设中的客观经济规律的认识要经过艰苦的摸索过程,

---

① 见王耕今、朱镕基:《社队工业向何处去?》,《经济管理》1979 年第 3 期。

② 见程极明:《用什么指导思想办社队企业》,《江海学刊》1982 年第 3 期。

③ 见中共苏州地委宣传部:《社队企业的发展要给农民更多更直接的好处》,《新华日报》1980 年 10 月 3 日。

④ 见沈啸森:《经济发达地区农村经济改革的几个问题》,《1982 年江苏省农业经济学会年会论文集》。

许多问题不经过反复讨论,就不能得到正确的解决。

三

乡镇企业的实践正在不断向前推进,乡镇企业经济理论研究有待于继续深入。

第一,面临以城市为重点的整个经济体制改革和世界新技术革命的形势,必须选择乡镇企业新的发展战略,使之更自觉地扬长避短,进一步增强竞争能力。

实践表明,乡镇企业在其发生、发展过程中显示了强大的生命力,表现出能与现代大型企业比高低的竞争力。有些同志认为,乡镇企业在城市大中企业由于受僵化体制束缚缺乏应有活力的条件下,具有明显的优势和竞争能力,但随着城市体制改革的全面推开,城市大中型企业将大大增强其活力,而且将利用世界新技术革命的机会很快实现起飞,乡镇企业将越来越丧失其与城市大中企业竞争的优势。

这个意见提示了乡镇企业必须正视面临的严峻挑战,作新的战略考虑。我们认为,这对乡镇企业是压力,也是新的动力。在以城市为重点的整个经济体制改革和世界新技术革命兴起的新形势下,一方面,城市工业企业自主权扩大了以后,它们会进一步"打开城门,跳出城墙",以它们资金、技术、设备上的优势来与具有一定空间优势的乡镇企业结合,另一方面,乡镇企业对外开放的大门也可以打得更开,引进技术,科技开发的路子也就更广。因此,乡镇企业完全可以在这个新形势下更好地扬长避短,增强对环境的适应力,在与大工业建立既协作又竞争关系的条件下进一步开拓前进。

要适应新的形势,乡镇企业的发展战略就面临着一些新的问题,比如,乡镇企业的发展,多年来主要是走了一条不断兴办新厂,搞外延扩大再生产的路子。在新形势下,能否继续这样走下去?乡镇企业管理体制如何适应新形势?这些都需要在理论上进行研究。

第二,按照建立自觉运用价值规律的计划体制的要求,必须研究对乡镇企业既坚持放开放活，又实施有计划地指导、调节和切合实际的行政管理，进行有效的宏观调节。

长期来，在要不要把乡镇企业生产纳入国家计划问题上，始终存在着分歧。乡镇企业作为国民经济的一个组成部分，当然应当服从整个国民经济的宏观调节。越是搞活经济，越是要重视宏观调节。但对乡镇企业加强宏观调节，显然不等于把乡镇企业的所有生产活动统统纳入国家计划，而只应是把它们基本上纳入国民经济的综合平衡的统筹安排之中；更不等于用行政管理的手段捆住它们搞活生产经营的手脚，而只应是在微观上放开放活的同时，主要运用指导性计划和市场调节的管理方法，并综合运用价格、税收、信贷等经济杠杆，加上相应的经济法规进行宏观调节。至于行政性管理，作为经济手段的辅助，也是必要的，但必须符合乡镇企业的情况和特点，切不能照搬城市国营企业的那一套。如何对乡镇企业实施有效的宏观调节，也是理论研究的重要课题。

第三，从城乡经济联结的宏观角度作考察，必须对乡镇企业所带来的城乡经济发展一体化的趋势及其意义作充分估计，并积极探索促进区域经济发展的合理途径。

乡镇企业的发展，不仅在农村突破了一业为主、单一结构的传统农业模式，而且在城乡之间开始改变了工业—城市、农业—乡村的老格局，出现了城乡经济结合的新形式，一些地方已从过去主要通过商业渠道转变为更多地通过工业生产专业化协作网络来联结城乡。

这一新的趋向表明，一种具有中国特色的社会主义新型城乡关系正在获得发展。乡镇工业的兴起，必然促进农村分工分业的发展，推进农业生产专业化、商品化、现代化的进程；乡镇工业的发展，必然要以中心城市为依托，发展与城市工业的专业化协作；乡镇工业的提高，必然有赖于科技进步，密切同城市的教育、科研单位的联系。而城市也必然会在同农村和乡镇企业的结合中发展和提高自己。

这一新的趋势还表明，生产力诸因素能在城乡之间以至更大区域范围内合理流动和优化组合，不断形成新的生产力。十分明显，城乡经济的新结合,符合经济体制改革的方向,合乎以城市为中心,组织不同规模、各具特色的经济区和经济网络这一体制改革的要求,将推进以城市为重点的整个经济体制的改革,为整个国民经济协调发展创造更好的条件。因此,必须按照经济体制改革的基本方向和有计划发展商品经济的客观要求,继续探索进一步发展乡镇企业的合理途径。

当前,乡镇企业的实践及其理论研究的发展都表明,对于乡镇企业的研究,在方法上应有新的进步。乡镇企业问题,早已越出了农业经济学的范畴,它涉及到工业结构、经济网络、商品流通、财政信贷、智力开发、信息交流以及城乡关系等一系列远非部门经济研究所能包容的新问题。因此,应当提倡多学科协作研究,克服单学科研究的局限性,以利于加强研究深度。同时,在乡镇企业经济理论研究中,我们应当树立起系统的观点,运用系统分析的方法去综合研究乡镇企业经济结构的比例、层次和均衡。我们不仅要把乡镇企业放到农业经济系统中去考察,更要把它放到工业经济系统以至整个国民经济大系统中去认识,系统地分析乡镇企业与计划部门、各行业归口管理部门、各级工商行政管理部门以及财政、税收、物价、银行等经济部门之间的关系;系统分析乡镇企业与其他社会主义企业之间的关系;还要分析乡镇企业系统与社会系统、自然系统之间的关系。此外,鉴于农村工业化已在一些发达资本主义国家以及发展中国家不同程度出现,我们还应当吸取国外可供借鉴的经验,来加深对农村工业化规律性的探讨。

（原载《经济研究》1985年第5期,与顾松年合作）

新型城乡关系和城乡工业协调发展

从生产领域考察新的历史条件下的城乡关系、工农关系,在很大程度上已经具体转化为农村经济内部农业和乡镇工业之间的关系以及城市工业与乡镇工业之间的关系。现在,面对农业生产特别是粮食生产表现出的不稳定性,对于正确处理农业与乡镇工业之间的关系,人们普遍比较重视,但是对于促进城市工业与乡镇工业协调发展的问题,则尚未进行系统分析和深入研究。本文拟就这个问题做些初步探索,就教于所有关心建立新型城乡关系的同志。

城乡工业协调发展是新型城乡关系的主导因素

我国的乡镇工业在走过了一段艰难曲折的发展历程后,已成为当代中国一支充满生机、最富于活力和创造力的经济力量。大量无可争辩的事实说明,发展乡镇工业不仅是振兴我国农村经济的必由之路,同时也是走中国式社会主义工业化道路的一项创举。乡镇工业的迅速发展使城乡关系从内容到形式都发生了急剧变化。主要表现在两个方面:

——在流通领域中,除了原有的工业品下乡、农副产品进城的城乡工农产品交换外,增添了工业原料下乡、以农村资源为原料的工业品进城、工业原料的加工进城等新内容,流通渠道形式也由过去国营商业、物资部门的统购包销,改变为多渠道、多形式、多层次的流通。

——在生产领域中,由过去城乡各自在封闭的经济系统中孤军奋斗,生产要素基本上保持在自己原来的位置上,变为人才、资金、设备、技术、信息的频繁流动和重新组合。

新型城乡关系不仅要求城乡之间等价地进行商品交换,而且要求城乡双方发挥各自的优势,联合起来共同发展商品生产。

与此同时,国家、地方和企业,各个层次都不同程度存在着经济增长过热的内在冲动。正是在这种情况下,乡镇工业发展出现了一些盲目性。具体表现在:乡镇工业主要走的是外延扩大再生产的路子,有些地方乡镇工业发展速度过快,与国民经济其他部门特别是与能源工业、原材料工业和交通运输业的发展不相协调;有些地方对乡镇工业发展中的技术进步注意不够,在低水平上重复布点;有的乡镇企业在接受城市工业产品扩散中,把一些落后工艺和淘汰产品重新拿来使用和生产,使得企业的经济效益和社会效益都很差;有的地方资源破坏严重,生态环境恶化,污染与乡镇工业成比例发展,不少乡镇企业经营管理混乱。

总之,乡镇工业成为国民经济一支重要力量后,固然不能无视它的存在,要充分肯定它在推动城市工业发展和经济体制改革方面的积极作用。同时,还要看到乡镇工业发展中存在的问题,是与国民经济全局密不可分的。实现乡镇工业与国民经济其他部门、特别是与城市工业协调发展,既是乡镇企业健康发展必须具备的宏观环境和外部条件,又是国民经济实现良性循环的迫切要求。

分工协作是城乡工业协调发展的基本含义

城乡工业协调,应当从工业化过程,即工业化的道路来认识。世界经济史上,工业化道路大体有三种模式:

第一种,早期资本主义国家(如英国、法国)的道路。工业资本在城市高度集聚,农村凋敝,农民大量破产蜂拥进城,城市臃肿,污染严重。等到城市高度发达后,再回过头来逐步解决农村和小城镇的投资和繁荣问题。

第二种,苏联的道路。在工业建设初期,运用多种行政手段控制城市发展规模,控制农村劳动力向城市大规模转移。通过全面抑制消费水平、积累资金,依靠剥夺农民来发展工业。

这两种工业化道路,都是以工业投资在大城市和大工业区的爆发式增长为典型特征。其结果虽然保证了工业化所需的初速度和积聚规模,但城乡关系恶化。

第三种,发展农村集镇与中、小城市的道路。六十年代以后,以美国、西德为代表的发达国家,大城市问题日趋严重。此后,资金和人口逐渐由大城市逆转流向中、小城市和农村集镇,从而使农村和小城镇发展速度加快。有人把这种现象称之为"反城市化"趋势。能否在工业化初期就注意发展中、小城市和乡村集镇,跳过大城市膨胀的阶段呢?这是不少发展中国家正在探索的问题。

在我国,放手让亿万农民兴办乡镇工业,并使之与城市工业协调发展,不仅开辟了一条独特的工业化道路,对加速我国工业化进程有重要影响,而且对整个国民经济的正常运行,具有深远意义。多年的实践表明,我国城乡工业协调发展必须满足下列前提条件:(1)保证农业现代化顺利进行,使工业为农业现代化提供坚实的物资技术基础;(2)农村剩余劳动力向非农产业转移的速度以及由此引起的农村人口向小城镇、城市转移的速度,不超过城乡社会结构和基础设施水平允许的范围;(3)城乡工业投资的密度不超越技术水平、投资环境以及整个国民经济的承受能力;(4)城乡消费水平,包括城乡工业企业职工的收入差距以及农村中工业劳动者和农业劳动者之间的收入差距,既反映先富和后富的差别,又不危及共同富裕的长远目标。

由此可见,城乡工业协调发展的实质,就是在实现工业化过程中,如何正确处理城乡关系,工农关系的问题。衡量城乡工业发展是否协调或者协调程度的高低有什么标准呢?我们认为,主要有以下五条:(1)上述四项前提条件是否得到满足;(2)城乡工业是否合理分工,扬长避短,发挥各自优势,使得城乡的各种工业经济资源都得到充分利用;(3)城乡企业之间是否具有积极发展横向联系的内在动力,是否具备鼓励和支持城乡工业企业联合的外部环境;(4)城乡工业的技术和管理的进步确有保证,彼此间经济实力的差距正在逐步缩小;(5) 整个城乡工业体系持续、稳定的发展,达到经济效益、社会效益和环境效益的统一。

由此不难看出,城乡工业由于它们在我国现代化建设中具有不同的功能,通过合理分工和相互协作,不仅使整个工业系统的内耗较少,而且能充分发挥城市和农村两方面的优势,形成新的社会生产力,满足社会需要的多样性和复杂性。"明确功能,分工协作,优势互补,城乡共荣"这就是我国城乡工业协调发展的基本含义。

经济联合是城乡工业协调发展的良好形式

企业间的联合,是横向经济联合的基本形式。为了更好地把握城乡企业联合的现状,我们在江苏省抽样调查了参加各种形式联合 220 个城乡工业企业,并运用电子计算机进行数据处理和分析,形成了如下一些概念:

(一) 在各类联合中,城乡企业间的联合占压倒优势。城乡工业企业彼此都很乐意把对方作为联合对象,在参加联合的城乡企业中,67%的乡镇企业选择城市企业联合,75%的城市企业选择乡镇企业联合。当然,这并不意味着其他联合形式不重要。不少企业同时与几种不同类型的对象联合,这种多边关系更便于取长补短,发挥组合优势。应当指出,城乡企业与高等院校、科研机构的直接联合是近年来一个重要的发展趋势。已有 28% 城市企业和 25% 的乡镇企业参与这类联合。同时,随着对外开放步伐的加快,江苏已有部分企业开始与外资企业联合。

(二) 参加联合的城乡企业必须达到一定的规模,城市企业比乡镇企业更具有较强的经济实力和吸引力。城乡在这方面的差距说明,城市企业在联合中处于中心的地位,对联合对象具有较大的选择余地和吸引力。

(三) 在打破行政区域的界限开展横向联合方面,乡镇企业较之城市企业有更大的活力。220家企业的联合对象中,有40％是本市(县)范围以外的企业,这在我国企业发展史上可算一次重大突破。企业冲破行政区域和主管部门的束缚,发展横向联合,势必使企业的经营方法产生重大变化,对宏观经济结构也将产生深远影响。但是调查表明,在这方面,城乡企业也有较大的差距。

乡镇企业冲破省界开展联合的比重大大高于城市企业。这一方面说明乡镇企业经济活力较强;另一方面也说明城市企业还没有真正搞活,城市经济的潜在能量还远没有得到充分发挥。

(四)企业追求联合有着多种动机,但企业普遍重视技术开发,在其他方面城乡企业又各有所求。企业联合的主要内容,一般可以分为五类:(1)产品转让(脱壳)或产品加工;(2)相互投资或合资经营;(3)技术合作与人员培训;(4)能源、原辅材料供应;(5)联合销售产品。

被调查的企业常常同时出于多种动机开展横向联合。但从总体上看,城乡企业普遍重视进行技术合作与人员培训,以此内容开展联合的企业的比重高达62％。这表明,企业联合是推广、开发新技术的重要途径,而获得和应用新技术,提高职工素质又是企业联合的主要动力。

(五)企业联合的两大障碍是利益分配不当和缺乏法律保障。利益分配是否恰当,是企业联合能否成功的关键。由于所调查的220家企业都是仍在联合的企业,因此到底有多少企业由于利益分配不当而影响联合,一时还未能统计。即使如此,在调查的企业中仍有18％左右的企业认为联合后的利益分配不合理。其中,乡镇企业认为利益分配"不合理"的比重达到20％。应当指出,认为不合理的乡镇企业数实际上比统计数还要更大一些。由于乡镇企业在联合中选择"对象"的余地较少,明明不合理,但嘴上也不敢直说。

由于我国的经济法很不健全,加上条块分割,有些参加联合的企业不能或不愿签署具有法律效力的文件,加大了联合的风险,妨碍企业联合的稳定性。调查结果表明,在样本总体中有22％的企业有法律手续,其中乡镇企业有24％,城市企业有16％。另外有些企业虽已签订了具有法律效力的合同和条款,但常以国家政策变化为由,单方面撤毁合同,致使对方以至双方遭受经济损失。

此外,产值归谁统计,联合企业的归口管理,上级主管部门的干涉(主要来自城市企业的主管部门),找不到合适的"对象"等等,也是当前城乡企业联合中常见的障碍和困难。

城乡工业协调发展要健全中观经济管理层次

我国是一个十亿人口的大国,经济发展不平衡,地区差异很大。中观经济作为宏观经济与微观经济的中间层次,对于具体落实宏观决策,继续搞活微观担负着直接的责任。宏观决策是以全国的基本国情为依据,以维护全国人民的共同利益为出发点和归宿。它属于一种共性决策。而地方特别是中心城市则必须进行一种共性与个性相结合的决策,即创造性地把宏观决策同本地的实际情况结合起来。既服从长远利益、全局利益,服从统一的宏观管理和宏观控制,又兼顾眼前利益和正当的局部利益,符合当地的实际需要和实际可能。

从促进城乡工业协调发展的具体要求来看,更是如此。长期以来,从某种意义上说,乡镇工业是一种"计划外"工业。在整个国民经济计划中它不是没有"报进户口",就是虽有"户口"但无"油粮供应"。显然,这不符合"统筹兼顾,适当安排"这一国民经济综合平衡的首要原则。现在,乡镇工业已被公认为国民经济的一支重要力量。既然如此,它就应当在国民经济系统的综合平衡中,占有一定的位置。如何把乡镇工业纳入国民经济系统的综合平衡?现实可行的做法是在坚持乡镇工业以市场调节为主的前提下,通过计划领导,对乡镇工业的增长速度和基建规模进行合理规划;通过制定具体的经济政策、运用经济手段以及提供信息服务帮助和引导乡镇企业进行正确决策;推动多种形式的横向联合,使乡镇工业间接或直接纳入计划的轨道。

当前,我国经济体制改革正处于新旧体制的转换过程中,城乡体制改革如何衔接的问题远未解决。对于改革中的种种艰巨性和复杂性,地方特别是中心城市感受最直接、反映最灵敏。因此,在服从中央对国民经济重大问题的宏观决策的条件下,通过连结宏观与微观的中观经济管理层次来控制和调节乡镇工业的发展,并使其与农业和城市工业的发展相协调,看来是比较适宜的。特别是充分发挥中心城市的主体功能即工业功能,进一步增强城市大中型企业的活力,对于城乡工业协调发展有着现实意义和战略意义。

我们认为,作为中观经济管理层次的中心城市,不仅要在搞活企业方面有强烈的责任感,同时,也应当不断提高对搞好宏观管理的积极性和责任心。为此,具体提出以下建议:(1)充分发挥中心城市的计划调节作用。中心城市应树立城乡一体化的整体观念,统筹规划城乡工业的发展。在充分调查研究,综合平衡的基础上,建立起一个能灵敏反映市场和企业行为机制的、与国家中长期规划相衔接的城乡工业计划体制。(2)强化城乡工业各种经济活动的协调。充实和加强承担协调职能的综合经济管理部门和检查监督机构,并赋予相应的决策权和调节权,以保证充分利用城乡各种技术、设备、人才、资金等优势,推动城乡工业协调发展。(3)在税金有所增长的前提下,中心城市拥有适度的产品税、营业税、所得税的减免权以及税前还贷的审批权,发挥税收政策对城乡工业协调发展的调节杠杆作用。(4)扩大地方人民银行的职能,赋予其必要的组织、调度和融通资金的权力。同时,应允许中心城市以地方财政为担保,成立与企业联合相关的非银行性的金融保险机构,为加强中观经济管理创造新的手段。(5)下放立法权,鼓励地方立法机构或地方政府,在中央和法律允许的范围内,制定双边或多边的企业联合互保协定,为城乡企业联合互保协定,为城乡企业联合建立明确的标准和范围。

（原载《农业经济问题》1986年第10期,与朱晓林合作）

苏南模式的失调及其出路

苏南模式的运行机制是以农业为基础,以乡镇工业为支柱而多行业经济运转的总体机制。要看清其运行中的矛盾和困境并探明其出路,必须在分别剖视乡镇工业与农业问题的同时,对其总体机制进行一定的综合分析。

苏南模式失调的多角度透视

如果把影响苏南农业和乡村企业进一步发展的制约因素重新加以整理和归纳,就会发现苏南模式存在着以下方面的不协调状态:

一、产业结构失调

苏南产业结构失衡,首先表现为农业过冷,乡镇工业过热。1985—1988 年,苏南种植业年平均增长率仅为 1%,远低于 1978—1984 年的 9.4%,明显出现了停滞、徘徊状态。特别是粮食、棉花产量自 1985 年开始大幅度下降,其间虽略有回升但始终没有恢复到历史最高水平。1988 年,苏南三市的粮食、棉花产量,仍分别比 1984 年降低了 13.9%、46.4%。1985—1988 年三年中苏南乡村工业年平均增长率高达33.7%,比 1978—1984 年前六年的平均增长速度还要高出近 4 个百分点。苏南乡村工业与种植业发展的比例关系,相应地由前六年的 3.2比 1 猛增为后三年的 32.8 比 1。在乡镇工业高速增长的推动下,整个地区工业发展也出现了过热的倾向,从而导致苏南地区工农业发展比例严重失调。前六年苏南工农业的发展比例是 1.5 比 1,后三年竟扩大为 13 比 1。这个比例显然已远远超过了国际上公认经济发展比较协调的 2.5～3.5 比 1 的数字。正是产业结构上的这种"工业偏好",使苏南乡镇工业的发展超过了自身,也超过了农业的承受能力,从而损害了农业的基础地位,并使整个地区经济无法协调发展。

其次,苏南产业结构失调还表现在非农产业内部结构的偏差上。众所周知,苏南农村的非农产业在创办初期,乡镇工业就占绝对优势,而商业、服务业等第三产业严重滞后。此后,在苏南农村非农产业的高速增长中,这种结构性偏差一直未能得到有效地克服。经过近十年的发展,1988 年苏锡常三市的非农产业总产值共达 638.57 亿元,其中乡镇工业占 87.4%,农村建筑业、运输业、商业和饮食业分别占 8.1%、2%、1.9% 和 0.6%。同 1980 年相比,虽然乡镇工业的比重下降了近 6 个百分点,但第三产业严重滞后的畸形特征依然存在。特别是苏南乡镇企业的原材料和产品有 70%～80% 是依靠企业本身自采和自销。一般而言,每个企业都有 3～5 名或更多一些供销人员。整个苏南地区大约有 15 万～20 万名乡村企业供销员在全国各地采购能源、原材料和推销产品,而使这种供和销的职能独立化的农村商业组织却一直没有发育起来。苏南模式的这种结构性失调不仅是乡村企业市场费用和交易成本上升、经济效益逐年下降的重要原因,而且对它今后的继续发展非常不利。

二、城乡关系的失调

建国四十年来,特别是经过最近十年的发展和改革,苏南的城乡关系已由解放前对立的城乡关系进入到一个新型城乡的阶段,但我国固有的经济、社会二元化结构矛盾,已经成为苏南新型城乡关系进一步协调发展的障碍。城乡关系的失调,集中表现在城乡国民收入的分配关系上,乡村国民收入的生产额大于国民收入的使用额的问题十分突出。如果不计算工农产品剪刀差,1988 年苏南农村国民收入的净流出率约在 16% 左右。详见下表:

1988 年苏锡常三市农村国民收入净流出率

国民收入生产额（亿元）	国民收入使用额（亿元）	其　　中				国民收入净流出率%
		农民所得	集体提留	直接、间接用于农村的财政支出①	用于农村的社会福利费用②	
148.97	125.39	92.37	30.97	1.2	0.85	15.8

注：① 包括用于支援农村生产和农、林、水、气事业费的财政支出。

　　② 包括国家下拨农村的社会救济费、优抚费和集体自储的福利费。

　　如果计算工农产品剪刀差，苏南三市农村国民收入的净流出率至少在 17%以上①。这种"城市偏好"的国民收入格局，不利于在新的历史条件下协调城乡利益关系。建国初期，在特定的历史条件和国际环境下，国家选择了高度集中的经济体制和优先发展工业尤其是重工业的发展战略，通过工农产品的不等价交换向农民提取积累，作为工业化的启动资本。这一选择曾在高度动员国内资源，建立现代工业体系方面起了积极的历史作用。但在时隔四十年的今天，国家已完成了由农业国向初步工业化的历史过渡，建立了比较完整的工业体系和国民经济体系。特别在苏南地区，农业在国民生产总值中的比重已降到16.3%，工业比重上升为 63.6%。在这样的历史条件下，城乡都应建立自我积累机制，使城乡之间的国民收入分配量与其生产量不至于产生大幅度的离差。这就意味着工业的发展应主要依靠提高自身的经济效益来积累资金，要用自己的力量去调整内部结构，发展新型产业，建立和完善现代化的工业体系。然而在现实经济生活中，仍旧沿袭旧体制的办法，靠扩大工农产品之间的不等价交换，从农村国民收入生产额

　　① 根据《江苏统计年鉴(1989)》，三市农业创造的国民收入额为 60.85 亿元，占农村国民收入生产额的 40.8%。另据近几年的典型调查，工农产品的剪刀差仍在 20%以上。

中拿走了过大的份额,去为工业发展积累资金,去维持并强化城市居民在就业、福利、补贴方面的既得利益。这样做的结果,势必会削弱农村特别是农业自我积累和自我发展的能力,损害占人口大多数的农民的利益,从而影响整个苏南城乡关系的协调发展。

三、经济发展和生态环境失衡

从目前的情况看,耕地面积减少以及水体、大气和土壤等农村生态环境恶化、职业危害严重特别令人担忧。

（一）土地资源的滥用和浪费

近年来,苏南耕地面积锐减,普遍引起了人们的忧虑。"六五"期间,苏南地区占用耕地进入新的一轮高潮。据有关部门测算,苏州、无锡耕地实际年递减率约在 10％左右,比统计上报数字高出一倍以上。目前,苏锡常三市人均耕地 0.92 亩,其中无锡市人均耕地仅 0.72 亩。耕地减少的主要原因是工业特别是乡镇工业的发展。由于乡镇工业创办投资时将近半数的企业是无偿占用耕地,或只付很少的买地或租地费用,因而助长了乱占滥用耕地现象蔓延。

（二）农村环境污染比较严重

目前,苏南农村的污染主要来自乡镇工业。区域范围内的城市大工业的"三废"污染无疑也是一个很重要的方面,但乡镇工业对大气、水体、土壤等环境介质的污染已相当严重,在污染的广度上更甚于城市大工业,具有跨地域、影响范围大、滞留时间长、治理困难等特点。据有关调查资料,在苏南现有的 3.8 万个乡村企业中,有工业污染的企业约占乡镇企业总数的 15％,对各种新污染源有所控制的只占乡镇企业总数的 30％左右。素有"乡镇工业之乡"美誉的无锡县,现在境内几乎无 1、2、3 级水体。在苏南的若干河段和乡镇,乡镇工业废水的排污量远远超过了河道水体的自净能力。目前,约有 1/3 的水体已受到中度或轻度偏重污染,水质已降至 5～6 级。有的河道鱼虾已经绝迹。如果任其发展下去,到 2000 年苏南农村的大部分水系,都将达到中度偏重或重度污染,将会使鱼类和其它有经济价值的水生生物全部绝迹。到那时,就同现在某些城市(例如苏州)的污染河道相差无几了。大气污染的情况也很突出。由于未经处理的工业废气排放量增大,空气中 SO_2、HF 等有害物质含量急剧上升,酸雨频繁。无锡、江阴、宜兴三个县 1982 年监测酸雨频率为 10.3%,1986 年上升为 53.2%。酸雨加上氟污染,给太湖地区的蚕桑生产带来致命的打击。据吴江县统计,仅 1985 年上半年,因氟废气污染而使全县 1/3 的春蚕不同程度地中毒。

此外,重金属、农药和其他固体废物对土壤产生的污染也是不可忽视的方面。

(三)乡镇企业职工伤亡事故和职工危害问题相当严重

乡镇工业环境污染的第一受害者是人多面广的乡镇企业职工。近几年来,苏南地区乡镇企业因工死亡人数和比例都比全民企业和县属以上城镇大集体企业要高得多。苏南乡镇工业的职业危害也令人瞩目。以苏州为例,全市约有 54 万名乡镇企业职工接触各种职业危害,占乡镇企业职工总数的 43%。其中接触矿尘、水泥尘、铅、苯、汞等作业人数达 30 万人。同时,乡镇企业作业场所空气中有毒有害气体严重超过国家卫生标准,在抽样监测的 41 个矿尘作业工厂的 170 个作业点中,矿尘平均超过国家卫生标准 22.7 倍;有的水泥厂空气中的粉尘浓度超标 229 倍,最高超标竟达 387 倍! 正是这种日益严重的工业尘毒危害,影响了乡镇企业职工的身体健康。据该市对乡镇企业冶炼、蓄电池等行业中接触铅作业人员进行体检,发现铅中毒体象异常检出率为 17%,含苯作业的皮鞋制造、喷漆、化工等行业有 16% 的工人明显出现白细胞、血小板减少,有 50% 的工人出现脑血流图异常。吴县已有尘肺患者 700 余人,并以每年 10% 的速度递增。一些乡镇企业的女工有相当一部分直接接触重金镉和化学毒物,不仅影响她们的身心健康,而且还会影响下一代的发育和成长[1]。应当看到,由于乡镇工业的职工从事有职业危害工作的时间相对较短,岗位流动性也相对较大,因此劳

---

[1]　施伟邦等:《乡镇企业尘毒污染严重》,《扬子晚报》1989 年 9 月 26 日。

动保护存在的问题还具有一定的潜在性和隐蔽性。实际存在的职业危害比上面列举的表现更为严重。

综上所述,苏南模式在取得令人钦羡的成就的同时,也面临着深刻的危机。

苏南模式的失调呼唤改革与发展的协调

上节剖析的苏南模式多方面关系的失调,集中反映为苏南模式运行机制与调控机制的失调。

经过十年的改革与发展,苏南提前十年实现了我国预定本世纪末才能达到的人均国民生产总值 800 美元的目标。进入 1989 年,由于受"上半年的电,下半年的棉,全年的钱"的困扰,苏南经济出现较大震荡①。对此,有关各方众说纷纭。一种主流的判断是,由于苏南经济长期过热,企业依靠银行"输血"才加快了发展速度。而且它的胃口越来越大,与此同时,资金、能源、原材料的缺口也越来越大。一旦宏观控制,速度的惯性效应与宏观控制效应的碰撞就无法避免。从 1988 年第4 季度开始,特别是 1989 年的治理整顿中,乡镇企业遇到了十年来未曾遇到的困境,这就是具体证明。

当然,深追这种碰撞效应产生的缘由,答案还得从宏观(中观)调控机制中去寻找。

近十年来,经济体制改革逐步确立了有计划商品经济的目标模式,但在承认社会主义经济是有计划的商品经济的命题下,人们的认识仍然有很大的分歧。同时,明确了社会主义经济性质、基本特征和调控机制,并不等于解决了具体的计划工作和实际操作的方案或行动。虽然,随着改革的逐步深化,我们在实行计划指导的同时,发挥市场调节作用方面取得了一些经验和效果,但从总体上说,既没有搞好计划调节,也

---

① 《苏南经济的震荡》,《解放日报》1989 年 10 月 24 日。

没有搞好市场调节,出现了经济运行的无序和失控状态。正是在这样的宏观背景下,苏南模式远未解决如何把计划调节和市场调节有机结合起来的问题。

回顾和反思苏南模式的运行机制,特别是苏南乡村企业的市场运行过程,并没有一开始就纳入计划指导或计划调控下进行,而基本是沿着"二次调节"的思路进行的,即首先让市场调节充分发挥作用,等到市场调节出了问题,然后再运用计划调节去平衡。如前所述,苏南乡村企业在其创办、成长过程中,既有自身的"先天不足"的弱点,又有"后天失调"的缺陷。相当多的市县乡(镇)、行业和企业在发展中存在着一定的盲目性,表现为布局分散,重复建设,产业、产品、企业结构不合理,造成在能源、原材料方面的浪费。与国家对乡镇企业这一迅速发展的经济形态,在进行宏观调控的机制上还不适应、不健全有密切关系。无论是从计划上、政策上,还是从体制上,都未给乡镇企业以恰当的位置。对乡镇企业的指导和调控,一直是我国宏观经济管理中最薄弱的环节之一。要么不管,任其自由发展;要么管死,多方进行限制。在中观层次上,往往只强调发展乡村工业"没有要国家的任何投资",就对国家和当地的经济社会作出了巨大贡献,而对当地乡村企业有无冲击和损害国家计划的倾向则注意不够。面对苏南部分乡村企业在现代化管理、产品质量、经济效益、安全生产和环境污染、经营作风等方面的问题,不是曲意护短,就是淡然视之。因此,对乡村工业的中观调控也是乏力和不当的。

以上说明了苏南模式的失调与宏观(中观)调控机制上的不完善有关,但并不表明苏南模式本身没有问题和教训。对苏南模式的运行主体——苏南农村的农户、企业以及各级政府的决策主体来说,还是首先要着眼于反思和分析苏南农村的内在矛盾。

在苏南农村,虽说商品经济比较发达,但与现存基本生产方式和现行体制相联系,小农经济和乡土社会的观念和习惯势力还有很大影响,相当多的企业职工和管理者昨天还是从事农业生产的农民,现在转入第二、三产业,自身的素质与建设社会主义现代农村的形势还不相适应。在这样的社会、经济背景下,苏南模式必然表现为在行政块块内自求发展的意识很强,面向大区域的观念较弱;实现自身利益最大化的冲动很强,服从宏观全局的动机较弱;自我扩张的机制很强,自我改革的意识较弱。在这几年我国经济过热化的环境中就更是如此。

反思苏南模式运行失调的原因,可得的深刻教训主要有两:一是急于求成;二是不注意协调发展。如何接受教训?这对国家和省来说,是个如何把改革与发展协调起来的问题,即一方面要推进经济体制的配套改革,包括加强宏观调控机制的改革;另一方面要从根本上改变传统的经济发展方式,代之以效用、质量和效益为导向的经济发展方式,表现该地区发展的指导思想上必须从统筹协调整个农村经济以至城乡经济出发,实行战略转变。对苏南农村来说,是个在增强服从宏观全局观念的前提下,在改革与发展的联系上推进苏南模式或运行机制自我完善的问题。

归结起来说:必须推进苏南模式的改革和完善,这是摆脱苏南模式矛盾和困境,避免其危机深化,并促使其再造生机的根本出路!

（原载《苏南模式研究》,南京出版社 1990 年版）

小城镇发展和城乡一体化的政策选择

推进小城镇发展和逐步形成城乡一体化的网络,是我国县区经济社会协调发展的客观要求,反映了转移农村剩余劳动力,为农业现代化提供有利环境的客观需要。目前我国进行的各种改革,必将刺激人口进一步聚集化,比如市场机制的引入将会加大地区间的差别,所有制的多元化加快了生产要素的流动和重新组合,非生产性劳动领域也会在大中城市获得较快的扩展等等,这些都将引起人口的聚集和集中。因此,必须因势利导采取对策加快小城镇系统的发展。

(一)确立统筹城乡经济全局和运用市场机制推进小城镇建设的指导思想。

城市化有其自身的生长机制、成长阶段和运行规律。同时,它又不是一个孤立的过程,而是始终处在商品经济发展和社会变革总过程的制约和相互影响之中。因此,在宏观指导上必须确立统筹城乡经济全局,把握制约城市化的各种因素,通过改革和运用市场机制以顺应城市化发展进程的要求。我国经济体制改革主要解决的问题之一是分割,以及由分割引起的封闭,地区之间分割,部门之间分割,市场分割,城乡分割等等。我国城市化滞后于工业化,实质上也是一种分割,即工业化与城市化的分割,城乡经济社会发展的分割。因此,在推进我国城市化过程中,首先要确立工业化与城市化一体、城乡经济社会发展一体、城乡就业一体和城乡市场一体的观念。只有确立城乡一体观念,才能调动各方面的积极性并协调一致,才可能推进小城镇的发展和城乡一体化网络的形成。

（二）在省区范围内对小城镇发展实行统一规划、合理布局，促进城乡一体化网络的形成。

小城镇既是相对独立的整体，又是国民经济和整个城乡网络的组成部分；它既作为社会分工和城镇体系功能分工的部分，具有对外服务的职能，又作为一个保持内部结构平衡的有机体，具有为自身服务的职能。小城镇发展的这两种职能表明，在省区范围内必须对小城镇的发展实行统一规划、合理布局，使其同国民经济发展的要求和地区经济发展的要求有机结合起来，制定出城、镇、乡社会聚落系统发展的综合规划和整体布局方案。

在省区内城、镇的分布很不平衡。以江苏为例，苏南土地面积占全省的 24.37%，却有特大及大中城市 6 个，集中了全省 60% 的城市人口，平均每万平方公里有 2.4 座城市；而苏北占全省土地 75% 以上，城市人口只占全省城市总人口的 40%，平均每万平方公里只有 0.9 座城市。从城镇总体上看，全省城镇密度为 15.9 座/万平方公里。其中，苏、锡、常、通地区城镇密度最高，达 28.7 座/万平方公里；宁、镇、扬地区次之，为 16.2 座/万平方公里；其他地区城镇密度较低，仅为 10.5 座/万平方公里。同城镇密度，特别是大中城市分布不均衡直接相关联，乡镇企业的分布也很不平衡。江苏乡镇工业的平均经济密度为全国平均密度的 10 倍以上，但苏南乡镇工业经济密度又分别是苏中、苏北的 3.38 倍和 17.74 倍。乡镇工业发展的不平衡又会反过来进一步拉大不同地区城镇化水平的差距。因此，从宏观上研究城镇的合理分布十分重要。江苏的实践表明，省内一级经济区的中心城市和二级经济区（或地市区域范围内）的中心城市，都应有进一步的发展，以增强大中城市的辐射力，才能为区域内县经济社会的发展和推进农村城市化、提高人口城镇化水平创造有利的社会经济环境。欠发达地区的中心城市和次中心城市，仍需积极发展，特别应注意在工业布局上适当多安排一些建设项目，以增强那里的中心城市的经济实力，为推行农村城市化和建立城乡经济社会网络创造有利条件。在一个省区范围内，城镇合理布局的战略目标就是要逐步形成特大城市或大城市（经济区内中心城市)—中等城市(次中心)—小城市—镇(县城镇和中心镇)—乡镇、村这样一种协调的、系列化、有序化的社会聚落系统,以求得最大的经济效益、社会效益和生态效益。

(三)多种渠道筹集资金,搞好小城镇的基础设施建设。

基础设施落后,制约着小城镇规模的扩大和服务质量的提高。小城镇建设投资的主体是乡镇企业,但他们受自身利益的支配,对生产设施、生活设施和直接带来盈利的服务设施建设比较重视,对同社会效益关联的基础设施建设则缺乏投资兴趣,因而后者发展相当缓慢。同时,还普遍存在着投资分散的问题。因此,小城镇的基础设施建设应以商品化形式形成投资的动力机制,并实行投资主体和经营主体的多元化,以广泛筹集资金。

乡镇建设要运用多种手段包括财政扶持、税收优惠、提供征用土地方便等办法引导投资者向县城镇和中心镇集中。地方政府应改变建设资金仅用于城市的做法,财政也应拿出一部分资金用以扶持小城镇的基础设施建设,同时建立镇级财政,提高小城镇的筹资能力。应当指出,这里所说的扶持并非由政府直接投资,而是作为"粘合剂",通过提供中长期贷款贴息和给予以社会效益为主的建设项目的必要补贴,牵动多种投资主体和各方面增加对基础设施投资。应鼓励和扶持农民在统一规划下进镇从事各种投资建设;培育、组织乡镇企业、新经济联合体共同投资和经营;发展民间信贷,吸引外来资金;鼓励各部门(工业、交通、供销、粮食、物资,金融等)参与或直接从事基础设施建设的投资和经营。随着我国税收制度改革的深化,小城镇应征收乡镇维护建设税、公用事业附加及工商所得税附加、公共设施配套费等用于基础设施建设,在有条件的地方还可在乡镇企业税后留利中提取一部分。

(四)进一步完善和改革管理体制,切实加强小城镇的管理。

首先,要完善市带县、镇带乡的管理体制。市带县扩大了城市郊县的范围,既给大中城市发展提供空间,又给小城镇特别是卫星城镇的发展创造条件,有利于加速城市化进程。实行市带县体制后,市、县各级领导城乡一体化的观点明显增强,城乡分割的格局有所突破,在市管县范围内开始统筹规划市、县工业和小城镇发展的整体布局,促进了城乡经济社会网络的形成,从而有利于以城市为中心的经济区和城、镇、乡社会聚落系统的形成。但是,由于市带县仍受行政层次和体制上的诸多局限,如市与县之间既在经济上和横向联系上是平等协作的伙伴关系,又存在行政上的隶属关系;在所有制上,城市以全民和大集体为主,大多纳入中央和地方计划体制,而县、镇以集体、个体企业居多,并以农业和乡镇企业为主体,主要依靠市场调节;市、县有各自独立的经济利益,在财政体制上分灶吃饭,形成了利益主体多元化、利益机制扩张化、利益行为短期化的利益格局。这样,在城乡联系和统一规划布局等方面,几乎每前进一步都要遇到种种利益摩擦,有时往往是以市县行政隶属关系来代替相互利益的协调,使县的经济自主权得不到保证。今后,市带县体制应逐步实行"政经分开"的改革:行政上,在统一政令、法令和执行行政管理职能方面,市与县是领导和被领导的行政隶属关系;经济上,在经济交往中分工、协作、联合以及在工业、小城镇的统一规划布局等方面,则应相互协商、相互尊重,在利益协调的基础上建立相互平等的伙伴关系。当然,在现有行政体制约束下,这两者的界限一时还不易划清,在体制分割条件下相互利益协调也较难办到。但在方向上,城乡关系、市县关系应更多地引入市场机制。

完善镇带乡体制,主要是在镇管村的基础上,对某些大镇还可以实行镇管乡体制。但不论是镇带乡还是镇管乡,主要是以镇为中心,把周围几个乡联合起来,在相互尊重对方利益的基础上共同商量乡镇经济社会发展的问题,以带动这个经济、社会小区的协调发展。

其次,强化小城镇的管理,主要是:

(1)加强人口和农民进镇的管理。乡村人口城镇化是经济社会发展的必然趋势,但城镇应根据实际情况和承受能力进行管理。凡是自理口粮、自谋职业者应允许进镇;对需要发展的行业应优先吸收从事这一行业的农民进镇。其家属子女进镇定居,要在镇区建设能够承受的前提下逐步解决。对于带资进镇或承担镇基础设施建设费用者,应予鼓励。农民进镇形式可以多样化,相应的户籍管理也应采取多样化形式:对落户的常住人口归镇上管理;暂住人口在镇户口管理部门登记,受农村和城镇双重管理,以镇为主;对进镇就业、回乡居住的"摆动"人口,也应在镇上登记,双重管理,但以农村为主。

(2)加强土地管理。要根据有关法令和总体规划定出农、工、商和小城镇基础设施用地的合理比例和限额指标。建立、健全严格征用土地的市批制度,同时还要运用经济杠杆对占用耕地严加控制。对建设用地实行统一开发、综合利用,以提高土地利用率和综合效益。

(3)加强市镇建设管理。当前市镇建设中突出的问题,在于由条块分割、部门分割引起的布局混乱和基础设施的超负荷运转。因此,要在统一规划的基础上强化地方政府的统一管理职能,并制定相应的管理法规。

(4)加强生态环境保护。随着城乡工业和其他事业的发展,小城镇及其周围的环境污染日益严重,它不仅造成公害,而且也影响小城镇的经济社会发展。为此,一是必须抵制城市有严重污染的企业和项目向小城镇和农村扩散;二是要把工作重点从污染后的治理转向污染前的控制和保护。

总之,加强管理是为了实现小城镇社区中经济、社会、生态三大系统的协调发展,建设良好的社区生活环境,从而促进城、镇、乡三大社会聚落系统的协调运行,促成城乡一体化的早日实现。

(原载《县级综合改革与经济社会协调发展》,中国社会科学出版社1993年版,与陈升合作)

城乡协调发展任重道远

统计资料表明,2003 年江苏城乡居民收入之比为 2.18：1,这一比例在全国 31 个省市区中最小,也明显低于全国 3.24：1 的平均差距水平。2004 年由于"政策好、人努力、天帮忙、市场活"等因素的综合作用,全省农民收入增幅达 10 年来最高,江苏城乡收入差距将进一步缩小到 2.1：1 左右,继续在全国保持领先水平。这确实是江苏经济的一大亮点,令人振奋。

但是,我们在喜悦之余,务必保持一份清醒! 江苏农民收入持续增长的目标远未实现,实现我省城乡协调发展,是一个伴随实现"两个率先"进程的艰巨的历史过程。仅就缩小城乡收入差距来说,第一,目前我省的城乡人均收入比率还未达到历史最好水平。改革开放以来,江苏城乡收入差距曾一度缩小,而近年来却再次扩大。1978 年为 1.86：1;1990 年为 1.66：1;2000 年为 2.05：1;2003 年为 2.18：1。第二,目前,世界上大多数国家的城乡人均收入比率都小于 1.6,只有三个国家超过了 2.0,2004 年我省城乡人均收入比率虽有所回落,但仍在 2.0以上。第三,现行城乡人均收入的统计数据还不能完全反映实际。一方面,由于统计调查中样本农户的选取比例在地区之间是不平衡的,加上农民人均纯收入的数据 1/3 左右来自农副产品实物的折价收入,可见农民纯收入的统计存在高估因素。另一方面,城镇居民可支配收入中,不包括医疗、教育、失业保障等非货币因素。如果加进这些因素,城乡人均收入的实际差距还要更大一些。

总之,用历史眼光和世界眼光看问题,目前我省在缩小城乡差距所取得的进展,没有任何理由值得骄傲。江苏的城乡收入差距还会在比较长的时期内存在,特别是绝对差距。我们必须持续地着力统筹城乡发展,努力抑制差距扩大的趋势,减弱差距扩大的强度,积极为逐步缩小差距创造条件。一旦城乡人均收入差距达到历史最好水平的"拐点",将是我省实现"两个率先"进程中的一座重要的里程碑。

(原载《宏观经济观察》2005 年第 1 期)

第 二 编

改革开放与民生

第二辑

江苏省县区经济改革的特点和基本经验

80年代,江苏县区经济超前发展和社会进步的基本动力是改革。研究江苏省县区改革的特点和经验,离不开对地方政府行为的分析,特别是离不开在地方政府有效推动下县区在经济结构、经济运行、组织和政策选择三方面进行的创新活动。概括地说,江苏省县区经济改革有如下特点:

第一,把提高对资源的开发程度和利用效率作为出发点和归宿。

江苏省多数县区能从本地资源的特点出发,因地制宜地加以开发、利用。在苏南,重点进行社会经济资源的开发。通过把城镇密集,交通便捷,临近上海的区位优势同自身的商品经济意识较强、技术和管理水平较高、社会文化等人文资源较丰富的优势恰当地组合起来,并使之与建立在较高农业劳动生产率基础上不断转移出来的"剩余劳动力"相结合,创建了"苏南模式"。在苏北,重点进行自然资源开发,开辟了一条扩大劳动积累,用资源替代资金,变资源优势为产品优势和商品优势,进而转化为综合经济优势的发展道路。创建了"海安模式"、"耿车模式"以及"庭院经济"、"生态农业"等新型农村经济发展的路子。以提高资源开发程度为目标的创新实践,促进了江苏农村产业结构的演进和商品经济的发展,加速了社会分工的进程,从而对全省县区经济的持续稳定增长奠定了坚实的基础。

第二,抓住农村工业化这一中心环节,创建适应商品经济发展要求的微观基础。

江苏省特别是苏南的各县区较早地突破传统的城乡分工格局,大量创办以工业为主体的乡村集体企业。我们通过对乡村企业创办和发展过程的跟踪研究发现,尽管乡村企业与乡村行政组织之间的关系很不规范,以及由此带来的政企不分现象会产生种种弊端,但乡村企业创办和发展这种具有组织制度创新性质的过程,仍然不能离开地方政府的有效推动。多年来,江苏省各级政府坚持积极扶持和改造提高乡镇企业的决策,努力实现乡镇工业向外向型、集约型经济的战略转变,使80年代江苏乡镇工业在全国保持了超前发展的优势。

　　第三,围绕生产要素的合理流动,以正确认识市场、积极培育市场、充分发挥市场机制的作用作为创新活动的基本方向。

　　江苏省县区经济"两头在外"的特点十分鲜明,其活动范围不仅出县、出市,而且往往要出省。因此,客观上要求生产要素在更大范围、更高层次上横向流动和优化组合。要做到这一点,除了政府在市管县的范围内统筹规划外,必须借助于价值规律的作用,建立比较健全的市场体系。在认识提高的基础上,县区努力创造市场运行的条件,包括从改革所有制形式和结构入手,形成利益多元化的市场主体。为了加强社会主义市场的法制建设,各级政府都制定了一批规范市场行为有关的经济法规和制度。县区政府还直接进行适当的市场组织工作,对传统体制下的有组织市场的主体(如商业、物资、供销等流通组织),积极加以改造、利用,促使其职能转化。这不仅有助于协调条块之间的矛盾,而且促进了要素市场的初步发育。

　　第四,注意调动县区自主发展经济的积极性,实行分类指导,分层决策,分层调控。

　　江苏省在经济工作中实行分类指导、分层决策是比较早的。在改革、开放的条件下,江苏又从管理体制上适当划分了市、县、乡(镇)各级政府的经济权限,采取了一系列旨在扶持地方和基层发展的政策,诸如省属工商企业陆续下放的政策,扩大市、县经济自主权的政策,等等。这样做的结果,增强了县区总揽商品经济发展全局的责任感和主动性,使其真正成为组织管理、调节县区经济的主体,从而加快了县区经济实力的积累,更能适应市场的变化,把握自主发展的机遇。同时,江苏省各级政府在实施宏观分层调控方面,做了有益的探索:编制综合财政计划,对预算外资金的筹集和运用进行调节,组织工商、农商联营或以工商利润返还的形式,调节企业、部门之间的经济行为和利益关系;创建"以工补农"、"以工建农"制度,从微观层次上调节农业与非农产业之间的尖锐矛盾,等等。

综上所述,80 年代江苏省县区经济改革的基本经验就是政府适度干预下的组织制度创新。江苏省各级政府在这样的创新活动中还取得以下具体经验,具有一定的普遍意义。一是以经济建设为中心,抓住发展生产力不放,专心致志发展县区经济;二是善于把握各种机会,从小处起步,具体切入改革过程;三是科学地分析传统体制和历史遗留的组织制度资源,把创新和改良巧妙地结合起来;四是保护干部和群众的改革的积极性,形成有利于创新活动的社会氛围。

实践证明,按照这样的基本思路去进行县区经济改革,一般都能收到良好的效果。政府适度干预下的组织制度创新,已成为江苏县区经济活力的重要现实基础。

80 年代,江苏县区经济改革也出现了一些偏差和不足。其中,既包含了某些全国共性的东西,也有江苏自己特有的教训。

教训之一是县区经济改革缺乏整体性。一方面,表现在县区内部的组织制度创新出现了权利与规则不协调、刺激与约束不对称、微观搞活与宏观调控不适应的偏差。由于过分强调县区经济自主发展,对企业和市、县政府放权,产生了地方政府权力与企业自主权同时扩大的现象。县级政府的行为缺乏规范,有的甚至对经济过程产生出误导。结果,市场不能对企业行为进行有效的约束,省级实施宏观调控能力大为削弱。在这种情况下,县级政府往往容易把注意力放在近期物质利益的提高上,片面追求本县经济总量的扩张,攀比产值增长速度,竞相争项目、铺摊子,以求建立自己的独立经济体系,从而使"块块经济"的色彩更浓,地方保护主义更加盛行。这种由于行政性分权和经济分权结合形成的县区利益刚性,不仅加剧了前几年江苏省经济过热的程度,而且也阻碍了县区经济改革的进一步深化。另一方面,在县区外部表现为城市改革与县区改革的脱节和不协调。从总体上看,由于 80 年代江苏省重视乡镇企业和县区经济的自主发展,相对地忽视去增强城市经济的活力,致使城市改革落后于县域经济改革。城市改革的滞后,不仅阻碍了城市经济的发展,城市经济的实力相对下降,而且还使传统的城乡分割体制几乎原封不动地保存下来,从而损害了农业进一步发展的宏观环境,也给乡镇企业带来了外部不经济[①]。在这种背景下,实行市管县新体制以打破城乡分割的块块管理、体现城市对农村领导的初衷也难以实现。实践的结果,市管县非但没有因协调市、县的利益关系而生长凝聚力,相反因两个不同利益主体之间存在尖锐矛盾、摩擦过多而产生离心倾向。在苏南等经济发达的地方,甚至出现了"农村包围城市、制约城市"的局面,中心城市的城市布局、生产力布局,常常由于行政区划的束缚而无法实施。

教训之二是县区改革出现了某些连续性和稳定性中断的现象。集中表现在治理整顿期间,虽然改革并不像有人担心的那样已经停滞甚至倒退,但人们对改革的热情明显下降。对县区经济进一步深化改革存在着各种畏难情绪:市场疲软,企业经营的问题多而且急,没有精力抓改革;县区经济面临的矛盾涉及面广,问题复杂,绝非一项改革措施就能奏效,没有心思抓改革;上面政策不统一,前后规定矛盾,下面无所适从,没有办法抓改革;财力困难,利益矛盾尖锐,改革遇到新阻力,没有信心抓改革。这些畏难情绪必然会影响改革的连续性和稳定性。同时,面对着用紧缩政策治理经济过热,行政办法采用多、新的改革措施出台少的现实,人们在改革方向的把握上又产生了模糊认识。主要是对改革的"市场取向"有所怀疑和动摇。一段时间内"应主要用国家计划来配置资源,同时引进某些市场因素以调动地方、部门、企业和职工的积极性"的主张再度占了上风,从而放松了培育和完善市场体系的努力。80 年代,江苏省的市场体系虽然有了初步发育,但市场的结构仍

---

① 详见陈吉元等:《中国农村经济发展与改革所面临的问题与对策思路》,《经济研究》1989 年第 10 期。

不够合理,组织程度不高,功能不强。省内各市之间既未彻底相互开放,城乡之间也未真正通开。在空间结构上,县区内以乡村为基础、以小城镇为纽带的初级市场和专业市场发展较快,以大中城市为依托、具有较大规模的中级市场成长缓慢,而跨地区、跨部门的综合性高级市场尚有待培育。在类型结构上,消费品市场发展较快,生产资料市场走走停停,资金、劳务,房地产(土地)市场严重滞后。在市场组织结构上,无组织市场曾发挥过积极的作用,但存在一系列弱点,有组织市场却因改革思路的不稳定、不连续而难以发挥主体作用。

教训之三是县区经济改革滞后于经济发展阶段的演进。迄今为止,江苏省县区所进行的改革基本上是适应本省初期工业化阶段的实际需要进行的。当时的条件是:商品经济运行机制开始启动,市场体系初步孕育,但商品供应短缺的矛盾十分突出。企业家阶层尚未形成,在总体上实行的仍是以行政性分权的经济管理体制。随着江苏经济发展超前进入工业化中期阶段,县区经济改革在取得巨大成绩的同时,日益显得不相适应。如前所述,已有的改革非但没有消除行政性分权的种种弊病,反而强化了利益主体多元化、利益机制扩张化、利益行为短期化的利益格局。在块块和部门的利益都不断强化的条件下,县区经济出现了流通不畅、循环受用、结构失衡、调控弱化等一系列问题。县在执行自身和全省的发展战略时,已经感受到缺乏深化改革的配合。江苏省一些县发展外向型经济起步并不迟,为何近年来明显落后于广东、山东一些先进县,除了受一些客观条件的限制外,缺乏必要的组织制度创新去突破条块不协调的障碍,就是一个重要的原因。

综上所述,80 年代的改革、开放奠定了江苏省县区经济进一步深化改革的基础。但与江苏省现代化进程相适应的较高层次的组织制度创新,尚未取得突破。这就是 90 年代乃至更长的时期内,江苏各级政府推进县区进一步深化改革所必须面对的现实条件。

(原载《农业经济问题》1991 年第 9 期;收入《1992 中国县市经济年鉴》,1992 年版)

论农民增收的制度环境

随着我国农业和农村经济进入新的历史发展阶段,增加农民收入,缩小城乡居民的收入差距,正成为关系国民经济发展全局的大事。实践证明,没有农村的稳定就没有全国的稳定,没有农民的温饱、小康和农业的现代化,也就没有全国的温饱、小康和现代化。从江苏省的实际情况看,近几年来农民收入增长过慢,城乡居民收入差距加大。农民口袋里没有钱,消费水平低,是当前有效需求不足,经济回升基础不牢的一个重要原因:因此,必须把不断增加农民收入放在经济工作的突出位置,千方百计促进农民收入有较快增长。省委省政府提出的目标是,"十五"时期全省农民人均纯收入年均增幅要高于"九五"时期。

应当看到,现阶段的农民增收问题具有相当的复杂性和艰巨性。在举国上下形成共识的基础上,最近中央和我省围绕增加农民收入这一基本目标先后作出了一系列重要决策,包括坚持深化农村改革,大力调整农业结构,积极实施科教兴农战略,发展农村二、三产业和推进农村城镇化,以及加强农村基础设施建设等。其中,深化农村改革是农民增收的动力源泉。下面,着重从体制创新、制度创新的角度讨论农民增收问题。

首先,加快大宗农产品特别是粮食流通体制市场化的步伐。

早在 1985 年,我国就开始着手农产品流通体制的改革,当时首先放开市场和价格的是"两水",即水果和水产品,以后又逐步放开了肉、蛋、奶类和蔬菜市场。实践证明,农产品价格一经放开,在市场引导下产量就迅速增加,进而价格逐渐趋于合理和平稳。应当说,改革开放以来,国民经济持续快速健康发展,充裕的农产品供给是一个基础性因素。但是,有两项大宗农产品,即粮食和棉花在其市场化进程中,碰到了始料不及的困难,出现了一些曲折,因为粮食、棉花同其它农产品相比确有较大的特殊性,尤其是粮食,它是一种具有战略意义的产品。在经济全球化的背景下,一国的粮食安全是其经济安全的重要组成部分。因此,对它的放开采取审慎的步骤是必要的。但从长远来看,无论粮食、棉花如何特殊,都还是一种商品,它的生产和购销体制都必须按经济规律办事,逐步放开价格和市场。从江苏的实际情况看,改革开放20多年来,全省的粮食生产"三超历史,三上台阶"。到"九五"末期,已提前完成粮食综合生产能力3400万吨的目标,并将稳定保持下去。根据江苏粮食供求关系,我们完全有条件更快地调整农业经济结构,较快地实现粮食流通体制的市场化。江苏乃膏腴之地,寸土若金。腾出粮田来种经济作物,发展水产养殖前景十分广阔。同时,还能使粮食主产区的粮食市场进一步扩大,让更多的农民增收。总之,现在江苏实行粮食购销体制深化改革的时机已经成熟了!我认为,这次改革可以从四个方面着手进行:一是取消粮食定购,放开粮食生产。把农业生产经营权真正交给农民,鼓励和引导农民以市场为导向,调整和优化农业生产结构。二是放开粮食市场。在粮食流通领域中,实行经营主体多元化、粮食价格市场化。允许国有、集体、个体、股份制企业等多种所有制经济主体,经过批准从事粮食收购和经营,价格随行就市。据笔者调查,我省周边的一些省市,去年底就已允许符合条件的个私经济主体进入粮食流通领域;三是加强市场调控,借助增加储备或抛售国家库存粮食等手段,确保粮食供销平衡和价格稳定。四是制定相应的配套政策,建立粮食信息系统和建立质量监控体系。加强粮食市场的规范化管理和风险管理,以保证粮食改革政策的平稳推进。

其次,大力促进农业生产基本要素的市场化。

在土地要素上,要放手让土地经营权商品化、市场化,通过建立土地流转机制,推动农地逐步向种养大户、集体农场和龙头企业集中,并允许跨区域承包农地经营,形成种植业、养殖业的规模经济,从制度上保证农民可以获得土地投资和劳务的双重收益。大量的事实证明,一些农民把土地转让给大户或各种农业企业经营后,反过来又给大户或企业打工,打工收入加上土地租金,往往高于自己过去经营土地时的收入。在劳动力要素上,拓展农民的就业空间,让更多的农民在转移转业过程中增加收入。从根本上说,就必须加快建立城乡通开的统一的劳动力市场。如果我们是真心实意地鼓励农民跨出家门、国门,输出劳务和技能,那就要进一步敞开农民进城的大门,取消企业用工对农民的各种歧视性条款,打破阻碍农村劳动力转移转业的种种束缚,降低农民进城、进入企业的门槛。总之,各级政府要为农村劳动力市场化,创造更加宽松的环境,成为农民转移转业的得力靠山。与此同时,要充分利用我省丰富的教育资源,加强对农民的技能培训,努力提高农民素质,使广大农民由传统劳动型转向现代技能型。通过人力资本的积累,增强农民进入市场的本领,提高农村劳动力的要素价格,拓宽农民增收的渠道。在资金要素上,要妥善处理商业银行改革的市场化取向与农户资金需求高度分散之间的矛盾。种种迹象表明,这一矛盾的严重后果将导致农村资金要素的匮乏,而作为各种生产要素粘合剂和龙头的资金一旦退出农业,政府任何加大农业投入的政策措施都不能落实,增加农民收入的良好愿望就会落空。动员和组织民间资本以及引入外资进入农业,是可能选择的对策之一。从我们近年来对农户实证研究的结果看,农户存款增长幅度远远大于其贷款增长幅度。与其让大量资金从农村流出,不如大力发展农村个体私营经济,鼓励发展户办、联户办以及合资经营等多种所有制企业,让其尽快完成原始资本积累,使一大批农民从单纯的劳动生产者转变为投资者、经营者,使资本成为农民增收的又一重要来源。

第三,提高农民进入市场的组织化程度,大力发展农村专业合作经济组织和农民经纪人队伍,使农民真正成为市场主体。

我国农业目前存在的一个深层次问题,就是农业以分散的小规模的家庭经营为主体,难以与社会化的大市场实现有效对接。这是阻碍农民增收的一个制度性缺陷,具体而言是因为:① 由于生产规模狭小,农户的劳动成本加大,降低了要素生产率和农业收入水平,同时也影响了农户采用农业新科技、发展高效农业的积极性。② 土地经营权平均分配后,沉淀了大量的剩余劳动力,从而拉低了农村的平均劳动生产率,加大了工农业之间、城乡之间的收入差距。③ 小规模生产与社会化大市场的矛盾,会放大农产品的价格波动,从微观上增加农户的信息成本、流通成本和市场风险,挫伤农民从事商品生产的积极性,从而阻碍农民增加货币收入。④ 狭小的生产规模必然导致商品交易量小、分散经营和组织程度低,从而使得农民在产前、产后的市场交易中处于不利地位,在价格上只是一个被动的接受者,缺乏参与市场谈判和自我保护的能力。所有这些农户生产经营中表现出来的弱质性和碰到的困难,都会在市场经济条件下影响农民增收。

在不改变家庭承包制的基础上,将分散的农户以自愿的方式组织起来,通过发展农村专业合作经济组织和农民经纪人队伍,进入市场,开展多形式、多层面的协作和合作,可以有效地降低生产成本和交易费用。坚持合作制原则,采取以大带小、以强带弱,指导农民种植、养殖,帮助农民销售产品,并促进初级农产品在加工和流通中增值,促进农民收入的增加。我省已有的实践证明,发展多种形式的新型合作经济组织,对当前新时期持续发展农业和农村经济,提高农业比较效益,增加农民收入显得日益重要。它可以形成农业产业化经营中保护农民利益的有效机制,成为农民增收的组织保证,是促进农业经营方式变革的组织创新,在推动农村深化改革中具有不可替代的作用。

当前,我省的农村合作经济组织正处在一个发育升级的关键时期,需要进一步深入研究的问题很多,我们的主要建议是:(一)加强示范引导,为合作经济组织提供全方位的服务。针对农民有合作的内在要求,但缺乏现代合作经验的现实,采取各种形式,向农民积极宣传合作制思想和组织方法;切实加强典型引导和示范工作,明确帮扶责任,分类分层次加大指导工作的力度;举办农村基层干部的合作制教育,帮助合作组织培训管理人员,提高合作组织的经营管理水平;努力为合作组织开拓市场创造条件。(二)坚持合作制的基本原则,鼓励多形式加快发展。既要遵循国际合作制的原则,借鉴世界上一些国家对基本原则进行改革的经验,又要从我省农村实际出发,进行必要的创新和探索。可以是生产、加工、流通、服务上的单项合作、多项合作和全方位合作;可以办合作社、专业协会、股份合作;可以是能人牵头、龙头企业、乡村集体经济组织、技术服务部门、供销及粮食等国合流通组织牵头。不论何种形式,都要通过合作与农民结成利益共同体,实行自我保护、自我管理、自我服务、自主经营、自负盈亏,真正办成农民自己的经济组织。(三)制定并落实有关扶持政策。一是税收优惠,合作组织经营的农产品和初加工品,充征所得税,酌减增值税,合作组织分派给农民的股息、红利及其它收入免征所得税;二是信贷支持,采用政策性贷款、贴息等方式减免或降低利率,帮助合作组织融通资金;三是对合作组织提出的发展项目优先立项,并在项目可行性论证、设计、评估、审核,建设等方面给予技术、资金支持和有效服务;(四)明确新型合作经济组织的法律地位。启动立法程序,及早明确合作组织的法人地位。建议我省先由政府下达一个规范性文件,明确新型合作组织的性质、登记部门、注册条件、承担责任的形式、利益分配等事项,同时下发合作社的示范章程,以加快其健康发展。

最后,以农村税费改革为中心环节,实施综合配套改革,切实减轻农民负担。

长期以来,农民负担过重一直是农村工作突出的焦点和难题。随着近几年农民增收难度的加大,如何从体制上根本治理对农民的各种乱收费,切实减轻农民负担就显得愈发重要。2000 年 3 月,中共中央、国务院发出通知决定进行农村税费改革的试点。从我省先期进行税费改革试点的溧阳、灌云、宝应、邳州 4 个县(市)的结果看,总体负担明显减轻。税改后 4 县(市)农民人均负担 85 元,比改革前合同内负担减少31.5%,比改革前合同外负担(不包括劳动积累工和义务工)减少56%。因而,广大农民群众衷心拥护这一改革。目前,我省正在全面展开这项农村改革。应当指出,农村税费改革涉及面广、政策性强,特别是这次改革又是在乡镇财政困难的情况下进行的,矛盾较多,难度也较大,只有实施综合配套改革,才能达到"减轻,规范、稳定"的改革目标。为此,一是乡镇机构改革必须先行,下决心精简乡村基层政权的机构,压缩编制、节省开支、裁减人员;二是改革农村教育体制,要在合理调整教育布局、优化农村教师队伍与师生比例的前提下,建立新的各级财政合理分担义务教育经费投入的机制;三是理顺县乡财政收支体制,要在明确划分事权的前提下,合理划分财权,统筹兼顾县乡两级财政支出的需要,适当向乡镇倾斜,为保障农村基层政权的运转,要加大对基层转移支付的力度,以弥补乡镇政府和村级组织的收支缺口;四是进一步加大税外收费制度的改革,规范农村收费管理,要全面整治涉农收费。继续建立健全农民负担监督机制;五是各有关部门密切配合,协同动作,加强对农村税改工作的指导和督查。任何地方和部门都要自觉服从、服务于农村税费改革的总体安排,保证中央和省明确规定的重要政策落实到位,都不能出台与之相违背的"土政策",也不能在执行中随意曲解,各行其是。我们深信,随着各项配套改革的同步实施和整体推进,这场减轻农民负担、增加农民收入、保护和发展农村生产力的重大改革举措,定能获得成功!

（原载《江苏改革》2001 年第 6 期）

深化投资体制改革与
规范地方政府投资行为的构想

经过最近十多年的经济发展和全面改革开放,我国进入了经济起飞的新的历史阶段。展望 90 年代到 21 世纪中叶,思想解放的惊涛拍岸,世界新技术革命不断来潮,中国完全有可能再花半个世纪的时间赶上西方发达国家目前的水平。在这一历史性进程中,无论是经济成长格局的变化,或者是组织制度的变迁,都要求尽快消除新旧体制并存所产生的各种深层次矛盾,建立适应社会主义市场经济发展的新体制和新机制。其中关键问题之一就是要转换政府职能,促进地方政府经济行为特别是投资行为的科学化和规范化。

我们在进行大量调查研究和实证分析的基础上形成了这样一条基本的思路:正确把握非均衡条件下的投资特点,逐步建立和完善与社会主义市场经济相适应的投资模式,转换政府职能,把企业构造成为真正的投资主体,并形成相应的约束机制和调控机制,以"分税制"为基础明确划分中央和地方政府的事权、财权,努力推进地方政府及各投资主体投资决策的科学化、民主化,全面提高地方政府的投资效率和效益。

非均衡条件下投资的特点及其模式的选择

我国经济的常态之一是非均衡。因为尽管我国经济发展存在均衡目标(包括总量均衡目标与结构均衡目标),但现实的经济发展过程,由于各种因素的制约,却是非均衡的(非均衡的经济运行和非均衡的经济发展)。

　　现阶段,无论是从表层结构或是从深层结构来看,我国经济的非均衡增长特征都十分鲜明。从表层结构来分析,整个经济增长主要是由推进工业化带动起来的,第二产业与第一、第三产业相比较增长过快,一方面调动和吸纳了大量资源;另一方面又造成了大量闲置。与此同时,在工业内部,既存在扩张过快的部门和行业,又存在短缺和供不应求的部门和行业。在工业维持高速增长、加工工业比重达到较高水平的情况下,就业结构转换严重滞后于产生结构转换。经济发展的地区分布,不仅过去和现在处于极端不平衡状态,而且还将在今后进一步发展,从深层结构看,我国经济发展的非均衡性主要有如下特点:一是社会总需求大于总供给,即一般意义上的资源约束。而这种资源约束主要表现为生产要素结构性约束,部分投入要素短缺,不能满足经济发展的需要。二是社会最终需求不足,即需求约束,也主要表现为结构性的。在总需求仍然偏大的情况下,最终需求不足,导致部分产品大量积压。产品销路不畅致使经济效益难以回升,从而影响了经济增长。三是供给结构与需求结构相脱节,社会产品过剩与短缺同时并存。

　　经济增长的非均衡性,使我国的投资活动具有以下四个特点:

　　(1)资源约束。投资的生产要素包括劳动力、资金、土地、原材料等。目前,我国投资资源约束主要是资金和原材料的约束。资金约束表现为与需求量相比所形成的投资资金缺口。原材料短缺一方面引起原材料价格上涨;另一方面,影响工程进度,加大工程成本,降低投资效益。在肯定资金和原材料约束重要性的同时,还必须强调指出,由于长期以来在各种要素投资上的偏好,普遍存在着忽视人力资本投资和改善、保护自然资源条件的投资,从而在劳动力素质、自然资源供给能力方面形成了进一步扩大投资的“瓶颈”。

　　(2)需求约束。这里主要是指市场约束,它具有明显的结构性特征。具体表现为一部分投资项目形成生产能力后所生产的产品市场销路不好,投资主体的投资预期难以实现。有的项目投产后虽然产品近期销路还不错,但因市场容量有限,未来的销路前途难卜,这也构成对投资的约束。

　　(3) 价格约束。在我国目前的双轨价格体制下,价格对投资行为的影响是相当大的。按照通常的市场原理,价格应当能反映资源或商品的稀缺程度,即越是紧缺资源或产品,价格应当越高;反之亦相反。但价格双轨制下的情况却不然,越是紧缺的,政府就越要加强管制,管得越紧越死,价格就必然压得越低,这种扭曲的价格信号,必然会给投资行为产生逆向调节和错误的引导。其结果,长线越长,短线越短。一方面造成大量盲目投资、重复建设;另一方面,使某些产业部门的投资长期不足,形成经济发展的"短腿"。

　　(4) 利益约束。投资体制初步改革后,我国呈现出投资主体多元化的新格局。不同投资主体受各自不同的利益约束,其投资活动具有不同的特点。这里,我们只讨论影响地方政府投资行为的经济利益约束。地方政府的投资行为受地方利益约束,一方面,要考虑地区短缺强弱的程度;另一方面,要考虑地方财政收支状况,尽量增加本地区的财政收入。出于前一种,地方政府不是从投资预期收益率出发,而是从发展地方经济,调整地区产业结构,增加就业等方面出发,对公共设施和基础产业进行投资,这一部分投资与中央政府的投资很相似。从第二种考虑出发,地方政府也会进行一部分价高利大项目的投资,以增加地方财政收入。这部分投资又与企业投资很相似,是以盈利为目的。如前所述,在价格信号失真的情况下,地方政府的这部分投资往往容易在地方利益驱动下过度扩张,目前的地区产业结构雷同与这部分投资扩张有很密切的关系。

　　在正确掌握非均衡条件下投资特点的基础上,我们认为,地区投资应选择适应社会主义市场经济发展需要的、计划与市场交叉渗透的模式。在这种投资模式中,由政府调控市场配置投资资源的机制将得到充分发挥。投资主体(主要指企业和私人)在合理预期下根据市场原则进行投资项目的选择与决策,组织投资实施,并在风险自担的前提下,对投资所形成的资产及收益享有所有权与分配权。而政府则必须负责经济发展的总体平衡,需要对投资总量、结构以及重要项目建设与布局作出质和量的规定。政府主要通过产业政策、投资政策、财政信贷政策等去影响和指导投资主体的投资行为,并通过价格、税率、法律等手段对投资活动进行定向调节。在这种投资模式中,联合投资是普遍的形式,即不同投资主体之间采取股份制的形式进行联合投资。地方政府的投资按政企分开的原则,可委托地方投资公司作为投资主体,进行股份制投资,地方投资公司组织国有资产股权收益的回收,可继续用于地方重点项目建设。这样使不同投资主体在责权利纽带的联结下建立起内在联系,就会形成一种自觉的制约机制,可以限制种种不规范的投资行为的发生。

简要地说,选择计划与市场相互交叉渗透的投资模式主要有以下依据:

(1)这种投资模式与我国经济体制改革的总体目标相适应。

(2)这种投资模式可以限制计划调节中直接控制和市场调节中"看不见的手"的作用空间,从而克服投资领域中直接控制的不可逆性和低效率,也克服了完全依靠市场调节投资的盲目性和随意性。

(3)这种模式实现了投资调节的对象、手段以及投资目标分解方式的转换,从而有利于建立政企分开以间接调控为主的投资调控体系。

地方政府职能转换与企业投资主体地位的构造

深化投资体制改革、规范地方政府的投资行为的核心问题是,在政企职责分开的基础上,转换地方政府的职能,进一步缩小政府直接投资的范围,大力削减地方政府的投资决策权限,弱化地方政府对企业投资的行政干预,把投资决策权真正交给企业,从而把企业构造成集筹资、决策、承担责任于一身的投资主体。

现阶段,我国投资管理体制中本应三位一体的投资职能却是相分离的,企业是主要的资金筹集者,政府和企业的主管部门是投资的决策者,企业的所有者即全民是投资风险的承担者。企业要想成为真正的投资主体仍面临一系列矛盾和困难,主要有:

(1)企业的经济利益还很不稳定,积累水平和筹资能力与企业对投资资金的需求还很不相称。

　　（2）企业法以及各种法律规定应赋予企业的经营自主权有很大一部分被地方政府和主管部门所截留,包括投资决策权在内的企业自主经营权远未实现。

　　（3）由于企业没有独立的法人资产,仍然是只负盈不负亏,企业的风险机制和自我约束机制还未形成。

　　因此,要使企业成为真正的投资主体,仅仅调整地方政府与企业的权力利益关系是不够的,还必须彻底转换企业的经营机制,重点应抓住以下三个主要环节:

　　第一,实行企业法人所有权制度,实现最终所有权与法人所有权两权分离,建立企业风险机制和自我约束机制。

　　为了建立企业自我约束机制,使企业既负盈又负亏,就必须让企业具有能用于负亏的独立的法人资产,因此需要在不改变社会主义公有制的前提下改革公有制的具体形式。因为我国全民资产的所有制实现形式已变为国家所有,国家所有又变为各级政府所有。地方政府和各主管部门主要关心的是对企业的管辖权和受益权,而不是企业资产的损益,企业的全民资产实际上并无人对其保值增值负责。要改变这种状况,实行企业法人所有权制度,实现最终所有权与法人所有权的分离是现实可行的选择。

　　具体地说,国家资产机构代表全民掌握全民资产的最终所有权,包括对企业资产价值形式的所有权,对企业方针政策性决策和企业收益分配的参与权。企业则拥有法人所有权,即在取得法人资格后,有对其营运的资产占有、使用和处置的权利。在最终所有权和法人所有权分离的条件下,为了保证全民资产的保值增值,又有实行政企分开,所有权和经营权的分离,保证企业独立行使经营自主权,一方面,要建立国有资产管理部门,下设若干投资公司或国有资产经营公司,通过国有资产所有权和经营权的分离来落实国有资产最终所有者和经营者各自不同的责任和利益。在这一层次上,既要掌握全国资产的最终所有权,又按经济原则对全民资产进行经营,并对企业法人所有权实现有效的监督和控制。另一方面,在企业内部实行法人所有权与经营权的分离,法人所有权由企业的董事会掌握,经营权则由企业的经理或厂长掌握。

第二,赋予企业以投资决策权,建立新的投资决策权力利益结构。

投资决策权是法人所有权一种具体体现,企业拥有法人所有权后,企业掌握投资决策权不仅符合逻辑,而且也是发展有管理的市场经济的客观需要。而对复杂多变的市场需求,企业要在竞争中求得生存和发展,就需要时刻注意市场条件的变化,捕捉各种有关的经济技术信息,以便及时安排投资,调整产品结构和经营方向,推进技术进步。如果企业没有相应的投资决策权,就无法适应市场变化的需要,因而也就无法对经营成果负责。

有的同志担心企业有了投资决策权会加剧投资规模失控和投资结构失衡,这种担心在企业自我约束软化、市场价格信号紊乱的条件下是有道理的。但通过前面的分析证明,几十年来我国企业没有投资决策权并不能保证在宏观上能对投资规模和投资结构实施有效控制。同时,在转换企业经营机制,增强企业自我约束力的同时,必须赋予企业以投资决策权,改变和弱化政府的投资决策职能,建立新的全社会投资决策权力利益结构和营运机制:在微观上,企业对本身的投资规模和投资方向拥有决策权并对此承担相应的风险,所有企业和其他投资主体投资的规模和投资方向组合成为宏观总量上的全社会投资规模和投资结构;在宏观和中观层次上,政府不再直接确定投资"盘子"的大小和切法,而通过包括财政政策、货币政策、产业政策在内的多种宏观经济参数来对投资规模和投资结构进行间接干预和控制。

第三,落实企业对税后利润的分配权,保证企业再投入资金的来源,增强企业的积累能力和筹资能力。

把企业构造成为真正的投资主体,还必须切实解决企业急需投入资金而自身积累和筹资能力相对不足的矛盾。前已述及,在非均衡条件下,我国经济发展的资金供需缺口较大。同时,从结构上看,尽管各企业的积累水平、筹集能力以及对资金的需求程度各不相同,但由于缺乏有力的市场竞争机制和发达的金融市场引导资金的合理流向,宏观上又无力对资金的横向流动进行有效的调控,因此很大一部分资金不足在全社会或全行业范围内进行平衡,而是仅限于企业自身的循环。其结果,不仅资金的存量和增量不能自由流动,难以实现资源的优化配置,而且社会化大生产所要求的资金集中的渠道也很不通畅,有资金的企业不一定最想投资,需要投资的企业又未必有资金,势必造成资金的结构性短缺和积压浪费同时并存。

为了提高企业的积累水平,促进资金的横向流动,在实行企业法人所有权制度,全民资产管理职能部分地从政府经济职能分离出来的同时,必须实行税利分流,纳税作为企业对国家应尽的义务,是国家财政收入的重要来源;税后利润的分享(或亏损的分摊)是企业所有者的权利和义务。一方面,企业成了主要投资主体,由于国家和各级地方政府的财政投资任务大为减轻,因此应相应减轻而不是加重企业的税赋负担,并进一步理顺和规范地方政府和企业的经济利益关系,以利于增强企业的积累能力和筹资能力;另一方面,税后利润分配权在企业内部是掌握在最高决策层董事会的手中,既可直接用于本企业的投入,也可投资到其他领域或企业,有利于促进资金增量的调整。

地方政府在进一步缩小直接投资范围,把企业构造成为真正的投资主体的同时,还必须正确引导企业的各类投资,有效地调控投资规模和投资结构。特别是省级地方政府必须综合运用经济,行政和法律手段,建立和完善以间接管理为主的全社会投资的宏观调控体系。具体包括:

(1)改进固定资产投资计划。实行指导性的全社会投资计划,确定投资总规模和明确投资重点;并在此基础上编制年度社会总投资调控计划,以替代以投资规模指标、贷款指标和大中型项目为内容的年度固定资产投资计划。

(2)运用信贷杠杆调节资金流向。根据国家产业政策序列,安排贷款优先序列,以影响和调节投资结构。通过差别利率,鼓励某些急需发展的产业,限制某些盲目发展的产业。

(3)设立行业差别税率影响投资行为。把现行的建筑税改为投资税,并设立差别税率,对于国家鼓励发展的产业实行减免税,对于限制发展的产业则课以重税。

(4) 实行分行业折旧制度。在现行分类折旧的基础上,实行分行业、分地区、分企业的不同折旧方法,分别采取快速折旧率或梯度折旧率,以保证和体现国家产业政策、行业和地区发展规划的要求。

(5) 建立投资决策与信息管理系统。从投资信息采集—分析加工—政策研究—方案建议—政策效果追踪的计算机系统,把信息采集、对策研究、决策与管理有机地结合起来,直接为宏观调控服务①。继续以国债市场为重点,加快发展股票和各类债券等证券市场,通过建立资金融通、集中机制,发展长期资金市场,来弥补地方政府建设基础产业资金的不足。利用金融市场去引导分散短期的社会资金进入基础产业和国家其他重点建设投资项目,并为进一步发展金融市场创造条件积累经验。

此外,地方政府还应采取法律和行政措施,设置和增加市场进入壁垒,或通过培植企业的自组织机制和促进企业间的协作联合来阻止过于小型的企业进入市场,从而进一步抑制分散投资的过度扩张。

明确划分各级政府的经济权限
努力实现投资决策科学化、民主化

深化投资体制改革、规范地方政府的投资行为,除了要把企业构造成真正的投资主体外,明确划分中央政府和地方政府的经济事权也显得十分重要。我们通过多项专题研究发现,在多种宏观调控手段中,财政政策是最适宜于由地方政府合理运用的经济杠杆。分税制看来是明确划分中央和地方经济事权,建立投资分层管理体系的基础。

---

① 张泽鲁等:《中观投资学》,中国人民大学出版社 1991 年版,第 219~220 页。

前已述及,地方政府投资盲目扩张的出发点,是为了在完成上交财税任务的前提下争取使本地区获得更多的地方收入,以便更有效地发展地区经济,解决就业问题。应该说,这种要求本来无可非议。但由于我国存在着严重的价格扭曲并运用产品税、调节税加以缓解,因此,如果这些税种收入全部或相当部分归地方,就等于鼓励地方政府采取产业歧视政策并排斥与其他地区的横向联合。按不同产品计征关税和出口退税,实际上其作用方向正好与产品税的调节方向相反。如果让地方财政退税就必然出现出口产品结构的不合理,地方政府也必然不会支持跨地区协作的深加工制成品出口。因此,我们赞成分税制的主要原则应包含如下内容:

(1) 关系到全国性产业政策的税种,包括产品税、关税全部划为中央专享税。出口退税相应也由中央财政负担。如果流转税的主体是税率规范化的增值税,则因其不含产品歧视,也可以一部分归地方。这样,地方政府虽然感到增加总投资有利,但对行业和企业都无亲疏、“嫡庶”之分,地方政府必然要很好地加以权衡,是自行投资于盈利项目更有利,还是广泛吸引各地已成为投资主体并有权自由选择投资地点的企业前来投资更为有利。

(2) 土地税费应大部分归地方和城市所有。地方政府加强本地的基础设施建设,不仅能吸引投资,从而也就增加了税收、扩大了就业,还能使土地升值。显然,这样的多重得益要比投资于盈利性项目,具有更高的投资效益。特别是土地升值还将促进城市产业布局的合理化,把高新技术产业、金融产业、信息咨询产业等配置在最佳地理位置上,将显著减轻对大城市中心区改造的难度和工作量。在理论上,土地费(税)可以冲减所得税的计税基数,但一个地方如果任意抬高土地费(税)将导致企业外迁,投资不旺。土地使用费的收费标准应当按其所在的地理区域加以确定,而不能以隶属关系、所有制形式等差别而有歧视或优惠规定。不同地理区域间土地占用费用差价的变化也必须有连续性、合理性。随着土地使用转让市场的发展,土地使用费将具有更为客观的标准。

（3）分税制的内容应当是：凡与地方政府职能关系大的税种归地方税，以便调动地方政府的积极性，使其经济职能获得必要的财力保证，也便于地方政府形成自我发展、自我约束的机制。

按照以上分税制的主要原则，税种应作如下划分：

第一类为中央专享税，包括产品税、关税、出口退税、消费税、国有固定资产税、进口环节征收的国内流转税，等等。

第二类为地方专享税，包括乡镇企业所得税、个体所得税、城市维护建设税、地方资源税、营业税，等等。

第三类为中央和地方共享税，包括资源税、土地税（地方分成得大头）、营业税、所得税、房产税、车船使用税、增值税（地方分成得小头）等等。

我们相信，这样设计出来的分税制可以成为中央和地方两级分层管理系统的基础，这是因为：

（1）明确划定了地方自我发展、自我约束、自求平衡的边界。在财政问题上，地方政府从来就没有与中央讨价还价的余地，也没有强迫银行放款的特权。

（2）使各级地方政府都不能用挤中央或挤其他地区的手段来壮大自己的经济实力。

（3）使地区利益能与宏观实施有效调控，全国范围的产业结构优化相协调。

（4）有利于地方政府切实对本地人民的就业和福利负责。

（5）地区在更大范围内自主制定预算和投资计划，中央不再频繁干预。

显然，在现行的财政包干、"分灶吃饭"的体制下，是难以做到这一点的。

为了进一步提高地方政府直接投资的效益，还必须实现其投资决策的科学化和民主化。各级地方政府的直接投资项目以及企业投资中对社会效益和环境效益有影响的部分，都必须经过咨询和充分的论证。同时，还应采取多种形式和利用各种舆论工具，广泛征求社会各界人士和广大群众的意见。实现地方政府投资决策的科学化和民主化，主要应抓好以下几个环节：

首先，建立科学的决策程序。要使单个建设项目决策同整体投资决策相辅相成、有机结合，以保证地方政府的投资，按照规定的渠道和合理程序作出决策，防止和避免个人盲目拍板决定的现象发生。在单个项目的决策上，要依次做好前期准备、施工实施、竣工投产三个阶段及其编报审批项目建议书、设计任务书（可行性研究报告）、设计文件、列入年度计划、施工安装、验收移交等六个环节的工作。在整体投资的决策上，要通过调查准备、提出初步建议、深入测算方案、具体编制计划、审批下达计划等五个步骤，合理确定投资规模、投资结构和投资空间分布三项任务。

其次，加强决策咨询，充分发挥"智囊团"的作用。由于地方政府的直接投资往往涉及到经济、技术、资源、环境、外事等诸多方面，在已进入电子、信息时代的今天，要作出正确的投资决策，只有依靠许多学科专家组成的咨询机构，运用社会科学、自然科学以及计算机等方面的知识，进行科学分析和正确评估，才能提出可供决策选择的优化方案。咨询机构或"智囊团"恰恰以其科学、公正、可靠的原则担当专项任务，以弥补经验决策的不足。

次之，用决策的民主化来保证决策的科学化。投资决策中"长官意志"、"一言堂"与科学决策的程序是格格不入的。科学的决策，要求以民主的方式分析和校正决策的形成和执行过程。因此，地方政府的投资决策就要认真吸取软科学工作者的研究成果，广泛集中咨询机构有关方面的意见和智慧，从而为正确决策奠定坚实的基础。

再次，坚持实事求是，充分发挥地区优势。各级地方政府的直接投资必须坚持一切从实际出发，因时、因地、因资源制宜，不搞"一刀切"，不生搬硬套不适合本地实际情况的做法模式，既服从宏观指导，量力而行，又积极发展发挥本地优势，尽力而为，努力做到主观同客观相一致。

最后，增强全局观念、整体观念，正确处理地方与中央、政府与企业之间的关系。当地方投资效益与宏观投资效益发生矛盾的时候，要从决策上自觉服从宏观投资效益。当企业投资效益与地方投资效益发生矛盾的时候,要积极引导,促使企业投资效益服从整个地方投资的效益。

此外,地方政府还应建立快速、准确显示投资运行状态的预警系统,以提高自身直接投资的效益,并增强对整个地区投资调控的灵活性和及时性。

（原载《地方政府的投资行为研究》,中国经济出版社1993年版）

论双重体制环境下的地区投资结构

经济体制对地区投资结构的影响

1. 传统体制下的地区投资结构

在传统体制下预算约束是软的,主要表现在:(1)国家的投资拨款是无偿的;(2)税收制度是软的,赋税征税很不严格;(3)信贷制度是软的,它实际上允许不履行信贷的偿还业务。在这种预算约束下,企业不承担投资责任和风险,极易诱发投资扩张冲动和"投资饥渴症",形成社会性的投资需求膨胀,使社会总供给难以满足社会总需求,从而铸就社会主义传统体制下需求膨胀的经济环境。

在需求膨胀经济环境下,对投资的需求往往超过了可供投资的积累,因而在投资的分配过程中就存在着对分配的地区、部门(行业)等方面的结构性选择问题。选择的依据有二:一是持久的投资比例,二是短缺信号及其强度。

所谓按照持久的投资比例分配,就是投资分配者一般按各地区、各部门的前期份额大小进行投资分配,以致使一种投资结构得以稳定下来。由于在传统社会主义经济体制下,投资扩张和资金紧缺的矛盾,使投资的交付使用率很低,未完工率很高。于是,新的投资分配不能不在很大程度上考虑未完工的项目。如果撇开上一轮投资项目交付使用的结构性差异,那么现期投资分配的比例一般近似于前期投资分配的比例。决定按持久比例分配的真正信号是未完工率。

　　各地区或部门的短缺强度是如何确定的呢？它是参与投资分配过程的各个方面相互作用的结果。短缺强度是一个非数量化的参数，所以，各地区或部门的缺短强度的衡量便和投资需求者与分配者之间的讨价还价有关。如果短缺信号一开始就已被接受，当短缺越来越严重，有关的投资建议将被接受。短缺强度的确认还受到社会成本的承受主体和显示方式的影响。当一个地区或部门的短缺所引起的社会成本的承受主体是投资分配且具有集中和快速显示后果的特点，那么该地区、部门的短缺强度易被确认，且能较快消除。反之，若短缺引起的社会成本的承受主体是投资需求者且具有分散和作用缓慢的特点，那么，这类短缺强度就不易为投资分配者所确认。

　　由此可见，在需求膨胀的经济条件下，资金短缺导致固定资产投资的未完工率增高，生产能力难以形成。生产能力实现的缓慢，又使短缺强度不断增强。此类短缺信号不断地传递给投资分配者，从而使投资分配者为了降低短缺强度而做出了某项投资选择。

　　在社会主义需求膨胀的经济条件下，资金短缺对地区投资结构形成的影响是难以避免的。各地区的基本建设各自在原有的投资分配份额的基础上进行。资金得到少的地区投资需求难以满足，但资金得到多的地区因开工项目更多，缺少的资金也更多，对下期投资分配要求得到相应比例甚至更大。投资分配者为了达到暂时的平衡，在地区投资分配中采取了按照持久比例进行分配的折衷方案。于是，在地区投资结构的形成过程中，经济的因素被削弱，非理性的或行政的因素却增加，而且，如果原有地区投资结构已经不合理，要想调整过来就有更大的难度了。

2. 双重体制下的地区投资结构

　　我国的经济改革已经进行了十年多，现阶段正处于传统计划体制向有计划商品经济转换的双重体制并存时期。双重体制导致中、微观经济行为双重化和宏观调控机制行为双重化。在投资领域内，已有的改革使投资主体多元化，各地区投资选择、项目开工的决策及其实施上有了更大的灵活性，但是投资扩张冲动和"投资饥渴症"尚未得到有效的治疗。目前的紧缩政策只能暂时压制过高的投资膨胀。

　　我国的地区投资扩张冲动和"投资饥渴症"尤为明显。各地区为了自身的经济利益,跑"步"(部)"前"(钱)进,互相争资金,要项目。为了攀比发展速度,不顾本地区资源、技术是否许可,片面追求地区内工业生产自成体系。

　　地区投资扩张的原因在于:一是地方政府的职能尚未真正转变,政企不分的现象依然存在。地方政府应该担负起贯彻国家宏观调控政策和制定本地区社会经济发展规划的双重任务。但是,在双重体制下,地方政府仍然承担着过度的地区经济建设和发展职能。在改革过程中,过度的行政性分权和不彻底的经济性分权,诱导了地方政府趋利性投资扩张冲动。随着改革的深化,国家预算内投资的比重越来越少,计划部门除对预算内投资可控外,其余调控手段有限,新的调控体系尚未形成。简政放权只是放给了地方政府和主管部门,企业仍然缺乏自主权。现行体制加剧了地方政府与企业的行政隶属关系。"财政包干"又造成地方政府为增加财政收入而不断投资兴建"短、平、快"的加工工业项目,地方政府投资目标中增强了盈利最大化目标偏向,趋利性投资扩张冲动加剧。二是中央银行分、支行的"地方意识"偏向,助长了地方贷款投资比重呈上升趋势。我国中央银行分、支行按各行政区层层设置,而与地方政府的行政干预形影相随,因而各分、支行从本地利益出发,夸大信贷资金缺口,盲目地支持地方争资金、上项目。三是我国现行生产要素(包括资金、土地、原材料等)价格不合理。由于国家对新增固定资产投资长期实行低息贷款的优惠政策,只要哪个地区争到了资金,即使暂时不投入使用而存入银行,也能获得近似于甚至超过于贷款利息支出的存款利息收入。因此,各级地方政府总能编制出长长的投资项目计划,强调本地区投资的重要性。原材料尤其是初级原材料(如矿产品和农产品)的价格偏低,使加工企业不仅能够获得加工增值所创造的利润,而且还能够获得价格转移利益。这些,都使投资膨胀、新增投资结构不合理。

　　在双重体制下,由于改革的不彻底性,市场机制的不完善,企业产权的虚置，传统体制的影响，投资行为的惯性冲动，这些环境因素对地区投资结构形成的影响是根深蒂固的。

其一，进入 80 年代后，随着产业结构由重向轻的转化，地区投资向东部倾斜，但 80 年代地区投资的分配基本上是按相对稳定的比例进行的（见表1）。

表1　全社会固定资产的地区分布〔注〕　　单位：%

年份 地区	1982	1983	1984	1985	1986	1987
东部地区	50.6	48.1	50.4	50.1	52.8	55.5
中部地区	27.9	29.0	30.2	29.4	28.1	26.9
西部地区	14.6	14.0	14.9	15.6	14.6	14.0
不分地区	6.9	8.9	4.5	4.9	4.5	3.6

注：东部地区包括北京、天津、河北、辽宁、上海、江苏、浙江、福建、山东、广东和广西；中部地区包括山西、内蒙古、吉林、黑龙江、安徽、江西、河南、湖北和湖南；西部地区包括四川、贵州、云南、西藏、陕西、甘肃、青海、宁夏和新疆。不分地区指的是各部门统一购置的设备、铁路机车、飞机和军事、人防工程。

从表中可见，从 1982 到 1987 年，东部、中部、西部三大地区的投资比例是相对稳定的。从数量上看，东、中、西三类地区的全社会固定资产额分别由 1982 年的 623.17 亿元、342.21 亿元和 179.78 亿元增加到 1987 年的 1974.38 亿元、899.71 亿元和 500.45 亿元。因此，投资规模都有所扩大，但地区之间的数量差距也有所扩大。实际上，近年来中、西部的国家预算投资和国内贷款的增长速度都要高于东部相应指标的增长速度。那么，地区间投资数量差异增大的原因何在呢？我们认为，这同各地区消除短缺的能力有关，表现为两个方面：一是东部地区企业的自身积累能力较强，随着地方政府、企业投资权限的扩大，可以借助本地区积累的资金追加投资，投向本地区一些短缺强度大的产业部门；二是在社会资金普遍短缺的情况下，东部可依靠引进外资来弥消资金短缺,通过出口创汇来带动进口,又能缓解各种投资品的短缺。相对地,中西部地区由于自筹资金的能力和吸引外资的能力较差而难以赶上东部的投资增长。因此,资金、投资品短缺的普遍性和各地区消除短缺能力的特殊性同时并存,增强了短缺对地区投资结构的影响。

其二,地区投资分配同样根据各地区、产业部门的短缺强度进行。由于我国的生产力布局是轻工业与重工业、加工工业与基础工业东西分野,因而产业部门的短缺强度也往往在地区投资的短缺强度上近似一致地反映出来,就是说,能源、原材料的短缺同西部地区投资开发不足有关。

然而,由于投资主体的多层次性和投资分配者的多元化人格,对各地区、各产业部门短缺强度的确认有不同的眼光。就国家预算内投资而言,为确保国民经济的按比例、协调发展,希望加快一些"瓶颈"部门的建设,如能源、交通等部门。但投资分配者一方面要想尽量在这些"瓶颈"部门增加投资比例,另一方面还要考虑投资的收益问题,力求投资增值,更何况投资收益的好坏还同自己的政绩的高低有关,因而投资分配者会不自觉地偏好于工业技术基础好的地区和投资收益快的产业部门。就地方预算外投资而言,从本地区的短期利益出发,容易确认本地区内的加工制造业的短缺强度,忽视那些全社会性的基础产业部门的短缺强度。就企业投资而言,倾向于那些价高利大的"短、平、快"项目,从而使企业分散投资指向加工型部门。这样,即使能源、原材料、交通等基础产业部门的短缺强度有所减缓,也赶不上加工制造部门迅猛发展的要求,其结果,一方面使地区投资结构矛盾更加尖锐,另一方面加剧了产业结构的失衡。

合理调整地区投资结构的对策措施

在我国的地区投资结构形成过程中,资金的分配或转移在很大程度上带有投资决策者的主观随意性。建国以来,我们在地区投资建设方面的经验教训有:一是片面追求地区生产力的平衡,在基础薄弱、技术落后的中、西部地区盲目投资,造成结构与效益的双重损失。二是过分强调"均衡配置",各地区自成体系,向着"异质同构"的方向发展,阻碍了建立在专业化协作基础上的社会劳动地域分工和结构性分工。三是受"梯度推进"理论的影响,采取偏向于东部地区的投资"倾斜"政策,从而导致地区经济差距拉大,生产力不合理布局重复,这不仅影响到中、西部地区经济发展,而且东部地区本身也将受到资源供应不足的威胁。

前述的分析使我们看到:在社会主义需求膨胀经济条件下,地区投资结构一旦形成便有较强的刚性。在双重体制下,地区投资结构一旦失衡,不仅不会自发矫正,反而会愈走愈远。因此,双重体制下地区投资的合理化,在理论上和实践中都有一定的难度,正因为如此,深化经济体制改革,以促进地区投资结构的合理化,就显得更有现实意义。

地区投资结构的合理化,就是要把有限的资金正确地投向各个地区,既注重各地区投资量的分配比例,又注重投资后的经济效益,使各地区投资形成的生产能力彼此相长,达到地区经济的协调发展。为此,我们提出如下一些对策措施,以加快地区投资结构合理化的进程:

第一,从各地实际情况出发,立足本地区的资源优势,合理安排投资。

我国从沿海至内地的现有生产力水平,无论从固定资产、人力资源、技术信息、经营管理等方面,还是从经济密度、经济效益看,由东向西呈三级梯度,渐次递减。而自然资源的地区分布正好与生产力布局相反,其丰度由东向西呈三级梯度递增。因此,在东部沿海地区适宜于现代产业的集约发展;中部地区在发展传统产业的同时,也可搞现代产业的试点实验;西部地区在加快交通运输和采掘行业建设的同时,接受东部地区传统产业的扩散和资金转移。

同时,确定省级投资结构的特点和优化省区内投资结构。省区内投资结构包括了省区内投资的来源结构、使用结构(建筑安装、设备及其它)、再生产结构(基本建设和更新改造)、所有制结构、规模经济结构及产业结构等。长期以来,在实际经济工作中,省级投资结构总是依据全国投资结构的各项指标,层层分解后被动地接受。由于资金来源的大部分掌握在国家手中,地方政府为完成计划指标就不得不顺从,有时还得牺牲发展本地的优势产业。今后,各省区可以参考国家投资结构和产业结构要求,结合本省实际情况设计出符合本地本省实际的投资结构和产业结构。既要考虑国家投资的作用,又要用好本地本省的自有资金。

第二,兼顾地区投资的经济效益和社会效益、短期效益和长期效益,处理好沿海提高和内地发展的关系。

由于沿海和内地的技术、管理等方面的差距,每百元固定资产原值提供的产值和利税,沿海比内地高几倍乃至十几倍,因而在沿海东部地区投资的经济效益明显好于内地中、西部地区。如果投资多分配一些在沿海地区,在投资总的经济效益上是增加的。但是,如果投资片面地投向东部一隅,势必会影响到西部地区的经济发展和资源开发。由于东部地区的提高还须要以西部的资源为保证,因而从长远看,加快西部发展,才能保证整个国民经济持续地发展。例如,上海市就因缺电缺煤而有15%的生产能力无法发挥出来。

内地的经济效益目前较差,但潜力也大。内地的开发建设不能光靠有限的国家投资,而要通过地区之间的生产协作,吸收东部资金和技术,以缓解其资金短缺和技术薄弱的突出矛盾。

当然,国家应继续扶持中、西部地区的经济发展,制定和完善有关的优惠政策。可以建立专项基金,有偿使用,目的在于改变无偿"济贫"的做法,化"输血"为培养"造血"功能,活化其自身的经济机体,自动摘掉"贫"的帽子。只有这样,才能一方面促进本地区经济发展,另一方面为东部地区经济发展和提高创造资源条件。

第三,增加在各地区的"成长点"、"增长极"上的投资,以提高辐射功能,带动地区发展。

设想用"点区论"代替"梯度论",在各地区寻找合理的经济成长点,在这些点上集中投资,建立地区内的群体性工业,提高聚集效应,形成本地区经济的"增长极"。这些地区性的经济成长点、增长极既可是资源富集的待开发区,也可能是有一定经济、技术基础的中小城市。然后,通过交通和通讯的辅助建设,联"点"成"线",以"线"辖"区",推动地区内经济的全面发展。

这些都是"治标"的做法,要根本实现地区投资结构的合理化,还得有"治本"的做法,即从进一步深化体制改革上着手。

第四,改革经济管理体制,创造使地区投资结构合理化的积极因素和内在动力。

具体地说,一要改革投资分配的管理体制,建立多层次的投资主体结构。已有的改革初步形成了国家、地方和企业等资金所有制结构,为建立多层次的投资主体结构创造了条件。进一步搞活企业,赋予企业更大的资金积累能力和投资决策权,才能促使资金在地区之间合理流动,加快资金的社会性周转,缓和资金短缺的地区性矛盾。二要改革价格体制,让各地区企业平等竞争,真实地反映投资的效益。现有的生产力布局是东轻(工业)西重(工业),东部一方面购进西部输出的价格偏低的能源、原材料而获得转移过来的利润,另一方面又把制成品、加工品高价销往西部获得利润。在这种价格不合理的"双重利润"掩盖下,放大了东部的投资效益,因而目前投资偏爱于东部就不难理解了。只有改进现有价格体制,才能让各级投资主体选准投资的方向和地点。三要改革金融体制,建立、健全资金市场。在市场机制逐步完善和企业拥有投资决策权后,每个企业都可以到各个地方去寻找最低的生产成本区,自主地决定投资的去向。当然,依靠单个企业自身的积累必然是有限的,这就要依靠和利用银行信贷。同时,要对不同的行业、地区实行差别利率,引导企业在一些不发达地区、资源富集待开发区投资。因此,建立各专业银行资金拆借关系,形成全国性的或地区性的资金市场,将有利于资金的横向流动,除某些地区因资金短缺而造成的进入壁垒。

（原载《江苏社会科学》1991 年第 1 期,与章寿荣合作）

如何防止投资膨胀卷土重来

今年是我国国民经济继续保持良好发展势头的一年，也是进入新一轮实质性改革的第一年，各项任务十分繁重。其中，深化投资体制改革，根治投资膨胀，是关乎改革、发展和稳定全局的重要方面。当前，加强固定资产投资的宏观调控，严格控制基建规模，仍是各级政府必须高度重视的问题。投资膨胀曾经是我国经济生活中反复出现的体制性痼疾，解决的根本出路在于改革。我们应当针对投资膨胀产生的根源，逐步建立法人投资和银行信贷的风险责任，用国家产业政策指导下的项目登记备案制代替现行的行政审批制，真正把绝大多数的投融资活动推向市场。

一

投资膨胀的主要表现形态是：在建规模偏大、投资增长过猛、投资结构失衡和投资效益不高。

从在建规模来看，以 1992 年出现的投资膨胀情况为例，当年由于新开项目大量增加，全社会固定资产在建总规模高达 27900 亿元，比上年增长 49％。过大的在建规模使得投资总量作为需求方面，超过了作为供给方面可投入的生产要素的总量以及现有基础结构的支撑能力。具体表现为资金短缺，导致信贷和货币形势紧张，相当一部分投资完成额不得不靠拖欠工程款和设备款来实现。同时，一度造成交通、能源和原材料供应趋紧，价格不断攀升。钢材、水泥等建材价格的增幅，曾高达八成到一倍以上,超过了国际市场价格。

动态地看,投资增长过猛是我国投资膨胀的又一表现,具体反映为全社会固定资产投资的增幅远远大于国民生产总值的增幅。仍以1992年为例,当年全社会完成固定资产投资 7582 亿元,比上年增长37.6%,而同期国民生产总值增长 12.8%,二者的速度比为 2.3∶1。整个 80 年代二者的比例也都在 2∶1 左右。在我国现阶段的生产力结构下,固定资产与国民生产总值的弹性系数约在 0.6 左右。因此,我国固定资产投资与国民生产总值的增长速度之间的正常比例应为1.6∶1 左右(参见倪家铸、严英龙等:《地方政府投资行为研究》,中国经济出版社 1993 年版)。可见,近两年的投资增长速度已超过了正常范围。

我国投资结构失衡的问题也比较突出。从投资项目规模结构看,单个项目的投资规模过小,重复建设、投资分散的情况严重。据国家统计局的一项抽样调查,半数以上的项目投资额不足 100 万元。从投资的地区结构看,60%左右的投资集中在东部的 12 省、市,而资源丰富的中西部 18 个省、区只占投资总额的 40%。同时,由于东部沿海地区的融资、引进外资能力明显强于中西部地区,近年来东部的投资增长速度一般要比中西部高出 10~15 个百分点。因此,这方面的结构失衡现象很可能还会进一步加剧。在投资的技术结构上,高新技术项目投资增长缓慢,中低技术项目投资呈继续扩张之势。在投资的部门结构上,瓶颈制约仍较突出。1992 年新开工的第二产业项目中,加工工业占了六成,国家重点建设的能源、原材料工业的投资由上年占 44%下降到39.8%。虽然去年以来,各地基础设施建设蓬勃兴起,进入了快速发展阶段,但从总体上看,投资结构改善滞后的问题依然存在。

投资结构不合理造成我国加工行业能力过剩,新建扩建企业和老企业开工率偏低,致使宏观投资效益下降。具体表现为 90%以上的投资项目概算超支,超支幅度高达 1/3;65%以上的项目投产后不能正常发挥经济效益;20%的投产项目,投产之日即为转产和企业亏损之时。据一项典型调查推算,因投资失误,每年全国有几千亿元的资金在低效使用,甚至无效占压。另据有的学者对我国"七五"时期各年度投资效果的综合分析,投资效果系数(单位投资额提供的国民收入)呈下降趋势,每百元投资新增国民收入由 1985 年的 53.79 元下降到 1990 年的 25.26 元[①]。

二

投资膨胀产生的原因是多方面的,其中主要是受传统经济发展模式和计划经济体制的影响。

小平同志多次强调:"发展才是硬道理。"对于我们这样一个社会经济发展水平还比较低的国家来说,加快发展尤其重要。从当前的发展趋势和经济环境看,我们有必要也有可能保持较高的增长速度。在把加快发展同社会稳定、同发挥社会主义制度优越性联系在一起的问题上,全党已形成了共识,但对怎样发展这个问题还没有引起广泛的足够的重视。长期以来,我国经济主要是通过较高的增长速度和规模的扩张来获得发展的。应该说,这种着眼于扩大规模的传统发展模式,在经济基础薄弱的初始发展阶段,曾经是有效的。但它的根本缺陷在于把扩张等同于发展,重速度轻效益,重外延轻内涵,重增量不重存量。一说要加快发展,马上想到的就是增加投资,扩大规模,上新项目,以扩大外延的方式支撑较高的增长速度。这种脱离实际条件、急于求成的速度偏好,长期左右着地方政府和企业的投资行为。直接的后果就是投资规模膨胀,货币超量发行,原材料供应紧张,经济形势全面吃紧,进而导致通货膨胀,于是不得不"急刹车",紧缩整顿。这样的教训我们已有过多次。远的不说,在 80 年代就发生过两次,最近两年所走过的轨迹也大致如此,只是由于中央采取了一系列宏观调控措施,才制止了这种

---

① 参见张传吉:《固定资产投资效益综合评价初探》,《投资研究》1993 年第 5 期。

势头。但是我们必须看到,从去年第四季度起,随着中央紧缩政策的松动,投资冲动又再度激起。可见,如果不能从根本上变革原有的投资体制,投资膨胀所引发的上述种种矛盾将再次出现,导致整个国民经济的大起大落。从一定意义上说,积极推进和深化投资体制改革,是今年乃至今后一个时期各项改革能否顺利实施,经济能否健康发展,社会能否保持稳定的关键所在。

近十多年来,我国在投资领域也曾进行过一些改革,但从总体上看,投资体制仍基本上保持着传统的计划经济管理模式,其主要特点与市场经济的要求相去甚远。主要表现在:

1. 投资的宏观计划以实行指令性的年度计划为主,仍沿袭按部门、按地区切块分配投资的做法,忽视运用市场机制引导投资,因而投资的动态化、开放化程度较低,也无法彻底改变多年存在的"首长项目"、点贷投资等非市场化倾向。

2. 投资决策按大中小型项目实行中央和地方分级决策的办法,以中央决策为主,行政干预为主,决策者不承担投资风险,花钱者不承担经济责任,忽视了企业和银行在项目决策阶段的自主权,"有人决策,无人负责"的状况没有从根本上得到改变。

3. 投资管理的范围主要局限在国家预算内投资,对于居全社会固定资产投资主体部分的预算外投资缺少行业规划、地区布局和企业规模的宏观指导,对集体和个体投资更是束手无策。

4. 投资管理的方法仍是以行政手段为主,各级经济主管部门主要忙于审批项目、分钱分物,忽视用经济手段调控经济组织、企业和银行的投资行为。

近年来出现的投资膨胀除了受计划经济体制的影响外,还与已有改革措施的不彻底、不配套有关。比如,改革中形成的多元化投资主体,本意是要建立一种能体现计划与市场交叉渗透的投资模式,实践中也确实对改变完全依赖国家投资的旧格局,调动各方面的投资积极性起了重要作用。但是,这一改革又带来了投资决策权过于向地方倾斜的局面。地方政府本来就有很强的投资冲动,在拥有更多的投资决策权,而又缺乏必要的约束机制的情况下,投资膨胀就愈发不可避免。又比如,"拨款改贷款"原意是促进投资者树立资金效率观念,落实投资者的责任,强化银行对投资项目择优贷款的机制,但实际运行的结果却违背了初衷。一方面,由于未进行根本改革的金融体制并没有改变银行对政府的依附地位,"拨改贷"只是使企业由过去依赖国家吃财政的"大锅饭",变成依赖地方政府吃银行贷款的"大锅饭"。另一方面,地方政府受地方利益的驱动,强烈要求银行增加对本地区的贷款规模,甚至不惜借助于行政手段向银行施加压力,迫使其挪用同行拆借资金扩大固定资产贷款规模,为投资膨胀增添了新的源头。

由此可见,投资体制改革的核心问题并非投资主体是多元的还是单一的,也不是投资决策权是集中在中央手中,还是向地方政府和企业倾斜,关键要解决投资主体是否承担投资的风险责任,是否已法人化,是否具有自我约束机制的问题。另外,价格体系的扭曲,中央与地方政府权限不清,责职不明,中央宏观调控能力的弱化等等,这些都是投资膨胀长期存在、反复出现的重要原因,需要通过改革的综合配套加以解决。

三

根治投资膨胀,唯一的出路就是深化投资体制改革。对各级地方政府来说,当前必须按照中央确定的方针和部署,把投资体制改革放在突出的地位上,整体推进各项重大改革措施的实施。

1. 投资体制改革的基本思路。

为了从根本上转换投资机制,彻底根治投资膨胀,就必须逐步废除投资项目的分级审批制度,代之以投资主体自行决策的申报备案制度。为此,要从两个侧面对现行体制进行配套改革。一方面,全面规范各类投资主体的投资行为,合理划分企业法人、地方政府、中央政府的投资领域和范围,建立投资主体责权利相统一的风险责任机制。另一方面,建立以经济、法律手段为主要内容的固定资产投资的宏观调控体系。

建立投资风险责任制要充分汲取历史的经验教训,彻底克服以往各种投资责任制的内在缺陷:① 不能只停留在项目决策后建设实施阶段的责任上,关键是明确投资决策阶段的责任;② 投资的风险责任必须落实到人(法人或自然人),不能名为集体负责,实则无人负责;③ 奖励和惩罚措施必须对称,不能只奖不罚。同时,建立投资风险责任制还必须创造适当的外部条件,包括相对稳定的宏观经济环境以及建立在民主和法制基础上的社会运行机制。惟有如此,建立投资风险责任的努力才不至于流于形式,一个宏观调控下的市场化投资模式才能真正建立起来。

2. 适应市场经济的需要,规范投资主体的行为。

市场经济中的投资有一个基本特点,就是投资主体企业化或企业法人化,即大多数经济领域的投资主体应是企业法人。今后凡是竞争性项目投资的决策权,应当直接交给企业,由企业在国家产业政策的引导下,根据市场需求自筹资金、自立项目,也由企业自己承担投资最终成功与否的风险和责任;银行根据投资贷款的风险和效益以及国家的经济政策,对投资项目进行独立评估,自主决定对投资项目是否贷款,并对贷款项目的效益和回收贷款的风险负责。

在企业扮演投资主角的同时,政府的投资也应实行市场化管理,建立风险责任机制。政府在转变职能的过程中,要进一步缩小投资的范围,主要抓好基础性和社会公益性项目建设。中央政府投资的重点是全国性和跨地区的基础性和公益性项目建设;地方政府投资的重点是本地区范围内和跨地区的基础性和公益性项目。今后,凡属地方重点投资的项目,应由地方政府根据自己的财力、物力量力而行,自主决策。国家重大建设项目,按照统一规划,由国家开发银行等政策性银行,通过财政投融资和金融债券等渠道筹资,采取控股、参股和政策性优惠贷款等多种形式进行,以吸收一部分企业和社会资金,拓宽政府投融资的渠道。中央和地方政府的投资管理,也要尽可能实现市场化、法人化,政府投资项目形成的企业法人,应对筹划、筹资、建设直至生产经营、归还贷款本息以及资产保值增值等全过程负责。

3. 加强对固定资产投资的宏观调控。

任何新体制的建立和完善都需要一个过程，因此，针对当前的实际情况，国家仍需采用多管齐下的办法，充分运用经济的、法律的和必要的行政手段，加强对全社会固定资产投资的宏观调控。首先，要按照科学的程序和方法计算出社会总需求和总供给的平衡指标，然后再设计出一条防止投资膨胀的边界，从而确定合理的投资总规模和年度规模。其次，对投资的资金来源实行规范化管理，依法制止不规范的集资，除银行系统要严格执行投资贷款计划外，各金融机构也不得挪用银行同业拆借资金发放固定资产贷款。第三，从严审批新开工项目，防止基建规模继续扩大，对未经批准擅自开工的要追究有关单位和领导人的责任。第四，集中财力物力，保证重点建设。要在对在建项目进行清理排队的基础上，优先保证重点收尾、投产项目和重点续建项目，对基础设施和基础产业项目，也要按照国家统筹规划、合理布局、注重效益、量力而行的原则，集中力量打歼灭战，避免盲目、重复建设。第五，加强对资金市场的宏观管理，不得擅自扩大债券发行规模和股份制试点范围。第六，加强对房地产开发建设和开发区建设的管理，把房地产开发建设投资和贷款都纳入国家固定资产投资及贷款计划。此外，还要加强对外商直接投资项目的引导和规范化管理，切实加强对投资宏观调控工作的领导，等等。

总之，我们要正确地理解和贯彻党的十四届三中全会的精神，正确处理好改革、发展和稳定的关系，真正把工作的重点转移到调整结构和提高效益上来。无论是深化投资体制改革的成效，还是近期内控制固定资产投资的得失，都要由结构调整的进展和效益提高的程度来检验。

（原载《唯实》1994 年第 3 期）

如何应对国外农产品的挑战

目前,我国农产品进口的种类已超过 70 种。1999 年全国农产品进口总额已达 90 亿美元。所进口的农产品除了粮、棉、油等土地密集的大宗产品外,还有禽肉、肝脏、水果等副食品。同时,各种深加工的农产品也开始纷纷抢滩中国市场。近年来已有法、美、德等 10 个国家、100 多个品牌的葡萄酒打入国内市场,进口奶粉、黄油、点心等也越来越多地摆在大中城市超级市场的货架上。

随着市场经济的发展和我国对外开放的扩大,国外农产品大量涌入国内市场。造成目前农产品进口增幅过大的原因主要有四个:

一是我国农产品生产成本高,农业科技含量低,已丧失比较优势;二是农产品的品质差,整体合格率不高;三是农业生产规模小,社会化、组织化的程度低;四是国内农产品购买力有限,消费能力明显不足。

鉴于我国加入世贸组织有五年过渡期,恰好就是"十五"期间。如何在过渡期内做好入世的各项准备工作,迎接国外农产品抢滩国内市场的挑战,需要有宏观、微观多方面的共同努力。本文仅从政府的层面提一些建议:

1. 加大对农业的支持和保护力度。可充分利用"绿箱政策",进一步增加对农业和农村的投入。改变目前我省投资结构中重工轻农、重城轻乡的倾向,特别要在农业基础设施建设、农业科技研发和推广、农产品质量标准建设、农产品加工流通、农业信息体系建设、农业生态环境治理和农业社会化服务等方面增加投入。

2. 加快农业组织制度的创新。我省要率先打破部门垄断和地区封锁,消除对各种所有制经济市场准入的不合理限制。政府机构改革,要有利于发挥农业生产、科研、加工、销售的组织效应。放手发展各种专业合作经济组织和专业协会,提高广大农民进入市场的组织化程度,并尽快明确这些民办中介组织的法律地位。在通过提高农业组织化程度、形成农产品市场自我保护能力的同时,提倡"贸、工、农、科、金"等环节的联合,通过科技研发、产品宣传、品牌推介、市场营销,并与"金融业"捆绑在一块,形成农业产业化体系和集团优势,提高我省农产品在国内、国际市场中的竞争力。

3. 鼓励和扶持发展外向型农业。要在我省确立面向国内、国际两个市场,利用国内、国际两种资源,开展以劳动置换土地的开放型农业发展思路。选择具有技术、劳动优势的外向型产业和主导产品,积极建设畜禽、水产、蔬菜等出口生产基地,为优势农产品和高附加值的农产品的生产和出口创造条件。加大农业引资招商力度,鼓励外商投资兴办农业企业,发展种养业、农产品加工业和贸易。扩大技术、智力引进的规模,不断提高其效率,重点引进国外农产品标准化生产、保鲜、加工等先进技术和农产品质量监测、动植物防疫检疫、食品安全卫生技术,构筑我省农产品贸易的"绿色壁垒"。

4. 加快政府职能的转变。从主要依靠行政手段指挥农业,向主要依靠经济杠杆和法律手段来调控农业转变,通过强化农业法制体系、农业信息体系、农业标准化体系、农业质量监测体系、农产品加工流通体系、农业教育培训体系、农业社会化服务体系等建设,各级政府形成高效率的规划、指导、组织、协调、服务和调控体系,以利于农民直接增收,提高农业抗灾能力和改善农村市场条件,提高我省农业竞争力,增强应对入世挑战的能力。

(原载《江苏农村经济》2001 年第 2 期)

我国现代企业制度建设的前景

随着我国社会主义市场经济体制改革进入整体推进的关键阶段，公司制开始登台亮相。由于公司制能较好地体现现代企业制度的内涵，国有企业实行公司制后，就为公有制与市场经济相结合，提供了一种比较好的实现形式，因而具有广阔的发展前景。

公司制与股份制在改革方向上完全一致，二者并无实质性差异，只是公司制更具有现实性和可操作性。但公司制同样不是一蹴而就之事，需要从继续贯彻《全民所有制工业企业法》和《全民所有制工业企业转换机制条例》入手，为国有企业实行公司制打下坚实的基础。同时，从外部环境和深化企业内部改革两个方面，为积极稳妥地推进现代化企业制度建设努力创造条件。

公司制是建立现代企业制度的现实选择

从企业财产的构成上看，我国今后的企业制度可以有四种组织形式：独资企业、合伙企业、合作企业和公司。其中公司是现代企业制度的重要形式。公司也有不同的类型，其中又以有限责任公司和股份有限公司能够较好地体现现代企业制度的内涵。推行现代公司制，对于更好地发挥国有大中型企业的主导和骨干作用，具有重要意义。

已有的改革实践充分证明，国有企业的改革是我国经济体制改革最重的重点和最难的难点。近年来，经济界和理论界逐渐形成共识，就是用公司法人制度为主要形式的现代企业制度改造国有企业。党的十届三中全会《决定》鲜明地指出:"国有企业实行公司制,是建立现代企业制度的有益探索。"这是因为规范化的公司,能够有效地实现出资者所有权与企业法人财产权的分离,有利于政企分开、转换经营机制,企业摆脱对行政机关的依赖,国家解除对企业承担的无限责任,也有利于筹集资金,分散风险。总之,公司制是建立现代企业制度的好形式。

一、公司制的基本内容及其与股份制的区别和联系

公司,是西方企业普遍采用的一种现代企业制度,它主要包括两类:一类是有限责任公司,另一类是股份有限公司。公司制改革是指将非公司类型的企业,尤其是国有国营的大中型企业,改组成为公司,使之成为名副其实的法人组织。

公司制包含三方面的基本内容:

1. 明确公司的法人性质。公司法人的基本特征是:(1) 具有独立的法人地位,具有与自然人相同的民事行为能力,可以用自己的名义起诉和应诉;(2) 自负盈亏,以由股东出资形成的法人财产独立承担民事责任;(3) 完整纳税的独立经济实体;(4) 采用规范的财务会计制度。

2. 界定财产关系,明确出资者对公司法人财产的所有权。所谓出资者所有权,是指公司股东作为出资者按投入企业资本额所界定的权益,包括资产受益、重大决策和选择管理权的权力。股东所有权具有转让性,可以易手。

3. 建立"公司治理结构"。所谓公司治理结构是指为管理企业而形成的公司组织机构,包括股东大会(所有者)、董事会(法定代表人)、高层经理人员(执行管理部门)。

从我国的实际情况出发,《中华人民共和国公司法》规定:公司可以有不同的类型。具备条件的国有大中型企业,单一投资主体的可以依法改建为独资公司,多个投资主体的可依法改建为有限责任公司或股份有限公司。目前,我国正处于推行公司制的试点阶段,以建立股权相对比较集中的有限责任公司为主可能是比较适宜的。

所谓有限责任公司是由两个以上股东共同出资,每个股东以其所认缴的出资额对公司承担有限责任,公司以其全部资产对债务承担责任的企业法人。有限责任公司具有以下基本特征：

1. 公司的资产由若干份额所组成，但不分为等额股份；

2. 公司向股东签发出资证明书，不发行股票；

3. 股东的出资份额可以转让，但必须按严格的规则进行；

4. 限制股东人数，《公司法》规定为 2 人以上 50 人以下，股东按其出资份额享受不同的权利和义务。

由此可见，有限责任公司也是一种股份公司，不过它是特殊的股份公司而已。而所谓"公司制"，不过它是一种特殊的股份制，或者说是股份制的"初始阶段"。

二、实行"公司制"的必要性

现阶段，我国迫切需要推行以公司制为主要形式的现代企业制度改革。作为建立社会主义市场经济条件下的企业制度的第一步，公司制能够有效地制止国有企业经营状况恶化和国有资产的大量流失。

毋庸置疑，经过十五年的企业改革，我国的国有企业整体面貌较之1978 年前发生了巨大而深刻的变化。但是，我们必须冷静地看到，国有企业由于行政性束缚过重和内在激励机制不足而缺乏活力的弊病并未得到根治。多数国有企业的状况不容乐观，令人担忧。

（一）经济效益低下

据有关统计资料显示，同样是投入 100 元资金，国有企业利润仅2.7 元，而乡镇企业却能达到 7.2 元；同样是每 100 元固定资产，乡镇企业所创利税要比国有企业高出 1.12 倍。同自己的历史数据相比，国有企业 1985 年的资金利润率是 13.9％，1992 年下降到 2.7％；1985 年的利润总额是 738 亿元，1992 年下降到 535 亿元，呈逐年下降趋势。国有企业经济效益差，还表现在亏损严重，亏损面大。据有关部门统计，1992 年，预算内工业企业潜亏和明亏相加，已近 1500 亿元，其中潜亏 900 亿元，亏损挂账 400 亿元，福利基金赤字 200 亿元。在全部国有企业中，亏损面达 2/3，1/3 是明亏，1/3 是潜亏，真正盈利的仅占国有企业数的 1/3。

（二）发展缓慢

80年代以来的统计数据表明,国有企业的经济增长速度不仅大大低于乡镇企业,而且还明显低于全国平均水平。全民所有制工业在全部工业总产值中所占的比重,已由1980年的76％降至1990年的54.6％,10年间下降21.4个百分点。与此相反,全国乡镇企业的工业总产值1992年已达1.08万亿元,比上年增长50％,而同期国有企业仅为1.68万亿元,比上年增长19％。据国家经济信息中心预测,到2000年,国有经济的比重将由现在的50％左右降至25％左右,即由现在的"半壁江山"降至"四分天下有其一"。尽管这只是一种推测,尚待实践来证明。但这样的发展态势,实在催人警醒。

（三）负担沉重

首先,企业的债务重。预算内工业企业流动资金贷款和固定资产贷款总额已达8000多亿元,仅利息负担每年就是数百亿元。国家计委企管司测算,如果按1990年的利润水平,国有企业即使将全部利润用于还贷,也需18年才能还清。其次,企业的税务重。中国工业经济协会的调查表明,国有企业的税负明显高于其他类型的企业,国有企业纯收入的81.6％通过各种税、利、费、券等形式上交给各级政府,10.2％归还专项贷款,企业实际留利仅占8.2％。第三,企业社会负担重。国有企业富余人员约占职工总数的20％左右。而离退休人员又占20％左右。有些老企业,一个工人要养活1个甚至更多的退休工人。职工及家属的生老病死、衣食住行、入学就业等各种社会负担,压得企业喘不过气来。

（四）企业发展后劲不足

国有企业现有设备的技术水平,能够达到发达国家70年代末和80年代初水平的只占12.9％,属于国内先进水平的只占21.8％。许多企业设备老化,工艺技术落后,迫切需要更新改造,但因缺乏资金而无力进行。

（五）国有资产流失严重

由于国有企业产权界定不清,经常处于无人负责的状态,国有资产正受到多种方式的侵蚀,出现了从企业外部和企业内部通过不正当的经营行为争相蚕食国有企业,国有资产加速流失的现象。统计资料表明,近 13 年来,我国国有资产每天大约流失 1 亿元。到目前为止,国家至少有 5000 亿元的国有资产通过各种"漏斗"流进了个人或小团体腰包。

归根到底,国有企业出现以上这些情况都源自产权关系不明确,已出台的若干改革措施落实不够理想,也与产权关系没有理顺有关。而公司制改革的关键也是它的最大优点恰恰在于能够明确国有企业的产权关系,并通过公司的产权制度、组织制度和管理结构照管好所有者的财产并加强对企业经理人员日常经营行为的监督。

三、实行"公司制"的可操作性

概括我国企业改革的总体进程,大体经历了从"权力再分配"到"利益再分配",再到"产权明晰化"这样三个阶段。一度时期,股份制曾被作为明晰企业产权的最佳方式和企业改革的重要选择,受到经济界、理论界和政府官员几乎是一致的推崇。理由是:股份制企业产权各归其主,明确清晰;有利于实现政企分开,使企业成为名副其实的拥有财产支配权的独立法人。遗憾的是,在股份制试点中暴露出一个带有普遍性的问题:人们往往把很大的热情放到股票上市上,而忽视了企业经营机制的转换和内部组织结构的重组,"穿新鞋,走老路"的问题相当突出。针对这种情况,许多专家学者指出,我们原本当作方向的股份制改革并没有错,但是股份制不能操之过急,切忌"一哄而上"。现阶段不宜普遍推行股份制,而首先应当实行和完善公司制。如果没有完善的现代企业制度,股份制必然会误入歧途。现在必须把人们的注意力真正转移到转换机制的股份制改革的本意上来。我们对股份制应取的态度应当是,既充分肯定它的作用,又不操之过急。究其原因,主要是:

首先,这是由社会主义的基本制度决定的。从股份制发生发展的历史看,股份制是在私有制基础上逐步发展起来的一种企业制度,是市场经济水到渠成的产物。我国要在公有制的基础上实行股份制,需进行一系列的改革探索。在探索过程中,往往是欲速则不达。对我们来说,好东西由于急于求成反而被搞坏了的教训,实在不少!

　　其次,这是由我国的国有企业现状决定的。如前所述,我国国有企业中有 2/3 是处于实际亏损状态。如果普遍推行股份制根本就行不通,因为无论是其他企业或是本企业职工谁都不愿意向这些亏损企业投资,占有它们的股权或购买其股票。

　　最后,从具体操作看,股份制是一种环节比较复杂、规范化要求很强的企业制度,试点工作中所显露出来的难度已超出了人们原先的估计。比如,国有资产如何评估,国家股归谁所有、如何流通,企业股票如何上市,股市的监管如何实施等等都尚待妥善解决。那种认为股份制一试就灵的想法,显然是不切实际的。

　　综上所述,公司制与股份制相比较,公司制不但具有股份制"产权明晰"、"政企分开"以及企业能比较好地实现自主经营、自负盈亏、自我发展、自我约束等优点,而且兼有程序简便、机构精干、不发行股票、不划分等额股份等长处。所以,在全国国有企业特别是大中型企业中先行一步推行公司制,更具有现实性和可操作性。这也是我们在建立现代企业制度的改革中,强调采用公司制,而不是股份制的原因所在。当然,从本质上看,公司制和股份制二者在改革方向上完全一致,并无实质性差别。只是相对而言,公司制推行起来要容易一些,可以作为一个先行步骤,来推动我国的国有企业改革迈上"产权明确"的新台阶。

公司制发展的外部经济环境

　　国有企业实行公司制的改革,必须同整个体制改革相协调,必须有其他改革措施与之相配套。这就是说,推行公司制必须创造与之相应的外部经济环境。它包括形成统一、开放、竞争、有序的市场环境,以及财税、金融、投资、社会保障等宏观经济深化改革后形成的体制环境。而且,这一系列配套改革要以有利于推进公司制改革作为出发点和归宿。如果公司制改革的外部经济条件不成熟,经济体制改革的整体推进未能取得突破,公司制是很难推行、发展和完善的。

一、全面开放和竞争的市场环境

公司制是市场经济发展到一定程度的产物。它的发展不能依赖国家行政力量的推动或特殊政策的优惠,只能在市场经济的环境中,通过发挥公司自身的优越性在市场竞争中发展、完善。虽然,公司制通过出资者所有权与法人财产权的分离,明晰企业产权、政企分离等改革措施,可以使企业形成自我发展的机制,但如果市场发育不全,生产要素不能自由流动和重新组合,地区、部门的分割和封锁依然存在,在缺乏平等、有效竞争的条件下,企业是难以形成自我约束机制的,其行为仍然无法合理化。在这种情况下,过早地发展公司制是不会产生预期效果的。事实上,公司制赖以存在的种种优越性,如社会集资的广泛性、生产要素的灵活性、资源配置的合理性等,只能通过市场竞争才能表现出来。缺乏有效的市场竞争,公司制很难成为自然的经济过程被企业所接受。总之,推行公司制就必须培育和发展市场体系,当前要着重发展生产要素市场,规范市场行为,打破地区、部门的分割和封锁,反对不正当竞争,创造平等竞争的环境,形成统一、开放、竞争、有序的大市场。

发展生产要素市场,主要是进一步提高生产资料市场化的程度。现在大部分商品价格已经放开,但少数生产资料的价格双轨制仍然存在。只有尽快取消生产资料价格双轨制,在实行生产资料商品化生产和经营的基础上,使企业彻底摆脱对行政性物资部门的依赖关系。也只有到那个时候才能使公司制企业放手经营,打破生产资料供应对其形成的限制,迅速发展起来。当前培育生产资料市场,一是要搞好生产资料批发市场建设规划,明确市场建设的目标和重点;二是要把已建立的生产资料市场办好;三是抓紧建立一些新的生产资料批发市场;四是继续探索建立生产资料期货市场的试点;五是加强生产资料市场法规建设。此外,培育生产资料市场,还要加大物资流通产业的投入,加快物资流通现代化步伐。除了增加物资经营网点和更新改造部分陈旧仓储运输设备外,要有计划地建设一批现代化的物资加工中心、配送中心、散装水泥中心等项目,特别是要大力加强物资配送工作。今后要进一步扩大配送面,提高配送车,增加配送品种,不断提高物资配送的现代化水平。

其次，发展和完善以银行融资为主的金融市场。尤其要积极稳妥地发展资本市场，发展债券、股票融资。只有证券市场十分发达，支柱产业和基础产业中的骨干企业才能在国家控股的前提下，吸引非国有资金入股，以扩大国有经济的主导作用和影响范围。有关加速金融体制改革的具体内容，第三部分将作进一步的介绍。

第三，建立劳动力市场。公司制作为社会化大生产的产物，它一方面要求劳动力这个生产要素能保持相对稳定，以适应公司较高的生产技术的要求；另一方面，又要求劳动力有一定的流动性，以适应生产技术和生产结构要随市场需求的变化而迅速变革和调整的需要。实行公司制要求改变过去那种人才单位、部门所有制，以及企业无权招聘、辞退职工的劳动人事制度。通过改革劳动制度，国家把企业的劳动人事权和企业内部的工资分配权还给企业，逐步形成劳动力市场，从而发展多种就业形式，运用经济手段调节就业结构，形成用人单位和劳动者双方向选择、合理流动的就业机制。有了这样的外部条件，公司就可以有选择地聘用职工（包括经理人员），并根据公司生产经营的需要与变化增减职工的数量和改变职工的技术构成，自动调节公司需求与劳动力供给之间的矛盾，从而增强公司的应变能力，提高企业的经营效果。从职工角度看，劳动者的自主权益包括劳动力使用权让渡的自由，而劳动力使用权的让渡只能在劳动力市场上进行，劳动者的工资水平、福利待遇等都应由劳动者和公司协商后确定。劳动力价格缺乏统一标准，工资既不反映劳动力成本，也不反映劳动力供求的现状才能得到有效克服。总之，只有真正创造了劳动力自由流动的社会经济环境，才有助于消除劳动力垄断价格的刚性，给全体劳动者提供机会均等的就业竞争，使公司彻底解决摆脱"铁饭碗"的制度约束这一老大难问题，在企业与职工双向选择的条件下，优化劳动组合，吸引优秀人才，提高公司的竞争实力。

第四，进一步发展技术、信息市场。公司发展的关键是科学技术，公司制要求科技与经济密切结合，继续改革科技管理体制，引入竞争机制,保持知识产权,实行技术成果有偿转让,实现科技成果和信息的商品化、产业化。对科技成果所有者来说,可采取直接向企业转让的方式,也可采取技术入股的方式,参与分享公司的经营成果。对公司来说,科技成果的有偿转让,可以提高公司实现科技进步的技术含量。特别是通过高新技术的入股,可以使公司追求长远发展的动机获得智力支持,从而增强企业的发展后劲,提高市场竞争能力。

最后,还必须建立企业产权市场。为了配合公司制的推行,一定要在建立有形的企业产权市场,规范产权交易行为等方面迈出较大的步伐。我国的产权市场起步较晚,在不少地区至今仍是空白。即使在那些建立了产权市场的地方,也仅仅处于初级发展阶段。企权产权交易的主要类型包括:国有股转让、企业兼并和企业破产拍卖。我国企业产权市场的现状,具有以下五个特点:一是参与产权交易企业的面以及参与转移的资产价值量都较小,影响有限;二是产权市场的交易主体不明;三是产权转让价格缺乏科学性和标准性;四是产权交易缺乏必要的市场组织载体;五是缺乏明确统一的产权交易法规。当前,建立产权市场的首要工作是组织突破,尽快建立交易常规机构,并以此为基础,选择下列措施启动产权市场:

1. 在各资产经营公司之间进行资产划转(当然,如果连国有资产的经营公司都未形成,那么,首先就得建立国有资产经营公司),打破行业的封闭和垄断,让资产经营公司进入市场,独立经营,形成产权交易主体。

2. 通过产权交易所,把长期资不抵债的亏损企业的兼并、拍卖,以信息发布的形式推向市场,扩大买卖双向选择面,并通过挂牌竞价成交。

3. 有选择地拍卖应淘汰产业的企业资产,加大产业结构调整的力度。

4. 借助产权市场操作,调整国有资产配置结构。

5. 在国有企业实行公司制改革的过程中,不仅吸收非国有成分作为增量的投入,而且对存量资产部分也可以适当转让,促进生产要素的自由流动和优化组合。

二、有效调节利益结构的财税体制环境

实行公司制,特别是建立以产权联结为主要纽带的跨地区、跨行业的大型公司,需要打破企业原有的所有制形式、行政隶属关系和财政上缴渠道的束缚。这里的核心问题和难点是改革财税体制,调整和变动国家与企业,中央与地方的利益结构,以消除条块分割、地区封锁,增强企业活力,促进松散的企业联合体和仅仅以产品为纽带的企业集团向产权联合的有限责任公司和股份有限公司过渡,从而加快公司化的进程。

对公司而言,首先要求有一个税法统一,税负公平的外部环境,以使实现企业的机会平等,保护公平竞争。因此,通过实行新税制统一各种所有制企的税率,取消一家企业一种税率的调节税,为企业创造平等竞争的经济环境。通过改变企业集团内部因所有制和隶属关系不同而产生的在税收问题上权利、义务不平等的现象,有利于把分散的产权转变为法人财产权,向统一纳税的公司制度演进。

其次,实行新税制的基础是税利分流。所谓税利分流,从本质上看是把国家作为宏观管理者的职能和作为生产资料所有者的职能区别开来,在明确国家与企业之间财产关系的基础上,把国有资产的收益与税收收入分开,实行分渠道管理。利税分流对公司制的发展具有促进作用:一方面,它明确了国家和企业的产权关系,国家作为出资者按投入企业的资本额享有所有者的权益,即资产受益、重大决策和选择管理者等权利。企业拥有包括国家在内的出资者投资所形成的全部法人财产权。从而为实现出资者所有权与法人财产权的分离创造了条件。另一方面,利税分流使公司制成为国家资产所有者和企业经营者的共同最好选择,因为,这样做既是国有资产保值增值的有效途径,又是企业经营者实现自主经营、自负盈亏、自我发展、自我约束的可靠保证。

第三,财税体制改革后,实行分税制有利于各级财政利益主体对实行公司制的束缚。分税制改变了过去那种各级财政按企业行政隶属关系征交收入的做法,目前是为了建立分级财政制度,即在划清中央和地

方职权范围,事权和财权统一的原则下,使地方具有相对独立的财权,
独立的财税源和独立的预算,做到自求平衡。实行分税制,是按不同的
财政收入来源,把税收划分为中央税、地方税和共享税。把维护国家权
益和实施宏观调控所必需的税种列为中央税、作为中央财政收入来源;
把同经济发展直接相关的主要税种列为共享税,作为中央和地方财政
收入能共民分享的来源;同时,充实地方税税种,增加地方税收入。这
样做既可以解除各级财政对企业的条块约束,使企业能真正在自愿互
利的原则基础上,发展广泛的横向经济联合。同时,又能克服各级政府
对不同隶属关系的企业存在着亲疏之别的现象,减少因条块分割产生
的利益摩擦,转换政府职能,齐心协力为搞活企业,促进生产要素合理
流动,形成全国统一市场而努力创造良好的经济环境。

　　最后,推行公司制还要求解决重复纳税的问题。公司如果已上交
了增值税、所得税等各种税收,持有公司股权或股票的法人和个人,就
不应再对其股份收益(资产收益)重复征收(个人所得税除外),这里涉
及到公司制企业是否得到公平对待的问题。

三、以间接融资为主的多元化金融体制环境

　　推行公司制,必须从宏观上进行金融体制改革,使之相配合,以达
到 4 个目的:

　　1. 打破信贷资金纵向分配和条块分割对资金横向流动的束缚;

　　2. 发展多种融资形式,使得公司制企业能够低成本地筹集发展所
需的大量资金;

　　3. 股东能够自由地转让作为出资者所拥有的所有权,以便分散
风险;

　　4. 国家能运用经济手段来实现对公司制企业的间接调控。

　　因此,必须通过金融体制改革创造多元化的金融市场发育的条件,
以满足公司制所进行的内涵丰富的现代融资活动;既有短期融资和现
金交易,也有中长期融资和证券交易。一个发育充分和完善的金融市
场应该有多种金融机构和金融工具,并且具有三大功能:① 投资导向
的功能;② 生产经营资金的融通功能;③ 公司投资收益的评价功能。

　　银行是我国传统的金融组织,在今后相当长的一段时期内,间接融资仍将是主要方式。要通过金融体制改革,明确中央银行、政策银行和商业银行各自不同的职能。首先,把中国人民银行办成真正的中央银行,建立在国务院领导下的独立执行货币政策的中央银行宏观调控体系。其次,建立政策性银行,实现政策性金融业务与商业性金融业务的分离是现有的国家专业银行转变为商业银行的前提,也是割断政策性贷款与基础性货币联系,确保中央银行调控基础货币主动性的客观要求。第三,改组现有的国家专业银行为商业银行,并真正按现代商业银行经营机制运行,做到自主经营、自负盈亏、自担风险、自我约束。只有这样,改组后的专业银行才能真正成为微观层次上的金融企业。它们作为金融市场的主体,一旦有了进入金融市场横向融通资金的积极性,其行为才能追求贷款规模最大化转变为追求资金的盈利性、安全性和流动性。最后,还要继续发展非银行的金融机构,形成多种融资渠道,使资金的所有者和使用者对各种金融资产的盈利性、风险性和流动性能够进行更广泛的比较和选择,不仅可以减少直接融资的交易成本,扩大直接融资的范围,还有助于消除金融垄断,促进合理竞争,繁荣和活跃金融市场,促进公司制的发展。

　　利率是宏观经济与微观经济的重要调节手段。要通过金融体制改革,改变利率与信贷资金成本脱节,不能灵活、准确反映资金供求状况的弊病。应当允许商业银行存贷利率在规定幅度内自由浮动,以便使有限的资金能提高其利用效率,并使各个商业银行之间能在差别利率的推动下开展正当的竞争和资金融通。利率水平,应高于物价上涨的幅度和银行吸收信贷资金的成本,使商业银行自负盈亏成为可能。通过调整利率结构和运用差别利率,来促进投资手段的多样化,给公众在储蓄、保险、债券、股票投资上以选择的机会。同时,还可通过调整利率,影响股市的价格,保持股市的相对稳定。

四、多层次的社会保障体系

　　公司制由于打破了"铁饭碗"的就业制度的束缚,形成了公司和职工能够双方选择的就业机制,这样就必然会产生暂时或长期的失业现象。显然,对于失业问题公司是无力自己解决的,只能依靠社会救济,而以往的社会保障制度却没有这项具体内容。要推行公司制,就必须解除职工的不安定感和后顾之忧,使他们在失业的情况下能够维持基本生活,否则,公司制将会因存在可能危及社会稳定的失业现象而难以推行。同时,现有的社会保障制度使企业的社会福利过重,影响企业后劲。加之,在企业劳动力结构差异较大的情况下,各企业的退休费和医疗保健费等非生产性开支负担相差悬殊,从而影响企业间的公平竞争。因此,推行公司制要求根据效率优先兼顾公平的原则,改革社会保障制度,使之成为促进深化企业改革,保持社会稳定,顺利建立社会主义市场经济体制的可靠保证。

社会保障制度改革的主要内容包括:

第一,建立多层次社会保障体系,包括社会保险、社会救济、社会福利、社会互助和优抚安置、个人储蓄积累保障。社会保障政策要统一,管理要法制化。社会保障水平要与我国社会生产力发展水平以及各方面的承受能力相适应。城乡居民的社会保障办法应有区别。提倡社会互助。发展商业性保险业,作为社会保险的补充。

第二,按照社会保障的不同类型确定其资金来源和保障方式。重点完善企业养老和失业保险制度,强化社会服务功能以减轻企业负担,促进企业组织结构调整,提高企业经济效益和竞争能力。城镇职工养老和医疗保险金由单位和个人共同负担,实行社会统筹和个人账户相结合。进一步健全失业保险制度,保险费由企业按职工工资总额一定比例统一筹交,并同时普遍建立企业工伤保险制度。

第三,建立统一的社会保障管理机构。提高社会保障的社会化管理水平,形成社会保险基金筹集、营运的良性循环机制。社会保障的行政管理和社会保险基金的经营要分开。社会保障的管理机构主要是行使行政管理职能。建立由政府有关部门和社会公众代表参加的社会保障监督组织,负责监督社会保险基金的收支和管理。社会保险基金的经办机构(如基金会等),在保证基金正常支付和安全性、流动性的前提下,可依法把社会基金主要用于购买国家债券,确保社会保险基金保值增值。

实行公司制的有效途径

建立现代企业制度是一项艰巨、复杂、细致的工作任务。全面完成需要较长的时间，不能一哄而起，搞形式主义。国有企业改组为公司制的工作，要讲求实效，要经过试点，积累经验，创造条件，逐步推进。当前，特别要强调处理好转换经营机制与公司制改建的关系，处理好近期改举措施与远期改革目标之间的关系。既要使企业在体制转轨时期保持活力，又要不断为公司制度的实施创造条件。推行公司制的具体途径是：

第一，认真学习《决定》，广泛普及和宣传《公司法》的基本知识。

我们要以小平同志关于建设有中国特色社会主义理论和党的基本路线为指导，认真学习《决定》。《决定》的形成体现了自下而上的自发推动和自上而下的自觉发动相结合、学术界专家学者理论上探讨呼吁与政界最高领导层总结确认相结合的成果。《决定》内容博大精深，在经济理论和政策的很多方面有所突破、有所前进，其中最重要的创新是把建立现代企业制度、实行公司制作为我国国有企业改革的方向。要真正弄通、吃透文件精神。同时，结合学习和宣传《公司法》的基本知识，使广大干部和群众，特别是国有大中型企业领导人，真正了解现代企业制度基本要点及其建立所需创造的相应条件。把是否组织好学习和宣传，作为贯彻实施公司制的一个基本前提。

第二，转变政府职能，改革政府机构，实现政企分开。

这是推行公司制首先要解决的外部条件。实现政企分开，包含了两个相互关联的环节。一个是转换企业的经营机制，使企业摆脱对行政机关的依赖。关于这一点，前面已作过详细的论述。另一个环节是切实把政府的社会经济管理职能与所有者职能分离开来，即"政资分开"的原则。不解决"政资不分"的问题，就难以实现"政企分开"。在指导思想上，要把政府机构改革作为一项事关社会主义现代化全局的战略措施来认识,加快建立适应社会主义市场经济的政府管理经济的新体制。转变政府职能的主要途径是划清政府机构与企业实体的职权,实行政企分开。政府管理经济的职能,一是制定和执行宏观调控政策,搞好基础设施建设,创造良好的经济发展环境。二是培育市场体系,监督市场运行和维护公平竞争,充分发挥市场配置资源的基础作用。三是管理国有资产和监督国有资产的经营,使其保值、增值。四是调节社会分配和社会保障,控制人口增长,保护资源和生态环境,实现社会发展目标。政府管理经济主要运用经济、法律手段和必要的行政手段,但不直接干预企业的生产经营活动。

从深层次上看,政府转职能,为公司制改制提供外部条件,必须克服两大障碍:一是观念障碍。任何一种现实的改革所遇到的障碍,首先几乎都来自人们的观念,改革越彻底,来自观念的障碍就越厉害。比如有些人就认为,企业的法人财产权只不过是名义上的、虚拟的所有权。这种看法不改变,政府与企业的"父子关系"就无法脱离,政府职能当然不可能彻底改变。二是利益障碍。同其他改革一样,公司制改制本质上都是利益关系的重新调整。国有企业改建为公司,就意味着企业独立经营所拥有的国有资产,政府无权直接干预。改建后的公司将脱离与主管部门的直接关系,变为无主管部门的经济实体,这势必会使很多政府部门失去原有利益结构下的既得利益,最根本的是失去所属企业人财物的统制干预权。政府部门对公司只能进行间接调控,通过市场机制去影响公司的行为。

对于这种变革,从部门自身利益来看,一下子是难以接受的。同时,宏观调控方式转换以及由此要求更高的调控水平,也使政府有关部门要有一个适应过程。政府对国有资产的管理监督,也需要探讨适当的途径。总之,实行公司制必须大力破除政府职能转换过程中的各种障碍,并不断探讨具体操作方式。

第三,加强对企业国有资产的评估和管理,形成国有资产管理新体制。

针对当前国有资产流失的主要原因是产权关系不清、管理体制不完善这一情况，对国有资产按照"政资分开"的原则，实行国家统一所有、政府分级管理、自主经营的新体制。有关部门对其分工监管的企业中的国有资产，切实负起监督的职责。根据需要可派出监事会，对企业的国有资产增值保值实行监督。严禁把国有资产低价折股、低价出售，甚至无偿分给个人。为了确保国有资产及其权益不受侵犯，应切实解决保证国家所有问题。在落实企业各项经营自主权的同时，通过贯彻《国有企业财产监管条例》，尽快建立产权清晰、责任明确的国有资产监管体制，保证国家的所有权，实现国有资产的保值、增值。具体实施步骤包括：清产核资，界定产权，清理债权债务，核实企业法人财产占用量；解决企业由于外部原因造成的不合理负担，坚决制止向企业乱集资、乱摊派、乱收费，减轻企业负担等等。在进行了以上几方面的工作后，既使国家所有权得到保障，又使企业的经营权得到落实，从而为从制度上明确企业的法人财产权，建立现代企业制度打下坚实的基础。

国有企业改制为公司后，要能真正达到上述目标，做好资产评估是一个重要的前提。应当看到，40多年来我国国有资产的家底并不是很清楚的。由于过去产权关系模糊，人们的关切度较低，结果是给目前进行资产评估带来许多困难：① 账物不符、存量不清、资产流失严重；② 折旧长期不足，设备无力更新，超期服役的现象相当普遍；③ 一些呆账、死账长期挂在那里，无法解决。同时，资产评估中的不少问题不仅需要科学理论的指导，更需要在实践中不断积累经验。比如，如何准确计算无形损耗，怎样确当地评价属于工业产权的专利技术、商标、商誉，如何合理地对土地使用权作价，等等。总之，资产评估工作有一个逐渐走向科学、准确的过程，决非一日之功。与此相适应，还必须建立一支具有足够数量和较高素质的评价师队伍，这是做好资产评估的关键。从现在起，就必须引起各有关方面的足够重视。

第四，改革企业领导体制，通过市场竞争机制聘任经理。

企业的领导体制改革虽已进行了多年，但至今仍有一些基本问题需要加以解决。在公司制试点阶段，多数企业在改制前要继续落实和完善厂长（经理）负责制，保证厂长（经理）依法行使职权。对改制为公司的企业,如前所说要建立规范的内部组织机构:股东会、董事会、监事会,也就是人们通常所说的"新三会"。"新三会"与企业中的"老三会"("党委会、职代会和工会组织"),如何正确处理和协调它们之间的关系,充分调动各方面的积极性,使企业真正成为有中国特色的社会主义现代企业,还有不少问题值得我们在实践中进一步探索。从目前来看,首先要正确处理企业内部的党政关系。在指导思想上,我们应当明确,党在企业中的地位和作用不同于党在国家政权中的地位和作用。在公司中,党委与股东大会、董事会、监事会不是领导与被领导的关系。但是,党组织要管好党员,其中包括担任企业领导职务的党员。对他们进行思想政治教育和纪律检查。通过党组织的活动和党员的模范带头作用,带动企业干部、职工贯彻落实党的方针、政策,保证公司沿着社会主义方向发展。在机构设置上,要改变以往提倡的党政分设的思路,可以结合其他方面的改革逐步推行书记、厂长(经理)一肩挑,党委系统和行政系统的干部也可以部分实行交叉以精简企业干部的人数。

我们曾经指出,在建立新的企业制度的前提下,如何进行具体的经济机制设计和运作,最终还要靠企业家去落实。其中公司经理的选聘至关重要,因为企业的生产经营是经理主持进行的,董事会决定的年度经营计划和投资方案是由经理组织实施的。因此,他必须是一个干练的实业家。同时,董事会决策时,又要求经理能够及时掌握市场多变的信息,发挥重要的参谋作用。总之,经理既要有决策实施的组织才干,又要有未来策划的战略家眼光。这样的人才目前不多。现有的国有企业厂长(经理),长处主要表现在政策观念较强和与职工联系较为密切上;但普遍存在市场策划能力较弱、缺少公司制运作的经验这两大根本性缺陷。公司改制后,经理们需要在实践中不断增长这方面的才干。我们还看到,在旧体制下,存在厂长(经理)实行任命制、政企不分的重要机制。在公司制改革中,选聘经理决不能沿袭任何形式的任命制,而必须充分发挥市场机的作用,以经理(人才)市场的竞争机制取代任命制。当务之急是造就一支宏大的企业家队伍,在竞争中培育数十万国有企业经理。

第五,国有企业实行公司制,成为真正的市场主体,必然要求认真改革企业内部的各项制度。除了要继续加强和完善企业通常所说的基础管理、专项管理和现代管理外,实行公司制特别要求深化以下三方面的改革:

1.改革劳动、人事制度,精简冗员。国家取消公司的行政级别,公司则应取消企业干部与工人的身份界限,企业自行按市场原则来获得劳动力这一生产要素。从我国企业存在大量的隐性失业(冗员)影响效率,职工的积极性难以发挥的实际出发,伴随改制过程的深入,公司将认真裁减冗员。然而,目前全国国有企业的冗员不下千万人之众,当然又不可能一下子都推向社会,要以社会保障制度的建立和完善为前提。加上这些将被精简的人员多数年龄偏大、文化偏低,他们转业就职还需进行职业培训。这些都决定了企业的劳动人事制度的改革既要积极又要稳步地进行。

2.改革工资制度,兑现分配原则。有效的激励机制,是公司活力的源泉。实行公司制,必须认真兑现"效率优先,兼顾公平"的个人收入分配原则。企业应彻底打破平均主义的工资分配制度,引入竞争机制,实行多劳多得,合理拉开差距。公司中的高级人才的报酬,应由董事会根据人才市场上的价格加以确定,一般职工的工资也要按市场机制来调节,既不能使职工的工资增长率超过本企业的劳动生产率的增长,又要改变低工资制,并与职工的生活费用价格指数挂钩。

3.改革保障和福利制度,分离企业的社会职能。国有企业改制为公司,就必须克服"企业办社会"的弊病,合理分解企业负担过多的社会保障和社会福利职能,以利于实现合理的社会分工,克服福利分配中的平均主义,切实减轻企业的社会负担。分离企业社会职能的具体途径是建立各种性质的社会保障机构,如多种养老基金、医疗基金、福利基金等等,交给社区组织承办,或由政府负责,也可试行成立新的企业。在具体拆分有关资产问题时,要根据企业应承担的职工保障费用义务,以及市场经营原则,合理而妥善地加以解决。对企业来说,可以根据其义务的大小把部分股权转给那些社会保障机构,实现其社会职能的分离；对承担社会职能的非生产性服务事业单位来说，过去依赖企业贴补扶持而生存，今后要在市场上依靠自己去奋力拼搏，就需要不断提高其自身的素质。否则，就会由企业的负担转化为社会的负担。

第六，抓紧制定与《公司法》相配套的一系列法规。

《公司法》是规范市场主体的最重要、最基本的法律，但还必须有其他相配套的法规才便于实施。所以，要在抓好学习和宣传《公司法》的基础上，立即着手制定一系列相配套的法规，为公司制的推行提供一个比较完备的法律环境。这些配套的法规主要包括国有企业改建为有限责任公司、股份有限公司、国有独资公司等方面的配套法规。不论是试点还是推行公司制，都要有事前经过周密研究的配套法规作保障，使这项涉及企业改革和建立社会主义市场经济体制全局的大事，能够积极而又稳妥地进行。

我们完全有理由相信，只要渐次经过试点阶段、创造外部环境阶段和广泛推行阶段，逐步来推行国有企业的公司制，尽管还会遇到许多困难矛盾，但在社会主义市场经济的体制下，它的发展前景定然是非常广阔的。

（原载《建立现代企业制度的探索》，南京大学出版社1994年版）

菜篮子经济问题

基本思路和战略方案的选择

在"菜篮子"问题上,我们实际上面临着一种两难抉择:一方面,必须坚持计划经济与市场调节有机结合,就是要用有宏观计划管理的市场体系取代行政命令去进行资源配置,这就要求放开多数副食品的生产、流通和消费,逐步建立起竞争性的副食品市场体系。另一方面,多数副食品放开价格实行市场调节,又需要具备两个条件:一是副食品的供给和需求基本平衡,二是有一个发育较为成熟的市场体系。而这两点目前我国都很欠缺。现阶段,由于副食品的供给弹性和需求弹性都很小,绝非一放就活,一活就多。"菜篮子"问题的长期性和复杂性,要求我们必须从城市经济发展战略的高度来加以研究。

江苏城市副食品均衡供应的战略方案,应当沿着下列思路进行选择:发展生产,提高资源利用效率,实行多种替代,综合运用多种新技术,逐步调整结构,以增加城市副食的有效供给。与此同时,宏观上加强需求管理,引导和约束消费,改革福利制度,实行政府、生产者、消费者共担风险和负担,缓解副食品供求矛盾,逐步建立起生产、流通、消费的综合协调的机制。具体地说:

(一) 发展生产、广辟货源,逐步提高城市副食品的供给能力

与人少而资源丰富的一些发达国家不同,江苏城市副食品供应问题的一个突出矛盾是供给不足,肉、禽、蛋等年供应不足,菜、鱼等季节

性供应不足,细品种蔬菜、海产品及虾、蟹等土特农副产品更是稀缺。随着城市经济的发展,居民生活水平提高,流动人口增加,以及城镇集聚速度加快,江苏省城市副食品供应偏紧的矛盾将在今后较长时期内存在。

缓解这种矛盾,增加城市副食品的供应不外乎两条途径:一是从国外进口,二是从省外购入。如日本和我国的台湾、香港地区居民副食品供应的很大部分是通过国外进口解决的,广东省在近十年的改革、开放、搞活过程中,也是通过采取灵活政策,大量吸引邻近省的农副产品,缓解本省副食品市场供不应求矛盾;二是充分利用本地资源,增加投入,发展生产。像我国这样一个人口如此众多、经济正处于发展中的国家,不仅国际市场没有能力为我们提供足够多的农副产品,而且我国也缺乏大量进口食品的外汇和运输能力,江苏的情况更是如此。因此,无论从目前,还是长远来看,增加江苏城市副食品的有效供给能力,应把基本点放在发展生产、调节生产上。

发展副食品生产,解决江苏城市猪肉、禽蛋、水产品、蔬菜等的供应问题,也有两条途径可供选择:一是通过政策来调节,利用时间差、空间差、效率差,发展全省商品性养殖业,有计划地建立沿海滩涂、里下河、徐淮、沿江等商品基地,在宏观调控下靠市场机制的作用,通过商品交换,解决城市货源问题。二是由各市通过增加投资,从外地大量引进饲料,在城郊建立副食品基地,大力发展城郊养殖业,提高副食品的自给率以至达到基本自给。这两条途径可以结合,但在实践中必然有所侧重,因而哪条途径对解决货源和城乡经济发展更为有利,仍需进行分析。

1. 提高城市副食品自给率的利,主要有三方面:

(1)在卖方市场占优势和市场机制不够完善的情况下,城市外部货源没有充分保证,会发生价格偏高或货不对路的问题,发展城郊养殖业,便于掌握货源主动权;

(2)经济和科技力量较强,有利于形成规模经营和发展品种;

(3)紧靠城市,可解决特需品种的供应。

2. 减少城市副食品自给率的弊,有五方面:

(1) 城郊养殖业比较利益偏低,不易聚集生产发展所需资金、劳动力等生产要素;

(2) 饲料需要从外地购入,若无国家财政补贴或行政干预,购入粮食将会遇到与购入副食品同样的困难;

(3) 在机会成本高的城郊提高产品自给率,会遇到城郊生产经营者积极性不高或加大财政补贴的难题;

(4) 不利于发展地域分工和发挥地区优势,仍限于"小而全"、"大而全"的生产格局;

(5) 有碍于市场机制的发育。

权衡利弊,应选择积极发展中远郊基地,稳定提高近郊基地,远近结合的副食品生产方案,副食品中的不同品种,应根据其耗粮多少和比较利益的高低,确定其提高自给率的水平。

首先,生猪耗粮大,城郊养猪处于劣势,不应追求自给率的提高,主要应利用已有的养猪设施增加鲜肉和提高瘦肉比重,把发展适度规模经营和应用现代科学作为发展方向;

其次,禽、蛋、鱼耗粮少,不耐储运,应利用城市的经济、科技优势,逐步建立一批现代化的养鸡、养鱼场,不断提高自给水平;同时应搞好产区的协作,在市外建立养鸡、养鱼、养牛、养兔基地;

第三,加强牛奶业和特需动物(如火鸡、肉鸽等)生产基地建设,依靠自给满足供应;

第四,蔬菜大部依靠城郊自给,同时搞好批发市场建设,积极引进外地蔬菜。

(二) 引导、节制副食品消费,建立符合省情的膳食结构

长期以来,在解决"菜篮子"问题的指导思想上,往往只重视增加市场供应和稳定市场价格,对如何正确引导和节制消费则很少考虑。江苏农业资源相对稀缺,近四年来全省粮食生产持续徘徊不前,今后粮食的增长,既是一个较慢的过程,又将要求付出更高的社会成本。如果我们全然不顾资源条件的约束,只考虑城市居民对副食品的需求,片面地不断强行拉动生产、增加供给,使资源配置和农业结构的副食品向过快增长的方向倾斜,势必在稀缺的耕地资源上造成财力、人力的巨大浪费,其结果不仅不能最终解决副食品供需矛盾,而且将继续扭曲我省的经济结构,丧失执行沿海经济发展战略的宝贵机遇。

因此,引导消费必须成为解决江苏城市副食品均衡供应中的一个基本指导思想,在保证城市居民随着收入增长而稳步提高膳食消费水平的前提下,必须节制副食品消费特别是耗粮多的肉类消费的增长速度,建立符合江苏省情的国民膳食结构,即以素为主、荤素搭配、逐步提高动物性食品比重的资源节约型的膳食结构,从而使我省城市副食品消费的增长与农业、国民经济的增长能力相适应,与我省农业资源的状况相适应。引导、节制消费,改善需求管理的基本思路,包括:通过地方立法和行政措施控制日趋豪华的集团宴会、超标准的会议伙食,杜绝副食品的大量消费;逐步减少并最终停止副食品由非市场途径进入城市居民消费领域;加快城市住房改革的步伐,适当提高城市居民在教育、医疗卫生、交通通讯、水电燃料等项支出的比重,并着手宽化个人的投资的渠道,以抑制、分流过旺的副食品需求。

(三)进一步改革城市副食品供应的福利方式,形成食品消费需求的新机制

多年来城市副食品供应一直采用平均分配和低价销售的政策,这在农副产品严重缺乏的条件下,对于社会安定和发展工业是有利的。但随着温饱问题的解决和农村经济搞活,这一政策一方面刺激城市食品消费超前。另一方面,维持城市低价副食品供应的支出已转为政府的差价补贴,并迅速膨胀为财政的重大包袱。江苏1988年对城市猪肉供应的补贴已达1.75亿元,比上年增加5500万元,蔬菜补贴由上年的2962万元,增加到了3564万元,增加20.3%,财政已不堪负担。

福利性质的供给方式,是刺激副食品消费超前和鼓励消费的重要原因。福利的平均性质,造成城市居民消费进入新阶段后仍然拉不开档次,始终处于同步扩张状态,也加剧了市场波动。对副食品供应采取福利方式,还引起自上而下的膨胀趋势,机关、事业单位、厂矿企业均在以为职工谋福利的名义下,向各阶层居民提供大量的补贴性食品,并相互仿效、攀比愈演愈烈,数量、档次不断升格。对消费者福利性实物补贴,虽然维持了社会的短期稳定,但却付出了高昂的代价,带来了财政负担,价格扭曲和效率损失,因而从长远看是不可取的。

解决城市副食品供需矛盾的重要任务之一,应是逐步改革对消费者副食品供应上的福利制,改变食品消费需求的形成机制,即通过全面引入市场机制,发挥价格平衡供求的功能,调节居民需求的增长速度和品种结构。实践证明,水产品、水果等价格已经完全放开了,效果是好的,起到了刺激供给、抑制需求、达到平衡供求的要求,其它品种也均应逐步放开,不应后退。由于城市居民近几年来收入增长速度较快,在满足温饱以后,副食品消费需求开始具有一定的弹性和可塑性,将猪肉蔬菜等大宗副食品价格放开,多数居民是能够承受的,即使产生振动,也不可能是长期的。退一步说,即使多数消费者因价格上涨过猛,难以承受,也应通过改革工资制度来解决,这比扭曲副食品价格、平均福利制度更为有利,对低收入阶层的基本生活需求,应保证满足,这可通过建立新的救济制度来解决,也不应成为仍保留全民福利的理由。总之,福利制度的改革思路应由目前的全体市民共享转为对真正贫困人口的直接援助。

中长期战略途径

鉴于上述方案选择的基本思路,我们认为,应根据经济改革的总目标和我省资源约束条件,运用有计划商品经济理论,从大流通大市场的角度出发,寻找实现城市副食品均衡供应的途径。

(一) 建设以副食品基地为中心的生产体系

建立生产基地对于城市副食品的均衡供应具有重要作用,生产基地(无论是企业还是农户的联合组织)一般都有便捷的交通工具和信息传递网,能面向城市副食品市场,较迅速地根据市场需要调节产量和品种,在一定程度上避免盲目性;基地的规模生产与城市市场之间易于产销直接见面,减少了流通环节,减少流通费用;基地生产易于规模经营,做到合理利用资源,降低生产成本,基地为实现机械化、现代化、社会化大生产创造了条件,有利于劳动生产率的提高。

1. 江苏副食品生产体系的建设,在指导思想上应明确三个重点:

(1) 以中远郊基地的建设为重点。从目前我省城市郊区副食品基地情况看,普遍存在耕地被占、设施被毁、资源贫乏、污染严重、劳动力机会成本提高、农业劳动力减少、素质降低和缺乏从事副食品生产的积极性等一系列问题。相反,距离城市较远的农村,相对于城市郊区而言,农业资源比较丰富、环境污染较轻、农村劳动力比较充裕、劳动力机会成本低,随着公路建设事业的发展,交通运输也日趋便捷,因此,从有利于基地的巩固、有利于城市居民的健康、有利于副食品价格的稳定出发,副食品基地建设要在稳定提高近郊基地的同时,逐步重点建设二、三线副食品基地。

(2) 以"保淡"供应的副食品基地建设为重点。我省城市副食品供应的主要矛盾是淡季供应不足,价洛上涨幅度大,因而在副食品基地的建设上,要有的放矢,把重点放在缓和淡季供求矛盾最有效的项目上,如蔬菜的冬缺、伏缺栽培基地、猪禽蛋生产基地等。

(3) 以建设具有现代先进设施的规模经营基地为重点。较大规模的现代化副食品生产基地,有利于应用先进的技术,做到均衡生产和批量生产,有利于副食品的就地加工、包装,有利于改善产地的交通、运输条件,是解决小生产与大市场矛盾,实现城市副食品均衡供应的根本性措施。新加坡为确保500多万本国居民和国外游客的食品供应,建立了包括养猪场、养禽场、蔬菜基地等的"城市动植物园",如"蓬戈尔养猪场"占地7500亩,养猪36万头,有效地保证了副食品的供应。虽然我省目前尚无足够能力建立如此规模和设施的副食品基地,但必须从现在起,把有计划、有步骤地建设现代化设施的规模生产基地提到各市"菜篮子工程"的议事日程。

2. 在副食品基地的建设上实现四个结合:

(1) 城乡结合、共建基地。副食品基地建设既是农业生产的重要内容,也是城市基本建设的重要组成部分。因而,副食品生产应同时纳入农村与城市的基本建设规划,城乡共同担负起副食品基地建设担子。城市要从资金、技术、物资上提供支持,农村要提供资源、劳动力和基础设施建设。在具体方法上,目前最为有效的是城市企事业单位和农村企业、农户联合共建基地。

城乡结合、共建副食品基地是农村第二步改革和城市经济体制改革深入发展的客观要求,也是在现行体制下建立新的副食品生产、流通体系的比较理想的模式,它有助于增强副食品生产的计划性,有利于城乡优势结合和资源的合理配置,特别是解决基地建设资金不足的重要途径;城乡结合,共建基地,共享利益,共担风险,有利于实现产销一体化经营;城乡结合,产销、产需直接见面,有利于加快副食品流转速度,减少中间环节流通费用,利于价格的稳定,城市消费大户有了固定的副食品供应基地,就稳住了副食品消费市场的大头,对于缓解副食品产供矛盾和价格波动产生巨大影响。在过去城乡协作联合发展非农产业基础上,通过城乡共建副食品基地,有助于进一步推动城乡生产要素的双向流动,加速我省城乡经济的发展步伐。因此,有必要把城乡结合共建副食品基地作为重要的战略性措施。

城乡共建副食品基地的类型,可根据具体情况确定:

① 可以是工农结合型,即城市副食品加工企业(如肉类加工厂)为取得稳定、低价和足量的货源,与农村联合建基地。这种带有储存性质的基地,可为副食品淡季供应增加货源。

② 可以是商农结合型,即城市商业经营单位为获得稳定适量的经销副食品与农村企业共建基地。由于城市商业企业具有经济实力厚、运输能力强、流通渠道多的优势,有条件与远郊甚至区外联合建立季节性副食品基地。

③ 也可以是产需结合型。即城市副食品消费大户(如大型工矿企业、部队院校等),为解决食堂及职工家庭的消费品需要,采取投资入股或补偿贸易等办法,与农村共建菜、肉、禽蛋、鱼等食品生产基地。

(2)专业化生产与综合经营相结合。农业生产的专业化有利于生产技术化和商品化程度的提高,但在社会化服务体系尚未形成的条件下,也存在有限资金不能综合利用、饲料报酬率低等问题,因此在建立副食品基地时,把建立专业化副食品基地与基地资源的立体开发和副食品的综合经营结合起来,充分利用基地各种资源。如目前我省各地正在推广渔场养猪、养鸡以畜禽粪便肥水养鱼和以畜禽粪便种草,以草换鱼,鸡场实行饲料喂鸡—鸡粪养猪—猪粪养鱼的综合经营等,都起到了减少精饲料用量、降低饲养成本、提高企业效益和增加副食品生产量的显著效果。这种在专业化基础上的综合经营、良性循环路子对于粮食长期偏紧、饲料困难较大的我省副食品生产具有特殊意义。

(3)国家兴办和市场导向相结合。在商品经济条件下,生产者行为受市场的影响,特别是副食品生产受城市市场影响极大,在生产放开的情况下,由于市场的导向作用,各地会根据当地的自然经济和社会条件,形成具有本地特色的副食品生产基地。被称为南京"小特区"的江心洲乡农民面向城市市场,形成了2000多亩韭菜种植基地,每年上市量占南京市韭菜上市量的90%;徐州市郊县农村瞄准南北方大城市的菜篮子,形成种植面积七十多万亩的冬、春菜生产基地。这种由农民根据城市市场需要自发形成的副食品生产基地,具有这样一些特点:一是生产者得益多,经济效益高,积极性高,农民舍得对生产投入;二是因地制宜,利用当地资源和传统优势,专业化程度高,多数一乡或一村专门生产1~2个优势产品;三是农民自办流通、自我服务,副食品流通快;四是不需要国家直接的财政支持,国家只在政策上给予支持,这与由国家和地方政府一厢情愿投资包办的副食品基地形成鲜明对照。

(4)国营、集体农牧场和农户家庭相结合。副食品生产基地的建设,既要有较多的资金投入,更要有土地、劳动力等多种资源,仅靠国营经济或集体经济是不可能获得保证城市副食品均衡供应所需要的全部生产资源的。同样,仅靠农户家庭分散的小生产也是无能为力的。因而在副食品基地建设上,一方面要充分利用和发挥现有国营和集体农牧场的资金、技术、管理等优势,另一方面又要引导农户把资金、耕地、劳动力资源投入副食品生产,通过国家、集体、个体的共同努力,形成不同层次、不同生产力水平的副食品生产体系。

（二）建设以市场为中心的流通体系

1. 建设现代化的副食品商场，江苏大中城市人口密集，对副食品的消费集中、量大、需求多种多样，小型零售商场是无法适应如此庞杂的副食品消费市场。对国外城市食品供应问题的研究结果表明，超级市场在西欧等国家的城市副食品产供销活动中占有中心地位及起着枢纽作用。这些建在城市交通要道口或繁华商业区的商场，营业面积虽与城市内中型菜场差不多，但内部5～7层货架林立，排列紧凑，实际存货量远大于国内菜场，超级市场普遍采用现代保鲜、冷藏等技术，并综合运用现代生产、运输、保险、销售等技术，大大降低了副食品在流通领域消耗的成本。超级市场以供货品种丰富、质量稳定、标准、价格合理吸引大批顾客，成为城市副食品供应的主要渠道，并反过来对生产者和消费者提供多种有效信息，起到调节生产和引导消费的作用。国外城市建设超级市场的经验可为我省大中城市建设副食品商场所借鉴。但现代化副食品商场的建设，必需有成套的配套建设，包括健全的储藏系统、冷冻系统和食品加工系统等，甚至还有一个消费者素质提高、消费习惯改善、消费负担适应等方面的过程，因此可首先在南京等大城市内逐步发展，待条件成熟时，再推广到中等城市。

2. 完善城市副食品市场体系。城市副食品的四季均衡供应有赖于紧密联系着生产与消费的市场体系的形成，从我省城市副食品供应的实际出发，这一市场体系由如下功能各异的市场组成：

一是现有的国营菜场和副食品商场，经过改革实行承包或租赁经营后，将发挥其运输储存能力强，能够批量吞吐的优势。在国家计划指导下，组织淡季货源，起调节市场、平抑物价的作用；二是农贸市场，是城市郊区农民应市鲜活副食品的主要销售市场，也是城市居民副食品四季供应的主要市场；三是现货批发市场，随着农副产品流通体制改革的深入，我国各大中城市的副食品批发市场发展很快，但是我省城市副食品批发市场发展缓慢。据对南京市白云亭、徐州市黄河两个农产品批发市场的调查，尽管场地狭窄、设施简陋，却都显示了利用全国"菜园子"、组织各地"菜贩子"、丰富本地"菜篮子"的作用。副食品批发市场是一项投资少、见效快的基本建设。如果各大城市能建立1～2个综合性副食品批发市场和若干专业批发市场,对于副食品四季均衡供应无疑会产生积极作用;四是试办和逐步推行城市副食品的期货交易。期货交易,产销挂钩,可以大大增加副食品生产的稳定性,对副食品的四季均衡供应有重要作用。

3. 深化流通体制改革,实行副食品流通的多渠道少环节。城市副食品流通体制改革的目标是缩短流通环节,加快流转速度,降低流通费用,增加生产者收益,减少消费者支出。在近几年来的流通体制改革实践中,我省大中城市已初步摸索到加快农副产品流转速度的有效途径:

(1)产销直供。如水产养殖场直接将鲜活鱼运到销售网点出售,减少损失,降低费用,受到消费者欢迎。

(2)产需直挂。由副食品批量生产企业与城市副食品消费大户之间建立常年供需关系。它比产销直供少了一个中间环节,可进一步节省流通费用,对生产者和消费者均有利。

(3)自办销售。提供具有一定规模的副食品生产企业自办销售业务,不仅减少了中转环节,而且使生产者直接掌握市场信息,不断调节生产,增加消费者欢迎的副食品供应量。

(4)多渠道经营。城市副食品市场应该是全方位开放的市场,无论是城市还是农村,是本地还是外地,是国营、集体,还是合作或个体商贩,是经营者还是生产者,都应允许进入市场进行交易活动,并提供必要的服务,各种市场管理条令都要有助于敞开城门,吸引四方货源。

(三) 建立以科技服务和生产资料供应为中心的社会化服务体系

近几年来包括副食品生产在内的整个农业生产出现徘徊局面,除了产业政策倾斜,农业投入减少外,农业生产过程社会化服务体系的不健全也是一个重要原因。特别是科技服务和农业生产资料供应不但没有得到加强,而且还有削弱,农民发展副食品生产,困难重重,寸步难行。

副食品生产的社会化服务,包括及时提供市场行情,供应优质良种,栽培技术和饲养技术的咨询,植物保护和牲畜疫病防治,化肥、农药和饲料等的供应,土地耕翻乃至农业生产全过程的种、管、收服务,以及产后的销售服务等。围绕城市副食品生产供应的社会化服务,应突出抓好四个方面的工作。

1. 建立服务网络。重点是在原有基础上,恢复、充实三支队伍:一支是种子、种禽、种畜、种苗的培育、繁殖、供应队伍,保证基地和农户发展副食品生产的需要。第二支是农业技术的科研、示范、推广队伍,使国内外先进的栽培技术和饲养技术迅速为生产者所掌握。第三支是在规模生产的副食品基地建立一支精干的植物保护和疫病防治队伍,能有效地防治蔬菜病虫害和禽畜的各种疾病。

2. 建立生产资料的组织与供应体系。根据中央的规定,对主要农业生产资料(如化肥、农药等)实行专营,国营商业和地方供销合作社除依法经营好计划内农业生产资料外,还要广开货源,组织计划外农业生产资料的供应,以满足副食品生产的需要。肉禽蛋奶鱼的生产,主要决定于饲料的供应,在我国目前粮食偏紧的情况下,饲料短缺始终是副食品生产的重要制约因素,各地都要为肉禽蛋奶鱼基地建设稳固的饲料生产、供应系统。

3. 建立能及时提供准确的市场行情的信息系统。副食品的消费市场主要集中在城市,而副食品的货源却主要在交通不便、信息滞后的广大农村。由于信息不灵造成的副食品产需不对路或产销不平衡的情况比比皆是。如城市居民肉食消费早已是以瘦肉型为主,但苏北等地农民仍大量喂养大肥猪;又如城市居民希望市场能全年供应鲜活水产品,但淡水鱼仍然是春季放养、冬季捕捞。因此各地各级都要把建立信息服务体系纳入社会化服务轨道。

4. 以合同形式,建立服务承包责任制。农业生产是有生命的动植物的新陈代谢过程,过程一旦中断,生命就会停止,造成无法挽回的损失。因此,副食品生产、供应的社会化服务必须建立在经济责任和法律责任的基础上,现在的为农服务带有很大的随意性,有条件就服务,没有条件就不服务,甚至是根据个人和单位的爱好,愿意就为你服务,否则就不服务,或愿意为谁服务就给谁服务,这种服务态度和服务方式不改变,势必影响副食品的生产和供应。以经济合同形式建立服务承包责任制,是保证生产者利益,促进副食品生产和均衡供应的有效方式。农业生产资料的供销企业、科技服务单位都要把服务内容、服务方式、服务标准、服务收费等以合同固定下来,达不到合同规定的要求或违反合同规定,要承担经济责任和法律责任。

(四) 创建产供、产销、产供销一体的新型企业组织

副食品的生产经营与一般农副产品不同,不仅生产企业之间的联系比较紧密,如饲养蛋鸡的养鸡场与种禽场、饲料加工厂相辅相成,而且生产企业与城市商业、副食品加工企业直接交往,存在着广泛的合作和协作关系。但在农、工、商分割的旧体制下,副食品的产供销过程,始终存在着城乡之间、农工商之间的利益冲突,宏观决策上的城市偏向,多少年来使农民做出了巨大牺牲,副食品生产少时,国营商业部门借助政府的行政权力,低价从农民手里强行收购,副食品生产多时却又无人问津。近几年来,虽然放开了大部分副食品的生产与流通,但由于国家对城市居民的副食品消费实行福利性质的供应政策,副食品市场价格扭曲,在农工商仍然分离的情况下,工矿企业可以得到国家的补贴,而生产者并没有得到多大实惠。生产者的积极性直接影响生产企业的发展和副食品基地的形成。另一方面,城市商业和加工企业在放开流通,多渠道经营的情况下,也出现了货源减少、品质降低和价格不稳等影响均衡上市和经营效益下降等问题,这些情况表明,解决城市副食品的均衡供应问题,除了建立起生产、流通、服务三大体系外,还需要组织制度的创新,建立能把产供销连接起来的兼顾农工商利益的新型企业组织。

在近几年农村商品经济发展和农产品生产、流通体制改革中,江苏各地已经陆续出现生产企业的联合体和产供一体、产销一体以及产供销一体化的联合企业,虽然不少处于初创阶段,有的还只是雏形,但却标志着我省农产品生产、供应,特别是将副食品的生产供应、销售连结成一个整体的新型组织制度正在形成之中。

1. 企业与农户的松散型联合组织。这是以为副食品生产基地农

户提供产前、产后服务的企业为主体,通过合同形式将农户联结在一起的产供销一体化经济组织。我省启东县新义兽医站在为养猪户防病治病的基础上,增加了畜禽品种改良与繁育、饲料加工与供应、配合饲料、技术服务、收购推销生猪的产供销一条龙服务,并把企业的经济效益与农户的养猪收益捆在一起,从而起到了吸引和保护农民多养猪、养好猪的作用。

2. 生产企业之间专业化分工的联合组织。这是担负不同任务但又互相关联的副食品生产企业在分工基础上的协作和联合,譬如饲料加工厂、种禽种畜养殖场和肉蛋禽养殖场等相关企业,为了解决单个企业由于缺乏资金、技术和渠道难以实现的基础建设和相应的服务设施建设,成立联合企业,实行资源的统一使用,优化组合,获得规模效益,正在组建中的徐州市特种饲料公司就是这样一个包括饲料加工厂、禽蛋饲养场、屠宰场以及郊区种禽场在内的跨单位的联合公司。

3. 产供销一体化的商工农综合体。农产品产供销一体化的经济组织,在国外早已普遍得到发展,在西方国家称为农业协同组织,在东欧国家称为农工一体化或农工综合体。它是农业同它毗邻的经济领域进行有机结合的农工(包括商业)联合企业。产供销一体化的农工综合体是农业以及整个社会生产力发展到一定水平的产物,就我国目前的农业及整个社会生产力发展水平而言,农业基本上还是以手工劳动为主的分散的小农生产,建立农工综合体的条件远未成熟。但是,城市副食品基地基本上是专业化、集中化的生产,能够把副食品的农业生产与工业加工、商业储存、运输直至销售等企业联合组织在一个农工商综合体内。南京、徐州两市的牛奶公司,就是奶牛饲养场、乳品加工厂和牛奶与乳品销售企业的联合企业,是产供销一体化的农工商综合体。实践证明,这种新的企业组织,可以把包括农业、工业、商业、储运业等多个企业拥有的生产要素和资源在组织内部进行最优配置,能保证生产出优质的鲜活副食品并且迅速地送到消费者手中,也只有这种具有雄厚经济技术实力和生产供应能力的联合企业,才能适应城市大市场副食品的巨大需求,并承担市场风险,同时保护生产者、经营者的利益,也有可能实现副食品的均衡供应。我省城市副食品中,除牛奶已组成产供销一体化的农工商综合体外,禽蛋、水产也已基本具备了条件,可在食品公司、水产公司基础上联合畜禽、水产饲料场、饲料加工厂等企业,组成利益共享、风险共担、产供销一体化的农工商综合体,蔬菜的产供销可以在完善合同的基础上加强农商之间的协作,逐步发展为农商一体化的联合体。

(五) 分层次建立副食品均衡供应的调控体系

社会主义商品经济是有计划的商品经济,社会主义条件下的商品市场是有组织、有限制的市场,因此,即使在市场发育比较成熟以后,政府的宏观调控仍然必不可少。

副食品供应方面的宏观调控应建立在明确的战略目标的基础之上,宏观调控不仅仅是为了摆脱眼前的"菜篮子"上的困境,更重要的是为了农业的长期稳定发展。因此,需要从生产、流通和消费的整体上来研究副食品问题,建立相应的宏观调控体系。

城市副食品调控的基本职能是制定副食品的综合平衡计划;研究并确定副食品基地与城市规模、人口的比例;制定副食品的价格政策和副食品发展基金的筹集及使用办法;制定投资、财政、信贷、税收等方面的扶持政策。应当指出,在旧体制基础上形成的副食品调控通常只是城市一级的调控。从"菜篮子"问题出现的新矛盾与深化改革的要求看,仅有城市一级调控显然是不够的,还应加上国家调控和地区调控,从而形成一个城市—地区—国家分层次的副食品调控体系。前已述及,城市副食品产销关系已远远超出城市范围,自给往往不能自足。因此,地区调控职能就是要把合理的区域经济关系,在国土规划、产销分工以及经济组织与管理上进行优化,加强对区域经济的中观控制和管理,使中心城市同地区在副食品的各个环节不断协调起来,国家调控,主要是对"菜篮子工程"设计和实施的宏观指导,即方针政策上的宏观指导以及全国性的副食品大市场与生产基地的组织和建设。

鉴于城市副食品供应的宏观调控涉及到生产、交换、分配、消费的整个环节和经济、社会、心理等广泛方面,因而调控是综合性的,其调控

手段不是单一的,应是多种手段并用,建立综合性宏观间接调控体系,其基本要点是:

第一,调控的目标是建立和完善市场体系、市场行为规范、市场秩序,逐步朝着有计划商品经济前进。宏观调控主要是通过政府对市场的调节,在顺应客观规律特别是价值规律的基础上实现调控。它是根据市场需要并依靠政府对市场的调节去配置资源,并以市场的激励和约束及运用经济杠杆,去调节生产经营者和消费者行为,从而依靠市场形成的价格机制、竞争机制、激励机制来拉动供给、约束需求,去实现动态性的、层次不断提高的供求平衡。

第二,改革国营商业政企合一的体制,逐步将调控主体同生产经营主体明确分开,由政府承担宏观的调控任务,并掌握运用包括财政补贴在内的各种调控手段,实行全方位调控,包括生产、交换、分配、消费各个领域和国营、集体、个体各个方面。

第三,逐步取消以行政指令形式的直接控制,而要综合运用多种调控手段实行间接调控。政府在宏观调控中逐步应以运用经济杠杆进行间接调控为主,同时综合运用法律、经济、行政、教育等多种手段,通过组织、协调、立法、调节和服务等行为实现调控。

由于受多种因素的限制,市场体系特别是生产要素市场的形成需要一个过程,建立这样一个新型的宏观调控体系,需要经过较长时期的努力才能达到。

建立综合性宏观间接调控体系的主要措施包括:

1. 建立市级政府的调控机构摆脱部门分割,实行产、供、销一体化管理。

江苏城市副食品管理仍然保持产、供、销分割多部门管理的旧模式,管生产的不管销售,管经销的不问生产,管农业的不管商业,管商业、供销的又不了解生产,从而造成部门分割、机构重叠、环节太多,办事效率低,产销、农商之间互相扯皮,少了都来管,多了谁也不管,结果影响副食品的生产和流通,不利于均衡供应。

李鹏总理在全国农业会议上提出:"一些农产品逐步实行产供销一

体化管理,这是农业生产和商品流通体制改革的一项重大措施。"沈阳市1984年起实行产供销一体化管理体制,将副食品产销由原来蔬菜办公室、工商局、畜牧局多头分管合并改为畜牧副食品局。天津市也从1987年3月1日起,把禽蛋生产和市场供应统一划归农口,由市农委统一安排,农委下设禽蛋服务公司,1988年又进一步把第二商业局原有的食品、蔬菜的商业行政管理职能和所属食品、蔬菜两个公司以及计划、财政、物资、劳动工资关系归划农口领导。沈阳市、天津市实行副食品产供销一体化管理体制,总揽各类副食品产供销全局、统筹安排生产布局、通盘安排市场,有利于处理好生产者、经营者和消费者的利益关系,有利于机构精简,提高工作效率。

从江苏城市副食品产销体制的现状出发,我们认为,选择产供销一体化管理体制比较合适,即建立城市的副食品管理局,集中蔬菜局(或办公室)、畜牧局、水产局、多种经营局及有关商业局的行政职能。现有的各类专业公司的行政职能也转归副食品管理局,副食品各公司及产、供、销企业均实行自主经营、独立核算、自负盈亏。

副食品管理局主要行使以下调控职能:制定副食品生产经济法规,按立法程序申报批准后监督实施;组织制定副食品的生产发展规划、基地建设规划和城市副食品市场建设规划,通过运用经济杠杆推进和组织实施;组织市场、平衡需求、平抑市场;协调、仲裁经济利益和经济争议;组织信息和情报分析队伍,提供信息指导,帮助企业开展横向联合、异地购销等活动;统一管理和使用政府财政补贴进行建设和委托吞吐调节。

2. 建立能有效调动生产、经营者积极性的调控机制。

一是在给农民生产经营自主权的基础上,政府应顺应比较利益原则,在生产项目安排上不作硬性规定,而根据不同情况做出选择:一种是在副食品生产比较利益较低的情况下,虽然通过增加补贴、信贷扶持,税收优惠等多种措施,以及应用科技和生产组织合理化,提高劳动生产率和土地生产率,使农民从事副食品生产经营的比较利益能与从事其他行业的大体平衡,从而调动生产经营者的积极性。但是还要看机会成本的状况和实际经济效益的高低,若是机会成本过高,经济效益、投资效益很差,这种副食品生产基地则很难坚持下去;再一种是农民从事副食品生产有比较利益的优势,政府因势利导支持和扶持乡、村建立多功能的经济、技术开发与服务体系,向生产经营者提供系列化服务,缓解投资风险,使农民有组织地进入流通,就可能形成新的基地,收到事半功倍之效。

二是要改革国营商业政企合一的体制,扩大企业自主权,使其成为真正的商品经营者。

目前国营商业各个公司既是经营者又担负着政府某一方面的行政管理职能,一身二任,政企不分,既摆脱不了行政管理部门的控制,又依赖国家财政补贴以弥补企业经营性亏损,企业缺乏自主经营的积极性。改革的方向:

(1)把全民所有制的蔬菜公司、食品公司、水产公司等逐步变成为全民、集体和个体联合所有制形式的经济实体,同时相应调整商业行政管理部门对这些公司的管理形式,减少行政干预,运用指导性计划和经济、法律手段,达到间接宏观控制的目的。将其推向市场,使公司既有经营自主权,又自行承担市场经济风险,把公司搞活。

(2)对公司所属的零售门市部和企业,要推行"国家所有、集体经营",使原来的国营企业逐步转变为集体经营的企业,执行集体的财物管理和分配制度。对占有的国家固定资产和流动资金,按有偿转让原则逐步交纳偿还金;在转制过程中,企业自有资金和新增固定资产,应为企业集体所有,小型零售门市部,也可租赁或折价给集体或个人经营。

(3)解除公司或批发企业的行政管理职能,政企明确分开,并相应逐步取消国家财政对企业经营性亏损补贴,使其做到独立核算、自负盈亏、自主经营、自主分配。

3. 综合运用多种经济杠杆实施有效的宏观调控。

(1)投资政策。

城市副食品的供应状况,取决于农业特别是粮食生产的状况。粮食紧张、饲料短缺是制约副食品生产发展的最主要的因素之一，而农业和粮食生产要登上新的发展台阶，很大程度上又取决于能否定时扭转过度倾斜的工业政策、城市政策，使工农业投资保持合理的比例。因此，必须调整工农业投资政策，增加对农业和副食品基地建设的投资，建立发展副食品生产的投资机制。

省、市财政除增加农业的投资外，还应拨出专款用于发展副食品生产。这部分财政资金一般不宜直接从事经营项目的投资，更不能无偿拨给企业，而应作为"粘合剂"牵动各个经营主体增加投资，即主要是用于：① 为生产经营者提供外部经济环境的投资、基础设施、服务设施、市场基本建设的投资；② 风险基金，以减少生产经营者受自然灾害或市场剧烈波动的风险；③ 市场平准基金，用于吞吐调节和必要的补贴资金；④ 对于必须扶持发展的生产项目而因比较利益较低，其享受的低息和无息贷款所给予银行补偿的资金。

农业银行和工商银行均应逐步增加对城市副食品生产项目贷款的投放，对具有一定经营规模、经济效益好的项目，应重点予以扶持。

城市建设的土地征用费要有一定比例用作副食品生产发展基金。凡因城市建设占用耕地必须按章交纳土地征用费。土地管理部门收取的土地征用费原则上应全部用于农业开发和农产品的生产，其中应拨出一定数量用于副食品生产基地的建设，老菜地的征用费则应全部用于新菜地的建设。

（2）财政补贴政策。

世界各国，无论是发达国家，还是发展中国家，均对食品的生产和流通实行程度不同的补贴。从我国国情出发，即使副食品价格全部放开后，也不可能取消补贴，城市副食品补贴的关键问题不在于需要不需要补贴，而是如何有效地实行补贴。

根据我省城市副食品补贴的实际情况和存在的问题，提出以下调整的设想：① 从补贴以影响价格为重点，转向以副食品基地建设的投资为重点，即把财政补贴主要用于副食品生产的基础设施、服务设施和推广科技方面的投资，以为副食品生产者提供有利的外部环境，达到平衡不同行业间的比较利益,调动副食品生产者的投资和经营积极性。② 从支持购销价格倒挂、稳定价格水平为重点,转向稳定供应数量和提高储存能力为重点,即在副食品价格逐步全部放开和商业企业实行自主经营的条件下,逐步减少购销价格倒挂的补贴,取消商业部门经营亏损性补贴,将之转用于建立市场平准基金、风险基金和改善储存条件。③ 在工资、福利制度改革前,有限的消费性补贴重点用于低收入阶层。

(3) 利用经济手段调节价格。

副食品价格的完全放开是实现副食品四季均衡供应的重要措施之一。所谓价格完全放开,是指副食品的购销价格根据市场的供求关系自发形成,政府不作硬性规定。但是,这并不是说不需要政府的宏观调控,相反,为了稳定副食品的市场价格,进而稳定生产和供应,政府必须用行政和经济的手段,特别是经济手段通过有关部门,参与市场的购销活动和必要的财政支持,影响和调节场的副食品价格。具体可采取:

① 建立起包括地区差价、季节差价、质量差价和生产价格、收购价格、批发价格、零售价格等在内的完整价格体系。

② 政府规定各类副食品的全年市场价格上、下限,当市场价格低于下限时,政府就收购,以保护生产者利益;相反,当市场价格高于上限时,政府就抛售,以保护消费者利益。通过政府的调节价格制度,使副食品价格稳定在一定幅度之内。

③ 政府运用财政支持,通过国营供销企业间接地对农产品的价格进行控制和干预。

增加有效供给的近期对策

实现江苏城市副食品的四季均衡供应,是一项牵动各个方面的系统工程。这项工程的最终实现需要良好的宏观环境,特别是有待于社会主义商品经济新秩序的确立,有待于市场的发育和完善。因此,上述生产体系、流通体系、服务系统、宏观调控体系的建立和新的企业组织的形成需要一个较长的过程,城市副食品的四季均衡供应也不是短期内所能解决的。近期对策的目的既是为目标方案打基础,又是在目前条件下增加副食品有效供给,缓解产需矛盾的现行方案。

（一）制定近期对策的原则

1. 与目标方案逼近的原则。城市副食品四季均衡供应目标方案的最终实现,大致要经历改革试验、新旧模式转换和全面实施三个阶段。很显然,经过前几年副食品购销体制的改革,第一阶段已取得瞩目成效,现正进入新旧体制胶着的第二阶段,近期的对策在于推进和深化已取得卓有成效的产供销体制改革。

2. 符合省情、解决城市副食品供应的现实问题的原则。由于我省既存在人多地少、农产品资源少、工业生产的规模细小、副食品生产成本不断提高、比较效益下降等多种制约副食品生产发展的因素,又存在副食品自给性生产比重大,商品率低等影响副食品有效供给的因素,还存在财力不足、城市居民收入增加缓慢等影响副食品消费增长的因素,近期内不可能按照人体营养需要的合理膳食标准向城市居民提供副食品。而且从粮食趋紧的实际,就连实现农业部"菜篮子工程"的规划目标也有困难。从近几年我省城镇居民副食品消费的变化趋势看,鲜菜稳定,猪肉减少,禽肉蛋鱼增加,鲜牛奶消费弹性较大,从副食品生产的变化趋势看,因受食品、饲料的制约,生猪饲养稳中有降,家禽将有较大发展。因此,近期内我省城市居民副食品供应的期望值不可过高,全省大中城市居民平均的副食品消费量指标,大体保持这样一个中等供应水平,即人均年供应鲜菜 120 公斤、肉类 25 公斤(其中猪肉 15 公斤、牛羊兔肉 2 公斤、禽肉 8 公斤)、鲜蛋 12 公斤、水产品 15 公斤、鲜奶 8 公斤。我省城市副食品供应的近期对策也只能围绕上述要求,并把重点放在淡季副食品的生产和组织。

3. 贯彻执行中央治理经济环境、整顿经济秩序的宏观决策,在客观条件允许的前提下增加主要副食品的有效供给,不使副食品价格上升过快,以稳定市场,稳定城市人民生活,保证改革和建设事业的正常进行。城市副食品供应问题上治理整顿的重点应是流通与消费领域。

近年来,副食品流通中画地为牢、抬价争购等阻碍了副食品市场的形成,消费领域中的"吃喝风"和过旺的集团性消费,以及企事业单位没有限制地发放福利食品等,一方面使副食品的市场价格失真,另一方面掩盖了居民的实际消费能力。对此,需要采取相应对策,尽快加以扭转。

(二) 近期改革的重点是完善体制、理顺关系

近期内我省城市副食品产供销体制改革任务是巩固完善已取得的成果,进一步明确责任,理顺利益关系,调动生产者、经营者和领导者的积极性。具体来说,可从如下几方面着手:

1. 完善副食品生产管理体制。

(1) 副食品生产实行指令性、指导性和自主性生产相结合,对主要生产资料由国家投资的国营和集体副食品生产企业,要下达指令性生产计划,特别是基本菜地面积、保淡季保节日供应的副食品生产任务可以指令性计划下达,以保证有效供给。对有一定生产规模的副食品生产基地可下达指导性生产计划。对农户分散的小规模生产应给予充分的生产经营自主权。

(2) 要逐步打破原有按行政辖区安排食品基地建设的布局。各市副食品基地的建设,本着扬长避短、节约资源、经济合理的原则,在稳定提高近郊,积极发展二线、三线副食品基地的同时,注意区外副食品生产基地的开拓,积极推进地区之间如苏南城市与苏北农村的副食品产需双方的协作和合作,利用区外甚至省外副食品的"地区差、温度差、效益差"增加我省大中城市副食品的有效供给量。安徽省和县每天运到南京的蔬菜最多时达 10 万多公斤,从安庆、望江等市、县每天运到南京的鸡蛋 5000 多公斤、水产品 2000 多公斤,显示了建立省外副食品基地的前景。

(3) 坚持多种经济成分、多种形式发展副食品生产。毫不放松农户的养殖生产。从省情看,起码在本世纪内,千家万户仍是副食品货源的主要来源,关键是要引导向专业大户、规模经济的方向发展。注意发挥国营农牧场,以及食品、粮食等国营供销企业发展蔬菜、副食品生产的积极性。鼓励城市企业事业单位与农村联办副食品生产基地。

2. 完善管、放结合，"双轨过渡"体制。

（1）要在近几年副食品流通体制改革的基础上，吸收广州、武汉等城市副食品放开经营、放开价格、市场调节的成功经验。今后几年内，我省主要副食品的购销仍应实行计划与市场相结合的"双轨"体制，除牛羊兔禽畜和水产品继续实行放开经营、市场调节外，鲜蛋、鲜奶经营也要逐步放开。大中城市蔬菜实行"管种植面积、管上市任务，放开经营、放开价格"体制，重点保证淡季供应。一般中小城市（包括县城）除建立保淡保节日供应副食品生产基地外，其余均可实行市场调节。

肉、蛋、豆制品中的定量供应部分实行计划管理、计划购销，计划购销价格适当提高，缩小同类同质副食品的管放差异，所有实行计划管理的副食品，都应以合同的形式把商品数量、质量、价格、生产资料供应，以及产销双方的利益、权利、义务明确起来，在受灾减产或来年价低时要对合同订购副食品实行补贴。

（2）价格改革要分层、分类、分步渐进。副食品的价格改革直接关系城市广大消费者的切身利益，同时又与生产者、经营者利益相关，必须谨慎对待。当前要防止两种倾向，一是过分强调消费者承受能力而试图维持现状，甚至复归旧体制；另一种是急于求成，使价格放开一步到位。正确的应实行分层分类改革、分步渐进的策略，根据我省近几年副食品价格改革进展情况，可从小（城市）到大（城市）逐步展开。县城和县城以下集镇的副食品可先行放开，中等城市除淡季蔬菜和鲜奶外，其余可逐步放开，大城市南京的副食品价格，除保淡保节日供应的副食品实行指导性价格外，其余逐步实行市场调节。

（3）国营副食品供销企业要通过加强经济核算，建立健全企业内部的经营责任制，摆脱过分依赖财政补贴的僵化经营机制，增强企业活力，在此基础上，运用其雄厚的经济实力、贮运能力和供销渠道，进行副食品的大批量吞吐调剂，特别是保淡供应，满足需求，稳定市场，平抑价格，积极发挥其在城市副食品供应中的主导作用。

（三）抓关键制约因素，上见效快的重点项目

实现城市副食品的均衡供应，是个系统工程，这一工程建成需要大量物力、财力和技术力量。近期内只能是抓投入小、见效快的关键工程。

1. 建立投资分担机制。

增加投入是改善城市副食品有效供给的前提。在市场发育比较成熟的条件下,这种投入是在市场导向作用下由生产者主动承担的,但在目前我国经济正处于新旧体制转换阶段,按商品市场运行的新机制还没有建立起来,按产品型经济模式运行的旧机制还在起作用,特别是城市副食品的供给与消费,国家为保持政治安定对城市居民实行的福利补贴方式,社会性的公款集团消费的存在,以及由政府行为决定的"管、放"差异,强烈地扭曲着副食品市场的价格,副食品生产者、经营者的经济效益不是由本身的生产经营效益和市场价格决定,而较大程度上受制于宏观决策。因此,改善城市副食品有效供给所追加的投入,就需要由多方共同来承担。

(1) 在财政包干、粮食包干、"分灶吃饭"的体制下,城市的副食品供应问题,原则上应由各市自行解决,省一级的职能在于协调和涉及全省性的关键项目的投资,以及必要的少量财政资助。

(2) 副食品基地建设资金可来源于:① 新老菜地征用费(近郊一线菜地每亩2万~3万元,中远郊二、三线计划菜地每亩1万~2万元)全部用作蔬菜基地建设;② 城市副食品消费大户(工厂、学校等),可以补偿贸易、投资入股、联合生产等方式为副食品基地建设提供资金;③ 在城市工商销售收入中提取1%资金;④ 从副食品基地所在乡村的集体企业税前利润中提取一定比例资金;⑤ 地方财政拨出一定比例专项基金以贴息银行贷款形式资助基地企业发展副食品生产。

(3) 城市副食品商场、副食品批发市场、农贸市场改造建设资金可来源于:① 城市建设费中划出一部分;② 对副食品商场、零售企业减征所得税和部分营业税,将免、减税资金集中用于经营企业和菜场的更新改造;③ 副食品市场管理费中留出一部分;④ 市财政部门拨专项资金给城市副食品零售企业,专项用于商场的更新改造,这部分资金可采取滚动使用,税后偿还的办法。

（4）提倡和鼓励副食品生产者、经营者组织产供一体的联合体，实现双方优势的结合，既有助于解决生产一方的资金短缺和市场的联系，又有助于销售一方获得鲜活货源的稳定供应。

无论是生产基地建设资金，还是城市市场建设资金，都要讲究投入产出效益，资金筹集和发放部门要会同财政、税务、银行等部门，对筹集资金的使用做好事前监督，安排好投资方向和重点，与用款单位建立经济责任制，签订资金投入与副食品产出的合同。

2. 抓好已建在建工程项目的设施建设。

（1）扩建改造已有副食品生产基地，促其提高产量，发挥更大效益。江苏城市副食品基地经过多年的发展，已有一定基础，加上近两年各地的新上项目，基地数目已经不少，现在的问题是已建基地设施不完善，技术不先进，供销渠道不流畅，服务体系没有建立起来，影响了生产能力的发挥；在建项目资金缺口大，物资供应跟不上，施工进度缓慢，影响了生产能力的形成。当务之急，不是规划发展新项目，而应采取有力措施，在资金、物资上帮助已建、在建副食品基地的巩固、配套和提高。

（2）加强市场基础设施的建设。江苏的城市副食品市场建设和市场发育不仅远远落后于广东省，而且也滞后于北京、天津、武汉等城市，在今后几年内，必须下大力气搞好大中城市以及县城的副食品市场基础设施的建设，完善各类副食品交易市场，当务之急是抓好两件事，一是将现有国营菜场和副食品商场改建和扩建成运输、储藏、销售及其它服务设施配套，能容纳多品类副食品的综合商场、允许不同经济成分经营者进场经销。二是建好农贸市场。农贸市场已经成为江苏大中城市居民家庭副食品消费的主要来源，但农贸市场建设未能引起足够重视，场地狭小，大都拥挤在路旁巷尾，设施简陋或无基本设施，农民及商贩露宿街头，农民进城设摊难、住宿难影响了副食品的上市量。城市有关部门必须改变只收费（市场管理费）不创造必要条件的做法，把农贸市场建设列入重要议事日程，争取农贸市场状况在一两年内有较大改观。

3. 切实解决饲料供应问题。

由于受粮食产量的影响，江苏饲料短缺矛盾在短时期内不可能缓和,成为副食品生产的重要制约因素。当前,必须采取有效措施,促进饲料的生产和供应,保证主要副食品的正常生产。

(1) 把饲料生产纳入地方政府的农业指导性计划。江苏历来是以粮代饲,不把饲料生产纳入政府的计划之中,没有形成生产基地,每年要从东北等地调运玉米,既耗用大量人力、财力,而且一旦遇到自然灾害粮食紧张,国家宏观控制和地区封锁,就会给副食品生产带来难以预料的风险。因此,省市在进行农业生产规划时,要把饲料基地和饲料生产列入指导性计划,做出具体安排,并允许以饲料顶替粮食合同任务。

(2) 打通饲料供应渠道,提高市场开放效率。在宏观紧缩政策下,去年下半年一度关闭的粮食市场到年底虽然重新开放,但粮食市场关闭的后遗症却远未消除。由于粮食吃紧(其原因虽与粮食减产有关,但更为深层的原因,则是粮食收购价与市场价悬殊。后者是前者三倍以上,粮农不愿交粮),虽然地区之内的粮食、饲料流通有了改善,但地区之间、省际之间的流通渠道仍未畅通,致使一向饲料粮靠外省市的江苏面临饲料严重短缺的困境。为此,一方面要提高省内粮食、饲料市场开放效率,促进粮食饲料的跨地区流通,使畜禽生产者能够买到饲料;另一方面要敦促粮食、饲料经营部门到兄弟省市组织调运饲料粮。这里,要注意调整省际间的对外交换关系,用江苏的优势粮食(大米)与兄弟省市按一定比例交换玉米、大豆等饲料粮,大米的来源可采取农民以稻谷与粮食部门等价换购饲料,既可改变农民以粮代饲的传统饲养习惯,又可为开展省际间的粮饲贸易开辟新路。

(3) 大力开辟饲料来源,一是广泛利用多熟制、立体种植方式发展青绿饲料,充分利用十边隙地、废地种植饲料饲草,江苏水产系统1987年青绿饲料种植面积达15万亩之多。二是将农产品副产品加工用作饲料,特别是大量秸秆,如稻草、玉米秸、麦草、豆荚、棉籽饼、菜叶等。三是跨行业进行横向系列开发,发展不与人类争口粮的饲料。四是实行多次利用,良性循环,如饲料喂禽、禽粪喂猪、猪粪养鱼等。

(4) 挖掘饲料的内涵增产潜力,提高饲料报酬:① 少用精料,改变以粮代饲;② 科学喂养,提高料肉比;③ 提高饲料质量。

4. 搞好生产资料供应与科技服务。

副食品生产是农业种养业生产的重要组成部分,是有生命的动物、植物的再生产过程,必须有及时充裕的生产资料供应和高质量的技术服务。

(1) 生产资料供应。市、郊区、县的农业生产资料公司要广泛组织副食品生产资料的供应,特别是化肥、农药、兽药、薄膜、各种建筑材料、电力、燃料等都要有专项安排,保证供应。

(2) 科技推广和应用。副食品生产供应专业化、集中化、商品化程度高的特点决定了其可以更多地采用现代化科学技术,省及市的各有关部门在副食品生产、供应体系的建设过程中,在各个环节上都要尽可能地采用国内外先进科学技术。近几年内,围绕高产、优质、鲜活这个中心,进行副食品产供销各个环节先进技术的应用和推广,如蔬菜塑料大棚保护地栽培技术、笼养鸡饲养技术、特种水产养殖技术、饲料的科学配方、禽畜的科学饲养以及良种的培育、繁殖技术等。在国营农牧场和重点副食品生产基地,都要培养和配备专业技术人员,在副食品的加工、包装、运输、销售等方面,也要采用先进技术,使生产出的副食品能以最快速度到达消费者手里。

(3) 省、市的经委、科委、农业经济、技术部门,都要千方百计为副食品生产、供应提供包括项目规划、设计、生产资料供应、资金筹集和使用、信息、技术咨询等服务,并将之列入政府部门的目标管理。

(原载《菜篮子经济问题》,南京出版社 1990 年版)

第三编

地区发展与合作

江苏经济发展新阶段

江苏位于中国大陆东部,地处沿海地带及沿江地带的交汇处,跨江临海,紧靠上海,区位优势得天独厚。江苏是全国开发较早的地区之一,但又是全国最年轻的省份之一。清朝康熙六年(公元1667年),取江宁、苏州二府之首字始建省定名,至今只有333年的省史。江苏土地面积较小,人口密度很高。全省土地面积为10.26万平方公里,居全国各省、市、自治区第24位,而人口总数居第4位,每平方公里超过700人,人口密度居全国第1位。

辉煌成就和基本经验

半个世纪以来,尤其是改革开放20年来,江苏大地发生了天翻地覆的变化。全省国民经济持续高速增长,国内生产总值从1952年的48.4亿元增加到1999年的7700.6亿元(不变价计算),增长42.9倍,平均每年增长8.4%。全省人均国内生产总值由1952年的131元增加到1999年的10669元(当年价格),增长25.5倍,年均增长7.2%。在1992年提前8年实现了国内生产总值比1980年翻两番,在1993年提前7年实现了人均国内生产总值翻两番的战略目标。江苏在占全国1%的土地上,创造了约占全国9%的国内生产总值。全省不断深化与推进经济体制改革,市场经济被广泛引入经济生活,市场配置的基础作用逐渐增强,大力发展外向型经济,实施经济国际化战略,基本形成全方位、多层次、宽领域的对外开放格局,逐步提高了江苏经济的国际竞争力。1999年全省进出口总额312.6亿美元,外贸依存度达33.5%,实际利用外资约占全社会固定资产投资总额的1/5左右。改革开放有力地推动了江苏的工业化进程,促进了全省产业结构的升级转换。目前,三次产业结构已由1952年的52.7∶17.6∶29.7提升为1999年的13.4∶51.2∶35.4。基础设施建设成绩斐然,建成了南京禄口国际机场、沪宁高速公路江苏段、江阴长江公路大桥、苏南运河整治等一批重大骨干工程,高等级公路密度居全国首位。科技、教育等各项社会事业全面进步,物质文明与精神文明建设协调发展,城乡人民生活水平显著提高。江苏在全国较早基本实现了由温饱到小康的历史性跨越,苏南及沿江大部分地区正在全面建设比较富裕的小康社会,并在此基础上向基本实现现代化的方向迈进;苏北地区已基本告别贫困,人民生活有了较大的改善,正在展开全面建设小康社会的跨世纪行动。总之,20世纪下半叶江苏经济创造的辉煌业绩,超过了以往的几百年。

江苏经济在半个世纪的发展历程中,形成了不少地方特色,有许多成功的经验,也有不少失误和教训。这些特色和基本经验概括起来就是:以马列主义、毛泽东思想、邓小平理论为指导,坚持党在社会主义初级阶段的基本路线,以经济建设为中心,以改革开放为动力,以四项基本原则为根本,一切从江苏的实际出发,解放思想,实事求是,尊重实践,基层创新,政府引导,战略超前,两手并抓,协调发展。认真分析和总结这些特色和经验,至少可以得到以下几方面的启示,用来指导江苏在新世纪经济发展的实践:

——始终不渝地坚持解放思想、实事求是的路线,不断更新观念,立足省情,积极探索符合江苏实际的经济发展之路。

——坚定不移地以经济建设为中心,在提高经济运行质量和效益的前提下,抢抓机遇,保持一定的增长速度。

——大力推进以市场为取向的经济体制改革,不断丰富对外开放的内容、提高对外开放的质量和水平,依靠走稳中求进的改革开放之路,为经济发展提供强大的动力。

　　——发扬坚韧不拔，奋发向上、敢于拼搏的精神，尊重基层的实践和群众的首创精神。

　　——主动适应社会主义市场经济运行的客观要求，综合运用经济手段、法律手段和必要的行政手段。加强和改善政府对经济的宏观调控能力。

国内外环境的重大变化

　　从现在起到21世纪初叶，江苏经济社会发展所面临的国际和国内环境，将要发生一系列重大的变化。严格来说，江苏经济发展进入新的阶段，并不是因为进入新的世纪或新的千年带来的。从时间意义上看，20世纪的最后一天、最后一年到21世纪最初一天、最初一年，同平常的两天之间、两年之间的交替并无什么不同。当然，2001年作为新世纪和第三个千年的开端，人们由此引发一些历史的回顾和展望，也是很自然的。在世纪之交，千年之交回顾历史、展望前景、凝聚人心、鼓舞士气更有必要。但是，在发展战略的选择和发展对策的探讨上，"世纪之交"、"千年转换"并没有特别的意义。江苏经济发展新阶段的到来，归根结底是由20多年改革开放进程中累积起来的各种因素（包括国内外环境变化）综合作用的结果。

　　（一）从国际环境看，全球化的知识经济时代将逐步成为现实，必然会对21世纪初叶江苏经济发展产生重大影响

　　1. 经济全球化的趋势进一步发展

　　在80年代末、90年代初，随着经济国际化不断扩大和深化，世界经济出现了一个十分引人瞩目的全球化趋势。经济全球化的实质是商品、人员、技术、信息、资本等资源在全球范围内的全面、自由流动和配置以及全世界各国各地区经济的日益融合，形成相互渗透、相互依赖、相互制约，你中有我、我中有你的发展态势。经济全球化的前提是市场经济体制普遍化，其发展动力是科技革命和国际分工的不断深化。21世纪经济全球化趋势在宏观层面上表现为：世界贸易组织（WTO）推动的国际多边贸易体制在深度和广度上都进入了一个新的发展阶段,世界经济将继续向着减少各种生产要素跨国流动障碍的方向发展,各种资源趋向于在全球范围内实现市场配置;在微观层面上,由跨国公司推进的贸易、投资和生产的全球化程度在 21 世纪初叶将达到一个新的高度:任何国家发展对外经贸合作,都无法避免要同跨国公司打交道,只有在跨国公司的全球网络中才能确定本国参与国际分工的位置。届时,世界上最大的 100 个经济单位中,跨国公司将占 60 席,而国家或地区经济只占 40 席。毫无疑问,经济全球化将为各国经济的发展带来更大的国际市场空间,更多的资本、技术、信息等资源,从而提供更多的发展机会;同时,由于经济全球化的过程在本质上是掌握高新技术的西方发达国家对外扩张、重新瓜分世界市场的过程。因此,国与国之间综合实力的竞争和较量,将变得更加剧烈、残酷,特别是给大多数发展中国家带来了更大的经济安全的风险,必须强调指出,全球化并不是世界经济发展的唯一趋势,国家经济振兴,区域集团化(例如,东盟、欧元区、北美自由贸易区等),都是与全球化并存的重要发展趋势,对于发展中国家来说,国家经济振兴是逐步融入全球化的基础。同时,在加入全球化进程的步骤和方法上,在实行对外开放的具体政策上必须审时度势,权衡利弊,并高度重视国家的经济安全,特别是信息安全、金融安全和重要的战略物资的供给保障。只有这样,才能在经济全球化的浪潮中牢牢掌握主动权,成为世界经济竞争中的赢家。

　　2. 科技进步突飞猛进,"新经济"悄然而至,正逐步改变着人们的生活

　　20 世纪 80 年代以来,随着世界新技术革命的来潮特别是信息技术的迅速发展,以信息业为代表的知识型产业就开始成为世界经济新的增长点,"新经济"端倪初现。90 年代后,"新经济"即知识经济在以美国为代表的西方发达国家中迅速崛起,美国经济持续近 10 年的高增长主要来自"新经济"。"新经济"是以数码知识、网络技术为基础,以创新为核心,由新技术驱动的可持续发展的经济。"新经济"作为以知识创新为基础,建立在知识和信息的生产、储存、分配和使用之上的一种

新型经济形态,一般有三个重要标志:(1) 知识成为对经济增长起决定作用的经济资源;(2) 计算机、互联网、数字化、生物工程等一批高科技是它的主体技术;(3) 高新技术产业,特别是信息产业成为决定经济增长快慢的主导产业。据估计,经合发展组织(OECD)主要成员国的国内生产总值 50% 以上是以知识为基础的。在全球范围内,世界国内生产总值的 2/3 与信息产业有关。可以预见,21 世纪随着全球信息基础设施的建成,科学技术对经济增长的贡献份额将由目前的 70%~80%,提高到 90% 以上。许多国内外专家已达成这样的共识:21 世纪初叶,不仅是目前美国及少数发达国家会全面进入知识经济时代,而且在世界范围内知识经济也将逐步取代工业经济,并成为这一时期世界经济的主要形态[①]。知识经济的发展、网络经济的形成,对国际产业转移将产生重要影响,它不仅会加快发达国家向发展中国家产业转移的速度,而且所转移内容的技术含量也将有显著的提高。特别是现代信息技术传播的高速度、低成本,将使发展中国家可以较快掌握信息技术,并利用它来改造传统产业,带动产业结构的调整和升级。实践证明,"新经济"是一种极富创新意义的经济增长模式,它能以最有效、最快速的方式整合、优化市场资源,能与传统产业融合产生更大的社会与经济效益,能加速资本流、技术流和人才流,推进经济持续稳定发展。新经济对于目前尚处于工业化阶段的发展中国家来说,更多的是挑战,它们既无法超越工业经济时代进入新经济时代,又不能拘守农业经济—工业经济—新经济的线性发展路径。但无论如何,由于发展中国家的资金短缺无法在"研究和发展"(R&D)领域大量增加投入,因此很可能使其与发达国家在信息等高技术领域的差距拉得更大,从而不得不在国际分工体系中处于附属地位。

3. 世界经济特别是亚洲经济将实现可持续增长

受知识经济和全球化的影响,21 世纪初叶的世界经济仍将处在周

---

① 　参见吴季松:《知识经济》,北京科学技术出版社 1998 年版。

期发展的上升阶段,继续保持增长态势。知识经济和全球化的兴起,将从扩大需求和增加供给两个方面支撑世界经济的发展。虽然,世界经济发展的波动无法避免,美国、日本两大经济强国未来的走向都有一些不确定因素,但是由于许多国家的经济改革和结构调整已经取得一定的成效,全球金融监管正在不断增强,同亚洲金融危机爆发前后世界经济的低迷状态相比,现阶段促进世界经济增长的因素正在日益积累,21世纪初叶世界经济总的发展趋势,将处于长周期的上升阶段,特别是亚洲经济将实现可持续增长,并有可能在21世纪初期创造第二个经济增长奇迹。这是因为亚洲有三个突出的优势:高储蓄率、高水平的中小学教育和对新技术的高度敏感与接受能力。这三大优势在过去30年帮助亚洲创造了史无前例的经济奇迹,在知识经济时代将会帮助亚洲国家能尽快适应信息技术革命对现有经济社会体系造成的影响,并建立起适当的自我保护机制规避经济全球化可能带来的负面影响,亚洲的未来将是十分光明的。1999年以来亚洲经济强劲复苏,也表明亚洲经济具有快速可持续增长的巨大潜力。21世纪初叶,美国、日本和欧洲是世界经济中心的基本格局不会改变[1]。同这些发达国家相比,亚洲国家的生产力仍比较低下,还有很大的发展空间。同时,亚洲经济的成功经验表明,亚洲国家很善于学习别国在发展经济上的先进经验,并很善于捕捉经济发展的机遇。经过金融危机的洗礼,特别是经过较全面的调整,亚洲经济将更加开放、更加充满活力,也更加具有竞争力,必将再创辉煌,很有可能在新的世纪创造新的奇迹。

从以上情况分析,我们认为在21世纪初叶,国际经济环境变动对江苏经济发展的影响是有利因素大于不利因素,为江苏在全球范围内组织生产要素与资源配置提供了空间、条件与机遇,江苏的对外贸易和外商直接投资都将获得较快的增长,但在这种国际经济环境中,江苏经济就必须在没有实现市场化的条件下进入全球化,没有完成工业化就

---

[1]　程极明主编:《世纪经济》,南京师范大学出版社1999年版,第425页。

必须面对知识化、信息化，挑战是相当严峻的。江苏经济所面临的国际竞争将是全方位的，更加直接和激烈，不只是产品质量、成本、技术水平和资本实力的较量，而且是体制机制、发展模式、组织制度、管理水平和能力的竞争。特别是在我国加入世界贸易组织以后，江苏如何从微观到宏观适应国际经济变动的新趋势，结合本省的特点、承受能力和比较优势，在发展战略、政策和制度上正确进行选择，是 21 世纪初叶江苏经济社会发展所面临的重大课题。

（二）从国内环境看，社会主义市场体系基本形成，国民经济将步入一个稳定的快速增长期，买方市场的基础趋于牢固，国内经济增长方式呈现加速转变的态势

21 世纪初叶，国内经济体制改革的攻坚任务基本完成，是社会主义市场经济体制框架基本确定，并不断健全、完善的时期。随着改革的不断深入，国家将会按照市场经济的规律与规则，制定一系列法律、政策和措施，以便把各类市场经济主体的行为和活动引导到规范的市场经济轨道上来，并继续强化经济运行的市场化取向和市场竞争的公平性以及市场秩序的规范性与合理性。面对新体制、新的经济运行机制日益增强的约束，国内各地区之间的竞争及它们在全国的相对优势和地位，不再仅仅取决于它们的经济社会发展速度与规模，而且还取决于它们的创新能力、可持续发展能力，取决于它们在体制机制上的适应能力和调控能力。

随着国内市场化进程的不断加快和强化，买方市场的体制基础更趋牢固，国民经济将彻底告别传统计划经济所造成的短缺经济的卖方市场状态，代之以市场经济体制所形成的比较完全的买方市场状态。其主要标志是，宏观供求关系由供不应求继续向相对于有支付能力的需求（市场需求）出现生产能力剩余转变；同时，与福利消费相关的产品和服务，如住房、医疗、保险、教育等也将不再短缺，逐渐呈现买方市场。在买方市场的条件下，国家经济增长的制约因素由资源约束转向需求约束。在微观上，生产者竞争行为的主要约束条件是体制上的硬预算约束和市场上的需求约束，由此产生的行为必须是关心消费者的需要,依靠提供优质新产品、开发新产品和周到的服务来赢得顾客,战胜竞争对手。这样,就能不断提高企业的效率,推动社会科学技术的全面进步,并再生产出繁荣的市场,消费者经常增长的对新产品和服务的各种需要也就能不断得到满足。当然,买方市场也客观存在一些负面效应:产品积压、竞争费用增加、企业生存条件严峻。这就要求我们以提高市场配置资源的效率为目标,进行必要的制度建设。其中包括降低竞争费用和克服信息不完全的制度创新,构造职工失业再就业机制等。

　　21世纪初叶,国内经济很可能实现"稳定的较快增长",其根本原因在于有巨大的市场潜力和发展空间。在需求领域,一方面,城乡居民现阶段的低收入、低消费水平意味着国内可开发的消费需求潜力巨大;另一方面,政府加大公共投入特别是民间资本规模扩大、投资渠道通畅,推动社会投资需求快速增长。这一切都有利于国内市场向深度拓展。同时,随着市场化、工业化和城市化进程加快,特别是"西部大开发战略"的有效实施,将使国内市场半径延长,需求容量增加,从而推动国内市场向广度延伸。在供给领域,随着体制创新、科技创新和结构优化升级的加快,将导致包括资本和劳动力等要素使用效率的提高。尤其是快速的知识资本积累和互联网发展,不仅将会改变工业经济时代因信息不对称造成的生产和消费之间、企业与企业之间的供求脱节,而且还会引起原来交往不充分的生产、消费模式的明显改变,从而推动经济、科技、教育的综合革命,促进新材料、新技术的广泛应用,创造出容量更大、更富有可塑性的新型市场。所有这一切都会大大提高社会的生产率,促进有效供给的加速增长[①]。再加上前面关于21世纪初叶中国的对外贸易和外商投资都将获得较快增长所作的分析,都将支持这一时期国内经济将实现"稳定的较快增长"的结论。

────────────

① 国家计委宏观经济研究院:《"十五"──2015年经济增长的趋势与政策》,《宏观经济论坛》2000年第1期。

总之,从现在起到 21 世纪初叶,我国国内经济环境将总体趋好,很有可能迎来新一轮较快的经济增长。这对于江苏这样一个善于在较宽松的宏观政策环境中发展的地区经济来说,无疑是一次难得的机遇。巨大的国内基础性需求和出口需求,将拉动江苏相关产业如交通、通讯、机电、新材料、建筑、房地产、金融、保险等的生产经营和技术的高速发展,成为这一时期江苏国内生产总值的主要增长点。但与此同时,国内环境也使江苏经济发展面对一系列挑战。这一时期,随着经济增长方式进一步从粗放型向集约型的转变,国家宏观的经济发展政策的重点将放在提升产业竞争力与保持区域经济发展的公平竞争上。中央决策的"西部大开发战略"将进一步得到贯彻实施,国家向中西部地区的投资力度也将随之不断加大。在这样的情况下,中西部地区的资源优势将会得到发挥,发展速度也会加快,而包括江苏在内的东部沿海地区的原有优势将会有所弱化。再加上江苏经济在自身发展的方式与体制机制上,存在一些重大而突出的问题。这些问题主要有:经济效益与经济运行质量不高,经济增长中的科技贡献份额较低;产业特别是工业制造业竞争力削弱,产品的国内市场占有率下降,深层次的体制改革、机制转换不足,体制优势弱化;环境污染加剧和社会发展相对滞后等。如何应对这些问题和挑战,都对新世纪江苏经济社会发展提出了更高的要求,构成强大的压力和考验。

江苏经济发展的新特征

21 世纪初叶,江苏经济发展将步入一个新阶段。江苏经济发展进入新阶段的重大转折和主要特征是:

(一) 经济增长从"膨胀型高速增长"转向"温和的快速增长"

过去 50 年的江苏经济,实现了年均 8.4％的快速增长,比同期全国的增长速度高出近 2 个百分点。其中,计划经济时期(1952—1978年)为 5.2％,比全国的速度低 1.3 个百分点;改革开放以来社会主义市场经济形成和发展时期(1978—1999 年)为 12.5％,不仅比全国经济增长 9.6％的速度高出近 3 个百分点,而且比自身在计划经济时代加速 1.4 倍。但是,未来 20 年的江苏经济要继续保持两位数以上的高速增长则是比较困难的。从世界各市场经济国家增长的历史看,一个国家或地区的经济在高速增长后出现一定程度的减速趋势,是一个普遍的规律。日本、韩国、新加坡三国高速增长持续的时间也平均在 20 年左右,其中日本为 17 年(1956—1973 年),年均增长 9.8％;新加坡为 18 年(1966—1984 年),年均增长 9.9％;韩国为 26 年(1963—1989 年),年均增长 9％。它们在高速增长后,都曾出现过不同程度的速度回落[①]。江苏经济虽然有自身特有的发展轨迹,但是,也不会完全背离市场经济增长的这一规律。同时,21 世纪初叶正是江苏经济全面加快转型的时期,无论是由"数量速度型"增长向"结构质量效益型"增长的转变,或者是由"资源供给约束型"增长向"市场需求约束型"增长的转变,都要消耗一定的社会经济能量,即必须付出"转型成本"[②]。这样,势必会在一定的程度上影响增长速度,因此,无论是从增长周期的趋势看,还是从追求结构优化及增长的质量和效益的政策目标看,无论是从江苏自身增长的潜力看,还是从国际经验看,江苏经济未来的 20 年是难以维持 12％以上膨胀式的高增长的。但是,保持比全国平均增长速度高 2～3 个百分点的温和的快速增长,则是完全有可能实现的[③]。

---

①　考虑到经济起飞期基本同时的特征,把中国江苏与日本、新加坡、韩国进行增长趋势的比较是有意义的。详见表 1。

②　具体参见严英龙、章寿荣在《江苏现代化进程的科学评价研究》中提出的经济相变论,江苏省科委软科学研究报告(BR97005),内部资料。

③　国家计委宏观经济研究院的一份研究报告认为:未来 15 年,全国经济增长速度可以达到 7％或略高一点。详见《宏观经济论坛》2000 年第 1 期,第 4 页。

表 1　中国(江苏)和日本、新加坡、韩国增长趋势的比较(%)

国家或地区	时　期	GDP 增长率	人均 GDP(美元)变化		
			期　初	期　末	增长率
日　本	1956—1973	9.8	268	3829	15.9
新加坡	1966—1984	9.9	710	6439	13.0
韩　国	1963—1989	9.0	164	5000	14.1
中　国	1978—1998	9.7	223	770	7.8
江　苏	1978—1999	12.5	281	1563	8.5

资料来源:a. 解三明:《"十五"时期经济增长潜力分析》,国家计委宏观研究院《"十五"规划若干重要问题研究专题研究报告汇集》(内部资料),第 25 页。b.《江苏五十年》,中国统计出版社 1999 年版,第 398 页。

(二) 产业结构演进由工业化的线性发展逐步转向工业化信息化交叉并进发展

综合各方面的分析,江苏经济目前处于工业化的中期,包括向以高加工度为主的工业化中后期阶段发展。未来 20 年,工业化仍然是江苏经济发展的主旋律,同时也是产业结构剧烈变动,进行战略性调整的关键时期。

1. 钱纳里等人的分类

曾任世界银行副行长的 H·钱纳里等经济学家,对不同类型国家人均国内生产总值水平和经济发展阶段的相互关系作过统计分析,把工业化过程划分为 6 个阶段(见表 2)。按当年汇率[①]计算,江苏 1999 年人均国内生产总值为 1285 美元。如果以此衡量江苏尚处于工业化的起步阶段。显然,这一结论不符合实际情况。如果按购买力平价计算,20 世纪末江苏人均国内生产总值大约为 2100～2600 美元,位于第

---

①　综合国内外学者不同计算结果,按购买力平价计算的人民币与美元比值,大约为 1∶5～6。

三阶段即起飞时期。

表2　钱纳里等划分的经济发展阶段

发展阶段	人均GDP（1970年美元）	人均GDP（1995年美元）
第一阶段:初级产品生产	140～280	530～1060
第二阶段:起步时期	280～560	1060～2120
第三阶段:起飞时期	560～1120	2120～4230
第四阶段:加速时期	1120～2100	4230～7940
第五阶段:成熟时期	2100～3360	7940～12700
第六阶段:发达经济	3360～5040	12700～19050

资料来源:转引自 a. 李京文:《21世纪中国经济大趋势》第五章,辽宁人民出版社1998年版。b. H·钱纳里等:《工业化和经济增长的比较研究》第三章,上海三联书店1989年版。

2. 根据霍夫曼定理判断

按照霍夫曼定理,一个国家或地区在工业化过程中,霍夫曼系数(轻工业总产值与重化工业的总产值之比)呈下降趋势。霍夫曼工业阶段划分:霍夫曼系数为5(±1);第二阶段为2.5(±1);第三阶段为1(±0.5);第四阶段<1。江苏重工业化的时期比较短,大体是从80年代中期才开始大力发展重化工业,到1993年重工业的比重开始超过了轻工业比重(如果按国际上通行的统计口径,这一转折时期可能发生在1990年前后),仅仅经过不到10年时间。而发达国家的重化工业时期一般都在50年左右,最短的是日本大约也花费了25年左右的时间。按照霍夫曼比例,目前江苏处于重工业化阶段,未来江苏的重化工业仍有很大的上升空间。

应当指出,由于70年代以前,电子信息技术革命还没有取得突破性进展,钱纳里、霍夫曼等人的分析没有考虑电子信息产业对产业结构的影响。所以上述两种方法有时代局限性。

3. 高新技术和信息化程度

改革开放以来,江苏的科学技术有了长足的发展,技术进步对经济增长的贡献率约在 40％左右(其中工业科技进步贡献率为 39.5％,农业科技进步贡献率为 51.4％),高新技术产业在制造业中的份额为 15％,相当于英国和德国 70 年代的水平(1970 年德国高技术产业的份额为 15.8％,英国为 17.1％,日本为 20.2％,美国为 25.9％)。根据有关资料测算,目前我省信息化发展水平略高于全国平均水平,大致相当于日本 80 年代初的水平,韩国 80 年代末、90 年代初的水平,但显著低于上海、北京、深圳等地的水平。(见表 3)

表 3　信息经济域规模的横向比较

国家/地区	美国	美国	美国	日本	日本
时　间	1967	1974 年	1990 年	1965 年	1970 年
信息人员％	45.00	49.00	66.00	21.00	29.00
信息产值％	48.50	49.20	60.00	36.20	35.00
国家/地区	日本	英国	韩国	中国	中国
时　间	1979 年	1972 年	1980 年	1982 年	1993 年
信息人员％	38.00	37.00	14.30	8.80	9.90
信息产值％	35.40	32.90	39.00	15.00	24.15
国家/地区	上海	上海	北京	江苏	南京
时　间	1985 年	1992 年	1994 年	1995 年	1955 年
信息人员％	32.90	——	43.90	15.42	37.68
信息产值％	21.94	46.10	41.80	25.27	38.20

资料来源:引自江苏省软科学课题:"江苏省信息化基础工程的发展战略研究"(打印稿),第 10 页。

　　可见,未来 20 年工业化仍然是江苏经济发展的重要任务,但又绝对不会循着先工业化后信息化的路径前进。线性发展的思维定势将会被打破,信息化与工业化将会交叉重叠并进,互为动力,互为市场。高新技术尤其是信息技术将成为改造和整合传统产业的动力,传统产业仍将是江苏新世纪实现较快增长的主要源泉,传统产业内部结构的调整、升级又为信息产业提供广阔的市场。因此,这个期间,江苏在继续推进重工业化的过程中向高加工度化阶段发展的势头定然会异常猛烈。同时,高新技术产业逐步成长,知识经济、信息化将大踏步地向我们走来。总之,重工业化进程与高加工度化、信息化并进是江苏经济未来的一个基本特征。

(三) 经济体制改革将从破除传统体制为主转向全面体制创新为主

经过 20 多年改革,传统的计划经济体制基本破除,社会主义市场经济的基本框架正在逐步建立,经济运行的市场化程度明显提高。但传统体制下的一些深层次经济社会矛盾并没有完全解决,在体制转变过程中,由于新旧体制的摩擦还产生了一些新的矛盾和问题,在经济运行的绝大多数领域"市场化"的空间仍非常巨大。目前,江苏商品市场较为完善,但要素的市场化程度不高,市场化率只有 52%。其中尤以劳动力市场化程度最低,全省只有不足 40% 的劳动力进入市场,农村、城镇劳动力的市场化率分别为 45%、25% 左右。资金的市场化程度虽然提高较快,但仍不足 60%。随着江苏民间资本规模的扩大,鼓励民间资本投资的金融结构将逐步形成,相关的金融政策法规将逐步出台和完善。21 世纪初叶,经济体制改革将从破除传统体制为主转入全面体制创新的攻坚阶段。这就是说,新的历史时期,江苏势必会适应市场经济发展和国内外经济环境变化的动向,依靠体制机制创新,来实现产品、技术、市场、企业结构上的创新以及社会保障体制的完善。具体的内容将包括:

1. 企业制度创新　加快国有企业改革,建立和完善现代企业制度。企业制度创新的重要环节是,让企业家进入法人治理结构,或者说使经营者成为企业家。

2. 企业重组机制创新　市场经济是竞争与合作相兼容的经济。为了减少省内的过度竞争,增强地区在市场的上竞争优势,江苏将从组织企业间的合作入手推进经济增长。江苏以中小企业为主体的省情决定了在新时期企业集团("航空母舰")与企业群体、团队("舰队")将成为企业组织结构的主体。

3. 结构调整机制创新　面对买方市场条件下的结构性矛盾,江苏将遵循扶优的原则,使企业自觉成为结构调整的主体,并依靠市场的力量推动资产存量的结构调整。与此同时,政府将从救济落后企业,转为通过完善社会保障体制直接救济职工。同时帮助失业职工自谋生路,实现再就业。

4. 宏观调控机制创新　在以采取刺激需求为主调控方式的同时,将相机采用诸如减税、减费、减轻企业负担等供给政策,以调动企业增加供给。在以企业为主开拓市场的情况下,政府尽可能利用自己的行政能力帮助本省企业组织和开拓市场。扩大投资需求和消费需求的金融支持制度创新,将会受到优先考虑。未来20年,银行信贷将由生产者信贷为主逐渐转向同时注重消费者信贷。

（四）对外开放由发展开放型经济转向主动融入全球化经济,提高国际竞争力

江苏是对外开放起步较早、开放程度较高的沿海省份之一。以制造业为主,资源和市场"两头在外"的特点,决定了江苏必须发展与国际接轨的开放型经济。现在,江苏经济总量中有1/4以上是通过外经贸实现的,而且是全省整体经济构成中质量最高的组成部分。开放型经济对江苏经济增长充分发挥了主导、示范和拉动作用。但是,江苏对外开放也存在出口产业层次较低,利用外资方式单一、渠道不广以及国际化经营水平较低等不足之处。随着我国即将加入世界贸易组织,江苏的对外开放将进入一个新纪元,将在更广泛的领域和更高的层次上参与经济全球化。

新时期江苏对外开放的目标,将从主要着眼于引进更多的外资、技术,扩大传统产品的出口转向提高国际竞争力。首先,利用外资的层次和水平会有明显的提高。利用外资将不仅仅停留在优化投资环境、加强招商引资工作上,而且是主要考虑如何顺应国际经济全球化的趋势,促进全省的产业升级,真正融入水平型的国际分工体系。相应地从引进高科技的"技术",转向引进高科技"产业"。未来20年,将有更多的大财团、跨国公司来江苏投资,重点投资转向基础设施、开放型农业和服务业。其次,江苏的对外经贸也将进入结构调整的关键时期。一方面,出口的商品结构,地区结构和企业组织结构都将有较大的调整,江苏出口贸易中的科技含量明显提高;另一方面,随着进口贸易在江苏经济增长中的作用越来越重要,外贸的政策取向也将由单纯鼓励出口趋向中性和进一步自由化,国际国内市场逐渐连成一片。最后,顺应投资与贸易相结合这一国际经贸发展的新趋势,江苏将会有一批资金雄厚、技术力量较强、管理规范、产品在国际上有竞争力的企业到境外进行直接投资,就近占领当地市场,并带动本省机器设备的出口。与此同时,江苏一些具备对外投资条件和实力的企业,还将通过收购、兼并和重组,去实现生产经营的国际化。

(五)经济社会发展由全面建设小康社会转向基本实现现代化

作为经济较发达的地区之一,江苏已在全国率先实现了小康社会的初期起步阶段,大部分城乡居民基本上达到了小康的生活水平,正站在迈向现代化的新起点上。根据国家统计局制定的小康评价指标体系测算,到 1998 年底,江苏居民总体平均得分为 98.19 分,其中经济总体指标的实现程度为 98.5%,物质生活的实现程度为 97.1%,人口素质的实现程度为 98.1%,生活服务的实现程度为 100%,生活环境的实现程度为 100%。(详见表 4)这一切都表明,江苏在全国较早基本完成了由温饱到小康的历史性转变,率先全面展开了向基本实现现代化迈进的新的历史性跨越。但是,也应清醒地看到,目前还有一些因素制约江苏小康和现代化的进程,主要是:

① 从总体上看,江苏经济尚未步入良性循环轨道,经济增长方式转变迟缓,经济运行质量和效益仍不理想;② 经济增长原有的动力在减弱,新的动力机制尚待形成,江苏快于全国平均增长的步伐放慢;③ 庞大就业人口和老龄人口的压力,淡水、耕地、能源等资源不足以及环境污染蔓延的矛盾突出,构成对江苏经济可持续发展的硬约束;④ 经济结构不合理,制度创新、技术创新能力不强,江苏在国内外的地区竞争力弱化;⑤ 二元经济的反差仍然很大,农业市场化、产业化和现代化的进程不快;⑥ 区域之间发展很不平衡,特别是苏北部分地区农

户的生活水平还较低,乡(镇)村全面达小康和奔现代化的难度还不小。21世纪初叶,江苏将在全面达小康的基础上,建设更加富裕的小康社会,苏南以及沿江部分经济发达的地区在这一时期的最后几年率先基本实现现代化,并推动全省进入社会主义现代化建设的新阶段。

表4　1998年江苏居民小康进程综合评价表

指标分类及名称	计量单位	1980年实际值	1998年实际值	小康值	权数	实现程度	得分
一、经济水平						98.5	
1. 经济总体指标							
人均国内生产总值	元	555.5	6321.1	2500	10	100.0	10.00
第三产业比重	%	18.2	35.3	36	6	96.1	5.76
二、物质生活						97.1	
2. 人均收入水平							
城镇居民人均可支配收入	元	875.0	2648	2400	6	100.0	6.00
农民人均纯收入	元	300.0	1520	1200	8	100.0	8.00
3. 人均居住面积							
城镇人均居住面积	m²	6.4	11.1	8	5	100.0	5.00
农村人均居住面积	m²	5.0	31.3	15	7	100.0	7.00
4. 人均蛋白质摄入量	克	50.0	71.2	75	8	84.8	6.78
5. 城乡交通状况							
城市人均铺装道路面积	m²	2.8	9.8	8	4	100.0	4.00
通公路行政村比重	%	50.0	88.0	85	4	100.0	4.00
三、人口素质						98.1	
6. 文化素质状况							
城市成人识字率	%	83.0	94.2	92	5	100.0	5.00
农村劳动力文化指数	年	6.0	7.9	8	7	95	6.65
7. 人口平均预期寿命	岁	69.5	72.7	70	6	100.0	6.00
四、生活服务						97.1	
8. 文教娱乐及生活服务支出比重	%	4.0	25.4	17	10	100.0	10.00

指标分类及名称	计量单位	1980年实际值	1998年实际值	小康值	权数	实现程度	得分
五、生活环境						100.0	
9. 城乡环境							
建成区绿化覆盖率	%	10.0	32.3	30	3	100.0	3.00
农村安全卫生水平普及率	%	50.0	91.4	90	4	100.0	4.00
10. 农村初级卫生保健合格率县(市)百分比	%		100.0	100	7	100.0	7.00
合计共16项分指标							98.17

注:1. 本表根据统计局提出的小康指标体系测算;

2. 表中人均国内生产总值、人均收入按1990年价格计算。

（原载《面向新世纪的江苏经济发展新对策》,中国经济出版社2000年版)

江苏经济发展战略的转换

半个世纪以来,江苏经济社会发展所取得的巨大成就,是毛泽东思想、邓小平理论在江苏的成功实践。面向新世纪,江苏广大干部和群众决心在中华民族的伟大复兴中,继续走在全国的前列,率先基本实现社会主义现代化。这就必须坚持高举邓小平理论的伟大旗帜,从现实经济状况(包括国际、国内和江苏自身的状况)出发,对合理地配置资源,选择恰当的经济发展路径和模式作出总决策,制定既体现全国整体发展战略的要求,又体现江苏人民共同利益和统一意志,能够动员和组织各方面的力量,把社会主义现代化建设事业不断推向前进的行动纲领。历史和现实的经验证明,当战略决策正确时,国民经济就蓬勃发展,人民生活就得以改善,社会主义制度就得以巩固,而战略决策失误时,则适得其反。因此,我们必须认真研究探讨、正确制定发展战略,才能真正把握全局,科学地预见未来,掌握经济工作的主动权,才能顺利地推进经济体制和经济增长方式的根本转变,实现江苏经济持续、快速、健康发展。

经济发展战略的历史演变

江苏自觉地制定和执行本省的经济发展战略,那还是改革开放以后的事。在由中央集中统一的计划经济时代,江苏经济只是统一计划经济模式的简单分解和复制,产、供、销、人、财、物的调拨、分配和使用,完全由国家计划安排。在计划经济体制下,中央政府是作为经济运行与经济管理的全权指挥者而存在的,地方政府则是被动地贯彻中央政府行政指令、计划任务的执行者,而企业则是行政管理机构的附属物。在这样的体制下,江苏作为一个省份发展经济的自主权是相当有限的,几乎没有什么独立的经济行为。虽然,那时候也可能是不自觉地被动地在执行某种发展战略,但根本谈不上主动地去制定和执行对地区发展具有方向性、长远性、总体性指导作用的国民经济和社会发展的长期战略。随着经济体制改革的日益深化,中国出现了一系列独特的经济现象,例如:财政、信贷包干,投资切块,资源快速开发,生产要素自我调节,地区间的贸易壁垒与竞争,产业同构化等等。这些完全不同于中央统制经济下的产物,显然同改革开放后有了很大自主权的地方政府独立的经济行为密切相关。研究和制定经济发展战略也就随之提上了各级地方政府的议事日程。

正确的战略犹如一面旗帜,起着统一认识、凝聚人心、催人奋进的巨大作用。改革开放的 20 多年中,江苏省各级地方政府根据中央政府在不同时期的方针政策,结合本地经济社会发展所处的不同发展阶段,制定了一个又一个切实可行的经济发展战略。80 年代中期,江苏在努力实现邓小平提出的国民生产总值翻一番的第一步战略目标的过程中,曾经开展过一场"2000 年江苏"的大讨论,省、市、县三级都组织力量研究经济发展战略问题。省政府举办了"江苏省经济和社会发展战略研讨会",会后首次制定了"江苏十五年经济社会发展战略纲要(1986—2000 年)",提出了"科技先导、外向开拓、优化结构、集约经营"的十六字经济发展战略。1988 年,江苏又在全国率先明确制定"科技兴省"战略,以取代"科技先导"。可以认为,这个战略与中共中央第十三次全国代表大会上提出的"注重效益、提高质量、协调发展、稳定增长"的方针,其精神是完全一致的。它是全国战略的地区化和具体化,实践表明,实施这一战略使江苏经济呈现全面高涨的势头。

进入 90 年代,经过治理整顿,江苏经济面临新的形势和任务。1992 年初,邓小平视察南方发表了重要讲话后,江苏又提出了"三为主、四加快"的发展战略,即"加快改革,基本上形成以市场调节为主的经济运行新机制；加快对外开放，尽快形成以外向型经济为主的新优势；加快科技进步，逐步形成以高新技术为主导的经济新格局；加快提高经济效益和结构调整，提前实现第二步战略目标"。这一发展战略是对前述"十六字"战略在江苏省情的认识及战略思考上的深化。它较好地概括了江苏经济在 90 年代发展中应有的新特点和新内涵，体现了改革、开放、发展整体推进，江苏经济、科技、社会协调发展的客观要求。虽然，"三为主、四加快"的发展战略在实施过程中又有所充实和发展，但其基本内涵和要求未变。实施这一战略，使江苏经济在有原基础上又有长足的发展。江苏经济的多项重要指标在全国名列前茅，增长速度进一步加快，实现了邓小平提出的江苏经济发展"要比全国平均速度快"的要求。

中共十四届五中全会规划了我国跨世纪发展的宏伟蓝图，提出了实施科教兴国战略和可持续发展战略，着力进行经济体制和经济增长方式的根本性转变，促进了国民经济持续、快速、健康发展。在这样的大背景下，90 年代中期，江苏又不失时机地提出了本省跨世纪经济与社会发展战略研究工作的要求，成立了江苏省发展战略研究领导小组，组织全省各市和省各有关部门，开展了大规模的发展战略研究。1994 年 12 月，中共江苏省第九次代表大会提出了江苏跨世纪发展的"三大战略"：一是实施"科教兴省"战略，加速科技进步，加速高新技术产业化进程，加快经济结构的升级和优化，加速培养大批跨世纪人才和提高劳动者素质；二是实施经济国际化战略，在更宽广的领域，更高层次上扩大对外开放，大力发展开放型经济，经济运行基本同国际接轨，基础设施基本适应经济国际化的要求；三是实施区域共同发展战略，实施分类指导，加大"脱贫"攻坚的力度，在继续加快苏南及沿江地区发展的同时，重点加快苏北地区的开放，加速其工业化进程，实现由温饱到小康，由小康到基本实现现代化的奋斗目标，促进全省各个地区的共同发展，逐步实现共同富裕。

三大战略彼此相互联系，相辅相成，相互促进，是一个统一的有机整体。三大战略中，科教兴省战略是主体战略。20 世纪中期以来科学技术的飞跃发展及其对社会、经济产生的巨大影响,日益证明邓小平关于"科学技术是第一生产力"的论断是完全正确的。为了加快江苏经济发展,提高对外开放的水平和质量,推动区域共同发展,必须坚持依靠科教兴省战略,而经济国际化、区域共同发展战略的实施,又促进着科教兴省战略的贯彻。与此同时,实施三大战略,还有力地推动江苏坚持走可持续发展的道路。江苏省委在《关于制定江苏省国民经济和社会发展"九五"计划和2020年远景目标》的建议中,明确提出了坚持贯彻三大战略,坚持走可持续发展道路。江苏省发展战略研究领导小组办公室提出的《江苏跨世纪经济与社会发展战略研究报告(1996—2020年)》,更明确地提出要实施"科教兴省,经济国际化,区域共同发展,经济社会可持续发展"战略,把三大战略与可持续发展战略并列在一起,即把"四大战略"作为江苏实现第三步目标的总体战略提出来。应该说,这个由"四大战略"组成的总体战略既体现了国家宏观经济发展的方针与要求,又是对江苏自身经济社会发展历史经验和内在矛盾的总结和概括,因而它们在今后相当长的一个时期内对江苏经济社会发展仍然是适用和有效的。

观念转变是战略转换的前提

随着江苏社会主义现代化建设进入21世纪发展的新时期,人们的利益关系、生活方式、价值取向和心理状态出现许多新变化,既有振奋又有困惑,既有机遇又有挑战,这就更需要提供精神动力、智力支持、思想保证,也更需要创造良好的社会舆论和社会心理环境。实践一再证明,现代经济的成长,社会全面进步的实现,总是以适应经济发展需要的先进思想、文化观念为指导的。推进江苏经济在新世纪的发展需要有新发展战略和多方面的努力,但解放思想、更新观念是一个重要的前提。我们认为,增创江苏改革发展新优势,客观上要求人们特别是各级领导干部,进一步转变观念,树立正确的指导思想,坚持以邓小平理论为指导,面对实现第三步战略目标这一新的历史任务去进行理论创新。

从江苏当前的实际情况看,应着重从以下三个方面去进一步解放思想:

(一) 正确理解邓小平关于社会主义初级阶段的理论,特别是党的十五大所作的概括与发展

党的十五大报告提出:以公有制为主体、多种所有制经济共同发展是社会主义初级阶段的一项基本经济制度。并且指出:非公有制经济是社会主义市场经济的重要组成部分。这些提法在我们党的历史上还是第一次,含意隽永,影响深远。但有些同志却用姓"公"与姓"私"的抽象对立,来代替三个"有利于"的原则。他们坚持认为社会主义初级阶段和社会主义不能等同起来,不能把以公有制为主体,多种所有制经济共同发展这个社会主义初级阶段的基本经济制度,看成是整个社会主义社会的基本经济制度。还认为,社会主义经济和社会主义市场经济也不能等同起来,虽然非公有制经济是社会主义市场经济的重要组成部分,但不能把非公有制经济看成是社会主义经济的重要组成部分。[①]显然,他们是以社会主义建立在纯粹公有制基础之上,以及社会主义要取消商品经济等理论为逻辑前提的。这些前提的理论是当年马克思提出来的,现在仍被部分同志认为是完全正确的。但是,理论要由实践来检验,马克思主义关于社会主义经济原理中某些不符合今天中国社会主义实际情况的部分,我们不应该遵循,而应该因时因地因事制宜地加以发展。只有这样,才能进一步解放思想,实事求是,正确领会邓小平关于社会主义初级阶段的理论,特别是正确领会十五大对这个理论的概括和发展。

我们认为,十五大关于社会主义初级阶段的基本经济制度的论述,是对我国社会主义改革和发展实践的科学总结,其指导意义远远超出了社会主义初级阶段的范围。只要我们对社会主义发展的历史、现状和趋势稍作分析,就很难得出结论说,在社会主义社会,包括社会主义

---

① 详见《当代经济研究》,1999 年第 4 期、第 7 期、第 8 期、第 11 期卫兴华、方生、张炳光等人的讨论文章。

初级阶段以后的中级阶段乃至高级阶段,就有必要和有可能彻底消灭私有制,就能取消商品经济、不搞社会主义市场经济。

从历史上看,进入社会主义革命阶段不久,我们曾根据社会主义只能建立在公有制基础上的理论,不断地想在中国大地上消灭而且是彻底消灭私有制。结果却导致生产力的严重破坏,社会主义生产关系也难以完善和发展。同时,由于长期实行计划经济,政府包办了本应由企业办的事情,企业没有积极性、主动性,民主难以发扬,腐败难以减轻,人民生活难以改善。短缺经济的特征十分明显!马克思曾分析过市场经济的缺陷,主张用计划经济来克服这种缺陷。而苏联(前)、东欧和我国计划经济的事实却证明,计划经济没有克服市场经济的缺陷,也不能克服这种缺陷。计划经济同市场经济相比,它决不是一种好的资源配置方式。

再从现状和发展趋势看,现代生产力的发展并未证实马克思的预言。新科技革命的世界浪潮,既有推动生产经营规模日益扩大的发展趋势,又有维持小规模生产经营的新趋势。借助于计算机、互联网人们可以实现在家办公,从事个体经营,而并不因此就降低生产经营的社会化水平,事实上,随着信息技术的高度发展和人们物质文化生活水平的空前提高,越来越多的人为了自由和方便,可能更乐于从事个体劳动和个体经营。对这种既有利于个人,又无损于并有利于社会发展的生产方式,在社会主义中高级阶段能加以消灭和限制吗?特别是现在人们对不同于资本家的企业家的重要作用,认识得越来越清楚。即使是私营企业,企业家的存在和发挥作用,也是有利于社会主义经济发展的。社会主义不仅不应消灭个体经济,而且不应消灭不同于个体经济而又适应于社会主义社会生产力发展要求的私营经济。只有这样才有利于企业家的成长和发挥作用。

既然我们不能设想社会主义社会能消灭非公有制经济,社会主义只能是一种以公有制经济为主体的混合经济。那么,这种所有制格局的社会主义经济,如何做到在提倡展开竞争的同时,又加强宏观调控?这只有运用社会主义市场经济的机制和制度来调节,才能做到和做好。这里,是一个问题的两个方面:社会主义经济既存在非公有制经济的必然性,又存在市场经济的必然性。不仅是社会主义初级阶段,就是到了社会主义高级阶段,也仍旧要搞市场经济。一句话,有活力的社会主义经济只能是市场经济。现在国有企业改革还没有取得突破性进展,一个重要原因是思想不够解放,没有摆脱计划经济的框框搞企业改革,并使得江苏非公有经济一度发展滞后,市场化进程缓慢。

总之,邓小平关于社会主义初级阶段的理论,尤其是党的十五大对这个理论的概括和发展,当然首先是直接针对中国社会主义初级阶段来说的,但是对整个社会主义初级阶段的经济政治文化建设也都具有重要的指导意义。

(二) 树立实现跨越发展的观念,从省情出发充分认识其必要性和可能性,把江苏经济潜在的后发优势转变为现实优势

按照国际经验,发达国家从农业社会到工业社会,再到信息社会,一般都经历了二三百年的历程。往往是一个产业群充分发展和成熟后,通过技术创新带动另一个产业群的发展,整个经济结构的演进比较协调、有序,发展的阶段性鲜明。而后起国家和地区由于工业化历程缩短,产业转化剧烈,不同程度地存在结构的多重性和转移的不同步性。为了缩短与发达国家之间存在的技术经济差距,一些后起国家和地区通过对外开放,引进经济现代化所需要的资金、技术和管理经验,节省基础研究的时间和投入,使国民经济保持在较长时间内的持续、快速增长,以缩短某些经济发展过程和阶段,实现跨跃发展。日本、新加坡、韩国、中国台湾地区等正是利用其经济技术的后发优势,推动了经济社会的跨越式发展。

对江苏而言,从现在起到 21 世纪中叶,要从目前较低的经济和技术发展水平出发,赶上中等发达国家,基本实现现代化的目标,亦步亦趋地沿袭发达国家工业化的老路是行不通的,必须推动江苏经济社会的跨越发展。20 世纪后半叶,应该说江苏的农业和轻工业得到了较充分的发展,而重工业化的时期却很短。江苏大体从 80 年代中期开始大力发展重化工业,至今仅有 10 多年时间,而发达国家的重化工业时期至少在 50 年左右,作为后起国家的日本也大约用了 25 年左右的时间。目前,江苏在继续重化工业过程的同时,高新技术产业和第三产业已出现了迅猛发展的势头,即已经出现了向高加工度化发展的势头,在阶段上已具有明显的跨越特征。这种阶段跨越使江苏产业结构调整的进程加快,因而结构变化不同步现象十分明显,表现为劳动力就业结构的转换与产业结构的转换不同步;传统产业与高新技术产业并存等。

江苏的许多重要产业同发达国家相比,存在着 10 年以上的经济、技术差距。但我们可以在集成自主创新和国外先进技术的基础上,跨越技术发展的某些阶段,直接应用、开发最新技术和最新产品,进而形成优势产业,达到在相对短的时期内迅速逼近甚至超过世界先进水平的目的。可见,树立跨越发展的观念,是江苏这样具有较好科技基础,具有潜在优势的省份,在全球市场竞争中谋求局部的现实优势的必然选择。经过改革开放 20 多年的发展,江苏经济实力已经明显增强,高新技术及其产业经过多年的发展,已经具有了一定的基础。充分把握高新技术及其产业发展的规律,认真分析现有的优势,从较高的起点开始,不重复某些产业发展的过程,完全有可能比发达国家更快地进入新产业领域,在技术水平、组织形式等方面实现跨越。推动江苏实现跨越发展,必须坚持"有所为,有所不为"的方针,及时把握全球高新技术发展方向,在充分借鉴、吸收国外先进技术的基础上,选择对全省产业结构优化、国民经济发展、营造地区竞争优势有重大带动作用的产业进行重点突破。综合各方面研究的意见,软件产业及网络技术,生物技术及新医药,电动汽车及轨道交通,电子商务与知识型服务业等领域,将作为江苏"十五"计划中重点攻关的领域①。

(三)确立政企分开是体制创新的核心的观念,彻底打破政府指挥企业的习惯势力,让企业成为经济活动的主体,让市场在资源配置中起基础作用

关于政府与企业职能"错位"、"不到位"的问题,已议论许久。但至

---

① 详见"十五"计划专题研究成果汇编(一)、(三),内部资料,江苏省计划与经济委员会,1999 年 7 月。

今仍有一部分同志认为："在转型时期,完全按社会主义市场经济体制办事不现实。"在政府行为中,很多仍然靠审批,这不仅影响经济活动的正常进行,而且为腐败带来可乘之机。这些都应当在政府机构改革和职能转变中进一步加以解决。

应当看到,在由计划经济体制向社会主义市场经济体制过渡的过程中,由于受行政性分权和经济性分权的改革方案所决定,市场机制对资源配置基础性作用尚未充分体现,企业也没有成为真正意义上的市场主体,而与此同时地方政府在区域经济事务中的决策空间却前所未有地得到扩展。从地方政府所掌握的资源和承担的职能来看,实际上具有经济调控主体和经济利益主体的双重身份,成为具有独立利益和行为目标的"准市场主体"①。承认地方政府在转型期的这种市场地位,一方面有利于我们正确把握现阶段地区经济增长格局的实质,充分发挥各级地方政府在发展经济中的积极作用;另一方面能帮助我们认清它存在的弊端,如导致粗放型经济,结构升级中的新一轮重复建设、结构雷同,削弱中央宏观调控能力,阻碍全国统一市场形成等等。面对改革进入攻坚阶段的新形势,不进则退。特别是我国即将加入世界贸易组织,时间表已经排定,这就从外部强迫我们不进也得进! 进则有生路,不进只能继续陷于困境。关键是要转变思想观念。不要担心政府不管企业,不直接干预经济活动,经济秩序就必然紊乱。其实,当前出现的许多问题,恰恰是政企职能错位。只要政府职能不转变,就会越搞越乱。

目前,各级地方政府都在行使各自的计划制定权,编制"十五"规划。按照在宏观调控下发挥市场对资源配置起基础性作用的改革要求,在编制长期计划中,地方政府的责任是正确估量国内外形势,提出本地区经济发展的战略任务和实现这些任务的途径。回答人民群众最关心的问题,并根据地方政府自身的财力和中央转移支付的财力,安排

---

① 倪家铸、严英龙等:《地方政府投资行为研究》,中国经济出版社 1993 年版。

本地区在基础设施和公共公益事业方面的建设。同时,积极创造良好的环境,吸引更多的投资主体来进行投资。其他则主要通过政策导向、法律法规、信息发布来体现政府的意志,而不再硬性规定出各种数量指标,直接调动社会资源和指挥企业来贯彻政府的意图。建设什么项目,在哪里建设,生产什么,生产多少,除了必须由国家直接控制的涉及国家安全、自然垄断和提供公共产品和服务的行业外,都应当由企业根据自身的状况和市场的需求作出决策,其成败皆由企业自身负责,没有必要再纳入计划。省市的"十五"规划,要重视克服画地为牢、追求自成体系的弊端,努力加强地区间甚至国际的经济交流与合作,允许和鼓励资本在地区间的流动。考虑到经济全球化的发展趋势,应进一步放开规划的眼界,首先做到经济全国化,做到全国是一体化的大市场①。

　　产业结构调整,是当前各级地方政府十分关注的又一件大事。鉴于以往的教训,政府应当加强对产业结构调整的引导,指出方向,但不要越俎代庖,不要揠苗助长。让多元化的投资主体、多种经济成分的企业和生产者在结构调整中充当主角,发挥他们的自主创新能力。这样去调整产业结构,看起来慢但副作用小,不会重复过去走过的弯路,其结果反而更快。相反,靠行政指挥,结构调整是绝对调不好的。总之,必须明确结构调整的主体是企业,动力在市场。企业既是产业优化升级的主体,也是技术创新和管理创新的主体。政府的关键作用是制定公共规则,保证平等竞争,为企业创新活动营造良好的制度环境,并通过适当的政策,激活企业的活力和创造力,而不能代替企业做决策。

组装经济增长新的动力结构是战略转换的关键

　　世纪之交江苏经济发展将处于变动较大的时期,面对国内外环境

---

　　①　房维中:《编制"十五"计划中的体制创新问题》,《宏观经济论坛》2000 年第 12 期。

发生的一系列重大变化,过去支持江苏经济增长的许多因素,由于潜力不断挖掘,对今后经济发展的支撑能力或在逐渐弱化,或需要调整与再积蓄力量;90年代后期所设想的若干支持江苏经济增长的新因素,诸如启动房地产市场,发展汽车制造业,高科技的新兴产业、第三产业等,在现实经济生活中大多数低于原来设想的预期目标。在这种情况下,要想在新世纪保持江苏全省经济以较快的速度持续稳定增长,关键在于找到新的经济增长动力,并把它们恰当地组装起来。从宏观上分析,江苏新的增长动力主要是市场化、信息化、城市化、国际化。

(一) 市场化

经济体制是现代经济发展的关键因素,它决定了资源配置的方式和效率。市场化通过要素的自由流动和竞争的逐步强化释放巨大的能量,推动经济在有限资源条件下取得又快又好的发展。党的十一届三中全会以来,随着改革的不断深入,1999年全省经济市场化程度已达到50%左右,特别是生产、流通、劳动等市场化都达到60%以上,有效地促进了生产和劳动效率的提高。但作为市场主体的企业体制改革还没有取得突破性的进展,一定程度上制约着经济的发展。主要表现在两方面:一是国有企业改革相对滞后,市场化程度不高;二是经济成分中非公有制经济特别是民营经济化比重不高。因此,"十五"期间加快国有企业改革和非公有制特别是民营经济的发展,既是进一步市场化的重点,也是推动江苏经济更快更好发展的动力之一。

1. 加快国有企业战略性调整。① 按照"有进有退、有所为有所不为"的原则,把国有资本大部分从竞争性领域退出,争取到2005年国有企业在竞争性领域的比重有较大幅度的降低。② 对关系国计民生的领域,特别是高科技领域的国有企业加快建立现代企业制度。在产权形式上,通过与外资、民资的合资形成混合所有制,增强产权约束和追求增值的能力。同时,在经营者选择上提高市场选择的比重,对资不抵债企业实行依法破产。

2. 加快发展民营经济。① 把国有小企业的退出与民营经济发展结合起来。通过出售竞争性行业的国有企业,既收回部分国有资本,又加快推动民营经济的成长。② 把乡镇企业改制与民营经济的发展结合起来。一方面要通过出售、合股等形式继续推动乡镇企业转向民营；另一方面实行规范改制，按照现代企业制度要求改制，保证产权主体到位，治理结构标准，实现新的发展。③ 促进个体私营经济大的发展。在经营范围、土地、税收、融资、用人等制度方面，使个私经济与外资、国有经济享受同等待遇，国有、集体经济薄弱的淮北地区更要把民营经济作为地区经济发展的重点，加强支持力度，加快发展。

（二）信息化

60 年代日本学者在阐述"产业化"时提出"信息化"概念，并将其定义为：从有形的物质产品创造价值的社会向无形的信息创造价值的阶段的转变（Nayashi，1967）。90 年代，随着信息加工和传输技术的进步，信息技术和产业逐步成为新兴技术和产业的代表，以其潜在市场的广阔和影响的广泛性迅速崛起。就信息产业潜在市场而言，规模达到 100 万亿美元以上，约相当目前世界国内生产总值的 3 倍，就影响广泛性而言，不仅对传统产业、经营运行体制起到革命性作用，而且对社会组织形式、人民生活方式也发生了深刻影响。据有关资料，信息技术在传统产业改造过程中，可以提高产品质量 80％，保证品质所需时间降低 85％，在库时间缩短 30％～70％，产品更新周期缩短 30％～50％，培训费用节约 30％～80％，营销成本降低 20％～40％。信息化水平已成为一个国家和地区现代化水平和综合实力的标志。90 年代美国经济高速增长主要原因在于信息产业的超常规发展。1995 年到 1998 年，美国的因特网产业以每年 1.74 倍的速度增长，其销售收入 1999 年达到 5070 亿美元，首次超过汽车、电信等其他传统产业。因特网也使美国公司的经营方式发生了根本性变化。产品的设计、生产、营销和运输等各个环节的效率大大提高，库存大幅降低，从而推动了劳动生产率的加速增长，因特网也大大提高了服务业的效率。据专家统计，美国这一轮 6％左右的高增长，70％来自于计算机和因特网产业的贡献。

比较而言，江苏在信息产业发展和信息化方面，不但大大落后于发达国家，而且落后于国内先进省市。从信息使用量看，1998 年江苏人均邮电业务量为 234 元,广东为 585 元,上海为 1072 元。人均年长途电话通话次数为 19 次,广东为 58 次,上海为 50 次。从信息装备率看,江苏电话普及率为 19%,广东为 21%,上海为 35%。每百户城镇居民家庭家用电脑拥有 3.46 台,广东为 12.3 台,上海为 13.2 台。每万人因特网用户,江苏为 10.1%,广东为 19.4%。从信息产业产出看,江苏电子信息产业占工业比重为 14.4%,广东为 35%,上海为 18%。信息产业滞后,信息化不高,成为江苏经济和社会发展的短腿,制约经济和社会现代化。同时也表明,江苏信息产业发展有着很大的潜力,加快江苏信息化步伐,不但可以增加其本身对经济增长的贡献,而且会带动传统产业的现代化,提高传统产业的贡献率。

"十五"期间江苏要成为信息大省,突出抓好五个方面:

1. 加强信息基础设施建设。加快建设干线传送网、接入网、业务网,尽快形成一个覆盖全省绝大多数地区的宽带综合业务网,实现网络的数字化、综合化、宽带化、智能化和个人化,并与全国及国际通信网络接轨,为我省信息化建设提供一个技术先进、完全可靠、功能强大、性能完善的高速公用互联传输网。

2. 推动企业信息化。① 大力发展企业电子商务。目前我省 51 万家企业,上网企业才 1 万多家,而企业利用电子商务实现的业务收入更低。企业领导必须增强信息意识,充分认识信息化对企业发展的巨大影响,加快建立企业内部局域网,加快数据更新速度。全省用 3 年时间上网企业达到 80% 以上。② 充分利用信息技术构造企业信息系统,推广应用计算机集成制造系统、管理信息系统、决策支持系统,通过信息的充分沟通、交流与共享,把企业活动的各个方面组成一个有机整体,以推进企业自动化和管理科学化。

3. 推动国民经济与社会信息化。继续加快八大骨干应用系统工程建设,通过高速公用互联传输网,在政务、经济、金融、财税、商贸、农业、教育、科技、工业、交通、社会治安、社会保障、公众服务等领域进行规范化系统建设,为政府、企业和全社会提供多种信息服务,并以应用系统启动用户市场,带动信息产业的增长。

4. 培育信息产业的名牌产品。优先发展以集成电路为中心的微电子元器件和新型关键元器件等材料；集中力量开发生产个人计算机、服务器和通信产品；努力提高音频、视频产品和数字化家电等技术水平和生产规模。大力发展软件产业，培育一批软件企业，尽快在操作系统、数据库管理系统方面，形成一些有自主版权的商品化软件。

5. 建设高素质的信息化人才队伍。加强在职人员的培训，造就一批既懂信息技术又懂专业技术和管理的复合型人才，在加强省内信息专业人才培训的同时，吸引国内外优秀高级人才到江苏从事信息技术研究和软件开发。加强以计算机知识和技能为核心的信息知识普及工作，强化中小学生的信息教育。利用社会宣传媒体等多种渠道，宣传和普及信息化基础知识，增强全民的信息化意识。

（三）城市化

城市化是实现经济和社会现代化过程中，结构优化与升级在地域空间上的一种必然反映。城市化不但表现为人口向城镇集聚和非农人口上升，还表现为人们生产与生活方式、社会结构、价值观念由农村向城市文明升级转化的过程。1999 年江苏 13 个省辖市区创造的全省近1/3 的国内生产总值和 1/2 的财政收入，显示城市巨大的集聚效应。建国以来特别是改革开放以来江苏的城市化水平有了较快提高，已从1978 年的 12.5％提高到 1999 年的 35％，但城市化水平仍然滞后于经济发展水平。1999 年江苏人均 GDP 达到 1200 多美元，已进入工业化中期，但与世界城市化平均水平 45％和下中等收入国家城市化水平50％～60％相比仍滞后 10～15 个百分点以上。与国内先进省市比也有一定差距。从每百万人拥有的城市看，江苏为 0.61 座，广东为 0.76座，以百万人拥有的镇看，江苏为 14 个，广东为 21 个，山东为 19 个。城市化水平滞后，农村劳动力向非农产业特别是向城市转移速度不快，不但直接制约了居民能源、城市公共设施、服务行业消费的增长，而且制约了城市扩散和集聚效应的发挥，不利于经济发展。据有关资料，城市化水平每提高 1 个百分点，可以带动国内生产总值 0.6 个百分点。以江苏达到世界平均城市化率 45％测算，GDP 增幅可提高 6 个百分点。"十五"期间必须加快城市化步伐,力争到 2005 年全省城市化水平达到 47%以上。

1. 科学规划形成布局合理的城镇体系。根据现存产业、人口地区状况,按照最大限度发挥城市集聚和扩散功能的要求,合理发展大城市和特大城市,重点发展中等城市,形成三个城市群:① 以南京为核心的城市群;② 以苏州、无锡为核心的城市群;③ 以徐州为核心的城市群。通过三大城市建设,构成具有江苏特色的城市大格局、大系统。围绕城市群发展一批人口 30 万~50 万人的县级中等城市。以产业和经济为依托,建设一批人口 5 万左右的中心城镇。

2. 强化城市综合功能建设。加强城市形态规划和建设,逐步从形态建设转向功能建设。首先要加快城市信息化,建设数字城市,增加城市基础设施的投入,特别是交通、通讯、水、电、气供应、环境保护等设施的投入,增强城市的综合服务功能;其次要搞好城市定位,形成有竞争能力的主导产业,加强城市有形市场和无形市场建设,增强对周边地区的带动和扩散能力。

3. 积极探索城市建设市场化的新路子。加快推动城市化,大规模实现农业人口向城市的转移,需要有巨大的投入,这些投入光靠政府是不行的。因此,必须改革城市建设单纯依靠政府财政和银行贷款的投融资体制,推行以项目为主体的投融资体制市场化改革,充分利用外资、企业资金和民间资金,扩大城市建设的资金来源。

(四) 国际化

随着经济发展、科学进步和国际分工的深化,世界各国和地区经济互相开放和互相融合,商品、服务、资本、技术和人员流量越来越大,经济相互依存和相互作用的程度不断加强,世界经济全球化不断向广度和深度发展,贸易和投资自由化不断加深。1999 年世界贸易额占世界国内生产总值比重已从 1979 年的 9%左右提高到 25%左右,全球资本流入流出总额达到 12000 多亿美元。推动经济全球化的主导力量是跨国公司。目前全球共有 5 万多家跨国公司,下辖 45 万多家国外分支机构,其产值、对外直接投资额、国际贸易额分别占世界生产总值的

40%、对外直接投资的 90% 和贸易的 2/3,控制着 80% 的技术和知识产权。随着中国加入世贸的临近,江苏经济必然会加快融入国际经济体系中,直接面对国际竞争和产业重组,面临严峻的挑战。同时,在全球化浪潮冲击之中也蕴含机遇,由于国际资本、技术、人才流入为产业升级提供了条件,在加入世贸以后,必须认真研究对策措施,加快推进经济国际化,尽快与国际经济全面接轨。

1. 推动企业参与跨国公司的并购,提升经济发展的平台。跨国公司拥有技术、资金、人才、销售网络等众多优势,比较而言,我们的多数大企业、大集团,规模不大,拥有自主知识产权的技术少,资本人才不够充足,经营理念和企业管理都不能完全适应国际竞争的需要。江苏大企业要迈出国门参与国际竞争,积极与跨国公司全面合作,分享跨国公司国际分工与合作的成果,接受国际经济结构调整的转移,利用后发性优势,尽快在技术、产品、管理等方面缩短与跨国公司的距离。小企业相对具有对市场反应快、适应能力强的优势,又有抗御市场风险能力较弱、开拓国际市场能力不足的劣势。要按照小而专、小而精的发展方向,通过与外资企业配套,进入国际市场,提高经营国际化程度。

2. 鼓励和支持有条件的企业通过境外投资,进入国际市场。经过改革开放以来 20 年的发展,江苏在一些行业特别是纺织、家电制造等行业,形成了一些比较优势,也有不少比较著名的品牌。为了进一步推动产业升级,扩大国际市场的销售,必须积极支持有条件的企业到海外投资,以投资带动出口,以产业转移推动产业升级,促进经济发展。对外投资要重点考虑:① 国内市场已经饱和、具有比较优势的行业的企业,如家电、纺织企业等;② 发展潜力大、具有特别优势的,如中成药生产企业等;③ 国内没有资源比较优势又需长期进口的产品生产企业到资源产地投资。

3. 发挥开发区的带动作用。开发区是我省基础设施功能和管理模式最先进的地区,也是我省外商投资集中、出口比重最高的地区。进一步办好开发区,不但可以加快利用外资、扩大出口,而且可以推动结构调整,带动全省经济迈上新台阶。重点抓好三个方面:① 进一步改善开发区的环境,特别是软环境;② 加快各地企业进区步伐,形成外资与内资的互动,发挥开发区的积聚效应;③ 把开发区的发展与城市发展相结合,带动经济国际化和现代化。

4. 加强法制制度建设,营造与国际市场接轨的市场环境。近年来我省在建设对外开放的硬环境,特别是基础设施方面已达到了较高的水平,但在软环境上还存在不少问题。要对国际经济机制中的组织体制(世贸组织、货币基金组织与世行等)、基本原则(贸易自由化、无歧视待遇、国民待遇、公平处理国际贸易争端等)进行深入研究,结合国情省情,制定相应的法律和地方性法规,规范市场秩序,实现国内市场与国际市场的对接,着重在机制上与国际经济接轨。① 研究制定有关规范市场主体行为的法律法规,包括政府职能划分与行使的规范,政府与国有企业关系、企业兼并与破产的规范等;② 制定市场交易的规范,包括鼓励竞争反对垄断,鼓励公平、公开、公正,反对欺诈等一系列法律法规;③ 完善国际贸易与交易的规范,包括反倾销、国际资本流动的监控、国际争端解决的法律法规等。

5. 培育和吸引一流人才,提高全体劳动者素质。人才特别是高素质的人才,是加快国际化的基础。国际跨国公司选择投资区域与购并对象的重要标准就是人力资本条件。人力资本充足,可以有效地与国际资本、先进技术相结合,缩短"学习"时间,提高投入产出效率。一方面要多渠道加大投入,提高人才培养的数量和质量;另一方面要创造良好的制度环境,特别是人才竞争、人才流动、合理分配等制度环境,增强对海外、省外人才的吸引力,同时要在培养熟练技术工人上加大力度,通过江苏人力资源水平的提高和开发,增强对国际资本的吸引力,推动江苏经济加快实现国际化。

(原载《面向新世纪的江苏经济发展新对策》,中国经济出版社2000年版,与钱志新合作)

新世纪战略目标的选择

对江苏来说，要在 21 世纪中叶以前赶上中等发达国家的水平，在全国率先实现第三步战略目标，首要的问题是高举邓小平理论的伟大旗帜，贯彻党的基本路线、基本方针和基本政策，从江苏的具体实际出发，明确江苏面向新世纪的发展战略目标。

"十五"至 2015 年主要宏观目标的预测

从现在起到 2015 年，江苏经济改革与发展的战略目标可分为两步：

第一步，到 2005 年，全省在全面实现小康的基础上，苏南及沿江部分发达地区初步实现现代化，并为此后基本实现现代化奠定坚实的基础。在优化产业结构、提高经济效益的前提下，保持 10% 左右的经济增长速度，人均 GDP 达到 2.0 万元左右，按现行汇率折算，人均 GDP 在 2200 美元上下，城镇居民人均年支配收入 1.1 万元，农民人均年纯收入 6300 元；社会主义市场经济的基本框架得到健全、巩固，经济秩序基本规范，经济运行和经济管理通过磨合大体上与国际接轨，经济增长方式加快向集约化转变，国民经济综合实力和整体素质进一步提高，开放型经济和经济国际化深入发展；城乡经济与社会加强协调发展，城市化进程明显加快，全省形成具有现代功能、布局合理的城镇体系，城乡人民小康生活更加宽裕，生态环境开始改善，社会安定，风气良好。

第二步，从 2005 年到 2015 年，全省人均 GDP 比 2005 年再翻一番,约达到 5000 美元左右,形成比较完善的社会主义市场经济体制,完成经济国际化进程,建成经济繁荣,科技文化发达,人民生活富裕,民主法制健全,城乡环境优美,社会全面进步的现代化强省。

为了使我们对未来江苏经济增长趋势的预测有一个科学的基础,我们选用了宏观经济计量模型进行预测。这个模型分两个时间段,即"十五"(2001—2005 年)和 2006—2015 年。模型以经济增长为核心,以投资需求和市场需求为导向。生产由投资、消费、出口需求决定,同时生产又决定经济总量,而经济总量又反作用于投资、消费和出口,系统经过多次循环迭代后,求出一定的外部环境下国内生产总值、全社会固定资产投资、社会消费的零售总额和居民收入的最佳平衡点,进而确定其它内生变量的值。

在我们的预测模型中,假定江苏"九五"末(2000 年)的增长率为 10%,按照假想的低方案,居民消费和投资需求分别年均递增 12.7% 和 12%,登记失业率期末较期初提高 1 个百分点,得出有保证的增长率为 9.5%,实际增长率为 10%;在同样假定下,按照假想的高方案,得出有保证的增长率高于 9.5%,实际增长率为 10.5%。在高增长方案中,要求第一、二、三次产业增加值分别增长 4.1%、10.8%、11.5%,工业增长率为 11.9%,全社会固定资产投资增长 14.0%,社会消费的零售总额增长 14.4%。(见表 1)

表 1　"十五"期间江苏宏观经济预测表

指标名称	单位	1999 年实际值	2000 年预计值	预测下限值		预测上限值	
				2005 年预测值	年均增长(%)	2005 年预测值	年均增长(%)
国内生产总值	亿元	7700.56	8845.0	15560.0	9.5	16960.0	10.5
第一产业	亿元	1014.46	1150.0	1540.0	3.6	1662	4.1
第二产业	亿元	3906.40	4458.000	7795.0	9.8	8505	10.8
第三产业	亿元	2779.70	3237.000	6225.0	10.6	6793	11.5

指标名称	单位	1999年实际值	2000年预计值	预测下限值		预测上限值	
				2005年预测值	年均增长(%)	2005年预测值	年均增长(%)
三次产业结构	%	13.2：50.7：36.1	13.0：50.4：36.6	9.9：50.1：40		9.8：50.15：40.05	
人均GDP	元/人	10669	12200	17926	8.0	18771	9.0
农业总产值	亿元	1837.43	2100.0	2975.0	6.0	32320	7.0
工业总产值	亿元	14621.82	16751.00	28900	10.6	33200.0	11.9
全社会固定资产投资	亿元	2742.65	3260.0	5745.0	12.00	6270.0	14.0
全社会消费品零售总额	亿元	2394.14	2613.0	4747.0	12.7	5120.0	14.4
零售价格指数	上年＝100	96.7	101.0	102.5		103.5	
财政收入	亿元	680.24	7200	1340	12.0	1430.0	14.0
进口总额	亿美元	183.10	190.0	292.0	9.0	300.0	9.5
出口总额	亿美元	129.52	33.0	207.0	9.3	227.0	11.3
城镇居民人均可支配收入	元/人	6538	6750.0	11000	10.3	12000.0	12.20
农民人均纯收入	元/人	3495	3724.0	6275.0	11.0	6900.0	13.1
总人口	万人	7213.13	7251.0	7430.0	0.498	7430.0	0.49

＊增长速度按可比价格计算，其余指标为现行价。

　　考虑到上述预则模型中尚未包括一些难以反映的因素，诸如江苏2000年的增长率可能高于10％，积极的财政、货币政策存在滞后效应，世界经济特别是亚洲经济增长提速，等等，都会拉高上述两个预测方案的结果。但是，另一方面又存在一些经济增长的不确定因素，为了稳妥起见，"十五"计划的目标要"留有一定的余地"。按照这样的思路，我们在 9.5％和 10.5％之间取一个中值,即江苏"十五"期间年均经济增长10％左右,当我们用同样的宏观经济计量模型来预测江苏 2006—2015年的经济增长趋势,得出如下主要结论:按照假定的低增长方案,这一期间的经济年增长率为 8％,按照高增长方案,经济年增长率为 9％,但是,如果按照前述"十五"增长 10％的模型框架对后 10 年增长趋势进行预测,得出的基本结论是:GDP 总量年均增长 9.6％,人均 GDP 年均增长 8.5％。在此方案中,三次产业增加值分别增长 3.5％、9.8％和10.8％,工业增长率为 11.2％,居民消费增长 10.6％,固定资产投资增长率为 10.5％,进出口分别增长 9.0％和 8.7％。如果调低这一阶段的增长起点,那么,江苏 2006—2015 年期间的增长速度会稍低于9.6％。但是,从江苏城市化加速,经济结构升级、优化以及经济全球化发展的中长期趋势看,在经过一段时期调整后江苏经济在 21 世纪初叶有可能出现第二个增长加速期。无论是从供求因素分析,还是从政府宏观经济政策的重心将逐步转向突出相对充分就业目标,提高知识资本和技术进步对经济增长的贡献来看,2006—2015 年江苏经济增长保持 9％左右的速度的可能性,还是很大的。

总之,江苏经济"十五"期间能保持 10％左右的增长率,后 10 年争取达到 9％,那么,2001—2015 年就可以实现 9％或略高一点的"适度快速增长"。无论是从提高经济运行的效率,缓解失业风险,保证经济和社会稳定来看,还是从实现"三步走"战略目标来看,都要求江苏经济保持"适度快速增长"的速度。

富民战略的目标与重点

面向新世纪,江苏应在全面实现小康目标的基础上,不失时机地确立富民战略目标。按照社会发展的规律,一个国家或地区的居民生活水平和生活质量可分为贫困、温饱、小康、富裕、富有五个层次。江苏城乡居民在摆脱贫困、告别温饱、达到小康之后,应该进一步走向富裕。从社会主义的本质看,经济社会发展的根本目的是为了不断改善人民的物质生活和文化生活,实现共同富裕。富民战略反映了人是社会主义现代化主体的新发展观,也是经济社会协调发展的集中体现。因此,我们在制定和选择新世纪江苏经济发展战略目标时,必须把富民战略作为出发点和落脚点。

　　如何科学地评估富民战略实施的效果,衡量全省人民得到的实惠与他们付出的劳动是否对称,人均年收入(城乡居民统算)占人均国内生产总值的比重是一个最重要的指标。横向比,江苏城乡居民收入和消费水平,次于广东、上海和浙江,反映在人均年收入占人均国内生产总值的比重这一指标上,江苏在这几个省(不包括上海市)中也是最低的。(见表2)纵向比,1980—1999年期间这一指标的走势,基本上在40%上下波动,最高达45.7%,最低26.8%,振幅达到19个百分点。(见表3)根据我们的研究,在优化结构、提高效益和防止严重损失浪费的基础上,21世纪初期应当使江苏城乡居民的人均年实际收入占人均国内生产总值的比重保持在45%以上。这样,当全省人均GDP达到2.2万元的水平时,城乡居民人均年收入就可达到1万元,即三口之家的年收入达年3万元左右。扩大内需也就有了比较坚实的基础。

表2　1998年苏沪浙粤城乡居民人均收入比较

	江苏	上海	浙江	广东	山东	全国
农民人均纯收入(元)	3377	5407	3815	3527	2453	2162.0
城镇居民年均可支配收入(元)	6018	8773	7873	8840	5380	5425.1
人均年收入占GDP的比重(%)	40.8	36.0	47.2	51.5	42.0	50.2

　　资料来源:根据《中国统计年鉴》1994年、《江苏省国民经济主要统计指标》1999年有关资料整理。

表3　江苏城乡居民人均年收入占人均GDP比重的变动

	1980	1990	1994	1995	1998	1999
人均年收入占人均GDP的比重%	45.7	39.9	26.8	41.1	40.8	41.0

　　资料来源:根据《江苏国民经济主要统计指标》1999年有关资料整理。

　　实施富民战略,首先要使这一战略理念深入人心,成为各级政府、各类企业和各个家庭的共同奋斗目标,在江苏全省形成敢富、会富和鼓励先富的良好社会氛围,从而加快经济社会协调发展。其次,鼓励民间资本创业,扶持中小企业加快发展,创造更多的就业机会。突出相对充分就业的宏观政策目标,不应重走"由政府包就业"的老路,关键是要形成有利于民间资本创业的机制和制度环境。在这一过程中,特别要重视把科技成果转化为商品,把项目转化为企业,把科技人员转化为投资者和企业家。再次,稳定增加中低收入者收入,提高城乡居民收入的支付能力,增加社会的即期消费。一方面,要在保证最低收入的基础上,不断抬高最低生活保障线水平;另一方面,采取有力政策和有效措施制止农民收入增长趋缓的势头,多渠道实现农民增收、减负,积极改善全省农民的生活环境和消费条件。最后,加强社会保障体系的建设。从全局性的战略高度,依靠改革国民收入的分配制度和完善各项保险制度,主动、积极地推动江苏全省的社会保障制度的建设,要不断扩大全省社会保障体系的覆盖面,形成新的社会保障筹资机制,努力实现各类社会保障基金的保值增值;通过商业性的补充保险和社区医疗服务,缓解并克服城镇医疗保险中的矛盾,并通过合理配置医疗卫生资源,巩固和发展农村合作医疗保险,确立"以土地换保障"的思路,推动农村土地流转制度创新,建立乡镇企业职工失业保险和进入城镇的农村人口保障制度。

从经济大省向经济强省的历史性跨越

　　在经济加速市场化、国际化的背景下,江苏完成从经济大省向经济强省的历史性转变,是面向新世纪又一重要的战略目标。从"大到强"是事物发展的必然趋势。"大"侧重于数量,"强"更倾向于质量和效益。"大"不等于"强",强是大的发展结果。把江苏建设成经济强省,不仅要看产值、速度和总量规模,也要看利税率、生产效率等综合效益指标,更要看江苏的地区竞争力。随着国内和国际竞争格局发生深刻的变化,我们要把江苏建成经济强省,就必须从机制与体制活力、融入经济全球化的能力、产业结构和科技水平、投资和创业环境几个方面,来营造江苏的地区竞争优势。

机制与体制的活力是地区竞争力的核心。地区之间的竞争,不论是技术的竞争,甚至是人才的竞争,都还仅仅是表象,归根到底,都是体制和制度的竞争。如果一个国家,一个地区优秀人才都往外流,那就很成问题了。不解决体制制度这些根本性的问题,任凭你搞多少个"人才工程"都会无济于事。随着多种所有制经济格局的形成,体制与机制上的差异必将影响着一个地区在人才、技术、产品和企业竞争力的大小,从根本上决定着一个地区的经济实力和发展潜力,从而导致地区的兴旺或衰退。机制和体制上的领先,是一个地区最大的竞争优势和发展后劲。如果江苏不能在体制创新上有所突破,着力在重点、难点问题上取得实质性进展,就会痛失发展的机遇,在无情竞争面前落伍掉队。如果我们不领先一步建立有利于增强活力、激发动力的体制与机制,那么江苏就会丧失原有经济大省的地位。

融入经济全球化进程的能力和水平,从根本上决定着一个地区的发展方式和发展内涵。提高江苏全面参与国际竞争和合作的能力,本质上要求真正实施决策、经营、管理、技术、产品的国际化战略。加入WTO,国内竞争国际化的现实,都对传统的市场竞争观念、竞争方式提出了严峻的挑战。为此,我们要转变观念,学会同跨国公司打交道,在决策方式上,加快与国际接轨,确立开拓外资企业中间投入品市场的观点;在管理方式上,摈弃小生产的管理方式,加快建立现代企业制度;在经营方式上,改变小农经济、小步渐进的发展方式,不仅"引进来",更要"走出去";在技术上,跟踪国际技术发展的方向,鼓励大企业与国际跨国公司联合搞开发;在产品上,在引进、嫁接国际名牌产品的同时,大力培植江苏的名牌产品和"拳头"产品。只有这样,才能使江苏在国际化的竞争中保持一席之地。

建立以企业为主体的技术创新体系,加快形成高新技术产业,是提高江苏地区竞争力的又一重要目标。随着产业分工国际化和区域经济之间竞争的加剧,企业之间、行业之间,市场结构和经济格局也随之产生了大的重组,这都对江苏的产业发展、科技水平提出了严峻的挑战。为此,我们必须推动产业结构的优化、升级,以增强江苏经济的实力和竞争力;加快高新技术产业的发展,以增强江苏经济持续发展的后劲;尽快建立起江苏的重点产业和支柱产业,形成江苏经济发展的特色和优势。惟有如此,才有可能把江苏经济发展建立在优质高效的基础上。

建立能使优秀人才"把心留住"和"把根扎深"的良好创业环境,从根本上决定着江苏经济长远的发展后劲。随着经济发展的层级效应日渐显现,地区之间对人才、产品、技术、企业的吸引力、凝聚力正在发生重大变化,江苏能否争夺人才、吸引人才、富集人才是一个严重的问题。我们必须加快经济国际化,努力提高对外开放的层次和水平,使江苏成为具有较高开放度与法制化的地区,进一步加快形成市场经济的运行机制和体制,使江苏成为具有机制活力与文明度高的地区;进一步优化环境,正确处理好当前利益与长远利益的关系,使江苏成为具有优异的投资环境与创业发展成功率高的地区。否则,江苏就无法去争夺人才、吸引人才、富集人才。

总之,站在面向新世纪的高度,我们必须审时度势,采取切实有效的战略措施,去努力营造江苏经济和社会发展的人才优势、技术优势、机制优势、开放优势和环境优势,不断增强江苏经济的发展后劲,提高经济发展的水平,不断壮大江苏经济发展的实力,完成从经济大省跨越到经济强省的这一历史赋予的战略任务。

推进率先实现基本现代化

伴随着第一步、第二步战略目标的实现,21世纪初叶的江苏进入了社会主义现代化建设的重要时期,到2015年,江苏将是在全国率先跨入初步现代化的先进地区之一。

世界经济社会发展的历史,各国现代化的起源、近代背景、民族特征,特别是若干发展中国家现代化的进程证明,现代化作为一个动态的、不断深入演进的国际发展过程,就其总体状态而言包括三个层面的发展:第一层为物质文明进步,包括工商业、交通通讯、科技开发和社会服务的规模扩大与效率提高;第二层为制度文明进步,包括行政组织、司法制度、教育制度、经济体制的创新;第三层为精神文明进步,包括思想观念及行为的更新,追求人的全面发展,讲求效率、民主和创新精神等等。这三个层面至少包含了以下十多个方面的现代化要素,即产业现代化、科学技术现代化、国防现代化、政治现代化、社会组织结构现代化、人的思想观念现代化、生活方式现代化和生活质量高层化、生态环境优美化、城乡一体化,等等。

为了科学地确定 21 世纪江苏现代化的目标和进程,我们提出了结构能耗的经济社会相变理论。经济社会相变论是物理学中的相变论在社会科学研究中的应用。日常生活中的一个物理学相变现象是:从 0℃的冰溶化成 0℃的水,要吸收大量的热量。在相变点的这种热量吸放现象,表明物质内部结构变化要消耗热量。在一定的条件下,经济社会单元的活动,促使经济社会内部结构的变化力量,积聚到一定的数量后,就会引起经济社会从一种相(初相)到另一种相(新相)的转变,称为经济社会相变。从一种经济社会相态到另一种经济社会相态的转变,除了有经济社会指标量的变化外,更主要的是经济社会内部结构的变化。而引发这种经济社会内部结构的变化,无论是经济体制的转型,或者是增长方式的转变,都不仅要花费较长的时间,而且要消耗大量经济社会能量,即结构能耗。伴随着结构的变化,经济社会性质也发生变化。

在经济社会相变从一种相态到另一种相态转变的临界点上,存在着如下的临界现象:从一种较低层次的经济社会相态发展到一种较高层次的经济社会相态,要积聚一定量的潜能,只有在较低层次经济社会相态的"平台"上所积聚的潜能达到一定的阈值后,才能促使经济社会内部结构完成由低层次向高层次的转化。因此,经济社会内部结构的变化要消耗经济社会能量。所要消耗的经济社会能量,就是经济社会相变的结构能耗。应用经济社会相变论,在现代化进程测评中,究竟是否完成了向现代化社会的转变,不能仅看经济社会发展的综合指数,或者是一些代表性分指标(如人均国内生产总值),达到了某个数量界限,就说是实现了现代化,而且要在达到某一个数量界限后,再有一个经济社会升级的能量积聚过程,经历一个向现代化社会转变的临界发展过程。在这一临界发展过程中,人均国内生产总值持续增长,全社会成员的平均文化素质继续提高,社会基础设施更加完善,等等。当完成了这一临界发展过程后,社会才可称得上真正实现了现代化。按照经济社会相变论,我们把江苏现代化过程分为初步现代化、基本现代化、全面现代化三个阶段。

我们在具体构建江苏现代化目标体系时,力求全面正确地反映经济、社会、生活、科技、环境等各方面的发展状态,客观反映出经济社会协调发展中的互动作用和辩证关系,我们采用多元统计中的系统聚类法来确定反映现代化进程的操作指标。并在此基础上,再向有关决策、计划、理论研究及实际工作部门的专家进行了咨询,最终确定了如表4所示的5大类、20项指标为评价现代化进程的实际操作指标。

表4　江苏现代化的目标体系及其阶段性标准值

指标名称	单位	阶段标准值		
		初步现代化	基本现代化	全面现代化
1. 经济发展水平				
(1) 人均 GDP	美元	4000～8000	8000～20000	20000～30000
(2) 外贸依存度	%	20～35	35～12	12 以下
(3) 科技进步贡献率	%	50～60	60～70	70 以上
2. 社会经济结构				
(4) 农业增加值占 GDP 比值	%	6～10	4～6	4 以下
(5) 第三产业增加值占 GDP 比重	%	40～50	50～60	60 以上
(6) 城镇化水平	%	51～60	60～70	70 以上
(7) 非农劳动者占全社会劳动者比重	%	80～85	85～90	90 以上

指标名称	单位	阶段标准值		
		初步现代化	基本现代化	全面现代化
3. 人力资源素质				
(8) 人均预期寿命	岁	70~72	72~76	76 以上
(9) 6 岁以上人拥有大专文化程度者	%	95~98	98 以上	98 以上
（初中毕业升学率）		（40~50）	（50~70）	（70 以上）
(10) 每万人拥有大专以上文化程度者	人	400~500	500~1000	1000 以上
(11) 每千人拥有医生数	人	1~2	2~2.5	2.5 以上
4. 生活质量水准				
(12) 恩格尔系数	%	40~30	30~20	20 以下
(13) 人均居住面积	m²	20~30	30~50	50 以上
(14) 电话普及率	部/人	30~40	40~50	50 以上
(15) 人均收入	元	≥15000	15000~40000	40000 以上
5. 社会协调程度				
(16) 人口自然增长率	‰	4~6	2~4	0~2
(17) 社会保障覆盖率	%	85~90	90~95	95 以上
(18) 失业率	%	3~5	2~3	2 以下
(19) 贫富差距	倍	5~4	4~3	3 以下
(20) "三废"综合治理率	%	85~90	90~95	95 以上

　　* 根据《国际统计年鉴(1996)》提供的初中升学率的资料,1990 年新加坡 23.3%,韩国、菲律宾 18.9%,日本 44.5%,美国 44.4%;1997 年江苏为 63.8%,全国为 44.3%。对现代化而言,初中升学率可能比成人识字率的指标更有意义,括弧内的数字为初中毕业升学率的标准值。

　　随后,我们充分吸收已有的研究成果①,以初步现代化标准值的下限采用分指标与综合指数综合评价的方法,分析了江苏现代化的现状。详见表5。

表5　江苏现代化现状综合评价表

指标名称	单位	初步现代化标准值	权重	1998年	
				指标值	得分
1. 经济发展水平		0.25			0.607
（1）人均GDP	美元	≥4000	0.40	1210	0.121
（2）外贸依存度	%	35	0.30	30.4	0.261
（3）工业科技进步贡献率	%	≥55		38	
农业科技进步贡献率		≥65	0.30	52	0.225
2. 社会经济结构		0.20			0.690
（4）农业增加值占GDP比重	%	<10	0.25	14.1	0.117
（5）第三产业增加值占GDP比重	%	>45	0.25	35.3	0.196
（6）城镇化水平	%	≥55	0.30	31.5	0.172
（7）非农劳动者占全社会劳动者比重	%	≥80	0.20	57.9	0.145
3. 人力资源素质		0.15			0.801
（8）人均预期寿命	岁	72	0.20	72.7	0.200
（9）6岁以上人拥有大专文化程度者（初中毕业升学率）	%	≥95	0.30	89	0.281
（10）每万人拥有大专以上文化程度者	人	450	0.40	270	0.240
（11）每千人拥有医生数	人	2	0.10	1.6	0.080
4. 生活质量水准		0.20			0.675
（12）恩格尔系数	%	<40	0.30	47.1	0.255
（13）人均居住面积	m²	≥20	0.20	19.9	0.199

　　① 参阅严英龙等:《江苏现代化进程的科学评价》,江苏省科委软科学项目(BR97005)最终成果,内部资料,1999年10月。

指标名称	单位	初步现代化标准值	权重	1998年	
				指标值	得　分
（14）电话普及率	部/人	≥30	0.20	18.7	0.125
（15）人均收入	元	15000	0.30	4800	0.096
5. 社会协调程度			0.20		0.843
（16）人口自然增长率	‰	<4	0.18	4.13	0.174
（17）社会保障覆盖率	%	>90	0.20	67	0.148
（18）失业率	%	<4	0.520	2.6	0.130
（19）贫富差距	倍	<4	0.20	3.6	0.180
（20）"三废"综合治理率	%	>90	0.22	86.3	0.211
综合得分				0.714	

资料来源：1. 江苏省统计局编《江苏统计年鉴（1998年）》，中国统计出版社1999年版。2. 部分数据由江苏省统计局测算提供。

从表5的结果可见，1998年江苏初步现代化临界水平的综合指数仅为71.4%，这说明20世纪末的江苏离初步现代化的"入门"标准，至少还有1/4以上的路程。根据江苏现代化进程的这一现实定位，参照前面我们对"十五"2015年江苏经济发展速度的预测，可以把江苏现代化的目标定位在：

（1）2010年或稍后几年，达到初步现代化的临界点。这标志着江苏的经济社会性质已经跨入了现代化的门槛。

（2）2020年或稍后几年，实现初步现代化。到2020年或稍后几年，江苏的人均界点人均GDP将达到8000美元/人以上。也就是说，从2010年左右达到初步现代化的临界点人均GDP 4000美元/人后，要经过10多年的建设，积聚足够的经济社会发展能量，才能实现初步现代化。

2020年在实现初步现代化的同时，也将把江苏的经济社会带入基本现代化阶段，即达到了基本现代化的临界点。

（3）2040年，实现基本现代化。届时，江苏的人均GDP将超过20000美元/人。可见，实现基本现代化，必须要积聚更多的社会经济能量,约需要经 20 年的稳定发展。

这样,我们可以从经济、社会发展和人民生活水平三个方面,概括地预测 21 世纪初叶江苏现代化目标实现的前景:

——在经济上,国民经济总量和综合实力仍有可能保持全国的前三名,人均国民生产总值将达到 5000 美元左右。届时也将初步形成现代化的产业结构,三次产业比例将从 1999 年的 13.2:50.7:36.1 上升为 8:45:47;科技进步的贡献份额将达到 60% 左右。

——在社会上,江苏人口在未达到高峰前,人口自然增长率将控制在 2‰以下,城镇人口占总人口的比重将从 35% 以下上升到 55% 左右,农业劳动力占全社会就业者的比例将下降到 18% 左右;失业率控制在 5% 以下,社会保障覆盖率达到 85% 以上,在普及九年制义务教育的基础上,初中毕业生升学率达到 65% 以上,适龄人口中大学生的比重达到 15% 左右;每千人口中拥有 2 名医生(包括护士);“三废”治理率达到 90% 以上。

——在人民生活水平上,城乡居民统算人均年收入达到 2.6 万元以上(按 1999 年不变价格计算),即三口之家的居民家庭年收入达到 8 万元左右;恩格尔系数将由目前的 0.45 左右,下降到 0.30;人均居住面积将达到 25 平方米左右;每两个人拥有一部电话,全省人均预期寿命达到 76 岁。

总之,21 世纪初叶江苏现代化目标定位于全省跨入初步现代化阶段、苏南及沿江部分发达地区率先实现初步现代化,成为全国社会主义现代化建设的先导地区。

(原载《面向新世纪的江苏经济发展新对策》,中国经济出版社2000 年版)

江苏、广西对口支援的研究

80 年代,地区之间开展经济技术协作,逐渐成为中国技术转移所特有的一种实现方式。从 50 年代到 70 年代,中国经济生活中虽然也曾有过一些地区经济技术协作,但只是一种局部的、小规模的自发行为。这是因为在传统的计划经济体制下,地区之间缺乏有效的横向经济联系。整个社会的经济联系,基本上是纵向的:生产由国家统一安排,物资由计划统一分配,财政上中央对地方实行统收统支。不但企业没有自主权,甚至连地方政府也很少有机动余地。在这种状况下,像地区经济技术协作这种横向经济联系必然难以发展起来。

1979 年,中共中央十一届三中全会揭开了经济体制改革的序幕。地区经济技术协作开始作为对计划经济的重要补充,继而又成为对计划经济体制事实上的突破,随之在全国范围内普遍地开展起来。其中,江苏和广西的经济技术协作,在相当长的一段时间里显得十分成功。尽管进入 90 年代后,事情又开始有了一些变化,但我们的读者完全可以从本章对有关史实的描述和分析中,找到以下一些问题的答案或借以做进一步思考的线索。这些问题是:在由计划经济体制向市场经济体制转变的历史进程中,两个发展程度差异较大的地区之间进行技术转移是如何实现的? 地区经济技术协作为什么会发展起来,其结果如何? 存在哪些问题,前景怎样? 等等。

江苏、广西对口支援关系的形成与发展

一、对口支援关系形成和发展的概况

1979年,在一次专门研究全国边防工作的会议上,中央作出了《加速边境地区和少数民族地区建设》的决定,并具体提出了经济发达省(市)对口支援边疆民族省(区)的方案。会上一共提出了10个对子:北京支援内蒙古,河北支援贵州,江苏支援广西、新疆,山东支援青海,天津支援甘肃,上海支援云南、宁夏,全国支援西藏①。在中央政府号召下,省际间的对口支援活动在全国范围内蓬勃展开。

江苏和广西的对口支援关系正式开始于1980年。按照中央的指示精神,江苏省政府和广西壮族自治区政府立即采取措施加强对口支援工作的领导,并指定了主管工作部门,配备人员成立专门办事机构。两省区所属各市和有关部门也都确立了分管负责人,从而使对口支援工作很快地开展起来。在1980年到1982年期间,两省区的计委"地区协作处"作为主管对口支援的工作部门。1983年两省区先后正式成立了经济协作委员会(或办公室),由其所属的对口支援办公室(或处)具体主管对口支援工作。从1985年起,两省区所属的各市也普遍建立了经济协作委员会(办公室)②,截至1990年3月,江苏全省有常州、苏州和南通三市的经济协作委员会下面设置下对口支援科,各有3～4人专管这项工作;南京、镇江、无锡、扬州、盐城、徐州等市经济协作委员会(办公室)虽未成立对口支援科,但都有专职或兼职人员负责对口支援的管理工作。

从1980年起,江苏和广西的高层领导人每年都亲率阵容强大的代表团(少则20余人,多则60人)互访考察、商定协议项目,并主持签定

---

① 赵维臣主编:《经济技术协作理论和经验》,天津人民出版社1983年版,第183～184页。

② 据笔者调查,广西梧州市经济协作办公室成立于1985年2月;江苏11个省辖市的经济协作委员会(办公室)也都是在1985年内陆续建立的。

两省、自治区政府之间的对口支援和经济协作协议[①]。为了简化对口支援的环节,提高工作效率,发展地、市、县之间的直接经济技术联系,经省、自治区政府批准,1981 年以来江苏的 11 个省辖市同广西的 13 个地(市)分别实行对口支援,建立了地市对口支援关系。如南京支援南宁,苏州支援桂林,南通支援百色,常州支援梧州,无锡支援北海,扬州支援河池等等。同年,两省区还建立了第一对县级对口支援关系,即江苏海安县支援广西横县,从而在地市挂钩对口协作的基础上,使县与县之间的对口支援关系有了进一步的发展。

　　每年双方商定对口支援项目的方法和步骤:通常是在年底前后,先由广西提出对口支援建议项目的初步意见,并发至江苏及各对口市,由江苏各市分别研究提出初步安排落实的意见。双方省、区经济协作委员会(办公室)将项目初步安排落实的意见汇总后,由双方党政领导率代表团逐项商定。项目经双方共同商定并签定协议后,由省、区政府有关的主管部门(委、厅、局)将对口支援项目分别列入本年度计划,再下达执行。每个项目在具体执行前,要由协作双方承担项目的企业、单位商定具体实施的协议(合同),然后就按协议认真执行。经过几年实践后,从 1986 年开始,双方商定项目的工作方法和程序也有所改进:① 江苏方面在加强调查研究的基础上,根据本身的需要和广西方面的条件,有目的地主动提出项目建议同对方商谈合作,改变早期阶段单纯由受援方提出项目援助方负责落实的做法。例如,1986 年底无锡市政府派出代表团访问了广西北海市。从该市的经济基础和发展要求出发,实事求是地提出了两市合作发展纺织、轻工、塑料制品等行业的建

---

　　① 两省、区先后主持过每年项目商定的党政领导人近 20 人,其中见诸于文字记载的有 13 人,他们是:广西壮族自治区政府主席韦纯束(1986 年),副主席张声震(1984 年)、张春园(1987 年)、王蓉贞(1989 年)、陈仁(1990 年)、丁延模(1991 年)、袁正中(1993 年);江苏常务副省长金逊(1986 年)、副省长凌启鸿(1988 年)、省委副书记孙家正(1988 年)、省人大主任韩培信(1990 年)、省政协主席孙颔(1992 年)、省委副书记曹克明(1994 年)。

议,较快地促进了对口支援项目的商定和实施。② 双方日益重视了解和研究对方的经济动态和发展战略,以指导对口支援工作,适应两省区经济发展的需要。③ 有计划、有重点地组织专业对口考察和项目洽谈,逐渐提倡企业直接见面洽谈项目,使对口支援的基础更加牢固。江苏南京、常州、镇江等市派代表团出访广西时,一般都将有关工厂的厂长带去,让双方企业代表直接接触,尽量当场拍板敲定项目。

从此,江苏和广西每年商定的对口支援项目,就由三个层次组成:① 省、区政府代表团商谈确定的重大项目;② 省、区政府有关部门、行业之间商定的项目;③ 地、市、县以及企业间直接商定的项目。

对口支援项目在这三个层次上如何分布,尚未看到内容明确的系统统计数据。很侥幸,我们居然从有关档案中拣到了下面一份统计表。从中可以看出,江苏、广西对口支援在省区政府有关部门和行业之间、地市之间项目分布的大致情况。详见表1。

表1 1984年江苏省各市、部门对口支援广西的项目表

单 位	地市之间		单 位	省区之间	
	项目商定数	项目执行数		项目商定数	项目执行数
南 京	18	13	两会(省民主建国会、省工商联)	9	6
镇 江	26	16	纺工	3	3
常 州	17	15	轻工	6	5
无 锡	19	11	机械	6	3
苏 州	19	12	化工	3	3
南 通	21	21	建材	3	3
扬 州	17	12	教育	12	6
连云港	2	2	高教	3	3
徐 州	2	2	卫生	28	20
			农林	1	1
合 计	141	104		74	53

资料来源:江苏省经济协作委员会对口支援办公室编《1984年对口支援工作情况和1985年工作意见》,1985年3月2日。

由于江苏在管理体制上有"省不管理企业"的特点①,从表1中似乎可以看出,地市直接商定的项目要远远多于由省区政府有关部门、行业商定的项目。当然,在地市直接商定的项目中,有一些重大的、有影响的项目,可能是由双方省区政府代表团商谈确定的。只是我们现在已无法找到根据将它们仔细分开了。

从表1还可以看出,对口支援项目在各个地市和各个部门、行业之间的分布很不平衡。从作为支援一方的江苏的情况看,绝大多数的支援项目是由经济较发达的江苏沿江7个市承担的,分别占项目商定数的97.2%和项目执行数的96.2%,经济欠发达的淮阴、盐城两市1984年尚无对口支援项目。从部门和行业来看,卫生、教育、"两会"承担的对口支援项目都居前列。

二、对口支援关系发展的情况

江苏和广西的对口支援关系,主要是以项目为载体,通过项目的考察、洽谈、签约和执行等环节不断得到发展的。我们通过对口支援项目的规模和结构、内容和形式的分析,就能较好地把握这两个省区对口支援关系发展的基本脉络。

(一)对口支援项目数量巨大,两省区10年实施项目逾1200个

1980—1990年期间,江苏和广西对口支援达成协议的项目总数在2000项以上,其中实施项目协议项目实施的比例在60%以上②。这样的实施比例,在中国的经济技术协作项目中算是相当高的,而且在年度之间的分布相对地说也比较平衡。11年中,项目实施率除了1982年、1985年、1989年这3年的项目实施比例低于平均水平60%以外,其余

---

① 在计划经济体制下,江苏同样存在政企不分的弊病,这里说的是江苏与其他省市自治区不同之处,即省一级不直接解决企业的产供销问题,而主要由市县管理。

② 江苏省经济协作会议材料:《对口支援十年回顾》,1990年3月,打印稿;施绍祥:《江苏、广西对口支援合作问题的探索》,《江苏经济探讨》1990年第11期,第19页。

8年的项目实施率都在 65％以上。1990 年的项目实施率最高,为 77.1％;1985 年的项目实施率最低,为 47.2％。最高与最低年度之比为 1∶1.63。详见表2。

表2　1980—1990 江苏、广西对口支援项目实施情况表

	1980	1981	1982	1983	1984	1985	1986	1987	1988	1989	1990
商定项目数(个)	①	①	①	①	215	235	200	254	142	174	144
实施项目数(个)	357(1980—1983 合计)②				157	111	150	179	91	90	111
实施率(％)	*	*	58.0	65.0	73.0	47.2	75.0	70.5	64.1	51.7	77.1

① 缺乏统计资料。

② 根据《江苏经济年鉴》1986 年Ⅳ—115 页的数据(1980—1985 年共实施 625 个项目)以及本项研究搜集的统计数据加以计算的。

资料来源:江苏省经济协作委员会对口支援办公室 1984、1985、1986、1987、1988、1989、1990 历年的工作总结。

由此可见,江苏和广西的对口支援关系,从总体上说,发展得还是比较稳定的。少数年份双方商定的项目在实施中变化较大,有多方面的原因:① 项目本身缺乏可行性论证,根本没有条件实施。② 客观形势急剧变化,项目无需执行。③ 资金紧张,落实投资困难。④ 人事变动,影响原协议的执行。⑤ 某些政治活动的安排,延误了项目的实施。

案例1　1985 年,广西武宣、忻城等县提出,要从江苏镇江引进豆制品生产线,但因这两个县的人口、市场容量很小,资金又无着落,根本不具备上马的条件。

案例2　江苏无锡与广西北海原商定了 10 个技改项目,只执行了 3 个,因为北海市后被列为全国开放城市,获得了 1.17 亿元的企业技术改造费,因而决定重新安排原来的技改计划,直接从国外引进更先进的设备,故原来与无锡商定的协议多数已不需要了。

案例3　南宁市无线电一厂多次要求江苏提供净化楼图纸,苏州市净化设备公司特派有关人员带上图纸去帮助设计,但后因资金不落实,无法上马。

案例4　南宁印染厂与常州东风印染厂签订协议,由常州厂派出技术、管理人员到该厂协助生产,利润超过55万元部分两厂二八分成,利润超过75万元部分,则三七分成。后因南宁厂领导班子调整,新的企业领导人对此不很了解,甚至还有不同看法,项目便延搁了。

案例5　广西百色地区原定由常州市派优秀教师去讲学,后因整党学习,不便组织本地教师集中听讲,延误了项目的实施。

（二）对口支援内容丰富,两省区在工业、农业、科技、教育、卫生等领域进行广泛、深入合作,形成以经济技术为中心的多方位对口协作格局

80年代,江苏和广西的对口支援项目的内容日益向广度和深度发展。两省区的合作1980年最早是从棉纺工业开始,后来逐步发展到织造、印染、针织、电子、机械、化工、塑料、轻工、食品、服装、建材等其他门类的工业项目。从1982年开始,又进一步延伸到教育、医疗卫生领域,1985、1986年又发展到农业、建筑、环保、商业和对外贸易。具体地说,从两省区各领域对口支援的项目内容看,有以下三个显著特点:

1. 工业项目集中在轻工业,尤其以纺织工业为主。江苏、广西两省区自80年代初开展对口支援以来,大约有一半以上对口协作工业项目集中在纺织、轻工、食品、服装、塑料等轻工业领域。而纺织业的对口支援项目,在全部对口支援项目中却要占30%以上。整个广西壮族自治区有将近一半的纺织厂家都得到过江苏不同程度和不同方式的支援[1]。主要是帮助安装调试设备、培训人员、提高企业管理水平和开发新产品,使得广西壮族自治区的纺织工业得到较快的发展。

案例:1980年前,广西梧州市的纺织工业基础薄弱,全市只有毛巾、针织、丝绸、缫丝4家企业,设备陈旧落后,产品档次低、品种少,全年总值仅2056万元,在全市工业中的比重不足4%。1980年后,在常

① 广西经济技术协作办公室:《江苏对口支援我区情况简介》,1994年5月3日,打印件。

州纺织工业局的统一组织协调下,从常州国棉一厂、二厂、三厂、四厂、合纤厂、纺织厂、东方红印染厂派出包括厂长、车间主任、工程师、各类操作技工300多人次,帮助梧州棉纺厂从设备选型、安装和调试,到传授生产技术、管理经验和开发新产品的全过程技术援助。先后共培养了生产骨干和管理干部1200多人,完成对口协作项目30多个。在常州纺工系统的帮助下,梧州市先后兴建了棉纺厂、化纤厂、印染厂,形成了纺、织、印染生产一条龙,增加了80多个新品种。1990年梧州市纺织行业实现工业产值2.226亿元(1980年不变价),利税1677万元,分别比1980年增长10.42倍和4.74倍。纺织行业总产值占梧州市工业总产值的比重为17.63%,成为当地重要的支柱产业。

2. 合作扶贫项目特别是农业方面的扶贫项目处于优先地位。开始,合作扶贫主要是一些技术扶贫、智力支边的项目。从1984年起,江苏组织省民主建国会、省工商业联合会、省总工会先后派出各种专业人员、能工巧匠,到广西河池、百色、南宁地区的贫困县去提供设备、技术资料,帮助企业提高管理水平,把江苏的人才、技术、管理经验、销售渠道一起带给贫困地区,使这些贫困地区的企业扭亏增盈,地区增加财政收入,有利于加速脱贫致富。

案例:1987年常州市江南机具厂帮助河池市农机具进行技术改造和扩建,使该厂生产的"河池牌"农用小挂车,荣获广西壮族自治区优质产品,并形成了年产5000台农用小挂车的生产能力,每年新增产值2500万元,新增利税220万元。

从80年中期起,江苏和广西两省区一直在共同探索合作扶贫的新途径,即把科技扶贫和利用国家大跨度的扶贫贷款结合起来建设商品生产基地的大项目①。1990年,双方通过优先实施一些农业项目(蚕

· ① 大跨度扶贫贷款系国家扶贫资金,可用于贫困地区资源开发所提供的跨省区合作项目的贷款,此类贷款可由项目合作者承贷和归还,也可由贫困地区或非贫困地区的项目负责单位单独承贷和归还。

桑、茶叶、网箱养鱼），取得了重要突破。

案例：1990 年，苏州经济协作委员会派出高级农艺师高可天等两位蚕桑专家去广西百色地区指导养蚕试验。经过数月艰苦努力，江苏的优良蚕种在当地养殖获得成功。此后，在国务院贫困地区开发办公室帮助下，从未种过桑养过蚕的百色革命老区建成了 5000 亩蚕桑试验基地，并计划在 1995 年内发展为 3.5 万亩的蚕桑基地。同时，两省区合作利用国家大跨度的扶贫贷款，在百色地区兴建一座 2400 绪的缫丝厂。这一合作扶贫项目的实施，将促进广西百色 50 万老区人民尽快告别贫困。

3. 以推广先进技术、管理经验和培养人才为重点的项目受到普遍重视，教育和卫生项目逐渐占据重要地位。在对口支援中，江苏和广西两省区始终把传播、转移先进技术和管理经验，培养大批专业技术人才作为重点，这类项目每年都占 60％左右，也是最有成效因而坚持最好的一类项目[①]。十多年来，江苏先后派出科技人员、老师傅、教师共 2000 多人次到广西办培训班，传授技术、管理经验和开展讲学活动。广西派到江苏大专院校、医院、工厂企业学习的共有 8300 多人次。自 1982 年以来，江苏每年都接受广西近 100 名高等学校教师到对口院校进修。他们经过半年至一年学习回校后，专业水平和教学经验都有明显提高。

两省区的教育、卫生领域的对口支援逐步做到了制度化、经常化。两省区的教育委员会、卫生厅建立了经常性的联系制度。教育、卫生项目基本上都是由双方教卫部门直接商定的，因而成功率较高。教育、卫生项目的比重呈上升之势。1984 年，在全部 215 项对口支援项目中，教育、卫生项目有 43 项只占 20％。到 1988 年，这一比重已上升到

---

① 广西经济技术协作办公室：《江苏对口支援我区情况简介》第 7 页，1994 年 5 月 3 日，打印件；《广西接受江苏对口支援的调查》（严英龙整理），1994 年 5 月 3 日，打印件。

44.4%。由于双方的联系和交往十分密切,对彼此的学校、医院的专业设备比较了解,支援项目所提的目标也就比较明确、具体可行。因此,除少数项目因人员变动而推迟到下年安排外,绝大部分项目落实实施的情况都较好。

案例1　广西民族学院师资力量比较薄弱,尤其缺少理科教师,致使高年级的一些课程开设有困难。后来由江苏师范学院(现名苏州大学)派出三位教授、五位讲师,为该院政治、数学、物理、化学等系开设辩证逻辑、政治经济学史、自然辩证法、固体物理、场论、结构化学等 8 门课程。广西民族学院有 30 多位教师跟班听课,既解决了这些课程开设的困难,又为该院教师提供了一个极好的学习机会。

案例2　江苏省曾派出的心胸和脑外科两个医疗组,分别到广西壮族自治区人民医院和桂林溪山医院进行了 3 个月的医疗和教学工作,主持和指导心胸外科手术 80 例、颅脑手术 26 次,并进行理论讲座、查房会诊,使广西以上两个医院能够独立开展这两项难度较大的手术,提高了成功率。

(三) 对口支援形式多样,两省区的物资协作、技术协作和经济联合不断涌现经济关系比较紧密的新形式

十多年来,江苏和广西两个省区的物资协作已从易物形式的相互支援发展到补偿贸易和合资开发资源;技术协作从一般性技术咨询服务发展到技术转让、产品扩散和承包经营;经济联合从合作办厂发展到跨省区组建企业集团,形成了形式灵活多样的对口支援局面。特别是从 1986 年开始,两省区之间较长期的补偿贸易、企业经营管理承包、工程技术承包、企业联合等经济关系较紧密的联合项目逐渐多了起来。到 1987 年,这类项目已占全部经济技术对口支援项目的 11.45%。联合的作法,一般都是江苏派技术、管理人员,代购生产设备,负责培训生产人员;广西方面提供生产场地,建设厂房,购置设备和提供劳动力,产品就地销售或分成。

1. 联合开发资源,建立原材料基地。一种形式是利用广西丰富的自然资源和已有生产能力,由江苏投资联合建立迫切需要的原材料供

应基地。从 1986 年起,江苏省经济协作公司在两年内共向广西柳州锌品厂投资 1100 万元,使其扩大生产能力,双方采取补偿贸易形式,5 年内每年返还给江苏锌锭 2000 多吨;另一种形式是利用广西的能源,联合生产高能耗产品,例如常州冶炼厂同百色铜矿联合,对铜矿进行改造、扩建,常州将铜的冶炼工艺转移去广西就地冶炼,由百色供应常州铜材。

2. 建立长期稳定的企业对口支援关系,实行管理、技术承包。通过多年的技术援助,江苏和广西在一些同行企业之间逐步形成常年稳定的对口协作关系。在此基础上,广西选出若干有一定基础、具备合作条件的企业,请江苏对口企业进行经营管理承包或技术承包,时间不少于 2—3 年,使广西选出来的企业的经济效益有明显提高。1989 年由江苏省总工会组织清江化肥厂对广西环江县氮肥厂进行技术承包。8 月承包小组到厂工作,9 月就扭转了该厂多年亏损的局面,9—12 月前后 4 个月共盈利 50 万元。经营管理承包的典型案例是,前文提及的常州国棉三厂与梧州棉纺厂的一种对口支援形式。1987 年双方商定“在经济上结成对子”,按照梧州市政府下达给梧州棉纺厂 1987 年利润指标 120 万元为基数,由常州国棉三厂派出 10 余人进行管理和技术承包,如梧州厂的实际达到利润 120 万元指标数,则支付给常州国棉三厂咨询费 3 万元,如未达到承包利润基数则咨询费按实现利润与基数的相同比例减少,超过利润基数时则超基数部分按 35∶65 分成,由梧州棉纺厂向常州国棉三厂年终一次支付。

3. 开办分厂,产品联营。一般是江苏负责支援的企业为总厂,广西受援的厂家挂分厂的牌子。如常州第二航海仪器厂和梧州通用机床厂联营合作生产 YCZ 系列“油污水分离器”,梧州厂挂“常州第二航海仪器厂梧州分厂”的厂牌,产品使用常州“兰陵”牌(银质奖)商标,技术全过程由常州负责,扩大了该产品在西南地区的市场。梧州方将按该产品销售额 2%,向常州方支付联营效益分成,有效期为 3 年。但也有相反的情况,江苏引进广西技术,在江苏办分厂。例如,江苏金陵水电工程公司引进广西柳州开关厂工艺,在南京办分厂,生产出合格的高低压、开关柜,取得很好效果。

4. 以名优产品为龙头,大型企业为骨干,发展企业集团。1985 年以前两省区的对口支援主要是技术援助和短期的人才代培,很少有经济联合项目。1985 年则出现了一批联合经营项目:有合资办厂的,在对方办分厂的,有联营联销的。这类联合项目已占当年实施项目的16.8%。随着产品扩散或联合生产的项目增多,1986 年进一步出现了更为紧密的企业联合。南宁无线电三厂经过多年与南京无线电厂协作,加入了"熊猫"电子集团,在南京厂的帮助和支持下联合生产熊猫牌彩色电视机,1986 年第一批产品投入市场,填补了广西壮族自治区不能生产彩电的空白,成为广西电子行业的骨干企业。梧州市灯泡厂以前生产的日光灯,由于质量差、产品滞销积压,企业陷入困境。1982年,在南京华东电子管厂的对口支援下,日光灯质量迅速提高,进入全国先进行列。产品不仅在国内市场打开了销路,而且开始外销港澳市场。1987 年,该厂加入了以华东电子管厂为龙头的"电工联合总公司"(电子企业集团)。

此外,江苏和广西的对口协作还有调剂余缺,开展劳动力输出协作;利用多种渠道,联合发展对外贸易;互设窗口,建立商品销售的长期合作等形式。

江苏、广西对口支援的效果与作用

一、对口支援的实际效果

80 年代,江苏和广西两省区开展的多形式对口支援和经济协作取得了较好的效果。

（一）发挥双方的优势,挖掘潜力,促进了地区经济的发展

中国经济技术发展不平衡,29 个省市区各有特点,各具优势。通过开展对口支援和经济协作,给广西带来了新的观念、新的技术和新的产品,拓宽了广西发展地区经济的思路。广西利用从江苏转移过来的先进技术和资金,进一步把本地资源充分利用起来,从而把潜在的资源

优势,变成了经济优势。通过推广江苏的农业技术,使广西一些地区的水稻、蚕桑、淡水养殖的单产明显提高。通过两省区联合发展制糖业,来自江苏的有限投资使得广西的一些糖厂扩大了生产能力,提高了日榨水平。江苏派出的数百批、数千人次的技术人员、技术工人,使广西许多新厂正常投产,困难企业转产,促进了广西工业的发展。所有这些都对广西的地区经济发展产生了积极的影响。仅以两省区对口支援处于热潮中的 1985 年至 1989 年期间为例,广西农业总产值由全国第 15 位上升到第 12 位;重要工业原料食糖跃居全国第 2 位;汽车、电视机、电风扇、手表、机械制造以及饮料罐头等工业有了长足的发展,并在市场上有了一定的知名度。1986 年至 1989 年统计,通过江苏对口支援和联合项目,广西新增产值 1.45 亿元[①]

应当指出,广西并不是这一对口支援唯一的得益者。在物资、原材料由国家实行计划分配的情况下,广西每年从本区计划内划出一定数量的木材、毛竹、桐油、白糖、松香、锌、锡支援江苏。据不完全统计,从 1980 年到 1986 年,仅常州一市得到广西支援的物资(由江苏按价付款)就有木材 3250 立方米、桐油 142 吨、锡 17.5 吨、锌 120 吨、钛白粉 5 吨、涤纶丝 30 吨、毛竹 6.5 万支、白砂糖 370 吨、酒精 200 吨。可见,在计划经济体制下,对口支援对于解决国家计划中部分短缺物资的供应不足,保证江苏经济发展和改善人民生活的需要,确实是功不可没的。这个案例还说明,对口支援和经济协作与其说它是对计划经济的突破,不如说它是计划经济的补充。对口支援对江苏的积极影响还在于:广西不仅资源丰富,不少工艺技术的水平也较高。通过技术转让、产品扩散等形式,江苏一些企业从广西也学到了不少先进技术和工艺,如柠檬酸生产冷冻结晶技术、织锦技术、绢麻纺织技术,水泥生产中的复合矿

---

① 《人民日报》蒋耀强报道:《江苏对口支援广西发展经济》,《人民日报》1990 年 6 月 19 日第 1 版。另据笔者调查,据吴统慧主任介绍 1986 年至 1991 年通过对口支援广西新增产值 5 亿元以上,新增利税 5500 万元。

化剂技术等。这是研究江苏广西对口支援不应忽视的一个重要侧面。

（二）推动企业技术改造，开发新产品，降低成本，促进了企业经济效益的提高

在对口支援中，广西大半城乡都留下了江苏科技人员和技术工人的足迹。他们到对口企业去帮助进行技术诊断、技术改造，使一大批企业产品打开了销路，生产成本下降，企业扭亏为盈。南宁印染厂1982—1983年两年亏损135万元，1984年在常州东风印染厂的帮助下，调整设备，改进工艺技术，当年产量比上年同期增长2倍多，花色品种增加80多个，入库一等品率提高了10％以上，实现利润55万元。广西藤县化肥厂建厂15年从未尝过盈利的滋味（累计亏损600万元，1988年2月又亏损43万元）。1988年3—9月，江苏太仓化工总厂先后两次派出技术小组前往藤县化肥厂对口支援。他们既改革工艺设备，又抓职工的技术培训，帮助制定严格的操作规程和劳动管理制度，使藤县化肥厂在1989年首次甩掉了亏损帽子，有了40万元的利润。南宁市邕宁良庆陶瓷厂原来产品的成品率只有50％，企业长期亏损。1984年，宜兴陶瓷公司派出工程技术人员和工人，帮助该厂改造了隧道窑，改革了陶土配方，改进了工艺技术，建立健全了各项管理制度，使产品成品率提高到83％以上，迅速扭转了长期亏损的局面。

（三）促进了技术和管理经验的转移，提高了产品质量，增强了企业在国内市场的竞争能力

两省区的对口支援，通过技术项目的实施，不仅使广西的一部分企业摆脱了困境，而且给它们提供了很好的学习机会，实现了技术和管理经验在地区间的转移。梧州市灯泡厂以前生产的日光灯管，质量较差，1981年全国评比名列第32名。产品滞销积压，企业相当困难。1982年以后，在南京华东电子管厂的帮助下，提高了生产技术水平，使产品质量逐步提高。1985年在全国评比中获第2名，产品打开了销路，1987年以来开始远销港澳市场。桂林光子食品仪器厂原来的产品滞销，1981年以来，在南京光学仪器厂的长期支援下，产品不断更新换代，从引进XTB型变信显微镜开始，努力进行功能扩大改装，现在已发

展到能生产带光源显微镜、摄像显微镜等多种新产品。1985年获广西壮族自治区名牌称号。再如,广西南宁机械厂是广西唯一生产195柴油机的工厂,但由于企业管理不善,工艺流程落后,产品质量较差,大批产品压库,销售愈来愈困难,企业一度靠卖原料和银行贷款过日子。1982年由常州柴油机厂派出以总工程师为首的技术小组来南宁对口支援、协助攻关,经过认真分析,提出了87条改进措施,在双方共同努力下,仅用了1个月左右的时间,就解决了产品质量问题。为了进一步帮助南宁机械厂解决产品的销售渠道,慷慨的常州柴油机厂人不但让出了河北、宁夏、新疆三省区的国内市场,而且将与马来西亚签订的500台合同中的200台主动让给了南宁机械厂。在常柴厂的帮助下,南宁厂的企业活力大增,销售额上升,当年实现利润87万元。第二年两家企业继续开展对口支援,使南宁厂年创利再上一个新台阶,达到570万元。

(四)有利于实现科技人员流动和职工培训,为对口支援地区培养了大批急用人才

在对口支援中,借助江苏科技、人才的优势,采取请进来,走出去,开办学习班、跟班学习、进修等多种形式,为广西多快好省地培养了一大批人才。特别在教育和卫生部门,效果更为明显。广西除了每年派出一些骨干教师到江苏进修、跟班学习外,还利用暑假期间请江苏派来优秀教师和学校领导来广西开办学习班,上示范课,传授教学经验。据不完全统计,全广西壮族自治区参加听课的教师和学校管理人员共3万多人,对于提高广西教师的教学水平,促进教育制度改革,提高教学质量起了重要作用。在医疗卫生方面,10多年来广西派到江苏学习业务技术的近2000人次。江苏派出讲学的220多人次,听课人数达1.66万人。江苏先后派出了5个医疗队(或教学组)共有40多名专家到广西开展医疗和教学指导,帮助当地开展一些过去没有开展或开展不多、成功率不高的手术项目,既填补了空白,又培养了人才。进入90年代,广西就有5个县派出30名县级领导干部到江苏对口县挂职学习,通过挂职锻炼,使他们开阔了视野,增长了才干,提高了领导水平。

他们不但在江苏对口县学习到当地改革、开放和建设的经验，而且还密切了双方的关系，扩大了联合协作领域。同时，南宁市邕宁、武鸣县和市郊还派了包括县政府以及县农委、乡镇企业局的领导和乡、镇长共48人到江苏南京市对口县和市郊挂职跟班学习。既学习了江苏的经验，又提高了领导和管理水平。

　　除了专业技术人员和领导干部的交流外，对口支援还带动了劳动力流动。从1987年底开始，江苏无锡市机械系统接受广西柳江县60名青年岗位代培，劳务合同期3—5年，工资报酬与无锡市学徒工同工同酬。第一年的工资由无锡市劳动服务公司发放，以后各年由劳动力所工作的企业发给。这种做法，既为广西培养了技术工人，又可以缓解无锡劳动力不足的矛盾。

　　此外，江苏和广西的对口支援和经济协作还有其他一些效果，诸如促进横向联合、搞活流通、改善工业布局、优化经济结构，等等。

二、对口支援作用的宏观、微观分析

　　对江苏、广西对口支援和经济协作所作的实证研究表明，对口协作对发展社会生产力具有积极的促进作用。它有利于"东西合作"，有利于建设有中国特色的社会主义，有利于民族团结，国家兴旺发达和人民的幸福富裕。其中，对发展生产力的促进作用是根本性的，它既反映在宏观层次上形成新的生产力要素增量，进而有利于提高整个社会的经济效益。同时，它又反映在微观层次上，企业通过生产要素重新组合形成新的生产能力，并在生产实践中创造出数量更多、质量更高、更能满足市场需求的物质产品。

　　（一）对口支援和经济协作有助于社会生产力各种要素的形成，起着加速和催化作用

　　通过对口支援和经济协作增加新的劳动者，提高了劳动者的素质，主要体现在两个方面：① 对口协作发展了生产，增加了新的就业机会。失业青年找到了工作，退休的厂长、科技人员、老工人有了继续工作施展自己才干的用武之地。② 通过对口支援发展了教育事业，在职的职工也增加了新的学习机会，培养了许多专业人才。通过请进来、送出去

的人员交流和人才协作,受援地区经济建设所急需的有专门知识和技能的专业技术人员和熟练劳动者已经或者将要被培养出来,他们将在本地区的经济和社会发展中发挥越来越重要的作用。承担支援任务江苏方面的派出人员,挑起了技术、管理的重任,打开了眼界,经受了新的锻炼和考验,增强了责任感、使命感,提高了专业技术水平和组织能力,一批在原单位看似平常的工人、技术人员和管理人员,在对口支援中迅速成长为技术骨干和管理能手。

通过对口支援和经济协作增加新的生产手段和劳动工具。在我们所见的所有案例中,基本上是一种以模仿为特征的先进适用设备的扩散,而那种以创新为特征的设备研制、联合攻关未见一例。广西借助于对口协作,有的是从江苏引进有关设备或生产线,或者是在江苏帮助下完成对自己现有设备的技术改造,还有少数特殊的例子是,广西从国外引进了设备或生产线,但不会使用;或虽能使用却远未达到引进设备正常的生产能力,后在江苏支援下使其正常投产。无论是何种情况,这些对广西来说,无疑都是增加了新的设备、新的劳动工具,属于技术进步的范畴。从全社会来看,则有的是先进设备的扩散,有的则是旧设备的转移,仅仅在当地属于技术进步。

通过对口支援和经济协作增加新的资源和劳动对象,主要有两方面情况。一方面,通过对口支援,增加的是原来已作为劳动对象使用的各种原材料的可利用的数量,如采取补偿贸易等方法双方联手扩大广西有色金属、蔗糖的生产量;另一方面,在江苏帮助下开发一些广西过去尚未利用的资源,增加新的劳动对象,新开发的蚕桑生产基地、茶叶基地即属于这种类型。

至于由对口协作引起的科学技术和经营管理经验的转移,意义更加深远。① 这种科技和管理经验的转移,在我们的案例中基本上也只是一种扩散。然而,在大规模开展对口支援的情况下,只要坚持从本地实际情况出发运用得当,将会通过促进科技进步、改善经营管理对发展社会生产力产生巨大的推动作用,从而能转换经济增长的方式,提高经济运行的质量,实现持续、稳定、有足够后劲的增长。② 对口协作所引起的科技和管理经验的转移,往往不是孤立的,而是结合增加其他新的生产力要素共同形成的。科技协作和科技水平的提高,是增加素质好的劳动者、生产设备和劳动对象的必要前提,也是增加质量好的产品的重要保证。管理方面的协作和经营管理的改善,则是容纳新的生产力要素并加以合理组合使之提高效率的先决条件。大量的案例都说明,生产组织和经营方式的任何改变,都是直接与生产力要素投入的变动密切关联的。③ 对口协作带来的科技和管理经验的转移,既是社会生产力发展,经济效率提高的重要动因,又是整个社会进步的重要标志。从宏观的角度看问题,对口支援和经济协作是在经济运行机制未发生变化的情况下,加速了先进科学技术和现代经营管理方法的普及和推广,从而促进了整个社会的科学技术水平和经营管理水平的提高。

(二) 对口支援和经济协作促使企业合理组合各种生产要素,形成新的生产能力,并使其得到有效的运用

在对口支援和经济协作中,企业往往通过多种形式的支援协作(技术、人才、资金、物资、设备等单方面或多方面的协作)形成新的生产能力或扩大生产能力。具体内容,可以概述如下:

1. 技术协作,取得必要的技术资料或专利。

2. 人才协作,取得的技术或业务指导,包括培训人才和帮助组织施工。

3. 资金协作,通过借贷、补偿贸易、合资经营等方式取得紧缺资金。

4. 物资协作,取得紧缺原材料或中间产品。

5. 设备协作,对原有设备进行技术改造,或者引进新设备代替原有设备,包括配套设备或零部件。

由于设备用于加工或制造的能力,通常被看做是衡量生产能力大小的主要尺度,所以我们在这里将设备协作单独列出。而在江苏、广西两省区对口支援的组织活动以及人们留下的各种档案资料中,设备协作被看做是企业形成新的生产能力的最直接因素,因而一般都被统计在技术协作之中。事实上,设备协作同技术协作、人才协作经常是同时

进行的,只有人才才是对口协作中真正的中心环节。因为并入设备的技术和管理经验,要靠人才(技术人员、技术工人和管理者)这一载体的流动才得能实现转移;设备本身,无论是对原设备进行技术改造、还是引进新设备,都需要新的技术知识和技能,都需要掌握、使用和维修设备的各类专业人才。对口支援的主要功能之一,就是千方百计通过协作使受援地区和企业的各种生产力要素配套,不但能形成新的生产能力,而且使生产能力得到有效的、合理的运用。当然,生产能力的形成与发挥效用是不能截然分开的,两者都对对口协作提出了要求。从江苏、广西对口支援的许多案例来看,如果说在生产能力形成阶段,对口协作的主要作用是帮助体现生产能力的设备(生产线)得以安装的话,那么,在生产能力发挥效用阶段,对口协作的作用,则是帮助体现生产能力的主要设备得以正常运转。

为了保证体现生产能力的主要设备正常运转,对口协作所能发挥的作用,可进一步归纳如下:

1. 通过对口协作可以聘请工程师和熟练工人担任技术业务指导,负责生产和经营的组织领导工作,关键工种的具体操作工作以及难度大的设备维修工作。

2. 对口协作能培养本企业的专业技术人才,在理论与实践的结合上形成胜任称职的管理干部、技术骨干、熟练工人队伍。

3. 对口协作能解决生产过程中紧缺的质量不过关的配套设备或零部件。

4. 对口协作可以解决产前产后基础设施的服务,包括水电气公用工程、运输和仓储、信息和通讯等各种配套服务条件等。

5. 对口协作可以解决一部分短缺的能源、原材料供应。

6. 对口协作可以筹集扩大生产所需的部分资金。

7. 对口协作可以改善企业经营管理,提高产品质量、降低生产成本、减少能源和原材料消耗,实现扭亏增盈。

8. 通过对口协作,可以扩大产品在国内外市场上的销路,保证生产能力的充分发挥。

以上的实证分析表明,江苏、广西的对口支援和经济协作是在计划经济体制有所改革但又未根本转变的情况下,保证社会生产力要素实现优化组合的重要手段,从而也是保证企业充分发挥生产能力,不断提高经济效益的重要手段。

江苏、广西对口支援关系发展的动因与经验

分析江苏和广西对口支援关系发展的动力机制,我们认为主要有两个动力源,即政治上的推动力和经济上的相互吸引力。

(一)从决策思路上看,建立和发展对口支援关系最初直接来自于政治上的推动力

政治推动力主要是由加强民族团结和巩固边防这两个动因构成的。邓小平曾经指出,中国各兄弟民族应建立"社会主义的团结友爱、互助合作的新型民族关系"①。中国少数民族大多数聚居在边疆、山区,经济发展水平落后,人均工农业总产值和全民劳动生产率大大落后于沿海经济发达地区和全国平均水平,有的贫困地区甚至依靠国家救济过生活。因此,中央政府多次强调,"根据少数民族的特点和需要,坚持不懈地帮助各少数民族地区加速经济和文化的发展,以促进全国各民族的共同繁荣,是我们必须遵循的重要政策"②。

1990年,党的十三届五中全会还通过决定明确指出"要继续加强对老、少、穷、边地区的支援",帮助这些地区尽快脱贫致富。可见,在这里加速少数民族地区经济发展,已不仅仅是一个经济问题,而是一个关乎民族团结、维护祖国统一的重大政治问题。特别是从1979年2月

---

① 邓小平:《新时期的统一战线和人民政协的任务》(1979年6月15日),《邓小平文选》第3卷,人民出版社1994年版,第185页。

② 《经济发达省、市同少数民族地区对口支援和经济技术协作工作座谈会纪要》(1982年12月24日),赵维臣主编《经济技术协作理论和经验》,天津人民出版社1983年版。

起,越南又与曾经全力支援自己抗法、抗美的中国打起了边界战争。广西、云南等少数民族聚居的省、区,那里的经济社会发展状况如何直接与巩固国防与建设边疆密切相关。80 年代从中央政府到地方政府进行反复政治动员时,都十分强调"对口支援不同于一般的经济协作"①,其深层次原因盖出于此!

（二）双方在经济发展上的差距和互补性则是对口支援和经济协作的形成和发展的客观基础

由于长期历史形成的基础,以及许多主客观因素,广西与江苏之间在经济和社会发展水平上到 70 年代末期仍然存在着很大的差别②。在财力、物力、技术等方面的"落差",形成了江苏和广西之间建立和发展对口支援与经济协作的可能性和必要性。少数民族省区在现代化建设的过程中,一方面要积极引进、吸收国外的先进技术和现代管理的成果;另一方面要利用沿海地区的先进适用技术和管理经验,实现科学技术的"梯度转移",把国内先进技术水平转化为社会平均技术水平,把先进的劳动生产率转化为社会平均劳动生产率。对口支援和经济协作正是适应这种经济社会发展的客观需要建立和发展起来的。同时,江苏和广西两省区在经济上还存在较强的互补性。从总体上看,广西的自然资源比较丰富,江苏的加工业(制造业)比较发达。广西在有色金属、木材、蔗糖等工业原材料生产上具有较强的优势;江苏的工业资源比较贫乏,人均占有资源更是偏低,但江苏的非金属资源(如盐却较丰富)。江苏进一步发展制造业,迫切需要在外省建立原材料供应基地。当时,上海、天津、浙江、四川等省也在与广西积极探索建立原材料基地的途径,从而形成了相互竞争的局面。在这种情况下,江苏和广西通过发展对口支援关系,联合开发资源,已成为经济发展的内在要求。再从工业

①　《对口支援十年回顾》,江苏省经济协作工作会议材料,1990 年 3 月,打印件。

②　1978 年江苏与广西的人均 GNP 的比值为 1.90∶1,根据《全国各省、直辖市、自治区历年统计资料汇编》的数据计算的。

生产能力和技术水平看,双方省区也有互补性。江苏的纺织(棉、毛、丝、化纤的纺织)、轻工、机械、电子、化工、建材等制造业发达,但麻纺、制糖业则比较薄弱,而广西的食品罐头、麻纺、制糖等工业生产能力和技术水平较强。如何扬长避短,发挥各自的优势? 在传统经济体制下,曾经打算通过国家的计划去实现。但受到条块分割等各种体制性因素的限制,地区间的合理分工与协作成了一个美妙的幻想,根本无法做到。为了寻找出路,搞活经济,各省区在计划外相互间开展经济技术协作就是一种必然的选择。江苏早在 50 年代,开始与外省进行物资协作。1978 年,全省通过协作进省、出省的物资总值已达 3.38 亿元。当年协进物资中的煤炭占计划分配数的 28.7%;协进的钢材占计划分配数的 14%。历史上的省际协作虽屡遭挫折,规模也很有限,但通过这些协作活动,确实使江苏和有关省区的某些优势得到较好的发挥,某些劣势得到一定程度的弥补,对各方都很有利。从已经协作中尝到的经济互补的好处,无疑成为江苏对口支援广西的重要现实基础。

(三) 广西市场对江苏来说,有一定的吸引力

直到 80 年代中期,在广西市场上江苏的产品并不多。通过互相设立窗口,举办交易会、展销会以及商业部门经销等办法销售江苏省的产品,扩大其在国内市场的覆盖率(占有率),是江苏人多年梦寐以求的事。同时,江苏可以通过对口支援与广西形成的亲密关系,充分利用广西北海、防城港以及梧州市邻近香港的有利条件,联合发展对港澳和东南亚的贸易;利用广西东兴、凭祥等口岸,联合发展对越南及其所在的印度支那半岛诸国的边境贸易。国内外市场的这种吸引力,也是推动两省区对口支援关系不断巩固和发展的积极因素。

10 多年来,江苏和广西两省区对口支援协作之所以能够长期坚持,不断地有所发展,还由于在具体作法上坚持了以下几条:

1. 政府重视,加强组织领导,是搞好对口支援和经济协作的关键。江苏、广西的对口支援特别是在开始阶段(1984 年以前),在很大程度上是一种政府行为。因此,对口支援搞得如何,关键在政府领导人,领导人的关键在于思想重视。两省区政府的领导人,一方面把对口支援,

看做是加强边疆建设,巩固国防,促进民族团结,实现中华各民族共同繁荣的光荣历史责任;另一方面,双方又共同认识到,对口支援协作本身又是国家计划的必要补充,是发展横向经济联系,搞活经济,加速各省区经济发展的重要途径。基于这种认识,两省区政府都非常重视,领导人身体力行,从思想、组织、政策等方面予以大力推动。10多年来,不仅两省区的政府要人每年定期互访,而且各地、市、县的负责人互相实地考察的次数就更多了。这种互访、考察对加深了解和增进友谊,交流经验,发展关系,拓宽合作领域,从而促进对口支援的顺利开展,起到了积极的推动作用。两省区各级政府在交往中,十分注意发扬风格、尊重对方,实事求是,真诚相见。早在对口支援关系建立不久时,江苏省委负责人就明确指出,对于广西方面所提出的支援要求,"凡是我们能办到的坚决办,暂时有困难的创造条件办,实在办不到的说明情况"①。10多年江苏对广西的支援就是按照这一精神去做的。广西各级政府为了给对口支援项目创造条件,也千方百计采取一些措施。例如,广西百色、河池等贫困地区的地方政府每年从很紧的地方财力中挤出专项拨款30万元,"戴帽下达"给所属各县和企业,专项用于对口支援和经济协作活动中的经费开支。与此同时,两省区的各级政府、有关部门还成立了专门的工作机构,或明确专人负责这项工作,从1984年起两省区每年都要召开一次全省(区)经济技术协作工作会议,及时总结推广经验,沟通信息,协调关系,联系洽谈合作项目,促进了双方相互支援和经济协作的顺利发展。

2. 既要发扬相互支援的协作精神,又要坚持互惠互利的原则,充分调动企业的积极性是做好对口支援和经济协作的核心。1983年前,两省区对口支援处于初始阶段,当时主要强调"对口支援是国家赋予经济发达地区的重要任务",以行政命令为主,基本上实行的是"无偿支

① 江苏省经济协作委员会对口支援办公室:《关于1985年对口支援工作情况的汇报》,全省经济技术协作工作会议材料之一,1985年12月30日。

援"。但由于"无偿支援"既无法考核，又不符合经济原则，时间一长就暴露出许多问题，支援一方和被支援一方的积极性都曾出现明显下降的势头。1984 年 10 月，中共十三届三中全会作出了《关于经济体制改革的决定》，随着企业改革作为经济体制改革的中心环节不断深入，经营承包责任制一度成为企业改革的主要形式。企业作为独立的市场主体，要求按经济规律办事，遵循平等互利的原则开展经济活动。而初始阶段那种单纯依靠行政命令的"无偿支援"的做法，已同企业要按经济发展的内在要求办事的愿望越来越不适应了。于是，慢慢地有一些企业、单位开始感到承担支援任务负担很重，以自身生产经营任务重派不出人员支援等借口为由，不愿意再接受新的支援任务；受援一方则有些单位因长期受计划经济体制的束缚，吃惯了"大锅饭"，实施对口支援项目上层领导是项目越多越好，基层是奉命办项目，多一事不如少一事，工作不积极。面对这些新的变化，两省区及时进行了调整，一方面进行爱国主义教育，大力宣传"支边"的重大意义；另一方面，及时提出既要提倡发扬社会主义协作精神，又要尊重经济规律，坚持互惠互利，强调要切实调动企业的积极性。为此，1982 年广西制定了《关于江苏来支援广西人员工资待遇的暂行办法》，对江苏到广西执行支援任务的人员的工资待遇、生活补贴、奖金、医疗及其他生活福利、探亲等切身利益问题给予优惠的照顾。1987 年又进一步作了修改，以广西壮族自治区经济协作办公室、财政厅、人事局、劳动局 4 单位联合发文的形式（文号为桂经协字〔1987〕088 号），提高来援人员生活补贴标准，并规定支援项目取得经济效益后再提取一定的比例补偿支援单位。另外，在一些由国家计划分配的物资未放开以前，广西壮族自治区每年还拿出少量的有色金属和桂林产品供应江苏的对口支援单位。既照顾了江苏赴广西对口支援人员个人的切身利益，解除了他们一部分后顾之忧；同时，也调动了承担援助任务的企业和单位的积极性。与此相对应，江苏为了把与广西的对口支援同与其他省、市、区的一般的经济技术协作和经济联合相区别，提出了对广西的支援项目实行"两优"的方针，即在项目的安排上，给予优先考察；在合作项目的利益分配上，在广西方面给予优惠,对广西派到江苏高等院校培养的人员,收费也从优(约为三至八折优惠)。江苏和广西的上述做法,比较好地处理了发扬社会主义互助协作精神与坚持互惠互利原则两者之间的关系,促进了对口支援协作项目较快地落实,从而取得了较好的经济效益和社会效益。

3. 以技术协作为主体,逐步向物资协作和经济联合等多种形式协作发展,对搞好对口支援和经济协作起了推动作用。从总体上看,江苏和广西的对口协作的主要内容是物资协作、技术协作和经济联合。但物资协作受到计划和既定资源的限制。当时规定,物资计划要以保证完成国家计划为前提,不能动用国家计划内的物资搞协作。参加协作的国家统配物资要纳入地方分配计划,非统配物资也要纳入地方物资协作计划。实际上,各省区可用于物资协作的范围限定在:国家给地方分成的统配物资;完成国家上调任务后,由地方支配的产品,用地方外汇进口的物资。而且,协作物资的价格,一般要执行国家定价①。经济联合则更加复杂,要受到现行体制、资金、税收以及企业所有制性质、行政隶属关系、利润解缴渠道等多方面的制约。相比之下,技术协作往往能达到投资少、见效快、效益显著的效果,比较容易达成对口支援和经济协作的协议,实施起来成功率也较高。所以,10多年来双方始终以技术支援、人才培训为重点。为了切实把引进江苏的先进技术的管理经验和培养人才作为发展对口支援的突破口,广西壮族自治区在地区财力比较紧张的情况下,从1982年开始一共拿出近400多万元作为全区教育和卫生系统实施代培人才项目的基本经费,为这些项目的实施创造了条件。两省区的对口支援的实践还表明,单纯只搞技术支援、人才培训,没有物资、资金等其他协作为条件,往往技术协作也搞不成。因此,以开展技术协作为主体,还要坚持物资、技术、资金协作和经济联

---

① 参见《中华人民共和国国民经济和社会发展第六个五年计划》第23章:地区协作;赵维臣主编:《经济技术协作理论和经验》,天津人民出版社1983年版,第179~180页。

合几方面相结合相统一的作法。从 80 年代后期以来,两省区又在重点发展技术协作的基础上逐步向经济联合、补偿贸易、资源开发等方面拓展,使对口支援进一步深化。

江苏、广西对口协作中存在的问题与前景

　　进入 90 年代后,特别是随着市场取向的改革思路日益清晰,原先在计划经济体制下启动的江苏、广西的对口支援,逐渐出现了一些新情况、新问题,集中表现在两省区的一部分企业开展对口协作的积极性有所下降,每年实施的对口支援项目数以较大幅度减少,项目的实施率也比较低。

　　我们根据有关资料和第一手调查资料进行估算,1990—1993 年这 4 年中,双方经洽谈商定 553 个对口支援项目,结果仅实施了近 165 项,项目实施率由 80 年代的 60％以上下降为不足 30％。4 年中,每年平均实施项目 41.25 项,比对口支援处于高潮的 1985—1989 年期间平均每年实施 124.2 项,减少了 2/3 以上。而且,在这些实施项目中,比较有分量的和经济效益较高的项目都比较少[①]。

　　两省区的一些企业、单位开展对口支援的积极性不高的原因主要有:

　　1. 部分企业对新的历史条件下,开展省区对口支援的长期性、必要性认识不足。特别是对社会主义市场经济在认识上存在着误区,认为市场经济就是一切经济活动都是由市场和企业自己决定,完全不需要政府的调控和协调。企业之间的经济联系本质上是一种交换关系,由政府间出面协调的对口支援关系已经过时了。

　　2. 互助互利的原则执行得不坚决、不彻底。江苏的一些支援企

---

　　① 广西经济技术协作办公室:《江苏对口支援我区情况简介》第 7 页,1994 年 5 月 3 日,打印件。

业,面对激烈的市场竞争,担心"教会徒弟,饿死师傅",对一些市场竞争性强的项目,不愿意进行技术输出和技术转移;而广西的一些受援企业仍怀念过去的"无偿支援",对协议规定的支援单位应得的经济利益(利润分成或物资补偿)没有完全兑现,对有关支援人员的政策也不够优惠。

3. 近年来,广西壮族自治区经济发展很快,发展速度多年居全国前列,经济综合实力和科技、管理水平迅速提高,所以一般性的技术项目广西在自己区内已经可以解决。进入 90 年代后,江苏原有的经济、技术优势正面临新的挑战,江苏与广西之间人均国内生产总值的差距虽然有所扩大[①],但更加开放的国内外环境却使广西寻求合作伙伴有了更多的选择。相对而言,江苏对广西在经济、技术上的吸引力却有所弱化。事实上,双方商谈对口支援项目时,广西表现出对引进江苏的资金怀有更大的兴趣,希望江苏不仅能进行技术转移,而且能输出资金,而江苏自身发展同样感到受到资金的约束,除了少数联合开发资源的项目外,一般很难满足广西方面对资金的需求。与此同时,改革和发展都走在江苏前面的广东省,近年来加强了与广西的经济贸易联系,这对进一步开展江苏、广西的对口支援和经济协作也产生了一些微妙的影响。

4. 有些商定的对口支援项目本身质量不高,有的未经认真的可行性论证就匆促敲定,有的甚至根本不具备实施的条件而无法落实。加之项目的商定仍主要是政府对话、"官方"洽谈,意向性的多,一部分未经双方企业签订合同明确责权利,企业缺乏积极性,项目当然就会落空。

江苏、广西的对口支援和经济协作前景如何? 对此,我们有足够的

---

① 1989 年江苏与广西的人均 GDP 比值为 2.08∶1,1993 年的同一比值为 2.17∶1,根据《全国各省、直辖市、自治区历年统计资料汇编》、《中国统计年鉴 1994》的数据计算。

理由持乐观态度：

1. 中国建立社会主义市场经济体制的目标模式绝不意味着对口支援就不必要了。中国走社会主义道路是无法改变的历史选择，而走社会主义道路，就是要实现共同富裕。邓小平说："共同富裕的构想是这样提出来的：一部分地区有条件先发展起来，一部分地区发展慢点，先发展起来的地区带动后发展的地区，最终达到共同富裕。"①他还具体设想："在本世纪末达到小康水平的时候……发达地区要继续发展，并通过多交利税和技术转让等方式大力支持不发达地区。不发达地区又大都是拥有丰富资源的地区，发展潜力是很大的。"②可见，沿海发达地区支援内地不发达地区，是中国一项既定的方针是不会改变的。因此，对口支援在什么基础上进行，以何种方式进行都可以进一步探讨，甚至对口支援的对子也可以随实际情况的变化而加以变动，但省际间的对口支援是不应取消也无法取消的。

2. 省际间的对口支援和经济协作，虽然是在计划经济体制下启动的，但它却包含了许多交换关系，只要在对口支援和经济协作中坚持平等、互助、互惠、互利的原则，注重发挥企业作为市场主体的地位和作用，对口支援关系的发展同样会促进市场经济的发展。

3. 市场经济的健康发展，离不开政府对经济活动的适度干预和宏观调控。特别是在"市场失灵"的领域里，更要有政府发挥积极作用。今后，开展省际对口支援和经济协作，并非一切都是由市场和企业自己来决定，在诸如资源开发等重大问题上仍然需要由省区政府出面协调和调控。今后，政府的主要工作不应是去直接商定对口支援的项目，而采取"政府搭台，企业唱戏"的方式，主要负责制定有关对口支援的方针政策，并通过规划服务，组织协调、检查监督等环节对项目实施间接管理。省区政府要从本地实际出发，按照国民经济发展的需要的实际可

① 《邓小平文选》，第 3 卷，第 373～374 页。
② 《邓小平文选》，第 3 卷，第 374 页。

能,通盘考虑对口支援的发展规划,逐步把对口支援和经济协作作为本地区经济社会发展战略的重要组成部分,并严格按照国家和地区产业政策对项目进行引导,把好项目关。

　　人们完全可以相信,中国的省际对口支援和经济协作,绝不会停止在原有的水平上。在由计划经济向市场经济转变的过渡时期中,对口支援将会创造出更多、更新鲜的经验来!

　　　　(原载《中国技术转移和技术进步》,经济管理出版社 1996 年版)

提高苏港合作的层次和水平

目前香港经济持续发展,回流移民在增加,国际投资者对香港前景普遍看好。如何抓住香港回归这一历史性的机遇,进一步拓宽、深化苏港合作,促进共同繁荣,需要进一步明确思路。

认清经济上互补性的具体内容和发展趋势,提高苏港合作的自觉性。

要正确把握苏港经济互补的内容和趋势,必须对双方的产业结构、区位优势和外贸商品结构进行比较研究。从总体上看,香港的产业发展层次高于江苏。香港是一个第一产业的比重微乎其微(仅占0.6%)、第二产业空心化程度很高、第三产业高度发达的城市。80年代以来,香港经济正步入以高科技的服务业为主导,以追求生活高质量为目标的转型时期。香港制造业的大部分工序逐渐转移到内地,尤其是电子、玩具、钟表等主要行业。香港的优势是贸易转口、金融服务、投资管理和信息集散能力强;弱点是土地少、人工费用贵、本地资源贫乏、高科技人才数量不足、密度偏小。江苏作为一个经济大省,在继续保持农业发达的优势的同时,多年来形成了以加工制造业为主、中小企业为主的经济结构。随着高新技术产业的积极培育和加快发展,用高新技术改造、提高轻纺等传统制造业,在微电子、机电仪一体化、生物工程和新材料等领域,将形成江苏新的优势。香港回归后,苏港完全能在对方的产业结构转换中发挥积极的作用。从区位上看,香港在连接中国与国际的经贸合作方面,具有重要的天然优势。而江苏作为世界经贸活动向中国内地扩散的重要基地,具有东部沿海地区的中心的优势,它可以凭借京沪、陇海铁路,沿海和长江、京杭大运河,连接南北,贯通东、中、西部三大经济地带。宁沪高速公路以及其他一些高等级公路的建设开通,特别是香港回归前夕南京禄口机场的正式启用,进一步增强了江苏连接香港与内地之间经济联系的区位优势。苏港双方的经济发展都与对外经济贸易有很大的关联度。江苏是"鱼米之乡"、"丝绸之府",预计21世纪初叶也难以改变这种格局。相比之下,香港出口产品中衣着居首位,比江苏的纺织丝绸品要高一个层次。反映香港市场需求包括经港输入台湾的粮油食品、茶畜土产、轻工和石油化工,又都是江苏出口的优势产品。近年来,江苏出口的机械仪器和五金矿产等在香港市场增长也较快。这些都体现了苏港在对外贸易中的互补性。当然,苏港的出口商品结构也存在同构现象,尤以纺织成衣类商品的同构为甚。这势必在国际市场上发生冲突,如何改变同构,减少过度竞争,这是扩大苏港合作需要研究的课题。

树立正确的指导思想,逐步提高苏港合作的层次。

扩大苏港合作,在指导思想上要弄清两个理论问题:一是正确对待互补和竞争。通常认为,如果双方的产业是互补的,则应加强双方经贸的交流,以扩大互补的利益;如果是竞争的,则应限制双方的交流,以免加强对手的竞争力。但实质上,两个地区或国家只要资源禀赋不同,不论是生产要素的交流(相互投资或技术、设备、劳动力进出口)或者是产品的交流(贸易),都对双方有利。虽然,同类商品在市场上可以相互替代,但它们是否形成竞争以及形成竞争的程度取决于它们品质相近的程度。同类产品不一定比不同类产品有更大的竞争性。动态地看,今天生产的是中间产品,明天可以带动其上游或下游产品的发展,因而双方今天的产业是互补的,明天可能将是竞争的。互补是短期的、相对的,而竞争是长期的、绝对的。我们不应当害怕竞争,竞争是发展的动力,会使双方的经济技术水平都得到提高,从而增强中国的整体实力。二是要突破传统的贸易理论的局限性,充分重视部门内贸易发展的大趋势。因为部门内贸易型合作的层次更高一些,它既能满足不同层次消费者的需求,更主要的是它有利于在竞争中提高我省产品的质量,推动企业技术进步。按照我省工业化的水平,努力发展与香港的部门内贸易,此其时矣。

大力培育现代化人才,苏港联手加大科技投资。

现代产业中,熟练劳动正在因自动化、电子化的产线而急剧缩减。智力投资、产品设计和软件编程正日益重要。随着高新技术、高附加值产业在我省的发展,劳动力和土地价格已明显提高,维持以发展劳动密集型产业的苏港合作将成为问题。确立新时期江苏人才优势的任务已经迫在眉睫,应该指出的是,即便在香港,人力资源的状况也是需要大力改善的。虽然香港在科技、教育、文化上拥有一定的实力,但比起新加坡、韩国仍显逊色。韩国每1万人口中有大学生240人,而香港只有40人。迅速提高江苏和香港人力资源的质量和科技文化素质,是一项艰巨、长远但又极为迫切的问题。为此,要力求逐步提高香港对江苏投资项目的技术层次,原有劳动密集型项目的投资须得逐渐向技术密集型项目转移,尤其要注重加大科技投资的分量。其主要形式是,在有关科技领域建立各种类型的苏港联合科技开发公司,港方或以投资入股的形式参加,或主要以港方投资由江苏方面提供科技人才和科研手段,或由苏港双方科技人员联合攻关,等等。通过这种科技投资,苏港合作进行新产品、新技术、新工艺和高新技术产业的研究和开发,并将开发成果及时反馈回香港、从而武装香港的制造业。同时,也为香港科技人才的培养、科研手段的完善以及科研机构的发展服务。

(原载《群众》1997年第7期)

第四编

科技进步

国际技术转让的趋势与
90 年代的经济形势

依据 80 年代中、后期江苏技术引进的实践,对一个省区利用引进技术的经济效益和实施技术转移的政策问题,进行了探索性的研究,其中所涉及的国际国内背景,现加以阐述。

第二次世界大战后,国际技术转让大规模、迅速地发展,日益成为世界经济和贸易发展的重心。对许多发展中国家来说,如何有效地吸收、运用和推广众多的世界先进科技成果,是一个亟待解决的综合性课题。第 35 届联合国大会的有关文件曾对技术转让下过一个定义:"技术转让是指关于制造产品、应用生产方法或提供服务的系统知识的转让,但不包括货物的单纯买卖或租赁。"对技术转让的内涵,国际学术界虽有多种不同的看法,但都认为它不仅是科学技术以及随同技术一起转让的设备在空间上的位移,而且是指技术在新的环境中被获得、吸收和掌握三者有机统一的完整过程。评估技术转让对一国科技进步的影响,既要看引进技术的数量及其先进性和适用性,更重要的还要看引进的技术在部门内和部门间传播的效果,可以计算"技术溢出效应"。评估技术转让对经济发展的影响,定性分析可以从它对经济增长、生产结构、国际分工中的地位三方面变动的影响进行研究,定量分析可以计算技术引进的宏观经济效应——"乘数效应"。评估技术转让对社会发展的影响,主要衡量其能否有利于实现科技、经济、社会三者协调发展,提高整个社会和国民经济的总体素质。

当今世界各国政府普遍重视技术转让政策的制定和管理。不同的国家与其不同的发展阶段相适应,技术转让政策各有不同的侧重点,但也包括了若干具有共性的内容：① 明确技术转让在经济、社会发展和对外交往中的地位和作用。② 确定技术转让过程中所提倡或限制发展的技术政策。③ 制定技术输出的保护政策和竞争政策，技术引进的鼓励政策和限制政策。各国政府对技术转让的管理，按松严情况的不同可划分为全面管理、银行管理、有限的放任自由三种类型，并设置专门机构对技术转让进行管理，以便使其有利于本国技术经济的调整和发展。值得注意的是，发展中国家对技术转让的管理，由放任自由阶段经过银行管理的中间阶段，再过渡到全面管理阶段已成为当今的一种趋势。而日本和以"四小龙"为代表的新兴工业国家则逆向地从全面管理，经过银行管理，向有限度的放任自由阶段转化。

为了确定江苏技术引进的正确指导思想，必须对国际、国内经济形势进行正确的分析和估量。在国际，空前的挑战与特殊的机遇并存，均须关注。90 年代，世界各国为争夺有限资本而产生的日益增多的摩擦，将取代 80 年代由于贸易严重不平衡而存在的矛盾。我们不应对通过大量吸引外资来引进技术抱过高的期望。但也应看到，我国所处的亚太地区很可能在今后 10 年出现经济上互补并持续增长的新格局，成为世界经济的一个强有力的"增长极"。由于执行了正确的外交政策，使得我国与亚太国家和地区的关系达到前所未有的良好状态。江苏地处西太平洋沿海地区的前沿，只要措置得当，完全可能成为亚太区域的经济活跃之地，通过扩大吸引境外投资来进一步引进技术，在实现结构调整和外向开拓方面迈出有决定意义的一步。

在国内，宏观上确立的第二步战略目标和加大改革分量、继续执行对外开放的战略方针，都有利于形成企业追求技术进步的内部机制和外部环境。上海浦东的开发，国家科委在苏锡常建立"火炬区"，利用高新技术改造传统产业的决定，都将给江苏"八五"期间的技术引进和科技进步带来新的契机。但也要看到，江苏不是国家投资的重点地区，在投资日益向中央集中的条件下，江苏依靠企业自有资金引进技术的现实程度不容乐观。吸引银行贷款和股份资金用于技术引进，因存在政策梯度不如上海等周边省、市以及沿海经济特区，虽有一定的可能性，但难度较大。以科技进步为例,江苏的研究开发能力、研究开发成果、技术的产业基础和产业的技术人力等项指标都居全国第 3 位,但是技术转化能力和技术进步贡献的份额等项指标都相对落后。这恰恰指明了企业技术进步的潜力和 90 年代江苏技术引进政策完善和调整的方向。

（原载《中国技术转移和技术进步》,经济管理出版社 1996 年版）

江苏机械工业走依靠
科技进步发展之路

江苏的机械工业是中国中小型机电产品的主要制造基地,在全省国民经济中处于举足轻重的战略地位。它不仅为国民经济各部门提供大量的技术装备,支撑其他行业的技术进步,而且是生产耐用消费品的重要部门。机械行业的规模和水平往往是衡量一个地区科技水平和经济实力的重要标志。本文在描述了江苏机械工业的优势、特色和不足后,通过实证分析指明:市场需求、技术改造、引进和吸收国外先进技术、有效的专业教育网络是推动江苏机械工业技术进步和快速增长的基本因素。而经济体制和发展战略双重转换滞后,则给江苏机械工业技术改造和技术引进带来了一些问题。最后,对 90 年代江苏机械行业技术进步的趋势进行了简要的分析。

机械行业发展的历史与现状

一、机械行业范围的界定

80 年代江苏省机械行业主要由四部分组成①:

---

① 在传统的计划体制下,中国工业的管理体制实施的是一种部门管理。随着政府管理机构的更迭,江苏机械行业的范围发生了多次变化。1952—1959 年 4 月,江苏机械行业是由江苏省工业厅管辖的生产机械产品的企业组成,1959 年 4 月—1962 年 8 月,则是江苏重工业三极管辖的机械生产企业组成,1962 年 8 月—1967 年年初则由江苏省机械工业厅和江苏省化工厅管辖的通用机械、（转下页）

　　第一部分是机械厅系统,包括原中央机械部、第三机械部、第六机械部和城乡建设部所隶属的企业。省机械工业厅系统 1988 年的企业个数、职工人数、产值,虽然只占全省机械行业的 2.7％、15.5％、15.3％,但实现利税却占机械全行业的 40％。当年省机械工业系统的净产值率$\left(\dfrac{\text{工业净产值}}{\text{工业总产值}}\right)$达 31.6％,要比全行业的净产值率高近 5 个百分点。因此,省机械厅系统企业的产品和技术水平,基本上能代表江苏机械行业的水平,在全国同行业中也占有一定的地位。

　　第二部分是分布在纺织、化工、轻工、冶金、交通、军工等各管理部门所属的专用机械制造企业,其中有不少企业在全国同行业中占有重要地位。

　　第三部分是电子工业厅系统所属的企业。江苏的电子工业在"七五"期间获得迅速发展,到 1988 年这一部分的工业产值已超过百亿元大关,连续几年居全国电子行业之首,已成为江苏整个机械行业中具有举足轻重地位的新兴部门。

　　第四部分是遍布大江南北的乡镇企业,它们面广量大,占机械行业企业总数的 77％。80 年代,江苏乡镇机械企业以 30％以上的年递增率高速发展。到 1988 年江苏乡镇机械工业产值已达 249 亿元,占整个机械行业产值的 43％。(以上内容详见表 1)

　　显然,在这种部门分割的体制下,不仅无法对全省的机械工业企业实施有效的行业管理,甚至要想掌握整个机械行业的资料和数据都成了一桩相当困难的事情。在某些情况下,我们可以把分散在各个管理机构的资料和数据汇总起来从而取得对全行业状况的了解。但在更多

(接上页)农业机械、军工、电讯仪表和化工机械的生产企业组成。"文化大革命"期间,江苏的机械行业先后由"江苏省革命委员会生产指挥组"、"江苏省机械工业公司筹备小组"和"江苏省革命委员会机械工业局"管理。从 1974 年 5 月开始,机械行业中的电子工业改由电子工业厅管理。1980 年 4 月 19 日,"江苏省革命委员会机械工业局"改名为"江苏省机械工业厅"。

的场合,由于受到资料的限制,我们只好用对机械厅系统的研究来代替对全省机械行业的研究。尽管省机械厅系统的产品和技术水平在全机械行业中有一定的代表性,但它们二者毕竟是两回事,是局部和全局的关系。读者在阅读本文后面的内容时,请注意这一点!

表1　1988年江苏机械行业的基本情况

	企业单位数(个)	职工人数(万人)	总产值(亿元)	比　重(%)		
				企业数	人数	产值
机械厅系统	792	47	88.43	2.7	15.5	15.3
纺织、化工、轻工、冶金等专用机械工业	5548	74.92	147.14	19.3	24.7	25.4
电子工业	271	21.55	94	1.0	7.1	16.2
乡镇机械工业	22073	160.1	249	77.0	52.7	43.1
合　计	28684	304	578.57	100.0	100.0	100.0

资料来源:江苏省机械工业厅:《江苏机械工业40年》,江苏人民出版社1990年版,第14页。其中比重的数据经笔者重新计算校正。

二、50、60、70年代江苏机械产品

新中国初期,江苏机械工业处于依附于轻纺和食品工业,以修配为主的落后状态。当时,大部分机械企业的职工不到10人,最大的企业也不超过50人。1949年,全省机械工业总产值只有2800万元,只占江苏当时工业总产值的1.6%。"一五"期间(1953—1957年),江苏机械工业进行了经济改组,调整了劳动组织,在很大程度上改变了厂点零乱,技术力量分散,设备配置不平衡等弱点,形成了一批骨干企业,如南京汽轮电机厂、无锡压缩机厂等。这一期间,江苏机械工业总产值为2.55亿元,比1952年增长38.1%,职工人数发展到13.09万人。1958年"大跃进"后,江苏机械工业在"机床翻一番"、"大搞自我武装"等错误口号下,产值大幅度上升,但产品质量严重下降,产品大批报废,正常的企业管理制度和生产秩序被打乱,损失和浪费极为严重。1960年,中

央提出"调整、巩固、充实、提高"的八字方针，全省机械工业总产值连续
3 年大幅度下降。到 1962 年，全省机械工业总产值已下降到 1.66 亿
元，只相当于 1958 年的 18.7%。经过调整，江苏机械工业从 1963 年
开始回升，按照以农业为基础的要求，全面规划，保留骨干企业，改变企
业布局，强化农机制造和维修服务，直接为农业服务的企业，占整个机
械企业的 54%。随着《国营工业企业工作条例（草案）》（即"工业七十
条"）的逐步推行，机械企业的基础管理、计划管理逐步恢复正常。机械
行业的工艺、技术以及专业化协作也有了较大的发展，一部分"大跃进"
发展起来的机械产品的质量、品种和生产能力有了明显的提高和发展。
到 1965 年江苏机械工业总产值在全省工业总产值中的比重，已从
1949 年的 1.6% 上升到 11.7%，仅次于纺织和食品工业，成为江苏第
三大产业。

　　10 年"文化大革命"期间（1966—1976 年），江苏机械工业遭受了严
重的损失。在极左路线的影响下，各地随意撤并工业主管部门和科研
单位，在调整时期筹建的省机械研究所、省农机研究所和无锡农机制造
学校都先后被撤销，科研人员和教师被下放到工厂当工人。"工业七十
条"被彻底否定，企业撤销管理科室，把技术人员下放到车间劳动，几乎
一夜间就把几年整顿恢复起来的管理秩序冲垮了。结果，生产力受到
严重破坏。1967 年江苏机械工业仅完成总产值 4.05 亿元，比 1966 年
下降 23.5%，有的企业处于停产瘫痪状态。由于机械行业广大职工和
干部的抵制，"文革"的破坏受到了一定的限制，江苏机械工业在 10 年
"浩劫"中仍取得一定程度的发展。主要是围绕"三个大打"（即"大打农
机之仗"、"大打矿山之仗"、"大打配套之仗"），充分发挥地方举办机械
工业的积极性，进一步展开了全省机械工业的布局，推动了地方机械工
业的发展。到 1975 年，机械工业在全省工业中的比重进一步上升到
20% 左右，成为仅次于纺织工业的第二大产业，产品的品种增加到近万
种，结构逐步趋于合理和多样化，标准化、系列化、通用化水平有所提
高，专业化协作的作用开始显现，带动了苏南地区一批乡镇机械企业的
发展。在经历了 30 年曲折的发展过程后，到 1978 年，江苏机械工业产

值已达 81.61 亿元,平均每年递增 21.6％,占全省工业总产值的比重已达 25.5％,成为江苏最大的制造业。

三、80 年代江苏机械行业的新发展

80 年代,江苏机械工业进入了全面发展的新时期。其间,大体经历了三个阶段:

第一阶段,1979 年以后,大约用了 2 年的时间,针对"文化大革命"给机械工业造成的管理混乱、质量下降等情况,开展以提高产品质量为中心的整顿企业管理工作,并在全行业推行全面质量管理(TQC)。结果,江苏机械产品的质量有明显提高,正常的生产秩序得以恢复。

第二阶段为"六五"期间(1981—1985 年)。根据国家提出的"调整、改革、整顿、提高"的八字方针,机械行业实现由过去高度集中计划管理体制逐步向有计划的商品经济转变。主要打破了"生产资料不是商品"的思想束缚,改变了过去由主管部门分配产品,让机电产品进入市场。企业由生产型转变为生产经营型,机械行业由单纯为重工业和基本建设服务,转变为"五个面向":面向农业、轻工业市场和城乡人民生活需要;面向老企业挖潜、革新、改造的需要;面向城市集体经济发展的需要;面向生产维修、技术改造的需要;面向扩大出口的需要。按照"三上一提高"(上质量、上品种、上水平、提高经济效益)的要求,狠抓机械行业自身的技术改造和产品的更新换代。平均每年开发新产品 500多个,比"五五"期间增长了两倍。1985 年,江苏全省机电一体化产品产值达 1 亿元,生产各类数控机床 516 台,是全国生产数控机床最多的省。"六五"期间,江苏机械工业平均每年递增 14.5％,提前两年完成了"六五"计划指标,达到 260 亿元。机械行业在江苏全省工业中的比重已超过 1/4,达 30.1％。

第三阶段"七五"(1986—1989 年)期间,江苏机械工业进一步确立了以适应市场需要为目标,以为用户服务为宗旨的指导思想,在沿海地区经济发展战略思想的推动下,全行业的技术进步和外向型经济有较快的发展。1986 年开始,江苏机电产品出口额在突破 1 亿美元大关的基础上,以 40％以上的年平均增长速度发展。到 1988 年全省机电产

品出口创汇 266 亿美元,在全省外贸出口总额中的比重由 1985 年的
5.8%提高到 11.1%。机电产品出口额仅次于广东、上海、天津,居全
国第 4 位。在引进外资方面,全省机械系统共有合资项目 27 项,总投
资 9152 万美元,其中外商直接投资 2042 万美元。1989 年,江苏机械
工业遇到了比以前几次调整更加严峻的形势,但由于认真调整产品的
结构,努力扩大机电产品出口,使得全行业生产仍能保持 4.5%左右的
适度增长,经济效益也稳步提高。仅仅以隶属机械厅系统的企业为例,
1989 年上交销售税金就达 4.91 亿元,比上年增长 10.3%。关于 80 年
代江苏机械行业发展的基本情况见表 2:

表 2　江苏机械行业的企业单位数和工业产值(1980—1989 年)

单位:个、亿元

年份 项目	1980	1981	1982	1983	1984	1985	1986	1987	1988	1989
企业 单位数	9504	9546	9391	9355	10410	12230	13186	14293	14475	14634
全行业 产值	104.68	110.22	117.65	139.99	182.88	259.92	287.06	373.57	476.67	496.69

注:以上指标不包括村及村以下办工业。

资料来源:《江苏统计年鉴 1989》,中国统计出版社 1989 年版,第 163、169 页。

四、江苏机械行业的优势和弱点

由于江苏地处沿海,交通方便,人才密集,工业比较集中,使江苏机
械行业的发展具有自己的优势和特点:

1. 门类比较齐全、配套水平较高。到 80 年代末,江苏机械工业已
成为以农业机械、机床工具、仪器仪表、汽车制造、电机电器、工程建筑、
重型通用机械为主体,各类专用机械制造业协调发展,门类比较齐全的
全国中小型机电产品的制造基地。江苏机械工业有 100 种门类(小行
业),生产 1.3 万种机械产品,其中农机产品有 22 个大类,77 个主要品
种;机床工具产品有 12 个大类,1280 多个品种;电工产品有 4 大类,
1600 多个品种;仪器仪表产品有 13 个大类,1000 多个品种。江苏机械

行业配套水平较高,多数配套产品立足省内,自给水平可达 90% 左右。

2. 拥有一批具有特色的、有市场竞争力的"拳头"产品。获得国家金奖的 S195 柴油机、12 马力手扶拖拉机、12 寸混流泵等产品在国内外市场上享有盛誉。南京和南通机床厂生产的计算机数控车床和铣床,南京电瓷厂生产的火花塞等产品具有当代先进水平。徐州的工程机械,江南光学仪器厂的生物显微镜,无锡生产的油泵油嘴,苏州生产的刚玉轴承等,在国内外市场上供不应求。

3. 中小企业为主,市场适应性较强。国家对江苏工业投资较少,"一五"时期全国 156 项重点建设项目,江苏一项都没有。江苏机械行业绝大部分是依靠地方和企业自我积累发展起来的,故中小企业较多。据 1988 年统计,省机械厅所属 792 个企业中,500 人以下的企业占 58.7%,500～1000 人的企业占 29.7%。至于数以万计的乡镇企业基本上都在 500 人以下,它们在竞争中自我发展,具有较强的市场适应能力。

4. 初步建立了机电产品出口生产体系。江苏机电产品出口起步较迟,但 80 年代中后期发展较快。全省有机电出口企业 800 多家,出口产品 82 类,年创汇百万美元以上的商品已发展到 60 个。1989 年,仅机械厅系统出口产品产值就达 6.91 亿元,比上年增长 54.5%。全省机电产品出口已从过去传统的香港、东南亚、西欧市场发展到北美、拉美、中东和非洲市场,有的产品还打入日本、苏联市场。

5. 拥有一支有一定素质的职工队伍,建立了一批科研机构,技术基础较好。江苏机械工业职工队伍的总体特征是人数多、平均年龄轻、文化基础较高。80 年代以来,江苏机械工业的职工人数平均每年以 4.5% 的速度递增,各种专业人才 5.6 万人约占全部职工总数 12%[①],占江苏各类工业部门专业人才总数的 36%,居江苏工业部门的首位。

---

① 专业人才,是指企业中有干部身份的工程技术人员和管理人员。

年龄在 35 岁以下的职工,约占职工总数的 52.7%。技术工人占职工总数 71.5%①。具有中专以上文化程度的占 12.4%。在江苏省机械工业厅系统内,建立有机械设计院、农业机械研究所、机电研究所和机械工业情报研究所 4 个科研机构。全省多数市和有条件的企业还建立了一批研究机构和信息、咨询机构,对解决企业的技术难关、质量关键,提高全行业的企业管理水平发挥了很好的作用。特别是江苏机械行业积极与大专院校、科研单位进行广泛的技术协作,联合开发新产品。据不完全统计,到 80 年代后期,全省实行厂校、厂所挂钩协作的机械企业有 200 多个,先后获全国科学大会优秀成果奖和机械部科技成果奖的就有 200 多项,省科技成果奖 180 多项。这些成果大多数已应用于生产,对推动全行业的科技进步,提高经济效益发挥了显著的作用。

80 年代,江苏机械行业虽然发展较快,连续 10 余年在产值、利税等总量指标上居全国第 3 位,但从整体上看机械行业的产品和技术水平并不高,尤其在产品结构、技术结构上存在着若干根本性缺陷:

1. 产品品种少、档次低、技术水平落后。到 80 年代末,江苏生产的机械产品约 1.3 万种,只占全国机械产品总数 23.4%。按技术和质量水平排列,位于全国前 3 名的只有 52 种。所生产的数控机床,不仅品种少、产量低,而且大多数是经济型机床和线切割机。输电、农机具行业的产品虽然品种齐全,但普遍存在着性能落后、可靠性差、寿命短等问题。

2. 装备和专业化水平差,制造工艺落后。江苏机械行业在拥有的金属切割机床中,高精、数控、大型机械制造设备只占总数的 6.8%,其中数控机床仅为 0.08%,高精度机床只占 1.6%。作为江苏机械工业基础的机床工具行业,许多设备役龄长、技术老化、加工精度低,固定资产的净值率仅为 60%,低于全国工业固定资产平均净值率 66.5% 的水平。工程机械主机零部件自制率都在 50% 以上,并采用小批量单件加工工艺组织生产。汽车行业更是小而全、小批量生产,专业化程度

---

① 技术工人,是指企业中经培训和考核合格 4 级以上的工人。

很低。

3. 工业设计能力薄弱,缺乏产品开发能力。江苏机械行业虽然具有较大规模,但科研和工业设计能力仍然较低,采用的设计方法以经验类比法为主。企业现有技术力量只能应付日常的生产技术工作,缺乏自我开发新产品的能力。江苏生产的一些技术水平较高数控机床、工程机械、机电一体化产品大多数是由外国提供全套图纸和样机,有的采用与国外合作生产或来图来样加工、装备而成的。

4. 基础技术、基础零部件、基础机械(简称"三基")技术落后。通常,人们把能解决机械产品生产过程中各种共性技术问题的设计原理、制造工艺、材料应用技术、测试技术等统称为基础技术。而把通用零部件、内燃机配附件、汽车和拖拉机零配件统称为基础零部件;把机床和工具、仪器仪表称为基础机械。除了上面所说的工业设计能力薄弱外,江苏"三基"技术落后还主要表现在:

(1) 制造工艺水平要比国外先进水平落后 30 年,锻件绝大部分自由锻造,机械加工则主要依靠通用车床加工具的方式进行,模具的设计和制造水平,质量和生产效率只相当于国外 60 年代的水平。

(2) 材料消耗结构不合理,利用率也很低。如钢材利用率一直处在 65% 左右。

(3) 测试精度低,手段落后,不能满足特殊情况下的测试要求。一般企业的零件检测在 80 年代仍停留在使用游标卡尺、角尺等一般计量器具上。即使有先进仪器仅仅放在计量室用于鉴定、校核之用。

(4) 基础元器件与国外先进水平相比差距较大,许多关键的轴承、液压件、密封件技术性能低下,满足不了主机的配套要求。精密紧固件的生产几乎还是空白,液压气动件的产品也只相当于国际上 60 年代的水平。

(5) 机床和工具大多是通用品种,精密、自动化及变型、专用产品少,产品功能较差,竞争力不强。

(6) 金属切削机床与锻压设备构成不合理(江苏两者之比为 5.8∶1,发达国家为 3∶1),而且精度自动化程度低下,制造手段落后。仪器仪表的绝大多数产品水平低,成套性差,产品更新换代进展慢,缺乏竞争力。

机械行业技术进步状况及其分析

80 年代,江苏机械工业的技术改造主要是在"六五"后 3 年和"七五"期间进行的。在这段时间中,全行业确定的技术改造项目 274 个,总投资 10.9 亿元。其中,"六五"技术改造总投资 2.13 亿元,但到 1985 年底实际完成 1.53 亿元,完成计划的 72%,其余的投资都是在"七五"期间完成的。通过实证分析,80 年代,推动江苏机械工业技术进步和较快增长主要有以下四方面的因素:① 在市场需求的推动下,选择技术改造的目标并以产品更新换代、增长适销对路品种作为中心环节来确定技术改造的重点和步骤。② 按照机械工业技术发展的趋势,逐步把运用微电子技术改造传统产业,发展机电一体化技术,作为全行业技术改造的新方向。③ 根据投资少、见效快、效益好的要求,注意从国外引进先进技术,并通过消化吸收,加快全行业的技术改造,增强发展的技术后劲(有关内容将在第三部分专门分析)。④ 兴办多种教育事业并形成教育行业的教育网络,从而培养出大批人才,提高了全行业人员的素质,为机械工业技术进步奠定了坚实基础。

一、技术改造的目标

当时,机械行业的技术改造主要是根据国务院 1982 年下达的《机械工业技术改造试行条例》进行的。机械工业技术改造的目标是:

1. 加速产品的升级换代,积极采用国际标准,提高产品性能、质量和效率,力争主要产品在 10—15 年内达到经济发达国家 70 年代末或 80 年代初的水平。

2. 增加适销对路的机械工业产品的品种和产量,努力做到重大关键产品国产化,以满足发展国民经济和提高人民物质、文化生活的需要,扩大机电产品的出口。

3. 全面提高机械工业的经济效益,既强调用结构先进、效能良好、成套适用的新设备来装备国民经济各部门,使社会取得最好的经济效益,也十分重视提高机械工业自身的经济效益,即通过采用先进的工艺和科学管理,达到减少能源和原材料的消耗,提高劳动生产率、降低成本的目的。

4. 促进安全生产,加强环境保护,减轻繁重体力劳动。

二、技术改造的重点和步骤

80年代,江苏机械工业技术改造是有重点、有步骤进行的。为了适应市场的需求,技术改造强调从产品入手,先确定技术改造的重点产品,然后再选择研究、制造这类重点产品的企业或单位。其特点是,围绕重点产品更新换代、增加适销对路品种这个中心环节,把科研、设计、技术开发、技术引进和技术改造当作是机械工业技术进步的一个系统,把主产品、配套产品关键零部件、工艺专业化协作等统一组织起来。10年中,通过技术改造共发展9710种机械新产品,其中约有65%达到了70年代末、80年代初国际水平。例如,各类数控机床、气冲造型生产线、液压汽车起重机、振动压路机、螺杆压缩机、电子经纬仪、火花塞、各类滚针组合轴承等。同时,还把各种量大面广的耗能产品作为技术改造和更新的重点,例如锅炉、风机、水泵、压缩机、电焊机等,有效地节约了能源,提高了效率。

在处理共性技术与相关技术的关系上,把技术改造的重点放在"三基"上。如前所论析,江苏机械工业有一些产品质量不过关,主要原因就是基础零部件(或元器件)、基础机械、基础工艺技术长期落后。这类产品有些从整体结构上分析并不错,但往往就是因为几个基础部件质量有问题,或某一关键加工部位达不到精度要求,或某项工艺技术落后,影响了整台设备、整条流水线的性能发挥和正常运转。同时,江苏机械工业的技术改造在80年代一直坚持以"三基"为重点,包括设计原理和方法、制造工艺技术、构料应用技术、测试技术、通用零部件、拖拉机和内燃机附配件、汽车零部件、机床和工具、仪器仪表等七个方面的共性关键技术的改造为重点。经过10年的努力,江苏机械行业在机床、锻压设备、铸造机械、焊接设备、热处理设备、轴承、液压件、气动元件、仪表、电器元器件等，都在不同程度上开发了新品，提高了质量。一些基础工艺，如铸造、热处理、焊接、表面处理等也有了显著的进步。从而保证了主机的质量。

江苏在抓住重点的同时，对未列入重点的产品和企业也给予适当的兼顾，在全省统一规划下进行力所能及的技术改造工作。从全省机械行业内部的技改投资结构看，几乎所有的机械小行业都得到了不同程度的改造。它们的技改投资占全机械行业技改总投资的比例为：工程农机类占 21.9%，电工电器类占 19.9%，机床工具类占 9.07%，仪器仪表占 7.44%，机电出口占 4.03%。

三、技术改造的新方向：机电一体化

从 80 年代中期开始，江苏机械行业逐步把运用微电子技术改造传统产业、突破机电一体化技术，作为技术改造的一个新的发展方向[①]。机电一体化，是指通过微电子技术与机械和仪表等技术的结合，使传统的机械产品在结构与功能上都产生质的变化，并生产了一代新产品，即机电一体化产品，这是机械产品的发展方向。1987 年，江苏已能批量生产机电一体化产品 100 多种，产值约为 7000 万元。机床行业应用微电子技术改造老设备，取得了显著成效。自 1985 年以来，全省用经济型简易数控系统改造车床 596 台，增加经济效益 1450 万元，用数显装置改造机床近 500 个坐标，提高经济效益近 1500 万元。南京、南通、镇江、无锡、常州等机床厂，通过与国外合作生产，开发了包括经济型数控和全功能数控在内的不同层次的数控机床。到 80 年代末，江苏开发的机电一体化新产品中，如 VH—21 数控万能工具铣床、Fc—500 加工中心等产品已经达到 80 年代初的国际先进水平。10 年中，江苏机械行业运用微电子技术加快技术改造的步伐，主要集中在以下领域：① 改

---

① 微电子技术，是指在几毫米见方的半导体材料上，用微米及微米级刻蚀加工技术，制造 10 万以上晶体管构成的微缩单元电子电路，并应用这些电路装配成各种微电子设备的总称。近年来，把集成电路及其应用技术和生产的产品称为广义的微电子技术。

造老设备；② 改进炉窑控制；③ 改进测试系统；④ 开展辅助设计和信息管理。仅无锡市机械系统 1986 年一年就开展计算机、微机应用项目 64 个,其中改造设备、炉窑 13 项,改进测试系统 4 项,辅助设计和信息管理 30 项。江苏机械行业广泛推广和应用微电子技术,积极开发机电一体化产品,不仅替代了部分进口装备,节约了外汇,而且还出口创汇。不仅提高了企业素质,而且缩短了与国际先进水平的差距。

鉴于江苏南北经济差距较大,机械行业在发展机电一体化的指导思想上,明确提出了多层次、分步骤实施的基本思路:① 从技术改造入手,积极推广应用国内、省内已成熟的机电一体化技术成果,扩大应用范围。如应用简易数控系统改造部分老设备,提高设备的生产效率,以此促进企业技术进步和经济效益的提高,带动人员的技术和管理水平的提高。同时,组织对引进技术的消化吸收,为全省机械行业机电一体化发展创造条件。② 逐步开发多种类型的、多功能的较高级的机电一体化产品,满足经济发展和新产业发展的需要,并提高产品出口创汇的竞争能力。重点骨干企业应通过引进、消化吸收和自行研制相结合的方法,开发新一代的机电一体化产品。③ 随着全行业经济实力的增强,技术力量和装备的更新和完整,机电一体化产品将以更新换代与创新相结合的形式发展。

四、技术改造的基础:机械行业的教育事业

80 年代,江苏机械工业已经形成了一个从初等教育到高等教育,从普通教育到成人教育,从正规的学历教育到非学历的岗位培训的教育网络。每年约有 10 万人得到深造或短期进修学习的机会,从而大大提高了全行业人员的素质,为全省机械工业的技术进步奠定了坚实的基础。

1. 高等教育。80 年代,全行业有各类高校 10 所,其中机电部直属高校 3 所:江苏工学院、华东工学院和南京机械专科学校;市属或企业办的成人高校 7 所:南京市机械局职工大学、常州市机械职工大学、无锡市机械职工联合大学、苏州市机械局职工大学、淮阴市机械职工大学、南京汽车厂职工大学、南京汽轮电机厂职工大学。3 所部属高校在校学生共计近 13200 人,先后共培养各类人才近 3 万人,其中已毕业的博士生、硕士生 770 人。他们当中的许多人,已成为江苏机械工业战线上的骨干力量。特别是江苏工学院一万名毕业生中,有 25% 以上的人在江苏工作,为江苏机械工业的科技进步作出了较大的贡献。7 所机械成人高校在校学生 2081 人,80 年代中已为企业培养了 11372 人,其中大专毕业生 5738 人。成人高校的学生均具有两年以上的工龄,大多数来自生产第一线,有一定的实践经验,专业对口,学习目的明确,动手能力强,毕业后很快就能发挥作用,他们有许多人成为生产技术、经营管理方面的骨干,很受企业欢迎。

2. 中专教育。80 年代江苏机械行业的中等专业学校共有 14 所,其中省属全日制中专校 2 所,市属全日制中专校 1 所,成人中专校 11 所。全日制中专校共设置了机械制造、汽车制造、热加工、工业企业电气化、仪器仪表和工业企业管理 6 个专业,在校学生 2500 多人,先后培养中专生和大专生 4600 多名,为全省机械工业输送了一大批包括现场指挥生产的工段长、值班长、车间主任在内的中级技术人员和管理人员。11 所成人中专已初具规模,在校学生 2700 多人,已毕业中专生 1700 多人,短训班 1500 多人。成人中专招生的对象是具有初中毕业或同等学历文化程度的技术工人和工作多年的企业干部,学制脱产 3 年或业余 4 年。由于教学贯彻按需施教,学用结合的原则,受到企业的欢迎。

3. 技工教育。从 70 年代末开始,江苏省机械厅根据国家劳动总局《技工学校条例》的要求,在南京、苏州、无锡、常州、南通、扬州等市的一些大中型国有机械企业中,实行省办厂管的体制,先后恢复和新办了 25 所技工学校。比较著名的有南京汽车制造厂技工学校、南京机床厂技工学校、常州市机械冶金技工学校、扬州柴油机厂技工学校等。到 80 年代末,这些技工学校先后培养了 2.8 万名毕业生,占全省机械厅系统工人总数的 9%,对提高该行业工人的素质,起了重要作用。

4. 职工教育。1981 年省机械厅根据国务院下达的《关于加强职工教育的决定》,对全系统各类工人提出了不同的培训要求,并把重点放在"文革"期间进厂的青壮年工人进行文化、技术"补课"。到 1985 年全系统应参加"补课"的工人基本轮训一遍,并先后在全省进行三次初级工人的技术理论统考,参加统考的工人达 15 万人,合格 12 万人,合格率在 80％以上。参加中级培训的工人有 3 万多人,并有 1000 多名工人获得高级工合格证书。到 1988 年,全省机械企业里的文盲、半文盲占 3％左右,80％以上是初中文化程度,有的还达到大专文化程度。从 80 年代末开始,每年参加各种短训班、讲习班、一理一训班及岗位培训职工(包括工人、工程技术人员、厂长(经理)和其他管理人员)达 13 万人,占职工总数的 40％左右。除了上述工人参加培训和统考外,全省机械系统有 1000 多名厂长经过轮训和考试获得了国家颁发的合格证书;有 1.8 万人次参加专业管理人员培训,1.4 万人次统考合格;有 9000 名工程技术人员在"机械工程师进修大学江苏分校"学习新知识、新技术。

综上所述,江苏机械工业迅速发展的原因很多,除了市场需求的推动,注意引进国外先进技术外,重视智力投资,大力发展各种教育事业,培养出大批人才是更具基础性的因素。

五、技术改造存在的主要问题

80 年代,江苏机械工业技术改造取得了显著成绩,但也存在一些问题,主要是:

1. 由于经济体制转换滞后,传统体制下的条块分割、多头领导的情况依然存在,难以在全行业统筹规划,制约了机械工业的技术改造。据调查,南京地区 120 个仪表企业中,12 个中央企业分属 10 个部门,4 个省属企业分属 2 个部门,100 多个市属及市以下所属企业,则分别由 7 个市局(公司)与区、县管辖,无法在全行业规划、协调技术改造。加上一些改革措施由于不到位或不配套,诱发了一些新的矛盾。例如,技改立项审批权层层下放、财政层层包干,出现技改主体多元化、资金来源多渠道,但宏观上的行业管理并未建立起来,缺乏有效的调控手段,所以,重复引进技术,某些设备、仪器重复进口,某些项目重复建设的现象十分突出(有关技术引进的问题下文将作更为详细的分析)。

2. 由于发展战略转换滞后,仍然以外延扩大再生产为主。许多企业没有贯彻专业化协作的原则,继续追求"大而全"、"小而全"。例如,被称为机械工业的"母机"的机床和工具行业,全省共有 84 家工厂,其中 3000 人以上的工厂 3 家,1000 人以上的工厂 6 家,其余均为数百人的厂。这些机床厂不论大小,其生产过程均从毛坯(锻铸件)开始,经过机械加工、热处理、装配、油漆等工序,基本上都是自成体系。因此,产量不大,生产效率低下。全行业主机厂每年人均生产机床 0.23 台,全国平均水平为 0.45 台/人,美国为 4.3 台/人,日本为 2.8 台/人。江苏机床和工具行业全员劳动生产率为 1.2 万元,日本为 9 万美元,美国为 7.5 万美元。在这种情况下,企业往往把技术改造当作是发展生产的临时措施,而把主要注意力仍然放在铺摊子、扩大生产能力上,走外延发展的老路。

3. 少数项目前期准备工作不充分,主要是对市场没有认真调查分析。对项目前置、后续配套以及能源、原材料供应、交通运输条件等考虑不周,对企业经济承受能力估计过高等等。同时,对技术改造方案本身又缺乏科学的论证、评估,没有按国家规定的程序办事,在信息不灵、经验不足、头脑发热的情况下,仓促决定上马,给国家造成了一定的损失。

4. 投资不足。经济发达国家都很重视增加对机械工业的投入,使其保持对工业、对整个国民经济的超前率(一般在 1.5 以上),其投资在工业投资总额中的比重一般超过 35%,而江苏机械工业的投资比重仅为 7%,低于电力、化工、煤炭、纺织等行业。80 年代江苏机械企业的留利水平比较低,在全国同行业以及全省工业系统中居倒数第 3 位。同时,机械企业的折旧率过低(远低于 10%)。这些都使企业无力进行技术改造。加之,在宏观上又出现了投资分散,没有把有限的资金集中用于一些重点项目上,致使一些重点技改项目资金落实困难,得不到必要的投资支持,拖延了建设周期,影响了效益的发挥。

机械行业的技术引进与消化吸收

在对外开放、对内搞活的宏观政策背景下,80 年代江苏机械行业从 10 多个国家和地区引进了一批生产技术和装备,其中大部分属于 70 年代末、80 年代的水平,具有投资少、见效快、效益好的特点。同时,通过技术引进的消化吸收,对全行业加快技术进步,增强发展的技术后劲,发挥了积极作用。下面,仅以机械厅系统为例,对技术引进和消化吸收问题作些分析:

一、技术引进的基本情况

据统计,1980—1988 年的 9 年中,江苏机械厅系统共签订技术引进合同 107 项,合同总成交额为 10616.64 万美元。其中软件费 3850 万美元,占 37.1％;硬件费 5274 万美元,占 50.8％。各主要小行业所占的比例是:机床工具占 20.6％,电工电器占 16.8％,仪器仪表占 15.8％,工程机械占 11.3％,通用机械占 11.3％,基础件占 10％。按引进的技术水平分,属于 80 年代水平的有 67 项,属于 70 年代末、80 年代初水平的有 31 项,属于来图来样加工或其他的有 9 项。按引进项目的列项权限分,由机械部列的 70 项,占合同总数的 65.42％;由省列的 3 项,占 2.80％;由市列的 34 项,占 31.38％。

1. 引进项目,按地区分类及其消化吸收完成情况,见表 3:

表 3　1980—1988 年江苏机械厅系统技术引进和消化吸收的地区分布

地　区	合同项目数 (个)	合同成交额 (万美元)	至 1987 年累计国产化率① 完成 85％以上的项目数
总　计	107	10616.64	37
南　京	37	3988.32	13

---

① 这里是指在最终产品总值中,零部件的比重达到 85％的引进项目的个数,以下同。

地　区	合同项目数 （个）	合同成交额 （万美元）	至1987年累计国产化率 完成85％以上的项目数
无　锡	21	1942.05	8
徐　州	11	1689.00	3
常　州	6	441.40	1
苏　州	9	1259.49	2
南　通	10	373.99	4
盐　城	1	0	0
扬　州	7	472.42	4
镇　江	5	449.97	2

资料来源：江苏省工业厅：《江苏机械工业40年》，江苏人民出版社1990年版。

　　2. 引进项目，按机械工业内部小行业分类及其消化吸收完成情况，见表4：

表4　1980—1988江苏机械厅系统技术引进和消化吸收和行业分布

行　业	合同项目数 （个）	合同成交额 （万美元）	至1987年累计国产化率 完成85％以上的项目数
总　计	107	10616.64	37
农业机械	9	714.09	2
起重运输机械	2	135.80	0
工程建筑机械	14	1845.32	3
通用机械	14	1716.70	7
机床、工具	23	1339.22	8
电工电器	16	2800.14	7
仪器仪表	16	1240.65	6
通用基础件	10	629.72	3
其　他	3	195.00	1

资料来源：江苏省工业厅：《江苏机械工业40年》，江苏人民出版社1990年版。

3. 技术引进项目,按引进方式分类,见表5:

表5　1980—1988年江苏机械厅系统技术引进不同方式分类

引进方式	合同项目 数(个)	占合同总项 的比重(%)	合同成交额 (万美元)	占合同总成交额 的比重(%)
总　计	107	100.00	10616.64	100.00
许可证	69	64.69	7139.84	67.25
合作生产	21	19.63	966.58	8.16
技贸结合	7	6.5	1501.92	14.15
技术咨询	4	3.74	183.6	11.73
合资合作经营	4	3.74	859.5	8.10
补偿贸易	2	1.87	65.20	0.61

资料来源:江苏省工业厅:《江苏机械工业40年》,江苏人民出版社1990年版。

4. 技术引进项目,按技术输出的国别进行分类的情况,见表6:

表6　1980—1988年江苏机械厅系统技术引进按技术来源国别或地区分类

国别或地区	合同项目数(个)	合同成交额(万美元)
总　计	107	10616.64
联邦德国	36	3504.62
美　国	29	2142.64
法　国	1	342.40
瑞　典	4	478.30
日　本	18	1615.12
意大利	2	177.62
奥地利	4	155.00
瑞　士	2	318.20
荷　兰	1	10.10
罗马尼亚	1	620.00
中国香港	2	97.00

资料来源:江苏省工业厅:《江苏机械工业40年》,江苏人民出版社1990年版。

5. 进口设备及生产线情况。1980—1988 年江苏省机械厅系统进口的生产线约 22 条,合同总成交额 1621.53 万美元。其中以电工电器引进最多,达 17 条,主要是变压器硅钢片纵切线和横切生产线、波纹油箱生产线、电缆生产线等;通用机械行业引进 2 条生产线;工程建筑行业引进 1 条生产线;机床行业 1 条,其他 1 条。全省进口的加工设备,据不完全统计,在 225 台以上。

6. 消化吸收及国产化情况。到 1987 年底以前,江苏省机械厅系统技术引进的项目国产化率在 85% 以上的有 37 项,占全部引进项目的 34.58%。到 1988 年累计 77 项,占 71.96%;1990 年累计达 84 项,占 78.05%。

二、技术引进项目的经济效益

根据一些不完全的调查资料统计,把有技术引进项目的部分机械工业企业新增产值、税利、创汇和节汇的情况汇总如下:

1. 新增产值。按 38 家有引进项目的企业的统计[①],至 1987 年末,引进项目新增的总产值是所花费的引进费用的 1.55 倍;按 40 家引进企业当时的预测,在引进项目形成批量生产能力后,其新增产值为引进费用的 3.89 倍。

2. 新增税利。按 431 家引进企业的统计,至 1987 年末,引进项目新增税利为 4017.53 万元,相当于 1987 年省机械工业系统新增利税总额的 85.7%。按 37 家引进企业的调查,形成批量生产后,新增税利可达 1 亿多元。而 1989 年省机械工业厅系统实现税利总额为 13.75 亿元。

3. 创汇和节汇。按 58 家引进企业的统计,至 1987 年引进项目创汇和替代进口而节省的外汇分别为 1152 万美元和 4080 万美元。形成

---

①　这里的企业数不是按照某种原则主动选择的,而是把有统计数据的企业加总的结果,即在 107 个引进合同项目中,有新增产值统计的企业是 38 家,有新增利税统计的企业是 31 家,有创汇和节汇统计的企业是 58 家。资料来源同表 4。

批量生产后其年创汇和节汇可达 1598 万美元和 6842 万美元。

　　许多案例分析的数据也可说明技术引进项目取得了较好的经济效益。南京分析仪器厂 1980 年 8 月从英国肯特公司引进了氧化锆分析仪制造技术。经部级鉴定符合引进的技术要求后,在 1982—1986 年中共生产 1066 台,总产值 771 万元,利润 145 万元。两年就收回全部技术转让费的投资。南通机床厂 1981 年与美国某公司签订了生产 J 系列数控铣床,至 1986 年共生产 586 台,总产值 1619.33 万元,创税利 400 万元,创汇 600 万美元。徐州重型机械厂引进 20 吨汽车起重机制造技术后,在较短的时间里国产化率达 80%,并已中标,向美国出口。南京高速齿轮箱厂引进美国费城高速齿轮箱传动装置设计和制造许可证,1987 年产值 232 万元,可满足国民经济各部门的需要,为国家节省大量外汇。

　　通过技术引进的消化吸收,还掌握了一批新的工艺技术,促进了全省机械工业技术水平的提高。例如,火花塞制造技术、中高强度的粉末冶金制造技术、精密零件加工技术、密烘铸铁技术等。由于增强了江苏机械行业加工制造技术的后劲,为新工艺、新技术的推广和新产品的开发奠定了基础。

三、技术引进项目存在的问题

　　80 年代,江苏机械工业技术引进工作存在的问题,除了第二部分提到的重复引进的问题比较突出外,还集中表现在引进项目的消化吸收碰到的困难较多,国产化进展比较缓慢。具体地说:

　　1. 消化吸收缺乏资金。部分企业因引进过程中项目选择不当,或因汇率变动等原因,背上了沉重的债务负担,根本无资金可用来消化吸收。

　　2. 消化吸收缺乏应有的智力支持。不少企业引进了先进的技术和产品,但本厂的技术和管理基础较差,不能适应引进技术和消化吸收的需要。同时,江苏虽有科研单位和高等院校技术力量较强、科研设施和测试手段较完善的优势,但大部分企业并没有组织和吸收院、所参加技术引进及其消化吸收的全过程,致使这一过程缺乏必要的技术后方的保障。

3. 消化吸收需求的原材料和配套件供应困难。引进项目在消化吸收和国产化过程中,往往需要有关部门在全行业范围内组织、协调配套件与原材料的攻关、试制和生产供应,还有一些配套件需要有特殊材质,因国内一时无法生产,需要协助引进单位并给予一定的外汇支持。往往由于这类问题解决得不理想,影响了消化吸收和国产化的顺利进行。

4. 消化吸收未能对重点项目实行扶持,所花时间过长,影响了技术引进工作效益的发挥。主管部门和行业没有在工程机械、数控机床、印刷机械和可用于适度规模经营的农机及其配套机具等引进项目中,抓住重点进行必要的扶持,实行政策倾斜,促使其加快消化吸收的步伐。资金(包括外汇)、物资和技术力量的投放,基本上没有摆脱"撒胡椒面"的格局。

90年代机械行业技术进步的趋势

在正确分析80年代机械工业实现技术进步成绩和问题的基础上,江苏机械行业的技术进步在90年代已经并将会出现以下八方面的发展趋势:

一、转变发展思路,狠抓"三基"建设

90年代,江苏机械行业的发展思路正在发生根本性的转变。人们已经形成了这样的共识:彻底抛弃几十年形成的重主机、轻配件,重产品、轻基础的指导思想。加强对基础技术、基础零部件和基础机械的技术攻关,正成为全行业进行技术改造,引进国外先进技术的重要战略措施。

二、组织结构调整不断加快,行业管理逐渐加强

随着宏观上财税、投资体制改革取得进展,条块分割终究会被打破,真正意义上的行业组织随之建立起来。行业协会势必通过制订整个机械行业的发展规划和生产布局方案,推动合理分工,发展横向联合,组建企业集团,改变"小而散"的组织结构。

三、企业的主体地位日渐强化，经济社会环境更加有利于技术进步

现代企业制度的建立，将会使企业成为技术进步的主体。随着"技术进步"的概念日益成为评价和考核企业经济实力和业绩的重要量化指标，企业追求技术进步的内在动力和外部推力将不断增强。特别是通过制定一系列技术政策和措施，例如建立机械行业重点产品开发基金，增强企业技术开发能力，鼓励开发和发展国家重点建设项目所需要的机电产品和国际市场上需要的科技含量高的产品等，将形成有利于企业技术进步的经济、社会环境。

四、机电一体化

技术和产品的发展目标将是有限的，9 种产品将优先得到发展。机电一体化产品开发有利于提高企业素质，缩短与国际先进水平的差距，已成为江苏机械行业技术发展的方向。但受到现有物质技术条件的制约，机械工业机电一体化技术和产品发展，在 90 年代还不能达到发达国家的先进水平，很可能只是有限目标。到本世纪末机电一体化产品产值占当年机械工业总产值 20％～25％，重点产品可达到 80 年代中期国际先进水平，少量产品可达到当时世界先进水平。90 年代，处于优先发展领域的机电一体化产品将集中在以下 9 类：① 数控机床及其工艺设备。② 电子化量具量仪。③ 电子化仪器仪表。④ 电子化电工产品。⑤ 电子化照相机。⑥ 工业机器人。⑦ 电子控制的印刷。⑧ 自动化办公设备。⑨ 电子化家用电器。

五、更加重视试验基地和测试中心的建设

通过配备先进的科研测试手段、测试条件等优惠政策，现有的试验研究基地和测试中心的建设将会得到明显的加强。同时，还将有重点地建立切削、材料性能、机械强度数据库。一些机械工业基础技术（包括工艺、材料）试验研究基地和中心，将会分期分批地新建起来。

六、对机械工业的投入将会适当增加，固定资产折旧率也有明显提高

90 年代，全省机械工业固定资产的投资占全省工业投资的比重将

逐步提高到 15％～20％左右,机械工业对全省国民经济将保持 1.4％～1.5％的超前率。到本世纪末,机械企业的固定资产折旧率总水平将达到 12％左右,而且企业折旧资金将全部返回企业,用于企业的技术改造。

七、扩大机电产品出口将会成为江苏发展外向型经济的战略突破口,并带动全行业乃至全省的科技进步

到本世纪末,江苏机电产品出口额将会超过 20 亿美元,约占全省出口额的 23％～25％,苏锡常三市将达到 28％～30％左右。通过扩大机电产品出口,不仅能为江苏发展外向型经济打下坚实的基础,而且将对全省机械工业的技术水平和管理水平提出更高的要求,推动机械工业朝着机电一体化的方向进行技术改造和产品更新换代,并将给江苏的各行各业提供更多更好的技术装备,从而带动其他行业的发展,推动全省的技术进步。

八、科技进步的地方性法规将会在全省得到贯彻执行

90 年代,将会研究制定江苏机械工业科技进步的地方法规或行政法规,以便把已经采取的和将要采取的推动机械工业技术进步的政策、措施用法律形式固定下来。随着这一法规在全省范围内贯彻执行,全省机械行业将会进一步突出科技进步,为全省国民经济的稳定、持续、协调发展作出更大贡献。

（原载《中国技术转移和技术进步》,经济管理出版社 1996 年版）

乡镇企业技术进步的理论与现状

引　言

　　我们正处于世纪交替的时代。在 20 世纪行将结束的最后五年多的时间里,乡镇企业能否健康发展,直接关系着农村的稳定,关系着国家工业化、农业现代化和整个社会主义现代化的进程,关系着我国第二步战略目标和农民小康水平的实现。

　　经过最近十多年来的改革和发展,我国乡镇企业已拥有了一定的基础和规模,企业个数已达 2500 万家,安排就业 1.2 亿人,形成了约5100 亿元①的固定资产,工业产值已占到全国工业总产值的 1/3,出口创汇也占到全国出口创汇总额的 1/3。世界经济发展的历史表明,人均国民收入 500~1000 美元的阶段,是经济全面起飞的阶段。目前,我国东南沿海地区、大中城市郊区以及交通干线附近等乡镇企业较为发达的地区已进入这一阶段,具备了全面提高水平的条件。中部的一部分和西部的大部分乡镇企业比较落后的地区也要走在发展中提高、在提高中发展的路子。如果说中国乡镇企业在 80 年代从"异军突起"到成长壮大是第一次腾飞的话,那么在 90 年代至 21 世纪初叶乡镇企业将从不断发展到全面提高实现第二次腾飞。从整体上看,中国乡镇企

---

　　①　《中国农村统计年鉴(1994)》。

业只有以紧紧围绕经济效益这个中心,依靠技术进步、调整经济结构、推行规模经营、提高管理水平,才能在实现跨世纪腾飞中对国民经济和社会发展作出更大贡献。

本项研究在课题设计与组织上,突出强调了我国乡镇企业的特殊性:规模以中小企业为主;布局分散,经济水平和产业结构地区差异明显,有关企业技术进步的资料连续性差,指标体系不完整等,采用了系统工程的原理,对课题的研究思路与组织进行了合理的安排。

我们主要根据乡镇企业发展的丰富实践,把研究内容划分为三个子块:信息源子块、分析模拟子块、对策研究子块。信息源子块包括三个内容:乡镇企业经济数据库及管理信息系统、乡镇企业技术进步指标企业抽样调查、乡镇企业技术进步专家调查。分析模拟子块包括乡镇企业技术进步评价指标体系和评价方法、乡镇企业技术进步模式分析、乡镇企业技术进步经济计量模型、乡镇企业技术进步与产业结构变化。对策研究子块主要是对策研究报告。这三个子块形成了相互衔接、相互支撑、互为反馈的研究系统。如下图所示。

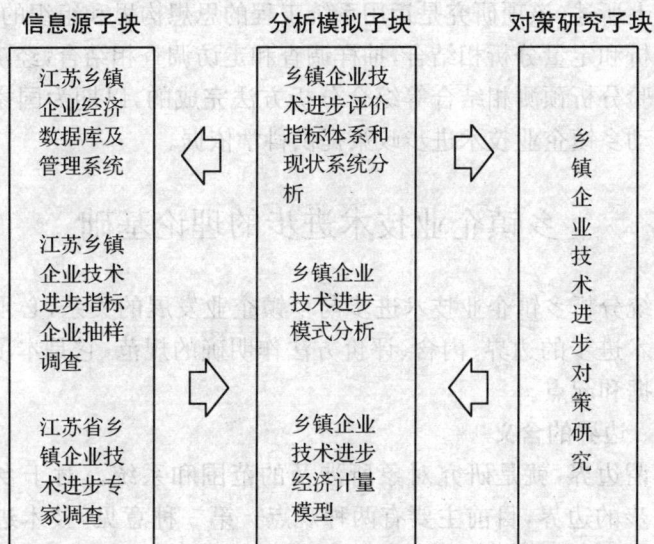

　　依据分析模拟子块的研究目标，设计了信息源子块内的指标结构。其中资料数据库是收集现行统计指标体系中的有关指标，并在微机上建立数据库；技术进步指标企业抽样调查是根据乡镇企业技术进步评价指标体系而设计的，通过该项抽样调查，我们可以获取现行统计指标体系中缺少的指标数据，从而可以较全面地评价乡镇企业的技术进步。专家调查主要是根据乡镇企业技术进步模式研究和技术进步因素系统分析的参数而设计的。通过对三个层次的专家咨询，我们不仅可获得专家们对乡镇企业技术进步的动力机制、外部环境、内部环境等方面的经验判断，而且也可以获得专家们对今后乡镇企业技术进步的预测。

　　分析模拟子块内三个方面的研究在信息源子块的丰富的数据和信息的支撑下进行，在分析和模拟过程中，这三个方面的研究也是互为支撑的。

　　对策研究则是综合以上全部研究结果，再进行对县级和乡级各经济主管部门和乡镇企业的走访调查而后形成的。

　　综上所述，该项研究是运用系统工程的思想构思和组织的，运用了定性分析和定量分析相结合，抽样调查和走访调查相结合，经济模型和专家经验分析预测相结合等综合分析方法完成的，以期为国家制定进一步推动乡镇企业技术进步政策提供科学依据。

乡镇企业技术进步的理论基础

　　系统分析乡镇企业技术进步与乡镇企业发展的关系，必须对乡镇企业技术进步的边界、内含、评价方法作明确的规范，它是本项研究的理论依据和起点。

一、边界的含义

　　所谓边界，就是研究对象所涉及的范围和系统。对于乡镇企业技术进步的边界，目前主要有两种观点。第一种意见，技术进步就是资金、劳动力等生产要素的剩余解释变量，柯布—道格拉斯生产函数模型和索洛的余值法就是这样假定的。作为模型把某些因素当作是一种混合物来考虑是许可的、甚至是必要的；但从理论上说，把诸如政策因素这样的非技术进步因素并入技术进步因素之中，就人为夸大了乡镇企业技术进步的边界。特别是在我国乡镇企业发展历史中政策所起的作用很大，夸大技术进步的边界既不能很好解释乡镇企业技术进步对乡镇企业经济增长的贡献，又缺乏实践指导意义。第二种意见是把乡镇企业技术进步看做是乡镇企业拥有的固定资产（尤其是生产工具和装备）技术含量的提高，或者把乡镇企业技术进步等同于科技成果、科技人才、科技经费等科技投入的增加，这对于指导乡镇企业发展的实践较为方便，但它又与投入因素相混淆，模糊了乡镇企业的技术进步的边界，缺乏理论分析所必需的相对独立性。我们认为，对于乡镇企业技术进步应当这样来加以认识：通过乡镇企业生产要素质的提高和优化组合，把科技成果或成熟的适用技术转化为生产力的过程以及由此而引起的新旧技术之间的差别效益。在这里，我们把生产要素的改变看做手段，获取新旧技术间的差别效益当成目的，而把科技成果或成熟的适用技术转化为现实生产力的动态过程视为不可或缺的中介环节。

　　乡镇企业技术进步，还应从它的内含和它实现的过程两方面来进一步加以理解。从内含上分，乡镇企业有狭义技术进步和广义技术进步两种。狭义技术进步是指包括劳动者技能、劳动工具和装备以及劳动对象三者的硬技术应用，在人们期望的目的方向所取得的进步。它不包括管理决策技术等软技术的进步。广义技术进步，除了狭义技术进步所包括的硬技术进步外，还包括管理决策技术等软技术的进步，管理决策技术水平的不断提高，能使硬技术的功能得以充分发挥和有效利用，从而获得高效益的产出。从技术进步的实现过程看，乡镇企业生产过程中技术运动的状况可分为静止状态、综合状态、凝结状态三种，用框图表示如下：

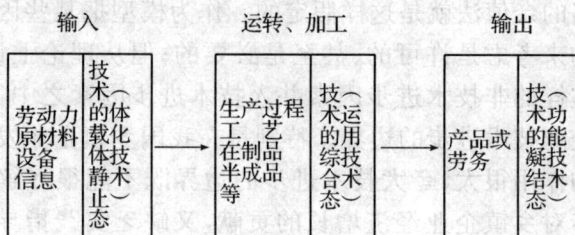

在输入阶段,可以通过体化在多种生产要素中的技术含量的变化来观察技术进步;在运转加工阶段,可以从多种技术结合的效果进行分析,凡是管理决策技术高的企业,则各种技术的作用能得到最大效率的发挥;在输出阶段,可以从产品或劳动力的功能和效用去研究技术进步的凝结状态,产品或劳务的品种(类型)、质量、成本、产量(数量)包含着企业的多种技术要素,是企业技术水平的重要表现形态。

企业技术进步的主要内容应包括:

(1)人们在生产中采用由现代科学技术制成的机器设备,表现为机械化代替手工劳动,自动化代替机械化劳动,电脑自动控制代替人工控制的逐步演进过程。

(2)在生产中采用新工艺方法,使生产手段发生显著变化,劳动生产率得到飞跃提高。

(3)采用新材料、新能源,生产新产品,并降低工业废料排放,保护环境。

(4)采用现代化的管理方法和决策方法,以提高生产效率,降低生产成本。

(5)提高劳动者的文化技术水平,以更有效地掌握和使用新技术。

(6)达到合理的企业规模,实现规模经济。

二、评价方法

乡镇企业技术进步的评价方法基本上有两类:本体法和功能法。所谓本体法,是就技术本身进行计量评价。主要通过直接或间接计量乡镇企业的物质技术密集或先进程度——技术含量,观察其在不同时点上的变化,即考察对比企业在基期与报告期的物质技术水平和技术实力的变化趋势以确定其技术进步的一种方法。所谓功能法,主要是从技术进步所带来的成果和效益方面来对技术进步进行评价和计量的,即评价计量乡镇企业技术进步对经济、社会、环境方面的贡献和影响。为此,必须建立乡镇企业技术进步对经济效益、社会效益、环境效益影响的指标体系。本项研究是以经济效益为中心来评价乡镇企业技术进步的贡献的。

在本体法中,常用的有标准含量法和综合指数法。标准含量法首先需要根据多种科学技术的形式、特征及其先进程度,以及它们与生产力水平的关系,并综合各种科技成果的具体数据,规定技术密集的等级标准、标定各种技术单元的技术含量,然后根据乡镇企业所采用的技术,界定它们在标准中的位置和标量,评价乡镇企业的物质技术基础结构所包含的技术含量,通过加权汇总得出企业的技术水平,进而考察其变化就可测量出技术进步水平。综合指数法,一般是根据乡镇企业的物质技术结构,划分因素,分项进行计量其指数,然后再计量其综合指数的方法。综合指数按计量的具体方法不同又可分为五种方法,其中主元素法和加权评分法较为常用。主元素法是一种多元统计方法,它能够把众多的原始指标简化为包含原始资料信息的少量综合指标,而且使各指标间互不相关。加权评分法便于处理数量不多的指标体系,关键在确定各指标的权重。

在功能法中,常用的有经济计量法,通常把生产函数中资金和劳力增长对产业增长贡献的余值,作为广义技术进步的度量。此外,还可以通过建立一系列指标体系来评价,或者借助于一些数理统计方法,如相关分析和回归分析法来作进一步的评价。乡镇企业技术进步评价的方法体系如下图所示。

```
                                         ┌ 标准含量法
                                  本体法 ┤           ┌ 主元素法
                                         │           │ 聚类分析法
                                         └ 综合指数法┤ 包络法
乡镇企业技术进步评价方法┤                            │ 层次分析法
                                         │           └ 加权评分法
                                         │ 经济计量法
                                  功能法 ┤ 指标体系法
                                         └ 统计分析法┤ 相关分析法
                                                     └ 回归分析法
```

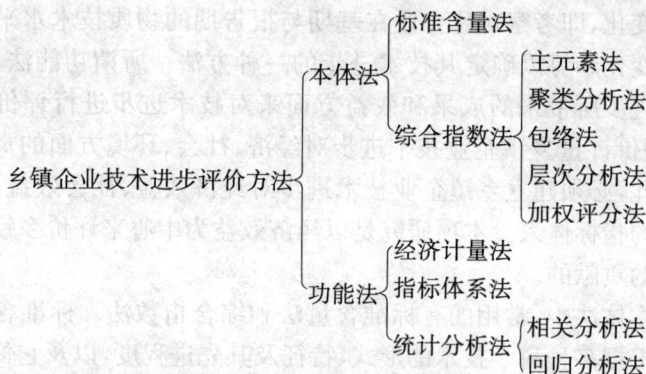

三、技术进步对乡镇企业发展的作用

乡镇企业今后的发展,归根到底取决于企业自身技术进步的实现程度。

技术进步对乡镇企业发展的作用有:(1) 提高乡镇企业的劳动生产率。我们以全国的资料测算,乡镇企业的生产率同技术装备水平(人均固定资产)的相关系数高达 0.8466,这说明两者呈正线性相关。(2) 提高固定资产的生产效率。据测算,乡镇企业的固定资产的产值率同企业技术装备率的相关系数为 0.8348。(3) 降低物质资源的消耗,既包括生产过程中能源消耗和物耗等生产要素作用的节约,又包括产品发挥功能过程中资源消耗的节约,从而起到降低成本,节约社会劳动的作用。(4) 提高产品质量,包括增强产品的功能,提高产品的稳定性、安全性、耐久性等性能。同时,技术进步特别是管理决策水平的提高有助于实现产品结构合理化。一方面使多种社会需求的产品保持适当比例,不至于使部分产品过剩而浪费,部分产品短缺而影响生产和消费;另一方面有利于合理配置资源,提高资源利用效率,取得最大经济效益,从而有利于整个经济结构的合理化和经济发展的良性循环。总之,乡镇企业的效益,最终要落在技术进步上。乡镇企业的竞争力、发展潜力及后劲,根本表现在其技术实力和贮备上。

技术进步是乡镇企业进一步发展的必由之路。

乡镇企业技术进步的特征

据我们对全国 28 个省(市、自治区)乡镇企业技术进步综合指数的比较研究,江苏省乡镇企业的技术进步在全国处于中上水平,但是其技术进步水平在苏南、苏中、苏北之间存在着明显的地区差异。这一特征同全国乡镇企业技术水平的地区结构相类似,所以,我们可立足江苏,面向全国来研究乡镇企业技术进步的现状特征。

80 年代特别是在 1984 年以后,在较为宽松的宏观经济环境下,江苏乡镇企业的技术进步速度较快,改革开放打破了高度集中计划、城乡分割的传统体制的束缚,设备、人才、技术、信息等要素的流动为乡镇企业技术进步创造了有利的社会经济条件,为了适应市场的需要,江苏乡镇企业利用银行贷款和社会集资,一方面集中力量兴办了一批具有一定规模和技术水平的新企业;另一方面对原有企业进行技术改造和工艺、设备更新。在从以注意引进城市淘汰设备为主的初级技术阶段开始向应用现代工业技术阶段转变的过程之中,尽管在苏南一些发达地区一批乡村骨干企业的技术水平已经赶上甚至超过了城市国营工业企业,但就全省乡镇企业而言,由于起点低、基础差,技术水平依然远远落后于国营企业,从规模、效益和技术装备三个方面综合来看,江苏乡镇企业的技术水平,居全国第六位,处于中上水平。关于江苏乡镇企业技术进步现状的基本特征可以概括为以下七个方面:

(一)固定资产增长幅度较大,技改投资日益受到重视,但企业有机构成不高,技术装备水平仍较低。

1990 年,江苏乡镇企业固定资产原值达 325.5 亿元,比 1980 年增长了 9.23 倍,平均每年递增 27%。特别是全省乡镇企业在压缩基建规模的同时,技术改造投资明显增长。1990 年省乡村工业新建项目投资比上年减少 5.06 亿元,下降 30.13%;而技改项目投资额比上年增加 2.43 亿元,增长 35.71%;从而使用于技术改造的投资占当年固定资产投资额的比重达到 29.5%,比 1987 年提高了将近 7 个百分点,全省乡镇企业固定资产装备已由 1980 年的 1017.6 元/人,提高到 1990 年的 4535.4 元/人,增长了 3.5 倍。虽然江苏乡镇企业的技术装备水平在 80 年代提高的幅度较大,但仍远低于全民工业企业的水平,不足同期全民工业企业固定资产装备率的 1/4。与各省乡镇企业装备水平相比,江苏只居全国第八位。

据调查全省乡镇企业设备中,机械化与半机械化设备的比重为 74.04%,自动化与半自动化设备所占的比重是 16.5%。我们对全省 140 家乡镇企业的抽样调查的结果表明,乡镇企业的设备约有 17% 是 1984 年以前形成的,其中大多数是城市淘汰的落后设备在超期"服役"。从机器设备出厂的年代看,80 年代生产的约占 70%,60、50 甚至 40 年代生产的设备共占 10% 左右。特别是在冶金、铸造、化工、建材等行业,很少有高效能的专用设备,多数是生产能力低、耗能高、工艺极其落后的设备,其中相当一部分是城市工业淘汰的亟等更新的、污染严重的陈旧机器设备。由此可见,江苏乡镇企业技术装备的整体水平还较低,陈旧落后设备的大量过剩与现代化先进设备的普遍短缺同时并存。

(二)新产品开发能力逐步增强,产品质量不断提高,但产品结构还相当落后。

近年来,随着新产品开发能力的逐步加强,江苏乡镇企业产品种类增多,名优特新产品增加。"七五"期间,江苏每年开发的新产品都在千种以上,约比"六五"期间增加了一倍以上。据我们调查,现在,全省乡镇企业新产品产值约占工业总产值的 10.1%。新产品的大量开发不仅提高了乡镇企业产品的技术含量,而且更能适应市场的需求,提高了产品的竞争能力。乡镇企业畅销和适销产品占产品总数的 60% 以上。进入 80 年代末期,江苏乡镇企业产品的质量相对也有明显提高。不仅创造了占全省优质产品 1/4 的乡镇企业优质产品,包括荣获国家金牌和银牌的产品,而且还初步形成了由纺织品、丝绸、服装、五金工具、玩具、鞋类、电子元器件、工艺品等 8 类骨干商品组成的出口产品群落。1990 年江苏全省乡村企业出口产品金额达 106.59 亿元,占乡村两级工业产值的 10.62%①。

　　到目前为止,江苏乡镇企业的绝大多数产品为初级加工品和劳动密集型产品,可作为工业投资品的中间制成品和高档耐用消费品尚不多见。相当多的乡镇企业产品质量仍比较差。在近几年历次国家产品质量监督抽查中,合格率最高仅为 70%,而在 1990 年一次产品质量抽查中,合格率竟只有 35%,调查结果显示,1989 年全省乡镇企业达到省、部以上优质产品产值仅占工业总产值的 6.59%。与上述产品结构相呼应,江苏乡镇企业出口商品的结构中,初级产品和粗加工制成品比重大。在江苏乡镇企业出口占主导地位的棉纺、丝绸、服装三大类产品中,棉纱、坯布、白厂丝、坯绸等原料性初级产品的比重约占 40%左右;毛纺、苎麻制品的出口也以针织绒、麻纱、麻条(球)等初级产品为主;各类服装仅占 1/4 左右,而且以中、低档居多。以初级产品和粗加工制成品为主的出口商品结构,不仅造成了国内原材料紧张,价格上涨,而且也严重影响乡镇企业进一步扩大对外出口和提高发展外向型经济整体效益。

　　(三)应用了一批先进适用的科技成果,多渠道进行技术开发,但也存在短期化倾向。

　　"七五"期间,江苏省实施"星火计划"推动乡镇企业技术进步取得了明显的成效。截止 1990 年底,全省共安排星火计划项目 1158 个,其中 80%以上的项目是用来推动乡镇企业技术进步的。五年来,共建成100 多个科技示范乡镇企业技术进步、产业集团及科研生产联合体。如建成稀土新技术新材料、电子配件、特种化纤、纺织和服装加工等 4个产值超亿元的各具特色的星火小区,促进了企业集团的组建和当地高校产业的发展。据有关研究资料②,在组织实施中,江苏乡镇企业注

---

①　《江苏年鉴(1991)》,南京大学出版社 1991 年版,第 109 页。

②　据江苏省科委星火办公室、江苏省科技情报研究所:《江苏省星火计划发展战略及"八五"纲要》(1991.3)

重吸收大专院校、科研单位、大中型企业的科技成果和专利技术,多渠道进行技术开发。全省367项技术开发项目中,从技术的来源看,大专院校、科研单位和大中型企业的科技成果,分别占技术开发项目总数的6.4%、32.2%和12.0%,引进项目占8.8%。"星火"计划项目的实施有效地引导和促进了乡镇企业进一步发展与大专院校、科研单位、大中型企业的横向联合。目前,80%以上实施"星火"计划项目的乡镇企业都有技术依托单位,初步为乡镇企业进步建立了可靠的技术后方和技术支撑系统。从技术开发的类别看,新技术开发、现有科技成果转化、专利技术和引进技术消化吸收的比重分别为44.7%、36.9%、2.4%、16.1%。这就密切了科技与经济的结合,加速了科技成果转化为生产力的进程,有效地提高了乡镇企业的技术层次,从而在一定程度上增强了江苏乡镇企业产品在国内外市场上的竞争能力。

但是,也应当指出,江苏"七五""星火"项目小型、分散、投资强度低,技术含量低的情况还比较普遍。江苏全省列入"星火"项目的乡村企业仅占乡村企业总数的千分之二,对于乡镇企业技术进步还难以产生整体性的影响。特别是一些地区和单位片面强调"短平快",单纯外延扩大再生产,对技术开发的长期规划和整体效益重视不够,影响了乡镇企业技术水平的提高和技术辐射作用的发挥。

(四)加强了基础管理,企业素质有所提高,但多数乡镇企业仍处于管理粗放、制度不健全的状态。

80年代中期以来江苏乡镇企业的干部和职工逐渐普遍增强了管理意识,各项基础管理工作的技术基础工作不断取得进步。1990年,全省有5823家乡村企业通过了"七项基础管理"合格验收,有1600多家企业达到了二、三级计量的要求,产值在30万元以上单项产品标准化覆盖率达89%,比1987年提高了13.3个百分点,江苏乡镇企业在"上规模、上管理、上水平,提高经济效益"的发展思想指导下,广泛开展了多渠道、多形式、多层次的管理人员和职工培训。近五年,全省有8万多名乡镇企业职工接受了大、中专学历教育。1990年据9个市(不含南京市、连云港市)的不完全统计,全年接受岗位培训的职工有7.2

万人次,接受各种短训的 33 万人次①。到目前为止,江苏乡镇企业职工队伍中,已评定专业技术职称(职务)的已达 88994 人,其中高级 224 人、中级 6093 人、初级 82667。一批农民企业家在市场机制的竞争环境中成长,在推动乡镇企业技术进步和经济振兴方面,发挥了重要作用。

但与此同时,多数职工的文化技术素质还比较低,典型调查的结果显示,乡镇企业职工的文化构成是:大学文化占 0.25%,高中占 18.58%,初中占 41.29%,小学以下占 39.88%,平均技术等级 2.2 级②。以指数计算的职工素质提高的速度也不够理想,1990 年与 1989 年相比,文化素质指数提高了 0.07,劳动熟练指数提高了 0.01。为数众多的乡镇企业厂长(经理),也仅有初中文化水平甚至初中以下文化水平,他们缺乏现代管理的自觉性,家长制的经验管理方式和传统的事后管理仍然是目前江苏乡镇企业管理的主要特征,不少企业尤其是面广量大的村和村以下办的企业,至今还缺少健全的计划、财务、物资、劳力、成本等管理制度。显然,这种粗放的管理方式与现代工业和商品经济的激烈竞争相比显得十分落伍和难以相容。

(五)涌现出一批乡村骨干企业,成为乡镇工业的中坚,但小而散的企业组织结构尚未彻底改观。

1990 年,江苏年产值在 500 万元以上的乡村工业企业已有 3689 个,仅占全省乡镇工业总数的 0.62%。但其产值合计为 469.62 亿元,固定资产原值 133.43 亿元,实交税金 13.40 亿元,实现利润 10.79 亿元,分别占全省乡镇工业的 42.16%、39.16%、39.39%、44.04%,这些骨干企业的技术水平已今非昔比,决非一些人想象中的"破草房里的手工作坊",而是实实在在的现代化生产,它们已成为江苏乡镇工业的中

---

① 《江苏年鉴(1991)》,南京大学出版社 1991 年版,第 309 页。
② 江苏省科委政策研究室主编:《江苏科技兴省战略与新技术革命政策研究报告集》,第 263 页。

坚力量。

　　但从社会化大生产的要求看,江苏乡镇企业的组织程度仍然偏低。现代化生产所需要的集中度和专业化程度都还不够。乡村企业规模小而散,规模经济效益的格局还没有发生根本性的改变。1990年全省乡村企业平均创税不足4.5万元,自我发展能力很弱。许多适宜大批量生产的产品几乎全都达不到最低经济规模。企业之间、部门之间专业化协作少,重复建设、生产能力重配置的现象十分普遍。小型棉纺、缫丝、水泥、酿酒、皮革、造纸等企业遍地开花,盲目发展,既造成了生产能力的闲置和资源浪费,又阻碍了这些行业的乡镇企业的技术改造。我们通过生产函数模型和系统动力学模型研究,结果也都证实了这一点。江苏乡镇企业的规模系数为1.0537,大于1,规模报酬仍处在递增阶段。80年代江苏乡镇企业规模每年以15％以上速度递增,但总体上规模仍偏小,因此,目前江苏乡镇企业并未达到最佳规模,有待进一步提高规模效应。

　　(六)劳动生产率提高幅度较大,能耗、物耗明显下降,但净产值率出现下降趋势。

　　全员劳动生产率、万元产值能耗比和物耗比是衡量乡镇企业技术进步的综合性指标。1990年,江苏乡镇工业企业全员劳动生产率已达15529.4元/人,比1980年的3448.5元/人增长了3.5倍,每年提高的幅度达13.3％。能耗、物耗下降也十分明显。1989年下降21.1％,万元产值耗电0.08万千瓦小时,比上年下降20.0％;万元产值耗生铁0.11吨、耗钢材0.26吨、耗水泥0.28吨,分别比上年下降15.4％、13.3％、22.2％。

　　但是,近年来江苏乡镇工业的净产值率(净产值与总产值之比)却出现了下降的趋势。1989年江苏全省乡村工业的净产值率显著低于同期全部工业和全民工业的净产值率。这说明江苏乡镇工业的经济效益水平和技术结构状况与其经济总体规模是不相称的,无论就其技术层次或是工业结构与效益都与城市企业有一定的差距。认清这一点,对于今后正确制定乡镇工业技术进步的战略十分重要。

（七）保持了一定的技术进步速度，但技术进步对增长贡献的份额偏低而且不够稳定。

据我们运用索罗生产函数模型研究，1982—1989 年的江苏乡镇企业年技术进步率为 9.21％。分地区看，苏南（苏、锡、常三市）、苏中（宁、镇、扬、通四市）、苏北（徐、淮、盐、连四市）的乡镇企业年技术进步率分别为 11.4％、8.12％、7.84％，自南向北梯度递减。分行业看，我们的研究结果表明，江苏乡镇企业中技术水平和技术进步速度居前四位的行业是电子、化工、纺织和机械。综合分析生产函数、模型、系统动力学模型以及专家问卷调查的研究结果和其他研究资料的报道，可以认为，目前江苏乡镇企业技术进步对增长的贡献份额当在 20％左右。80 年代江苏乡镇工业的增长，很大程度是依赖资金投入增加带来的，其对产值贡献率多数年份在 60％左右，劳动力投入的贡献率在 20％～30％左右，并呈逐渐下降的趋势，其原因是占全省乡镇工业总量 2/3 的苏南地区，转移剩余劳动力的压力已很小，更多地依赖资金投入来实现乡镇企业的发展。

80 年代江苏乡镇企业技术进步贡献份额不够稳定是另一个特点。由于宏观经济环境特别是政策环境和舆论环境对乡镇企业发展的影响很大，对应于乡镇工业增长的波动，资金投入和劳动投入也呈不规则状态。固定资产净值增长率最高的年份比最低年份要相差 45 个百分点；劳动力增长率波峰与波谷值也相差近 18 个百分点。1989 年由于宏观经济紧缩，全省乡镇工业的投入产出更是异常，1988—1989 年的技术进步份额为负值。可见，投入产出的无序状态，阻滞了乡镇企业的技术进步。

江苏乡镇企业的现状分析表明，90 年代乡镇企业必须坚定不移地走科技进步的道路，只有紧紧依靠科学技术，更新劳动手段，提高劳动者素质，改进产品质量，适时地调整产品结构，才能最终提高乡镇企业的社会和经济效益。从江苏全省的实际情况看，在 80 年代的中后期，由于少数乡镇企业超前选择了技术进步战略，在治理整顿和市场销售平淡的情况下，不但经受了市场的严峻考验，而且正显示出较大的优势和发展后劲。相反,一部分不注重技术进步的乡镇企业,已经不起竞争的考验,纷纷出现经济效益严重滑坡,有的甚至被关停并转。案例调查的结果显示,在产值增长速度大体相同的情况下,是否注重企业的技术进步,其利润增长速度的差距将近 36 个百分点之遥。武进精细化工厂原是一个名不见经传的村办小厂,由于坚持技术进步,现已成为国内水处理剂生产行业中规模最大、品种系列最全的专业化"巨人"。企业的技术进步贡献率已由 80 年代中期以前的 10% 提高到目前的 55%,相应地职工全员劳动生产率由以前的人均 2.8 万元提高到 4.4 万元,实现利润由以前的每年平均 27.8 万元提高到 117.1 万元,增长 3.21 倍。

（原载《乡镇企业的技术进步》,中国农业科技出版社 1995 年版）

乡镇企业技术进步的类型与模式

乡镇企业作为中国工业化过程中的重要一翼,它的技术进步离不开人类文明发展的一般轨迹,在宏观上必然具有工业技术进步进程所固有的历史逻辑。由于乡镇企业是在农村副业和家庭手工业基础上创办和发展起来的,基础差、技术起点很低。乡镇企业在其初始阶段主要是手工操作型的简单技术,近代工业十分薄弱,其总体技术水平比城市工业至少落后 30 年。就此而言,乡镇企业初期的工业技术进步无疑具有"追随"城市工业的性质。但从另一方面看乡镇企业的技术进步又有一定的"超前",乡镇企业的技术进步并非全是从城市工业那里进行简单的技术移植。乡镇企业在市场竞争中越来越感受到,企业要发展,首先要自我改造,求得技术进步,从而逐步具备了追求企业技术进步的动力机制。相对而言,国营企业技术进步的内在动力还较弱,有时不得不靠外部力量驱动。必须强调指出,乡镇企业在作出技术进步的战略选择时,灵活的机制特别是人的主观能动性起了很大的作用。

乡镇企业技术进步的类型

综合我们所掌握的文献[1],工业技术进步的类型,通常是根据技术

---

① 代表性文献是:Rod Conbx, PaoloSavitotti and Vivien Walsh, "Economics and Technological change", Macmillan Education ITD(1978). 金培:《论我国工业化过程中的技术进步》,《中国工业经济研究》1991 年第 9 期。

进步的目标、投入结构、技术层次、技术变化的质态以及技术进步的实现条件和途径等不同的分类标识，从不同的角度进行划分。由于乡镇企业技术具有"追随性"和"超前性"的双重性质，因此，我们应当从以下几个方面来全面把握江苏乡镇企业技术进步所表现出来的类型特点：

（1）江苏乡镇企业以往技术进步的主要目标是在剧烈的市场竞争中图生存、求发展。换言之，乡镇企业技术进步战略选择的重点是尽可能提高自身的市场竞争能力，提高经济效益，属于"追求经济效率的工业技术进步"。

（2）在乡镇企业发展的初始阶段，技术进步是与外延扩大再生产密切结合，新技术的采用在很大程度上都是与投资办厂紧紧联系在一起的。80年代江苏乡镇企业发展的主流是以"体化的技术进步"为基干，技术进步依赖于大量的资金投入特别是离不开银行贷款规模的增大。

（3）江苏乡镇企业技术进步主要依靠"获得性工业技术进步"。这表现在两个方面：一是技术转移或扩散对江苏乡镇企业技术进步有特别重要的作用。江苏科学技术水平居前四位的行业电子、化工、纺织、机械，它们的主要成套设备和先进的工业技术装置都是从城市企业甚至国外引进技术的成果。二是乡镇企业产品的设计制造、生产工艺乃至质量标准，都是从城市企业或国外获得的直接的借鉴，或者进行仿制。与此同时，乡镇企业充分发挥其机制灵活的优势，打破常规，以最简单的方式直接应用大专院校、科研单位的技术成果，或者通过与智力机构的联合开发，使得不少新技术最先为乡镇企业所采用。总之，获得性技术进步与自创性技术进步并重，已日益成为江苏乡镇企业技术进步政策的重要取向。

（4）劳动密集型技术与资本密集型技术并存，先进技术与中间技术及传统技术并存的二元技术进步倾向，是江苏乡镇企业技术进步类型的又一显著特点。由于乡镇企业的发展承担着转移农村剩余劳动力的繁重历史任务，因而在总体上不应该也不可能都发展资本密集型技术，从而使江苏乡镇企业中的劳动密集型技术占有突出地位，相应地主要是发展中间技术和传统技术。另一方面,与江苏乡镇工业外延增长密切相关,"体化的技术进步"又意味着技术进步对资金投入存在着高度依赖,而"获得性技术进步"实质上是具有节约劳动倾向的城市工业技术和国外工业技术向乡镇企业的转移和扩散,所以江苏乡镇企业中的一些技术进步快的骨干企业又大都属于资本密集型技术的类型。这样,江苏乡镇企业的技术水平无论在行业间和地区间都必然存在着明显的梯度特征,各层次之间在技术进步上具有较大的差距。

乡镇企业技术进步的模式

为了从微观层次上进一步深入研究乡镇企业技术进步,我们运用抽样调查结合案例分析,同时辅之以专家调查,对江苏乡镇企业技术现实存在的技术进步的关系和运行机制进行系统分析,以便从理论上总结出若干有广泛代表性的乡镇企业技术进步模式,帮助乡镇企业从各自实际出发选择恰当的技术进步模式,提高人们对乡镇企业技术进步工作的自觉性,减少盲目性。

江苏乡镇企业技术进步的关系和运行机制存在着各具特色的多种形态,它们在长期的历史演变和社会、经济发展不平衡的条件下形成了不同的技术进步模式。为了便于分析,我们选择乡镇企业技术进步微观过程中的动力来源、技术来源和实现形式作为划分模式的基准。按照不同基准划分的多样化模式之间虽然互有交叉,但每一种基准分析的实质都反映了技术进步微观机制的某一个侧面①。

一、动力模式

需求导向型和政府推动型构成乡镇企业技术进步动力模式的两个主要组成部分。我们通过专家问卷调查获得了对江苏技术进步的动力

---

① 参见本项研究课题:《乡镇企业技术进步模式的研究》(范从来执笔),1992年7月。

结构形成的总体判断。有71.6％的专家认为需求导向是乡镇企业技术进步的第一动力源（其中60％的专家选择了"市场竞争和经营风险"因素；10％的专家选择了"自负盈亏的约束"；1.6％的专家选择了"增加职工收入"），而另外28.4％的专家则认为社区政府推动是乡镇企业技术进步的第一动力源（其中25.0％的专家选择"实现社区经济目标"；3.3％的专家选择"致富农民"）。

　　需求导向型技术进步模式的长处在于：① 目的性明确，驱动力极强，成功度高；② 研究开发与生产紧密结合，研究开发投资回收周期短，效益高，技术进步速度较快；③ 企业是这种技术进步模式的主要承担者，在充满竞争和不确定的市场环境中，有利于激发企业的创新精神，从而使需求导向型技术进步模式的实现机制较为完善。但是，这种技术进步模式受到了一些因素的制约，存在一些不足之处。首先，新旧体制转换中的摩擦和冲突，使乡镇企业发展面临的宏观经济环境具有很大的风险，从而不可能全面规划本企业的技术进步的目标和策略，表现出很强的短期性和偶然性。典型的事例是，乡镇企业对"短、平、快"技术产品和技术开发项目的接受频率高，而对事关提高乡镇企业整体素质的长期性、基础性的技术进步项目却很少问津。对这类现象今后如任其发展下去，势必会使技术的有效需求减弱，乡镇企业在技术引进和新产品开发中的盲目性、无计划性带来的资源浪费将会进一步加剧。其次，需求导向模式的核心是市场机制。一方面它迅速、灵活，能较好地适应变化着的需求，但另一方面，市场机制还难以在涉及乡镇企业长远发展的领域里集中力量对其技术进步产生整体性的影响，也难以对一些社会效益显著的技术成果的推广发挥作用。同时，从江苏的实际看，乡镇企业所应用的技术成果，绝大多数还只是应用于一厂一地，大面积推广应用的为数不多。

　　社区政府推动型技术进步模式的长处有：① 社区政府利用自身的管理权限，参与挑选和任免企业经营者的决策，促使乡镇企业经营者加速技术进步，提高产品质量，调整产品结构。② 通过经营承包责任制，把技术进步指标列入承包项目中，借助于企业经营者和职工的经济利益与技术进步指标挂钩,可以强化乡镇企业的技术进步动力机制; ③ 利用行政手段并以社区政府的信誉担保,为乡镇企业技术进步筹集资金、引进人才、签订各种有关的契约和协议;④ 运用政府的组织能力,集中社区内的人力、财力和物力,帮助乡镇企业提高对技术成果的吸纳和接受能力;⑤ 通过直接或间接的行政干预,软化税收和债务的约束,并通过调控分配的政策手段弥补企业技术进步过程中可能出现的亏损,分散乡镇企业技术进步的市场风险。但是,社区政府推动型的技术进步在其运行过程中也存在一些制约因素:第一,企业对技术进步的关心程度有限。社区政府的目标与企业发展的目标,虽然可能在一定程度上耦合成追求技术进步的目标,但由于社区政府对行政目标和社区利益目标的偏好,长期以来总是把产值指标体系作为考核乡镇企业经营状况的主要内容,而较少关心企业的技术改造。这样必然会影响企业对技术进步的追求。第二,企业追求技术进步能力有限。社区政府对乡镇企业收益分配的行政干预,其结果造成乡镇企业分配制度上的"三硬一软"的状况,即国家税金、上交社区政府利润、职工收入呈刚性增长,企业留利水平偏低而且软。这样,企业可用于技术进步的资金同需要相比,十分薄弱。第三,投资方向不利于企业技术进步。很长一个时期,多数社区政府误把采用新技术等同于外延扩大再生产,他们把社区范围内有限积累用于建新厂,上项目、上规模,忽视已有企业的技术改造,这种投资结构使乡镇企业技术进步缺乏资金投入而步履维艰。

　除了社区政府外,从中央到地方各级政府运用计划和行政手段进行技术推广和转移,从而推动乡镇企业技术进步,也是一种政府推动型模式。如"星火计划"、"燎原计划"、"丰收计划"都是国家推动乡镇企业和农业技术进步的具体形式。各级政府从制定规划,建立良好的技术推广机制,建设好推广队伍、推广体系,组织广泛的协作等方面积极发挥政府功能,促进乡镇企业实现跳跃式的技术进步,其成绩巨大,意义深远。但也必须看到,这种技术进步模式不仅要求政府有效推动和组织,而且要不断增加对乡镇企业的科技投入,在目前我国大量传统产业亟需改造的背景下,对于如此面广量大的乡镇企业,这种模式的作用因财力所限,只是杯水车薪,十分有限。

二、技术源模式

乡镇企业技术进步的技术源具有多渠道、开放性的明显特征。专家调查的结果显示,乡镇企业技术进步的技术源至少有 5 个方面:① 引进境外先进技术;② 引进城市企业先进技术;③ 引进骨干乡镇企业的技术;④ 本企业自主开发;⑤ 应用高校与科研单位的科技成果。在回答乡镇企业的第一位技术来源是什么时,有 73.3% 的专家认为是引进城市工业企业先进技术;有 18.3% 的专家则认为应该是引进高校科研单位的科技成果。

大量案例分析的结果表明,乡镇企业以城市工业企业为技术源主体,是一条风险小、速度快、投资省、效益高的技术进步道路,因而也是一条成功的道路。具体地说,这条技术进步的路子有如下优点:① 可以减少乡镇企业自己开发新技术、新产品的风险,在较短时间内更新设备、改进工艺,从而迅速提高企业的技术水平,获得较高的经济效益。② 乡镇企业可以利用城市企业在市场上的声誉,迅速进入市场。③ 乡镇企业可以直接得到城市企业在资金、人才和技术等方面的支持,增强自己追求技术进步的能力。④ 乡镇企业可以更好地掌握科技情报和市场信息,保证技术进步的方向正确。以城市企业为技术源主体也存在一些不利因素:第一,会造成城乡工业在产品、行业结构上趋同。在宏观调控不健全、微观约束机制不完善的条件下,必然会出现一哄而上、重复建设,加剧国民经济结构的失衡,并导致城乡企业之间在投资品市场和商品市场上的过度竞争。第二,城乡技术转移,必然带来乡镇企业大量仿制城市企业的产品,人为缩短产品寿命周期,加剧市场同步振荡,从而使城乡企业发展所需的盈利空间缩小。第三,会形成乡镇企业对城市企业的过分依赖,既不利于使乡镇企业在市场竞争中保持应有的实力和相对稳定的地位,也不利于建立和发展健康、协调的城乡工业关系。

乡镇企业在以城市工业为技术源主体的过程中,高校及科技单位的技术源作用逐步提高。调查数据显示,1985—1990 年乡镇企业"星火项目"的技术源中,有 38.6％是高校和科研机构的研究成果。这部分乡镇企业借助于智力机构的科技成果,超过了常规的技术发展阶段,实现了"跳跃式"技术进步,成为能生产高精尖产品的技术水平较高的先进企业。这是因为:① 这类乡镇企业的技术进步立足于国内的基础研究和应用研究,符合科学技术发展的客观规律。对于形成全省乡镇企业技术进步的技术支撑体系具有重要意义。② 这种模式的稳定性好,有利于乡镇企业建立必需的技术储备,从而增强乡镇企业在较高层次上实现技术进步的实力。③ 促进了科技与经济的结合,有利于打破科研、生产两张皮的僵化体制,推动了科技体制改革和科技市场的形成。但是,采取这一技术进步模式要求乡镇企业必须具备较强的接受能力,尤其对组织实施过程中的经济性、技术性要求较高,并非所有的乡镇企业都能做到。同时,高校和科研单位的许多研究成果还须经过技术开发阶段,才能为乡镇企业采用。技术开发所花的投资不仅数额大,而且有较高的风险性,这对于经济实力还不强的乡镇企业来说,往往是难以承受的。

随着对外开放的不断扩大,国外技术已日益成为乡镇企业的重要技术源。乡镇企业获取国外技术除了直接通过进口设备、对外贸易或间接由科研部门转让等渠道外,近年来越来越多地靠兴办嫁接型的"三资"企业获得。1990 年江苏累计兴办乡镇"三资"企业达 423 家,比1988 年增加了 308 家。国外技术的流入大大加快了乡镇企业技术进步的速度,促进了乡镇企业外向型经济的发展。但在实践中,普遍存在以下问题:重视生产线的引进,忽视关键性设备的引进;重视引进硬件,轻视引进软件和管理;片面追求技术的先进性,忽视自身配套能力;诸多"三资"企业,接受了一些能耗物耗高、污染严重、国际市场淘汰的二手设备和落后技术。如何在遵守国际知识产权协议的前提下,加强统一规划,进一步拓宽引进国外技术的渠道,提高乡镇企业技术进步的整体效应,仍是今后的重要课题。

乡镇企业自主开发型的技术进步发端于乡镇企业萌芽阶段。经过

70—80年代的大发展,特别是经受了市场的严峻考验,乡镇企业经过长期技术扩散和引进,逐步积累了一定的现代工业技术基础。这时的乡镇企业自主开发的技术进步层次已大大高于初始阶段。从微观上看,这种技术进步模式往往是围绕着企业现有设备和工艺进行的。它能有效地提高企业的技术水平、经济效益和对市场竞争的适应能力。从宏观上看:① 这种以提高企业整体素质为直接目标的技术进步模式,有利于乡镇企业长期稳定发展;② 有利于城乡企业在技术结构上的合理分工,促进城乡工业协调发展;③ 有利于启动农村经济的全面发展,特别是有利于加快农副产品多层次加工增值以及农工商一体化的发展。但这种模式的运行效益在很大程度上取决于乡镇企业技术开发的技术和经济实力。而多数乡镇企业在这两方面都处于短缺状态,这就大大制约着自主开发型技术进步模式的顺利运行。

三、实现模式

在相当长的时期内,乡镇企业技术进步的实现模式主要是以传统的社会关系(血缘、地缘)网络为依托,通过人际交往和传播媒介两种渠道来推动技术进步的特殊的运行方式。可以认为,在城乡壁垒森严的旧体制下,这是乡镇企业得以生存发展的非正式渠道,但又是唯一可选择的技术进步实现模式。它的局限在于:① 受传统社会关系以及其他禀赋条件的约束极强,具有很大偶然性;② 与企业技术进步有关的行为在很大程度上取决于当事人对伦理观念和道德规范的理解,因而稳定性很差;③ 技术进步的实现方式建立在高昂的交易成本和社会费用基础上,而且缺乏法律保障和社会承认,故企业须承担较大的政治风险和社会压力。

随着城乡经济的不断发展和改革、开放的逐步深化,乡镇企业技术进步的实现模式出现了向高层次、多样化的方向转变。联合组织型、市场组织型以及厂办研究所等逐渐成为乡镇企业技术进步的重要实现模式。

(1)科技协作型。这里的科技协作关系,是单位之间建立在自愿、平等、互利、互惠基础上的正式关系,在内容、形式上具有多样性。

① 以技术攻关、技术服务为内容的技术协作。它的形式灵活、简便易行、机动性较大,周期短、效果显著,但这种形式仍有一定的偶然性,协作的技术往往不能在企业扎根。② 以开发技术人才为主要内容的科技协作。通常是双方签订培训合同,或聘请教师来企业授课、办学,或由企业选派技术骨干,委托智力机构代培。即通过人才开发来推进乡镇企业的技术进步。③ 共同协作开发新产品。一般由研究所提供研究成果,并在整个技术开发过程中负责提供技术指导,乡镇企业提供技术开发的各种条件,以及产品试制和投产的组织管理。这种形式有利于解决智力机构研究经费短缺和研究成果商品化问题;乡镇企业可实现"跳跃式"的技术进步,经济效益高。但是,这种形式的利益—风险机制不健全,双方未能做到风险共担,利益共享,束缚了双方的积极性。

(2) 联营组织型。乡镇企业与技术提供方之间按照风险共担、利益共享的原则组成紧密型的联营组织、借助于很强的利益激励机制有效地推动乡镇企业技术进步的稳定性,由于集中了双方的优势,技术进步的效应十分明显。同时,能把城乡之间的技术经济联合,转化为企业(或联合体)内部的联系,从而有利于降低交易成本。但是,在这种模式中,并不能真正做到城乡双方平等。一般而言,乡镇企业要付出较大的代价,技术提供方则一般要得到较多的利益。乡镇企业往往处于被选择的地位难以主动选择到称心如意的联营伙伴。

(3) 市场组织型。这是乡镇企业借助于市场购买所需的技术商品(包括设备、科技成果、科技信息等软件或硬件),来实现技术进步的重要形式。开始这种形式主要用于从国外引进技术,后来,随着要素市场特别是技术市场的逐步发育,市场组织型便逐渐成为一种常见的乡镇企业技术进步的重要实现模式。这是因为它有如下优点:① 它赋予乡镇企业理性选择技术的可能性,从而有助于提高技术资源配置的合理性。② 它受到市场交易规则的保护,稳定性较好。③ 存在技术市场竞争,有利于提高技术成果(或设备)的适用性,从而提高乡镇企业技术进步的成效。但是,这种模式运行的成败与效率取决于市场主体的技术决策能力以及技术市场本身的发育程度。而目前在我国这两者都是薄弱环节。还应看到,由于技术本身的特殊性,即使在市场发达的状态下也存在着市场失效的问题①。

(4)厂办研究所。从 80 年代中期开始,江苏特别是苏南的一些具有较强经济实力、技术构成较高的乡镇企业在原有技术的基础上,适当增加引进和聘用技术人员办起了厂办研究所。厂办研究所在职能和组织上把生产与科技互相融合、互相渗透,是世界科技进步的普遍趋势。对乡镇企业来说,办研究所的好处:① 具有良好的中介职能,为乡镇企业吸纳先进技术、实现技术进步提供了必要的组织条件。② 大大缩短乡镇企业开发新产品、新技术的周期,提高乡镇企业技术进步效果。③ 通过对外源性技术的消化、吸收以及系统的技术开发实践的锻炼,有助于提高乡镇企业的整体技术素质,从而有利于乡镇企业长期、稳定地实现技术进步。尽管目前能办研究所的乡镇企业为数不多,主要分布在经济发达的苏南地区,已经办起来的研究所又常常为资金不足、人才短缺所困扰。然而实践已经证明并将继续证明,厂办研究所不仅对当前乡镇企业的发展具有现实意义,而且对未来乡镇企业技术进步实现将产生意义非常深远的影响。

乡镇企业技术进步的外部环境

80 年代以来,外部环境不断给乡镇企业技术进步增添强大的压力。江苏乡镇企业所需的各种工业资源主要是以经济方式从市场购买的,随着拥有资源的地区和企业日益要求以反映资源稀缺程度的价格,通过市场取得资源开发的价值补偿和生产资源的经济效益,乡镇工业经受了前所未遇的资源成本上升冲击。同时,随着农村经济的发展,农民生活水平的提高,江苏乡镇企业的劳动力成本也呈现上升趋势。对此,乡镇企业由于技术进步的能力较弱,于是就利用自己灵活经营的优

---

① 参见[日]小宫隆太郎:《日本的产业政策》,中国经济出版社 1990 年版。

势,通过提高产品价格来转嫁成本上升的负担。但到了 80 年代末 90
年代初,工业品价格上涨终于遇到了我国实际人均收入低,因而有支付
能力的市场需求有限的障碍,发生了建国以来少见的持续性大面积工
业品销售市场疲软现象。一方面是生产成本上升,另一方面是市场销
售不畅。乡镇企业在两面夹击下,除非加快技术进步,提高资源利用效
率,已无其他出路。同时,进一步搞好国有大中型企业的宏观决策,更
进一步加重了外部环境对乡镇企业技术进步压力的分量。

但从另一方面分析外部环境,可以认为,至今尚未形成鼓励乡镇企
业技术进步的产业、财政金融、科技政策等社会支撑体系,技术交易活
动的规范性差,中介组织不健全,科技情报信息不充分,影响了乡镇企
业技术进步的整体水平。以信贷资金为例,1991 年全国新增贷款规模
为 1850 亿元,而其中对乡镇企业的新增贷款仅为 50 亿元,占全国新增
贷款总额的 2.7%,是"零头的零头"。目前,我国的乡镇企业尤其是走
在前列的沿海发达地区的乡镇企业技术进步普遍处于设备改造阶段,
而乡镇企业积累有限,连流动资金都十分困难。大量的调查结果表明,
当乡镇企业进入以提高为主的新阶段后,还要有大的投资才能做到"在
发展中提高,在提高中发展"。现在乡镇企业要实现技术进步,进行产
品结构和产业结构调整仅仅依靠自己的力量已经不够了。外部环境对
乡镇企业技术进步的制约还在于:由于科研与生产长期脱节和分离,技
术成果商品化的政策力度小,从全社会来看,还不能形成足够的压力迫
使研究开发机构真正面向市场,面向企业,技术转供方动力尚不足,积
极性不高。还有,长期以来形成的在经济工作指导思想中追求产值和
注重外延扩大再生产的影响继续存在,特别是现行体制下的政策行为
规范不够,作为区域经济决策主体的地方政府必然力争其区域利益最
大化。在这种利益机制和追求"政绩"驱动下,为实现经济的调整增长、
扩张冲动明显,一般地倾向于扩大固定资产投资而相对忽视技术进步、
结构优化和效益的提高。在乡镇企业经济效益下滑的情况下,各级地
方政府都情不自禁地倾向于抓"短、平、快"项目以支撑负担日渐加重的
地方财政,从而使企业技术进步的外部环境更加恶化。此外,社会经济

文化的制约,也影响乡镇企业技术进步的实现。一般而言,社会经济的发展有赖于科技进步。科学技术通过影响总需求和总供给——包括直接效应和长期效应——进而进一步影响消费水平和人自身循环三方面的制约和影响。如若整个农村未实现商品化和工业化,那么乡镇企业对技术的需求与容量必将受到限制。

　　经过以上对乡镇企业技术进步的宏微分析和外部环境考察可以看出,乡镇企业技术进步的实现必须具备三个基本条件。供给条件,即研究或技术开发部门有适应于乡镇企业技术进步发展和能促进其技术进步的可转让技术;需求条件,即乡镇企业自身具有吸纳技术成果的内在要求和接受能力,特别是消化吸收及创新能力;外部条件,即鼓励技术转让和支撑乡镇企业技术进步的社会经济文化环境,尤其是科技、经济政策和法制环境。保护知识产权等技术拥有者合法权益的法规以及情报信息等中介条件。本项研究结果表明,乡镇企业实现技术进步的关键因素是推动技术进步动力的大小以及是否有通畅的渠道与活跃的媒介。欲使乡镇企业在技术进步的轨道上持续稳定地运行,必须逐步建立和不断完善乡镇企业技术进步的系统结构。

　　(原载《乡镇企业的技术进步》,中国农业出版社 1995 年版)

江苏物流业离扬帆远航有多远

物流:提升竞争力的"加速器"

现代物流是相对传统物流而言的,在传统物流的基础上,引入了高科技手段,如通过计算机进行信息联网,并对物流信息进行科学管理,从而使物流速度加快、准确率提高、减少库存、降低成本、延伸并扩大传统的物流功能。2001年3月2日,在国家六部委(国家经贸委、铁道部、交通部、信息产业部、外经贸部、民航总局)联合印发的《关于加快我国现代物流发展的若干意见》中,对现代物流作了更准确的阐述:"现代物流泛指原材料、产成品从起点到终点及相关信息有效流动的过程。它将运输、仓储、装卸、加工、整理、配送、信息等方面有机结合,形成完整的供应链,为用户提供多功能、一体化的综合性服务。"

处于成长和发展时期的现代物流业,符合先进生产力发展的要求,被视为微观市场主体的"第三方利润源"、区域和城市竞争力提高的"加速器"和国民经济新的增长点,并已经成为衡量一个国家和地区现代化程度和综合国(实)力的重要指标。在我国,现代物流也日益为人们认识和重视,成为继"网络热"之后的又一大热点。

江苏是我国东部沿海的发达省份,现代物流业的起步与发展都处于全国前列。目前全省尤其是经济发达、外商企业集中的苏南地区涌现了以小天鹅为代表的数百家不同模式的物流企业,省政府和苏州、无锡等地方政府也在抓紧制定现代物流业发展的"十五"规划。

但是,江苏要达到率先基本实现现代化的宏伟目标,就必须有强大、健康和安全的物流系统的支撑与保证,所以仍有必要对现代物流业着一"冷眼",注意其发展过程中出现的问题和制约因素。

"物流"何以不畅通

从微观企业组织和企业战略来看,物流理念淡薄。主要表现为:在企业机制和体制上,不少企业的计划、采购、供应、仓储、运输等物流活动分属各个职能部门,各个职能部门因只对上级负责,往往强调部门利益,机制不活;在物流企业名称上,"换汤不换药",公司在名称注册时,加上了"物流",但在实际运行和提供的服务上全是老一套;在物流建设和投资方向上,大部分企业只重视对基础设施的投入与改造,动辄成千上百万,可是对"软件"的关注程度比较低;在理论指导与教育上,企业基本处于照抄教科书阶段,很少进行专业的物流咨询(物流系统设计和物流信息技术),很少对物流企业员工进行培训与教育;在对"第三方利润源"的认识上,第三方物流企业对利润源泉期望太高,殊不知这"源泉"主要是针对物流业的主要用户——工商企业而言的。

从物流产业环境来看,物流业政策环境有待改善。由于目前现代物流业刚刚起步,物流市场管理与行业管理体制还没有理顺,各部门之间既分工又有交叉,造成了物流行业管理中条块分割、部门分割、重复建设等种种问题。在物流市场管理法规上,据不完全统计,22年来,涉及物流业的法律法规有3万多件,这些法律法规对过去20多年来物流领域多行业的发展发挥了积极作用。但在加入WTO后,这些有关物流的法律法规需要进行全面的审理、修正,相互矛盾或冲突的法律文件更迫切需要进行合并和统一。在政府产业政策方面,目前我省对现行政策中影响物流产业发展的相关规章制度,特别是对妨碍公平竞争、限制市场准入等方面的政策没有进行彻底清理,对物流业没有采取积极的财政政策、税收政策、金融政策等,缺乏相关配套性和可操作性的政策,制约了社会各方面发展物流事业的积极性,不能广辟筹资渠道。

物流基础设施和物流信息平台建设薄弱而且标准化程度低。第一,物流基础设施地域上的分散导致综合运输困难。铁路的车站、公路的货场与大部分公司企业的仓储场所还有一段距离,完成一次物流要经过多次中转。加之行业之间缺少配合,很难实现优化的目的。第二,企业物流非标准化装备和非标准化行为相当普遍。物流标准问题不解决,不仅会导致物流成本的上升和服务质量的降低,影响到与国际标准和国际惯例的接轨,而且还会严重阻碍物流的现代化进程。第三,EDI(电子数据交换)技术在我省乃至全国都处于起步阶段,各个计算机系统中的数据不尽相同,大多数企业的信息数据都是相互独立和自成体系的,因此很难实现不同计算机间数据的传递和交换,造成运营费用的提高。第四,目前我省的物流信息技术普及率低,物流软件业不发达,不健全不完善的物流信息系统已经成为物流企业提高竞争力的"瓶颈"。

从市场供求来看,物流市场供求结构不合理,客观上有效需求不足。外贸、民航、铁路、包装、邮政等部门国有化程度较高,使得这些部门政企不分,官商作风严重,同时经济犯罪也有不少在物流领域发生,使部分物流消费者失去对服务供应者的信任。物流服务水平的落后给生产行业增大了成本,而与物流服务相关服务体系的服务水平落后,又给物流企业本身加大了成本。目前物流市场上还出现了一个不正常的现象就是,作为物流消费者和服务客体的工商企业对物流需求不旺,第三方物流企业单边呐喊,难以整体推进物流业发展。

疏导"物流" 来日方长

切实加大对物流宣传力度,普及现代物流理念。在宏观层次上,要使有关政府部门从国家利益的角度理解尽快引进现代物流管理和规范物流市场的意义,认清现代物流与传统物流的区别,明确物流产业在国民经济中的产业地位和其对江苏国民经济发展的"加速器"作用。在微观方面,要使企业认识到现代物流作为"第三方利润源"在降低企业生产成本、提高产品市场竞争力和服务水平上的重要性。要大力倡导绿色物流,避免走重复建设或二次治理的老路。

充分发挥政府在规划、指导、试点、推进、政策法规等方面的作用。早在 20 世纪 80 年代中后期,中国就有学者建议设立一个统一的运输部,或物流部,或物流委员会,或物流管理局,这类似于美国管理模式。从我省现行的管理体制来看,要迈出这一步,主客观困难都很大,但鉴于我国的经济运行受到体制因素影响比较大和物流业客观处于起步阶段的现实,目前更切实的方法是省级应该设置专门的政府负责人参加的现代物流领导办公室。也可以由经济综合部门牵头,各物流系统的管理部门如工商、税务、银行、海关等相关部门参加,主要负责统一规划全省重大物流设施项目和发展规划的衔接,研究制定发展现代物流的政策法规。工作的重点可集中在:第一,负责进行全省统一规划布局,确保物流资源重组与配置的统一性、经济性、高效性。江苏省经济发展不平衡,苏南、苏中、苏北之间存在差距,基础设施的条件和人们的思想观念也有区别。因此政府要做好合理规划,既要努力实现跨越式发展,又必须从实际出发,能快则快,不能快则循序渐进,注重实效,防止一哄而上,以利于跨地区、跨行业、统一、开放、竞争、公平、有序的物流大市场的建立。第二,负责加强有关政策法规研究,为物流发展创造良好的制度环境。推动综合性、跨行业、跨部门的物流法规和配套规章的制定,改变目前现代物流无法可依的局面,可以包括物流企业的资质、进入和退出的条件、市场竞争规则等等。第三,要做好对行业协会的指导工作。第四,各系统的行业管理部门要负责本系统重大物流设施的规划,制定本系统物流技术标准、规章制度和中长期发展计划。

加快建立物流协会的步伐并促进物流行业协会的健康发展。由于物流市场处于起步和成长阶段,在协会的初期建设中,发挥政府的主导作用,容易吸收一批专家和高层经营人才,从而为物流协会自身可持续地发展奠定良好的基础。在协会运行平稳后,政府可以给物流协会"断奶",将其推向市场,充分发挥物流行业协会的服务、监督、协调、自律作用。物流协会要做好科研工作和完善各项数据统计工作。政府也可以通过设立物流专项科研基金,支持开设物流管理科学的高等院校或科研机构,鼓励物流研究和物流人才的开发培养。物流行业协会要协助行业主管部门开展行业管理,营建公平竞争、规范有序的市场环境,协助行业主管部门研究制定现代物流统一的技术标准,推动物流技术进步。

（原载《江苏经济》2002 年第 7 期,与蒯旭光合作）

试论化学除草剂的若干技术经济问题

　　化学除草剂是化学工业为农业提供的现代化生产资料。在发达国家,除草剂是农业生产力的一个显著标志。六十年代以后,由于化学家、生物学家和农学家们的共同努力,不断研制和生产出大量新型高效除草剂,并在农业生产中得到广泛的应用。全世界化学除草出现了空前兴盛的景象。目前,全世界除草剂的生产量和消费量,在农药中均居首位。但是,化学除草作为农业现代化中的一项技术改革,它的发展必然要经历一个历史过程。特别是我国目前的经济、技术比较落后,投资能力有限,除草剂的生产和应用只能是量力而行,重点投放,不能全面铺开,齐头并进。在这种情况下,加强我国化学除草的技术经济的研究,诸如:研究发展除草剂的方针和技术政策;分析比较各种技术措施、工艺路线、投资方案的可行性;合理性与经济效果;研究选择适用的除草剂品种结构以及投放的重点等等,具有十分重要的现实意义。除草剂的技术经济问题比较复杂,它兼有化学工业和农业两个技术经济范畴,本文仅侧重于从理论上探讨除草剂技术经济的研究对象、特点、内容、任务及方法,权充引玉之砖。

一

　　除草剂的技术经济研究,是以其包含的物质技术因素的经济效果为研究对象。一般而言,除草剂含有三方面的技术因素:1. 物质化的技术因素(药剂);2. 有形技术(有关的设计书、说明书、专利、试验资料等);3.无形技术(人们头脑中有关的技能、技巧、设计方法等)。此外，认清防除对象农田杂草的若干科学技术性问题也很重要，其中主要有农田杂草的种类及分布，杂草在形态、生态和结构上以及生理功能上的主要特征。举例来说，水田杂草的植株一般很柔软，表皮很薄，几乎没有角质层，细胞间隙大，通气组织非常发达。水田杂草整个植株都能吸收药剂，药剂容易传导。所以，用除草剂防除水田杂草效果最好。这就是国内外在水稻地区重点投放除草剂具有良好经济效益的科学技术基础。

除草剂的技术经济分析，必须以可行性研究为出发点。马克思主义认为，科学技术是生产力，这是科学技术的经济实质。但在现实生活中，科学技术发展的规律与预定的经济目标之间常常有不一致之处，有些科学技术是先进的，但在生产上却未必可行，经济上不一定合理。在生产水平低下，技术落后的情况下，人们的主观愿望又往往容易突破客观上的可能性。所以当前我们更要强调从可行性研究开始。坚决摒弃片面追求技术的先进性的做法，大力发展"适用技术"。一个发展除草剂的最佳方案不仅要考虑与之相适应的自然条件(气候、土壤、杂草群落等)，同时更应注意所需的各种社会经济条件(土地、劳力、农民收入水平、耕作制度、机械化水平、多种经营状况等)以及相应的科学技术水平。这些自然、经济条件便构成了发展化学除草的某项方案或措施的一系列约束条件，其中最难满足的便成为实现方案或措施的限制因素。约束条件，尤其是限制因素，是评价可行性是否最优的基础。对除草剂的生产来说，现有化工技术水平的状况，主要是生产除草剂所需的原料及中间体生产工艺能否过关，往往成为一项限制性因素。而在除草剂的应用过程中，农民的科学文化水平以及是否具有推广除草剂的技术力量和适宜的施药机具，就成为除草剂可行性研究中的重要内容。

除草剂的技术经济研究，具有自身的一系列特点：

第一，除草剂的经济效果不只是最终从农业生产过程中反映出来的。除了应用过程外，它还取决于研制、合成、加工等多种过程的经济效果。在应用过程中，施药后又不能立即计算出经济效果，而需要正确评价其技术效果（杀草谱、防效、使用范围、持效期等），等作物收获后，再进一步把经济收益与劳动占有、劳动消耗、加以对比，才能看出经济效果。由于影响农业生产终极经济效果的因素多而复杂，因此，不仅要考虑化学除草的单项经济效果，还得注意与其他技术措施的综合经济效果。简而言之，我们既要研究除草剂本身的生产与投放的经济效果，又要研究其与农艺过程相结合的经济效果；不仅要考虑一个生产单位化学除草的经济合理性，还要从整个国民经济角度出发，研究发展除草剂的社会经济效果，并且要顾及除草剂对生态环境可能引起的长远影响。

第二，除草剂与杀虫剂、杀菌剂不同，一方面表现为农业生产过程中的一般物化劳动消耗；另一方面又紧密地同活劳动的消耗联系在一起，具体表现为提高活劳动的效率，减轻劳动强度，提高劳动质量各方面。物化劳动与活劳动之间的这种相互可逆性质，是研究除草剂经济效果中不可忽视的特点。所以，除草剂的经济效果，既包括使用除草剂的增加产量，减少损失，降低劳动消耗等方面的直接经济效果，也包括由于使用除草剂节约的劳动力所创造的新价值，即间接经济效果。

第三，我国现阶段的农业生产正处于新旧交替的过渡时期。人、畜力除草、机械除草和化学除草在时间上和空间上并存。三者同时增长，不可避免地要持续一段时期。我国人口众多，劳动资源充足，资金缺乏，从这一实际情况出发，如何求得技术效果与经济效果的一致，增产与增收的一致，必须予以足够的重视。

第四，作为具体的生产力因素，除草剂还受到生产关系、上层建筑、经济政策、人的觉悟等因素的制约和影响。我国化学工业基础薄弱，农业专业化、社会化程度不高，管理体制的束缚以及人们对化学除草的重要性认识不足，都不能不影响除草剂的发展速度、规模和它的经济效益。因此，研究除草剂的技术经济效果必须联系生产关系、上层建筑和其他社会因素进行。

二

除草剂技术经济研究的基本内容包括：化学除草区划技术经济问题，除草剂研制、合成和加工的技术经济问题，除草剂系统（包括品种配套、投放量和药械）技术经济问题，除草剂的生产和供应网点布局的技术经济问题，除草剂应用的技术经济问题以及化学除草技术经济的研究理论和相应的分析与计算方法问题。除草剂技术经济研究的任务，首先在于科学地阐明、分析、比较各种不同的发展化学除草方案和措施的可行性，经济效果的大小及其诸影响因素，以便我国实现选择性地发展化学除草的最优化；其次，通过化学除草剂区划，除草剂的价格政策，国外除草剂品种的引进等重大技术经济政策问题的研究，为进行这方面的工作提供科学依据；第三，通过深入进行化学除草技术经济理论与方法的研究，为化学除草各方面问题的分析论证、评价比较提供理论基础和方法论的指导。

当前，应抓紧开展农业区划工作的时机，做好化学除草的区划工作。化学除草区划是植保和农药区划的一个组成部分。它是按照党的方针政策，依据农业生产的自然规律和经济规律，研究因地制宜地发展化学除草的一项基础性工作。它既为当前生产服务，又为制定长远规划，确定科研方向和项目，调整除草剂工业布局，合理投放药剂提供科学依据。它的任务在于系统地研究各地自然、农业、社会经济条件的地区性差异同化学除草之间的关系，划分化学除草的地区类型并阐明其特征和条件，提出发展化学除草的步骤和方法。根据各区域的条件确定经济合理的除草剂系统，满足不同地区农业生产发展的需要。化学除草类型的划分，宜采用主导因素法。由于影响化学除草的因素很多，通过分析比较从中找出对确定药剂品种结构影响最大，从发展看影响又较深远，具有较大的相对稳定性的因素，作为划分类型的主要标志。目前，确定化学除草的发展重点、步骤、方法和速度时，主要受社会经济条件的制约。对于直接影响除草剂使用的经济条件，似乎可以用以下几项指标来反映:1. 每个农业劳动力平均负担播种面积,用以反映对除草剂的需求;2. 农业总动力每万亩耕地的马力数,用以反映各地区农业机械化的水平;3. 单位耕地面积纯收入,用以反映各地区除草剂购买力的大小;4. 每个农业劳动力占有的土地资源面积,用以反映节约出的多余劳动力能否向生产的广度和深度进军的可能程度。

　　根据这四项经济指标,可划分不同的经济条件类型,从而便可研究不同经济条件下发展化学除草的最优方案。有了科学的化学除草区划的基础,我们就可因地制宜,分区域、选重点,有步骤、有选择地发展化学除草,选择性化学除草技术经济研究内容主要包括:地区选择,作物选择,药剂品种选择。

　　(一)地区选择:选择的指标应是① 按农业人口平均的农业总产值及其年平均增长率;② 社员平均收入及其年平均增长率;③ 按农业人口平均的农产品数量;④ 按农业人口平均播种面积。地区选择的经济效果评价,可采用每公斤除草剂的粮食增量指标,但先要研究除草剂施用量与农业产量之间是否存在相关关系,然后建立这二者之间的回归方程,并用以检查除草剂的生产规模是否适宜或投放数量是否饱和。一般在大中城市郊区,商品粮基地,人少地多的地区以及农村经济较富裕的地区,可优先发展化学除草。

　　(二)作物选择:选择指标是计算化学除草每亩增产量(或增产价值)的百分比。由于农业的特点,这一比值必须是 3—5 年的平均数,比值大的可重点投放除草剂。总的来说,主要栽培作物应优先实现化学除草,并应根据化学防除的试验数据和实践经验,对增产优势大的粮食作物和经济作物优先安排。

　　(三)药剂品种选择:由于我国分布普遍的稗、三棱草、藜等杂草,绝大多数属世界性杂草,国外已商品化的除草剂基本上能满足我国防除杂草的需要。因此,在品种问题上以仿制为主是经济的。但我们也应清醒地看到,我国的气候、土壤、作物品种、耕作制度有自己的特点,化工基础与外国也不同,地区差异又很大,所以引进国外的除草剂品种要一切经过试验,认真加以选择。选择药剂品种切忌片面性,不应指望发展某个药种就能解决全部草害问题。要树立起以解决农田主要草害为基本标准,选择适当的品种结构的观点。不要过分发展单一品种,而要多品种按比例发展。

三

目前,我国国民经济正在进一步调整,如何从化工生产和应用技术两方面入手,提高除草剂的社会经济效果,是一项迫切的任务。其中,核心的问题是使除草剂的生产规模与农业发展的客观需要相适应。近两三年来,除草剂积压、滞销的情况比较突出。除草剂市场的前景到底怎样,引起了人们的普遍忧虑。应该看到,除草剂滞销是一个暂时现象,这并不意味着除草剂的国内市场已经饱和。恰恰相反,除草剂的国内市场还是大有潜力的。我国草害十分严重,要进一步提高我国农业生产水平,客观上要求控制草害发展除草剂。特别应当指出,三中全会以来,党中央和国务院对促进农业生产采取了一系列重大措施,制定了符合实际的行之有效的政策,调动了农民大搞多种经营,努力发展商品生产的积极性。尤其在农业生产责任制比较完善、稳定的地方,社员群众有兴趣也有资金购买现代化的农业生产手段。农业生产责任制激发除草剂需求的事例,真是俯拾皆是! 此外,在林业、畜牧业、旅游业、边防及其他特殊需要地区,除草剂还有着广阔的国内潜在市场,等待人们去开发、占领。除草剂的市场动向,必须首先从理论上认清农业中采用除草剂的经济界限。采用除草剂的经济界限用价值形式可表述为:除草剂的购置费与施药所消耗的费用,必须少于在除草作业(人、畜力除草或机械除草)中,所代替或节约的人工费、畜力费、物质消耗费以及增产、保产价值的总和。只有这个不等式成立时,采用除草剂总的劳动消耗的价值才会降低,才具有增产增收的经济效果,经济上才具有推广的价值。我们进行除草剂的市场分析时,必须以此为理论基础。但是,一定时期除草剂的市场容量到底有多大,如何正确进行市场预测,确定生产规模,这是一项重要的新课题。如前所述,有关选择性研究的部分内容,实际上也可用于市场预测。但这还不够,还需对除草剂市场中供给、需求、价格等因素进行周密的调查研究,在质的规定性的前提下作必要的数量分析,开展"定量研究"。在这方面,西方生产经济学中的某些数学方法,可供我们借鉴。例如,为了研究某一地区在一定时间内,某种产品的市场变化,西方经济学者先建立该产品的市场模型(即在一定假设前提下,模拟市场中主要经济变量之间可能存在的依存关系的一系列数学方程)。然后运用线性方程和回归分析等数学方法,解出该产品的市场均衡价格和均衡数量,并据此进行市场预测。当然,必须强调指出,数学方法在技术经济分析中的作用只能是从属的,而非起支配作用。只要我们坚持马克思列宁主义原则,积极运用数学方法,总结经验,大胆探索,一定能逐步建立起我国自己的除草剂技术经济理论体系。

(原载《农药》1981 年第 6 期)

第 五 编

全面小康与现代化

世界现代化的三次浪潮

现代化是人类社会的一场共同运动和历史必定发生的一种"文明形式"。各国经济发展阶段不同,特别是文化背景、政治制度上的差异,导致各国现代化的实践,包括实现现代化的道路、手段和方式,呈现出多样性的特点。但是,所有进入现代化并正在现代化社会中生存的国家又都具有一些共同的规律。现代化不仅推动了各国生产力的发展和制度的创新,更改变了人类自身的生活方式和思想观念。世界现代化的历史进程表明,推动现代化变革固然存在风险,但阻碍现代化变革则必然被历史所淘汰。

两百四十多年前,西欧爆发了世界第一次工业革命,它改变了人类历史的前进方向,引领人类社会从农业文明时代进入到崭新的工业文明时代。世界现代化进程先后经历三次浪潮。

第一次现代化浪潮

现代化的第一次浪潮,是由第一次工业革命引发的。从 18 世纪中叶开始,到 19 世纪中叶结束(大约在 1763—1870 年),持续了 100 年左右的时间。这是一次由英国开始,然后向西欧扩散的工业化过程。

第一次现代化浪潮的孕育

第一次现代化浪潮的出现,经历了一个漫长的孕育过程。14 世纪以来,文艺复兴在意大利发轫,影响遍及欧洲,在文学、艺术、科学、哲学、教育和宗教改革等方面取得了非凡的成就,许多新思想、新制度随着文艺复兴而传播。15—17世纪的"地理大发现"①之后,全球新航路开通,兴起了大西洋贸易,欧洲开始向海外拓展殖民地和市场。在此期间发生的商业革命,孕育了资本主义和重商主义,各国商业资本得到发展,英国等国家在结束了封建贵族之间的内战后实现了行政统一,从而较早形成全国市场。16—17世纪的科学革命为工业革命奠定了知识基础,17世纪的英国资产阶级革命和17—18世纪的启蒙运动成为工业革命的思想准备。生产力发展是工业革命的必要前提,欧洲传统农业发达,土地、农产品和劳动力的商品化程度较高,手工业兴旺,毛纺、冶铁等手工业工场很多,资金、技术和管理等也逐步积累。受到多元文明影响的欧洲文明,具有较大的包容性,萌发出现代化发展的一系列内在要素。

第一次现代化浪潮的内容和过程

在西欧工业革命和政治革命的推动下,第一次现代化浪潮首先从英国开始,然后迅速在西欧及其海外殖民地扩散。这是一次涉及社会各个方面的整体性变革。

第一次工业革命以技术为基础,以煤和蒸汽机为动力,以机械化为特点。此次工业革命以棉纺织(轻工业)的发展为起始,以蒸汽机的改良与使用为主要标志,以资本主义工厂制度的确立为完成标志。蒸汽机和各种机器的发明,推动了社会生产力的大发展。蒸汽动力普遍应用,汽船、火车机车等新交通运输工具扩大了人类经济社会活动的空间,机器在生产中的应用使手工工场变为机器工厂,靠近煤铁矿藏或交通便利的地方发展起第一批现代工业,包括纺织工业、煤炭工业、冶金

---

①　指欧洲一些国家的航海家和探险家在15—17世纪为了另辟直达东方的新航路,探察当时欧洲人不曾到过的海域和陆地的一系列航海活动。它是地理学发展史中的重大事件。在这些航海家和探险家中,最著名的有绕过好望角到达印度的达·伽马、发现美洲新大陆的哥伦布和进行首次环球旅行的麦哲伦。

工业、机械工业以及运输业。工业生产是在私人企业追逐利润过程中发展起来的,并逐步由棉毛纺织等中小型企业向大中型的钢铁、交通运输业扩展。在地域上,工业化的推进大致上是沿着煤、铁蕴藏丰富的地区展开的,即从英国向比利时、瑞士、法国和德国的部分地区推进,并扩展到北美等地区,世界开始逐步出现生产和贸易的区域性分工,以西方国家为主导的资本主义政治经济体系逐步建立起来。这一时期,欧洲由于广泛推广使用新式农机和新品种农作物、牲畜,加上耕作制度的进步,农业劳动生产率大幅度提高,农业商品化程度也随之显著提高。以蒸汽机为动力的运输业也蓬勃发展,运输效率大幅提高。第一次工业革命打断了农业社会的进程,建立了传统的工厂制度,众多农村人口向城市转移,从而开始了城市化进程。第一次工业革命使英国最先从农业社会脱颖而出,到 19 世纪中叶,随着工业革命的完成和机器大工业的普遍建立,英国以其发达的纺织业、采煤业、机器制造业和海运业确立了它的"世界工厂"和世界贸易中心地位。凭借强大的经济实力,英国和其他欧洲工业国开始向亚非美大肆扩张,进行殖民掠夺,原料和市场成为掠夺的重点。

第二次现代化浪潮

第二次现代化浪潮发生于 1870—1913 年间。这次浪潮既包括第一次工业革命的扩散,又包括第二次工业革命的兴起,但主要是由第二次工业革命推动的。随后的 30 年是经济现代化的调整期,经历了两次世界大战和第一次世界规模的发展性危机。

第二次现代化浪潮的内容和过程

第二次工业革命以科学为基础,以电和内燃机为动力,以电气化为特点。这次工业革命的策源地已经转移到欧洲大陆和北美。

19 世纪最后 30 年和 20 世纪初,科学技术进步加快,工业生产持续高涨,兴起了近代历史上的第二次工业革命。在第二次工业革命中,电力的广泛应用,使人类由"蒸汽时代"进入"电气时代",电器产品深入到生产及生活的多个领域;汽车和飞机的发明和使用,促进了交通运输事业的更大发展,极大地提高了生产力,引起社会生活的深刻变化。这一时期,一些发达资本主义国家的工业总产值超过了农业总产值,工业重心由轻纺工业转为重工业,出现了电气、化学、石油等新兴工业部门。原有的工业部门如冶金、造船、机器制造以及交通运输、电讯等部门的技术革新加速进行。美国人发明的标准化生产技术、汽车生产装配流水线和"科学管理"方法,构成了大规模的工业生产技术,使人类的社会劳动生产率达到了前所未有的高度。工业组织托拉斯和卡特尔的发展,标志着垄断资本主义的出现。与此同时,农业机械的发明,化肥、农药的施用,农作物品种的改良和推广,农产品加工、储运技术的突破,都使农业生产的效率迅速提高。20世纪初,英国、美国、德国、法国、比利时和荷兰完成了工业革命,北欧、美洲除美国以外的其他国家、澳大利亚和新西兰、日本、俄罗斯等也受到此次浪潮扩散的影响,但日本、俄罗斯仍处于工业化的早期阶段。随着第二次浪潮的推进,世界经济格局出现了新的变化,德国取代英国成为欧洲最大的工业国家,美国作为新兴的现代化工农业大国,经济实力跃居全球之首,多中心的世界经济体系取代了以英国为单一中心的经济体系。

值得指出的是,在第一批实现现代化的国家中,现代化是工业化的结果,并且是涉及所有领域的全面变革。第二批开始现代化的国家则不同,属于"外生型"和"追赶型"现代化,是在政府主导下,自上而下地推进的,而且更多侧重于经济领域的变革,政治、社会、文化等领域的变革比较缓慢。这一方面使得经济现代化能够在较短的时间内展开,但另一方面,人为干预打破了现代化发展各要素之间的自然逻辑,引发了一些不平衡、冲突和错位,特别是政治民主化的滞后,使德国、日本等国家走向了法西斯统治,给本国和世界人民带来了灾难①。

---

① 张琢、马福云:《发展社会学》,中国社会科学出版社2001年版,第134页。

第一次全球性危机

现代化的第二次浪潮在西欧和北美取得了巨大成功,但大发展也孕育了空前的大危机,世界经济因之出现了 30 年的停滞与徘徊。1914—1945 年,是人类历史上的一个特殊时期。以电气化为标志的第二次世界科技和工业革命,带来了生产力的巨大进步,但同时也对欧美各国所遵循的资本主义"古典"发展模式即自由竞争资本主义提出了挑战,各资本主义国家发展的不平衡使相互间的竞争日益激烈,并越来越不择手段;各国为争夺市场、掠夺资源而加快经济军事化和军国主义步伐,并最终引发两次世界大战。30 年代生产过剩的经济危机,是资本主义发展内部矛盾的大爆发,并引发集权、专制的法西斯势力猖獗一时,对自由资本主义的发展构成了致命的威胁。

这次全球性危机所造成的大破坏,全面动摇了古典资本主义的发展模式,反过来又推动了对原有发展模式的调整、修复和创新。一方面,加快了自由市场经济向政府适度调节的混合市场经济(美国)、福利市场经济或社会市场经济(欧洲)方向转换;另一方面,则是资本主义发展模式被突破,引发了社会主义发展模式的创新。第一次世界大战给俄国创造了脱离资本主义世界体系的特殊革命机遇,使其走上了从资本主义向社会主义转变的现代化新道路。在 30 年代西方自由经济发生危机时,苏联的计划经济取得了巨大成功。这对世界经济和社会发展产生了深远影响。

除了制度创新,这一时期也出现了一系列的技术发明和技术创新。工业大规模生产技术开始向其他产业如家电工业扩散,巨型企业开始形成规模经济效益,国际金融合作机制开始建立,国际区域经济合作机制启动。

第三次现代化浪潮

第三次现代化浪潮出现于 20 世纪下半期(大约在 1946— 1970 年

期间)，这是一场由第三次工业革命推动的、真正具有全球意义的社会变革大潮。20 世纪 70 年代后，随着世界经济、社会发展中的信息化因素不断增强，知识经济的时代特征日益鲜明，现代化的浪潮逐渐由工业革命推动转向由工业革命和知识革命共同推动。工业革命和知识革命的叠加产生了许多新变化，进一步使现代化浪潮波及全世界[①]。

第三次浪潮的内容和过程

第二次世界大战结束后的 30 年，是人类经济史上的黄金岁月，全球经济发展进入增长最快的时期。造成这一轮世界经济快速发展的因素很多，其中，第三次工业革命、经济制度的完善以及国际贸易的繁荣都起了重要作用。当然，战后经济恢复、投资规模扩大、工业技术扩散和转移的作用也不可低估。第三次工业革命是人类文明史上的又一次重大飞跃，推动这次工业革命的，不是单一的技术创新，而是技术群。它以原子能、电子计算机和空间技术的广泛应用为主要标志，涉及人工合成技术、工业自动化、电子技术、核能和航空航天等诸多领域。科技成果转化为生产力的周期越来越短，科学技术的各个领域相互渗透，相互促进，构成了改造客观世界的强大力量。科学技术对社会生产、经济发展的影响越来越大，科技进步日渐成为经济社会发展的决定性因素。

在此期间，日本和西欧的经济发展明显快于美国，人均 GDP 和劳动生产率逐步接近美国。那些在 20 世纪前期实现工业化的国家，在经济上呈现出趋同的现象。它们在国内采用刺激投资和需求、促进充分就业、熨平经济周期、加速技术进步和提高人力资源素质等政策措施。同时，大力推动企业购并、产品多样化以降低经营风险，依靠技术创新和管理创新提高企业竞争力。随着广泛推行所有权与经营权分离的公

---

① 国内学术界也有主张把 20 世纪 70 年代后的世界经济社会发展作为第四次现代化浪潮，并把工业革命推动的现代化称为第一次现代化，把知识革命推动的现代化称为第二次现代化的。参见中国现代化战略研究课题组《中国现代化报告 2005——经济现代化研究》，北京大学出版社 2005 年版，第 73 页。

司法人治理结构,越来越多的社会公众拥有公司股票。经济结构的变化同样明显,各国都出现了农业比重下降、工业比重经过上升后开始回落、服务业比重迅速上升的共同趋向。与此同时,大型跨国公司和全球性生产、销售网络的出现,则引起世界产业结构和国际分工格局的大变动。发达国家凭借工业结构的优化和升级,形成了以资本密集、技术密集、大众消费、福利主义为特征的发达资本主义的工业文明,相继进入现代化的高级阶段。"二战"前已初步实现工业化的苏联,也在错综复杂的进程中探索结构性改革和发展机制转换,向发达的现代化社会过渡。

世界产业结构的变化加快了工业化、现代化向全球的扩散,大批发展中国家通过以民族解放运动为标志的政治变革引导经济变革,全力投入追赶型工业化、现代化的浪潮之中。具体来说,中国、东欧等一批国家,按照社会主义方式创造性地探索适合本国国情的现代化道路,进一步突破了单一资本主义的发展道路。东亚大陆边缘的一些国家和地区,例如韩国、泰国、新加坡、马来西亚以及中国的台湾和香港等,走出一条以发展民用工业和出口导向为特点的新兴工业化道路,成为世界第三次现代化浪潮中的佼佼者。西亚、北非伊斯兰文明地区,形成独特的以石油工业为特征的畸形工业化道路,从半农半牧社会实现了经济的突发性增长。拉丁美洲是第一次、第二次现代化浪潮的落伍者。在第三次浪潮中,巴西、智利、墨西哥、阿根廷、委内瑞拉等国积极探索自主性工业化的道路,努力向工业化社会过渡。

知识革命的主要内容及其影响

知识革命是 20 世纪 70 年代后出现的,知识革命推动了知识经济的发展。如果说工业革命导致工业比重的上升和农业比重的下降,那么知识革命则导致工业比重的下降和知识产业比重的上升。因而,这是一次更高层次上的产业革命,正在越来越深、越来越广地波及全球。

20 世纪是人类历史上知识增长最快的年代。据统计,19 世纪人类的知识量是约每 50 年翻一番,20 世纪初的知识量是约每 30 年翻一番,20世纪中期的知识量是约每10年翻一番,20世纪末的知识量则是每5年翻一番。学者们把这种知识快速增长及其社会经济效应称为知识革命。知识革命不仅时时刻刻影响着我们的生活,而且也逐步改变着世界的面貌。科学技术的高速发展导致了知识"大爆炸",知识爆炸带来了世界运行方式(政治、经济、社会、工作和生活)的根本变化。在知识经济时代,知识成为创新的动力、价值和价格的判断依据、财富的核心要素,也构成了新的流通工具和交换体系。

知识革命包括了科学革命、高技术革命、国家创新系统、信息革命和学习革命等内容①。

——科学革命。科学走向普及化、大众化、生活化、社会化。对科学研究的投入和社会的需求,拉动了科学的成长。在许多领域,如材料科学研究、宇宙和生命之谜、全球气候变化、癌症和艾滋病研究、人脑功能研究等,科学家们不断取得新的突破。

——高技术革命。高技术是在现代科学理论或科学突破基础上产生的、具有高附加值、高扩散或战略意义的知识和技术密集型尖端技术。在日常生活中,人们常把这类技术高度集中的领域称为高技术领域,如信息技术、生物技术、材料技术、先进制造、新能源、航天技术、自动化技术、环境技术、光电技术、海洋技术等。

——国家创新系统。国家创新系统的出现,正是知识革命的制度和政策保证。国家创新系统形成于第二次世界大战结束后,到20世纪90年代已逐步完善。国家创新系统是促进和进行创新的国家系统,它由企业、大学、科研机构、政府、中介机构和基础设施等组成,通过完善创新政策、重塑创新主体、构建创新环境、加强系统整合等措施,提高国家创新能力,促进经济和社会发展。

——信息革命。信息革命是由现代信息技术及其产业的快速发展

----

① 参见中国现代化战略研究课题组《中国现代化报告2005——经济现代化研究》,北京大学出版社2005年版,第73页。

引起的,通讯、电脑和网络的发展是其重要内容。信息革命以数字化信息技术为基础,包括电脑化、网络化和智能化三个阶段。因特网的爆炸性发展只是网络革命的开始,电脑网、电信网和电视网的三网合一才掀起网络革命的高潮,家电网络一体化是网络革命的高级阶段,最后将是虚拟空间与物理空间的互动。

——学习革命。学习知识,不仅是学生的天职,而且是人一生的需要。学习新知识,就像吃饭穿衣一样,成为生活的组成部分。同样地,企业和组织的学习,也成为成功的必要条件。知识老化的企业或组织,必然失去竞争优势。网络的发展将给学习方式带来一场革命。

知识革命改变着经济增长方式,经济中的知识含量和知识价值的比重大大提高,知识对经济增长的贡献超过其他生产要素的总和。生产方式发生质的变化,在生产与流通过程中实现了信息化、网络化、智能化,绿色技术、环境友好技术、循环经济等新概念获得普遍认同,新产品、新产业不断涌现并迅速成长,高技术产业、信息产业、文化产业、教育与培训业以及知识密集的现代服务业等,成为增长和就业的新生长点。产业结构发生变化,工业和物质产业增加值和劳动力的比重下降,知识产业增加值和劳动力的比重上升。分配方式发生重大变化,知识资本与物质资本、货币资本共同参与纯利润和市场价值的分配。包括消费模式、教育方式在内的社会生活方式发生一系列重大变化。知识革命既保持和发展了全球化、法治化、创新化等工业革命带来的现代化的固有特征,也呈现出知识化、网络化、学习化等现代化的新特征,还有些则是与工业革命引发的现代化浪潮相反的变化,如分散化、多样化、个性化等。

随着经济全球化趋势的进一步发展,知识革命可能产生的所有这些影响,无论对于发达国家,还是对于发展中国家,都是相同的。知识革命对发展中国家加快现代化进程来说,无疑是一次新的重大历史机遇。但与此同时,越来越多的发展中国家又将面临严重的挑战。一方面,发展中国家还没有实现工业化,前几次现代化浪潮所提出的历史任务远未完成,现在又不得不面对知识革命浪潮的压力。另一方面,如果发展中国家积极推进知识经济,它们也很难或只有少数国家能在这场世界竞争中获得一席之地,多数国家将沦为发达国家知识经济大潮中的产品和技术的海外市场,从而进一步拉大世界经济的发展差距,国际不平等现象也将日益严重。因此,对多数发展中国家来说,知识革命又意味着巨大的风险和危机。

（原载《全面小康与基本现代化》,江苏人民出版社 2006 年版）

中国社会主义现代化

回顾和剖析世界现代化进程,人们不难看出,世界各国现代化的"同一性"是有条件、有限的。由于各国的时代条件、历史文化的传统、经济发展的起点、社会制度和结构各不相同,因而各国现代化所面临的任务及其实现方式、途径都具有很大的复杂性和多样性。中国在极其艰苦复杂的环境中并在付出了沉重的历史代价后,经过数代人的英勇奋斗和不断探索,终于由邓小平确立了中国社会主义现代化的理论和战略部署。从现在起到下个世纪中叶,是中华民族再造辉煌的关键时期。这一时期的时代主题,就是加速国家的现代化。万众一心,艰苦奋斗,加快发展,尽快实现社会主义现代化是我们这一代中国人乃至以后几代中国人的光荣历史使命。今天,我们来观察和研究苏南这个地区性的现代化问题,首先就要把它放在中国社会主义现代化这个大背景下来加以认识。

中国现代化面临的机遇和挑战

在迄今为止的全球经济发展和社会变迁中,还没有任何一个国家是在中国这样的特殊国情和复杂严峻的国际环境中推进现代化的。中国拥有世界上最大的农民群体,地区之间发展极不平衡;历史上,中国社会结构的传统外壳十分坚硬,制度变革极其缓慢与艰难;中国传统文化具有的封闭性、思维定势等负面影响很大、很深,对来自西方的现代化挑战,没有作出有力的反应,失去了在自由资本主义时代走向现代化的历史机遇；特别是帝国主义的侵略，打破了中国学西方走资本主义现代化道路的迷梦。所有这些内部条件和外部环境都决定了中国现代化起步艰难，一再被延误。随着历史的发展，中国现代化道路的选择转向了社会主义。十月革命一声炮响，给我们送来了马克思列宁主义。这种科学的世界观对于正在黑暗中摸索的中国先进分子的意义在于：要从根本上改变中国的落后状态，必须首先推翻旧的社会制度，砸碎旧的国家机器，扫清发展的制度障碍，建立人民民主政权，然后在新政权下发展经济、政治、文化，从而实现国家的现代化。正是基于这个指导思想，中国共产党领导全国人民经过 28 年艰苦卓绝的奋斗，为中国社会主义现代化创造了基本前提。历史的经验告诉我们：抓住历史机遇，有力地应对各种挑战，创造性地进行探索，是当代中华民族走上现代化坦途的生命线。

中国现代化的基础性条件

　　放眼世界，人类现代化历史的进程从公元 1500 年左右就开始了。时至今日，和平与发展已成为世界的主题，我国现代化已赢得一个较长时间相对和平的国际环境。同时，全球化已成为世界现代化进程的一个必然结果。随着第二次工业革命的展开和第三次新技术革命的来潮，生产国际化、交换国际化、金融国际化和技术开发国际化等，已使现代化的进程进一步突破了国界的限制。特别是世界经济增长的重心继续向亚太地区转移，这将给作为现代化"后发型"国家的中国带来又一次难得的历史机遇。一是在有利的国际环境下，可以用较短的时间走完"原发型"国家用较长时期走完的路程。"原发型"国家从传统社会转到现代社会，用了两三个世纪的时间，日本用了一个半世纪，中国的社会主义现代化大约要用一个世纪的时间便可基本实现。二是中国可以利用世界上发达国家和地区创造的先进科学技术、管理制度和大量资金，也可以借鉴他们的经验教训，少走弯路。

　　在国内，改革开放以来的 18 年是中国历史上发展最快、成就最辉煌的时期。18 年来，中国国民经济持续快速增长，综合国力明显增强；

改革日益深化,经济的市场化、社会化明显提高;全方位开放格局基本形成,国际经贸关系平稳发展、作用显著;城乡现代化建设步伐加快,各项社会事业全面发展;人民生活质量明显提高,正在彻底消除贫困、向全面达到小康的阶段迈进。特别是"八五"期间,以邓小平视察南方重要谈话和中共第十四次代表大会为标志,中国的改革开放和现代化建设又进入了一个新阶段。更重要的是,中国的政局稳定,以江泽民为核心的中共第三代领导集体,按照邓小平建设有中国特色社会主义理论和党的基本路线、基本方针,创造性地开展工作,积累了宝贵的经验,走出了一条符合中国实际的现代化发展道路,培养和锻炼了一支政治上清醒和坚定的、素质不断提高的干部队伍。所有这些,都为中国社会主义现代化奠定了坚实的基础。

对照历史,我们可以自信地看到,中国正在推进的社会主义现代化,无论其实践基础,还是其理论准备,现在比历史上任何时期都更为坚实和充分。在改革和开放中形成的中国社会主义现代化道路,已经得到理论升华。这条道路在中国已深入人心,充满无限的生机。中国社会主义现代化的航船正扬起风帆,破浪前进,任何力量都阻挡不了。

中国现代化的艰巨性和复杂性

如果从 1840 年鸦片战争失败后中国现代化之路的探索算起,其中所经历的曲折、坎坷令人惊心动魄。今后的路同样充满了艰辛,其中难免还会有挫折。对于中国现代化的艰巨性和复杂性,我们要有足够的思想准备。

(一)现代化进程中的"大国效应"

一个国家的国情具有多方面的内容,包括社会制度、经济状况、历史变迁、地理位置、自然环境、人口数量、资源禀赋、文化渊源、民族传统等等。中国的国情是:幅员辽阔、人口众多特别是农民多,经济落后而且地区之间发展极不平衡。中国现代化在这样人口众多的农业大国中进行所产生的"大国效应",不仅是西方发达国家,而且也是东亚新兴工业化国家和地区不曾遇到过的巨大难题。现代化国际比较研究的结果表明,历史上出现过的先驱与后进国,除美国之外,几乎都是比较小的或中等规模的国家,而没有一个是人口众多的农业大国。即使像美国这样一个大国,在现代化启动时,从人口看也是一个小国;从疆域上看,则是以后逐渐扩大的。

历史上,中国人口爆炸性增长有两个时期:一次是从 18 世纪中叶到 19 世纪中叶,全国人口增长了三倍左右,平均年增长率超过 13‰,这种人口大增长出现在工业化前的现象,在历史人口学上是罕见的。另一次是新中国建立后出现的人口高峰,1953 年至 1958 年,全国人口自然增长率连续五年超过 20‰。这种在工业化早期阶段人口空前增长带来的压力和劳动力供给的绝对过剩,给中国现代化带来了特殊的阻力。

与欧美、日本等国相比,中国经济发展的起点很低。从人均收入水平来看,西方主要工业国在进入现代经济增长轨道时,大致已达到 200~250 美元,高的则达到 400~500 美元,而中国按各种估算,都未达到 100 美元。因此,从中国一穷二白,现代化启动时的实际起点很低的角度看,中国又是一个小国。这种既是大国又是小国的特殊矛盾,规定了中国现代化的特殊前提和条件,即中国现代化不能照搬任何别的国家的现成经验,也不可能走捷径。历史上曾经有过这样的事实,一些具有廉价劳动力优势的较小国家,在发达的大国资金、技术等方面的支持下,迅速起飞,步入现代化国家的行列。对于中国这样具有"大国效应"的国家,不能把希望单纯寄托在外国大量资金与技术的支持上面,获得迅速成功,而必须自力更生,艰苦奋斗,矢志创新,加快发展,长期创业。总之,充分认识中国现代化"大国效应"的特殊矛盾,显然是十分重要的。

(二)"制度变革"的特别艰难

历史上,中国曾经长期是世界上最富有、最先进的国家。直到 16 世纪新航路开通、世界发生巨大变化时,中国在政治、经济、文化诸方面仍居世界领先水平。尽管中国在西方发动第一次工业革命之前,就出现了某些前现代化的发展趋势,比如,宋代出现的重大技术进步;明代初期"三保太监"郑和七次历时 28 年率舰队"下西洋",开拓了向海洋发展的大好时机;清王朝建立了使欧洲新君主国相形见绌的大帝国,甚至1850 年近代伦敦兴起之前,中华帝国历代京城的人口和规模建置,一直保持着世界最高记录,中国城市数量之多,也完全能与西方国家相媲美。但是,这些社会发展的积极变化和领先于世的中华文明并没有导致中国走向现代化。这究竟是为什么? 与此相关联的问题还有,中国古代有杰出的科学成就,何以近代科学崛起于西方而不是中国? 这类难题一经提出,立即引起了一场关于中国问题的国际性大讨论,历经半个多世纪至今仍未形成世界公认的解答。

显然,破解这类难题,不仅需要多角度地大胆地进行探索,而且还要有系统的、科学的、总结性的研究成果。李约瑟把问题的破解归结于近代中国典型的官僚政治的封建社会发展道路,而这条道路的致命之处就在于阻碍科学进步,从而也延误现代化进程。有的学者则从两极平衡中找原因,认为由于生活在乡村的庞大的农民群体与受过系统教育的少数统治阶级之间,以及在必需品和奢侈品的充沛供应与生产这些物品所需要的劳动力之间保持着令人满意的平衡,使得中国没有必要去改进生产技术、变革社会制度。还有学者是从中国传统文化的价值观念的视角,寻找中国现代化落伍、科学失落的根源。另外,也有人试图从中国近代科学落后与自然哲学发展的关系中,拳打脚踢出一方新天地来。我们认为,中国现代化启动的艰难,行动之缓慢,传统文化的封闭性和观念转变的滞后性等固然是一个重要的原因,但更深层的原因则在于中国社会经济结构的内在牢固性。在中国社会内部,长期存在着以手工劳动为主、自给性很强的小农经济基础,单纯为王朝或政府服务的财政制度,以及在政治上以重农抑商作为稳定社会秩序、阻止民间势力增长的传统政策。这种以士农工商分层的乡土社会经济结构,具有高度的稳定性。不仅很难通过体制改革打破它,而且旧的社会机制和体制,具有惊人的自我修复能力。特别是远离沿海沿江城市的广大农村,土地制度、生产方式和生活方式几乎没有任何变化。

近一个半世纪以来,中国发生了三次重大的社会制度变迁。这

150 年是中华民族进行痛苦思考和艰苦探索的漫长过程,也是中国现代化从蹒跚起步到最终上升为社会变革主流的举世罕见的崎岖历程。在 19 世纪后期,一批志士仁人曾试图在维护旧体制的前提下,走自上而下的渐进的改良道路而未能成功。20 世纪前半个世纪,是中国人民争取民族解放和民主革命胜利的斗争史,从政治上为现代化扫清了障碍。最初,孙中山领导的自下而上的资产阶级革命推翻了帝制,但整个社会体制的重组和更新成效甚微。此后国共两党的分歧和斗争,是围绕农民问题和土地制度展开的,并直接关系到社会制度和体制的变革方式以及两党的命运。以毛泽东为主要代表的中国共产党领导的新民主主义革命,实质上是农民革命。成功的农民革命把现代化推向高潮。与此同时,连续十多年的战争又打断了现代化进程,导致中国的经济增长率几乎降低了一半。革命和战争是当时中国社会各种内在矛盾尖锐、激化的必然产物。在这种情况下,中国的工业化进程受挫,被迫耽搁下来。20 世纪后半期,是中国人民振兴经济和社会各项事业、争取繁荣富强的发展史。新中国经过第一个五年计划,建立了工业化的初步基础,完成了对农业、手工业和资本主义工商业的社会主义改造,全面确立了社会主义制度。在中国这样一个几亿人口的大国中,比较顺利地完成了对生产资料私有制的社会主义改造,的确是人类历史上一次伟大的、深刻的社会变革。但是,在这场社会主义革命中,要求过急、形式过于简单划一、工作过粗等偏差,再加上后来"左"的思想抬头,指导方针上的严重失误,中国也把苏联搞单一公有制,对地方和企业集中过多,否定价值规律和市场机制的作用,以及分配上的平均主义、"大锅饭"等计划经济的弊端,带进自己的经济体制中来了。更有甚者,在相当长的一段时间里,阶级斗争实际上成了党和国家工作的中心。

中共十一届三中全会后,现代化建设才真正上升为社会变革的主流。中国沿着邓小平提出的建设有中国特色社会主义道路,进行了改革开放的伟大实践,努力克服计划经济体制的弊病,结束闭关锁国状态,加快了社会主义现代化建设的步伐,取得举世公认的成就。但是,在改革和开放过程中,新情况、新问题层出不穷,体制改革和机制转换任重而道远。时至今日,风险较小,社会各方都能得到实惠的改革都已出台,并获得明显成效;风险较大,需要对既得利益和权利作重大调整的改革却留了下来。再加上一些社会矛盾的积累,客观上要求加大改革的力度,在本世纪末到 21 世纪初叶,中国改革需要也正酝酿着重大突破。如果中国改革不能跨过既定权益格局这道门槛,建立社会主义市场经济体制的目标有可能会再次延误! 中国改革的艰难,还在于长期以来在计划经济体制下形成的观念。这种旧观念根深蒂固,不容易动摇,切不可小瞧。对于思想观念要适应于从计划经济到社会主义市场经济的转变,有些人只停留在口头上,没有实际行动;有些人虽然有了实际行动,但一碰到合适的气候,计划经济的老观念又会冒出来。总之,由于旧计划体制的惯性、传统观念的阻滞和多种市场主体的利益冲突,更增加了中国体制变革的难度。重要的是,航道已经开通,中国建立社会主义市场经济体制的目标一定能实现,建设有中国特色的社会主义道路定能实现社会主义现代化。

传统文化的影响

中国是世界上三大文明发源地之一,古老浓郁的东方文化背景形成了特有的民族社会心理、行为方式和思维方式。这一东方文明完全不同于始于希腊文明,后经文艺复兴中介而最终形成的西方文明。中国的传统文化与以基督教"伦理精神"为支柱的西方文化相比,两者是异质文化。中国传统文化作为一种预制事实和既定力量,它对中国现代化具有双重影响:一方面,传统文化中的精华对中国确定自身现代化的走向具有积极的社会效应。从总体上说,中国传统文化不仅在历史上光辉灿烂,曾为人类文明作过巨大贡献,而且在现实中它是中国选择和创造适合本国特点的现代化模式的重要文化背景。传统文化的精华是增强中华民族凝聚力的重要因素,这种优良传统的民族精神可以直接转化为推动中国现代化进程的重要动力。

另一方面,中国传统文化的封闭性、思维定势,常常会加固旧的社会经济结构,修复旧的社会体制和机制,使其外壳变得异常坚硬难以轻易打破。特别是中国在半殖民地半封建时代，内忧外患强化了封闭的思维定势，屈辱挨打给民族精神带来损伤。所有这些精神、文化因素，形成对中国现代化的一种不可低估的阻滞力量。传统文化作为历史的沉淀，当然不可能与现代化的要求完全一致，常常会发生剧烈的冲突，对现代化产生负面影响。

中国传统文化有深厚的宗法血缘基础。宗法社会及其结构给传统文化深深地打上了伦理道德的烙印，人们价值取向的核心是以道德判断为基础的。对人对事的认识和评价，常常不在于现象本质和真假是非的剖析，而偏重于善恶好坏和仁虐诚伪的分辨。这种文化特征使中华民族成为世界上最善良、最讲礼仪的民族，但在客观上导致整个民族忽视对科学的追求和对自然的探索。从根本上说，传统的文化体系，是与汲取外来科技知识和促进社会变革相抵触的，结果，造成中国科技十分落后，社会体制变革特别艰难。

中国传统文化有特殊的地域环境。中国是一个东面临海，其他三面交通极为不便的大陆型国家。这种半封闭的自然环境，曾对形成中国社会自我封闭的机制产生重要的影响。大陆民族的社会心理和生活方式，使得传统文化中的观念体系在较少与外来观念交流和冲突的条件下保持既定的连续性发展，从未在观念文化形态上出现断层。中国传统文化从来都不曾被动地吸收外来文化，而是把那些马背上战胜者的文化加以"中国化"，纳入中国固有的思维模式之中，呈现出一种一以贯之的发展传统。在世界观上，表现为"中国中心"的强烈独尊意识；在人际交往上，表现为自我和亲族为核心向外辐射的、符合一定伦理道德规范的交往方式。这种大陆型的封闭文化传统，固然会造就浓郁的故乡观念、国土观念、民族观念，使爱国爱家融为一体。同时，特有的思维定势也严重阻碍人们去认识和开发新的、未知的事物和外部世界，在精神上阻滞现代化启动和发展。

中国传统文化有农业社会的广泛基础。中国传统文化是建立在广泛的自然经济基础之上的。彼此雷同、相互隔绝的千万个农业村社，组成了中国这个自给自足的大农业社会，也就形成了传统文化的崇实性、包容性和一统性,从而又构成了大一统的封建专制主义的统治基础。
传统文化以儒家为正统,又积极汲取和"采借"其他学派的观念和学说,
从而具有"兼容兼包"的特色。在经济上"重义轻利"和"节本裕民"并
存;在政治上"思不越位"的等级观念、专制主义与"民贵君轻"的民本意
识同在;在价值取向上,"明哲保身"与"任重道远"相对。传统文化具有
浓重的经验色彩。在内容上,基本上是经验的积累,满足于名言警句;
在方法上,注重"悟性",讲究"悟道"。传统文化长于感性、经验,缺乏理
性、逻辑。儒家观念作为中国传统观念体系的根本和核心,在很大程度
上是一种社会统治思想的经验积累,并基本上形成社会意识形态大一
统的局面。历史上出现的儒家内部及其同外部的学派和学术流派之
争,主要是围绕争夺和捍卫社会意识形态大一统局面中的"正统"地位
来进行的。

　　在这里,我们不是只着眼于优劣长短去评析中国传统文化的体系,
而是试图拓宽人们的视野,联系当代中国社会发展的重大问题去认识
传统文化的双重效应,推动传统文化的转化和再生,实现现代意识、科
学理性与传统文化的精华、民族形式的有机结合。

复杂严峻的国际环境

　　中国现代化的启动、推进是在一个异乎寻常的国际环境中进行的。
对后进国家来说,外国侵略和挑战常常是引发现代化过程的催化剂。
但是,中国作为世界上最大的发展中国家,由于受到所有西方大国(包
括日本和俄国)的多次侵略,沦为多国的半殖民地,备受欺凌和屈辱,其
灾难深重的程度为世界其他国家在社会经济转型期所罕见。从 1840
年开始,两次鸦片战争打开了中国紧闭的门户,割地赔款,签定了《南京
条约》等一系列不平等条约。在遭受这一严重打击后,接着是 1894 年
中日甲午战争,又遭受巨大创伤。20 世纪初,八国联军入侵则是举世
罕见的国际性掠夺与屠杀。然后,30 至 40 年代日本侵华战争,对中华
民族来说不啻是一场毁灭性的大灾难。仅仅这场战争就使中国的工业
化—现代化进程至少推迟了 20 年时间。

　　新中国成立后,中国与西方大国之间的关系存在着一种特殊的矛盾。一方面,面对中国这个世界上最大的也是最后一个潜在市场,西方国家出于经济利益的考虑,希望与中国发展经贸关系,愿意到中国来投资;另一方面,对中国这个最大的发展中国家实现现代化又具有一种本能的恐惧,千方百计在政治上遏制中国,在经济上和技术上封锁中国。特别在东西方处于尖锐对峙、国际关系不正常的"冷战"时期,那些坚持反共意识形态的政治家们,处心积虑地通过"和平演变"来使中国现代化步入全盘西化的轨道。随着世界进入和平与发展的新时期,中国坚持改革开放的战略和奉行独立自主的和平外交路线,国际威望日益提高,中国推进现代化的国际环境大为改善。但是,天下并不太平。人们仍然可以经常感受到意识形态的对立、社会主义与资本主义两种社会制度的对抗和较量。中国在现代化进程中,不断面临西方发达国家经济和科技优势的压力以及国际关系中霸权主义与强权政治的压力。特别是随着中国综合国力不断增强,对现存国际力量结构形成一定程度的冲击。"中国威胁论"继续泛滥,"遏制中国论"有所抬头,国际敌对势力在中国台湾、香港和西藏等问题上,不时制造一些麻烦。然而,由于中国与美国、俄罗斯、西欧和日本等国家、地区,在战略上拥有许多共同利益,多边和双边的经贸关系日益密切,尤其是东亚各国在和平与发展问题上已达成共识,"遏制中国论"难成气候,各国人民要与中国友好的意愿难以逆转。面对当今国际关系交往不停,摩擦不断,斗而不破,合作共存的复杂局面,只要我们坚持和平、独立自主的外交路线,保持遇险不惊,沉着应对的大智大勇,不断扩大友好队伍,继续增强中国的国际影响,就可以使我国社会主义现代化建设拥有一个比较有利的国际环境。

中国现代化理论的形成和发展

　　中国现代化理论的中心问题是探索中国的现代化发展道路。早在西方现代化理论诞生 20—30 年前,中国学术界的新旧思潮就围绕中国的出路问题展开过激烈的论战。经过艰苦的探索,思想认识逐步螺旋式上升,最后终于达到一种朦胧的中国式现代化的共识。然而,究竟什么是中国的国情,什么是中国式,一直未能很好解决。尽管中外学术界研究近百年中国政治、经济、文化、社会变迁和发展的文献真可谓是汗牛充栋,但已有的研究成果存在明显的缺陷:一是研究偏重于晚清和新、旧民主革命时期,对社会主义革命和建设阶段的研究较薄弱;二是偏重于从历史的视角进行研究,且多淹没在革命史、党史的研究之中,现代化理论研究的边缘性、综合性学科特色体现不够;三是偏重于世界现代化、国别现代化的研究,对发展中大国的现代化研究成果极少,更未明确提出国家以下的地区现代化这个命题。如同中国现代化历程坎坷,经过多次延误才千呼万唤始出来一样,中国现代化理论研究也经历了艰辛的探索和多次中断,直到改革开放以后才逐渐成为社会科学领域中多学科共同关注的大课题。当代伟大的马克思主义者邓小平在充分汲取前人探索的经验和教训的基础上,成功地、系统地提出了建设有中国特色的社会主义理论,即中国社会主义现代化理论。

中国现代化理论的历史根源和思想根源

(一) 近百年中国现代化思潮的演变

中国现代化思潮启蒙于两次鸦片战争和太平天国革命之后由康有为、梁启超领导的维新运动。随着西方文化突破了中国儒学一统天下的传统文化后,晚清士大夫阶层提出了"中体西用"这一最早的现代化口号,并形成了正宗儒学派与儒学修正派之间的论争。到本世纪初"五四运动"前后,彻底批判传统文化的西化派异军突起,于是又引起了"西化"派和"孔化"派的大辩论。随后,"西化"派又分化为"西化"和"俄化"两派的斗争;"孔化"派也离析出"现代化新儒学"。30年代,从"中体西用"羽化出"中国本位论",从西化发展为全盘西化,并引起新的论争。在上述各种现代化思潮的论争中,初步形成了"现代化"的概念和"中国化"的概念,并且在中国出路何在的问题上获得了某种朦胧的认同。尔后,由于日本发动侵华战争以及其后的国内革命战争,关于中国化的现代化问题的讨论出现了中断,中国向何处去的理论斗争焦点先后转向如何夺取抗日战争的胜利和如何完成新民主主义革命这两个更为紧迫的问题上去了。纵观这 100 多年中国现代化思潮发展的历史,最大的特色在于它始终围绕着东西文化之争,主要从文化层次上,而很少从经济发展和社会进步上来讨论中国的出路问题。这充分反映出中国传统文化思维模式的巨大影响,反映出当时中国学术界知识结构的陈旧。当然,更深层次的原因是现实经济社会生活的落后和停滞。这种研究中国现代化问题重文化轻经济的思维模式,对以后中国社会经济发展的趋向,甚至包括对中国共产党的理论思维都曾产生过深远的影响。

（二）以毛泽东为核心的第一代领导人对中国社会主义建设道路的探索

新中国建立初期,毛泽东、周恩来等中国共产党第一代领导人已把社会主义建设与现代化的构想有机地联系起来,并已基本上提出了"四个现代化"的科学构想。1956 年,随着生产资料私有制社会主义改造的完成及第一个五年计划的顺利实施,中国工业化道路的实践已初步取得成功。但由于照搬苏联经验,一些部门和地区的生产建设出现了急于求成、盲目引进的倾向,只注意大规模投资,忽视积累与消费的比例关系。在苏共二十大揭露斯大林工作中的缺点和错误后,打破了对苏联模式的迷信,客观上需要探索出一条适合中国国情的社会主义建设道路。在这种背景下,毛泽东在听取中央 34 个部委领导汇报的基础上,于 1956 年写成了《论十大关系》。在《论十大关系》中,毛泽东提出要把马列主义与中国国情相结合,走自己的社会主义建设道路,强调要善于调动国内外一切积极因素,处理好十个方面的政治关系和经济关系。1957 年,毛泽东又发表了《关于正确处理人民内部矛盾的问题》一文,深刻分析了社会主义社会存在两类基本矛盾,并提出了解决两类社会矛盾的基本方针。毛泽东这两篇文章集中了全党的智慧,从不同方面探索了中国社会主义建设的基本思路。同时,刘少奇、周恩来、朱德关于社会主义建设的思想,陈云的经济思想,邓子恢提出关于实行农业生产责任制的思想,都对探索中国社会主义建设道路作出了杰出的贡献。

我们还要清楚地看到,以毛泽东为核心的党的第一代领导集体并未能把上述社会主义建设的正确方针坚持贯彻下去,从而出现了许多曲折,走了不少弯路,尤其是 1958 年的"大跃进"和 1966 年发动的"文化大革命"。由于未能完全摆脱中国传统思想模式对党的理论思维的影响,当时思想文化领域里的斗争接连不断,并经常被提高到事关中国发展道路的吓人高度。毛泽东亲自发动的"文化大革命"这场最大的政治运动,虽然在形式上是最反传统文化的,但也未能跳出偏好从文化层次来研究中国发展的出路的传统思维方式。总之,由于中国共产党第一代领导集体的不懈追求,包括成功的经验和沉痛的历史教训,都为有中国特色的社会主义现代化理论的形成准备了条件。

(三)邓小平现代化战略思想的形成和发展

以邓小平为核心的中国共产党第二代领导集体,从总结历史经验入手,总结社会主义现代化建设的曲折历程,尤其是"文化大革命"的教训,果断地纠正了毛泽东晚年的错误。邓小平作为中国改革开放的总设计师,为开辟一条具有中国特色的社会主义现代化道路进行了大胆探索,并取得了伟大成功。在新的历史条件下,把继承、坚持同发展、创新辩证地统一起来。这是邓小平对适合中国国情的社会主义现代化建设道路进行探索的成功之秘。中共十一届三中全会,重新确立了解放思想、实事求是的思想路线,确定了以经济建设为中心的政治路线,中国从此进入改革开放和现代化建设的新时期。改革是解放生产力、发展生产力。从这个意义上说,改革也是革命,中国共产党人从此又踏上第二次革命的征程。

邓小平对中国社会主义现代化道路的探索经历了一个长时期的发展过程。这是一个由浅入深不断发展的过程。从总体上看,可以分为三个阶段;第一阶段(1975—1982 年),邓小平把建设"四化"作为现代化战略目标而提出来,这是邓小平现代化思想的初步形成阶段;第二阶段(1982—1991 年),邓小平深入探索了进行现代化建设的具体战略目标、战略步骤及其所必需的内部和外部条件,这是邓小平社会主义现代化战略思想的成熟阶段;第三阶段(1992年以后),以邓小平视察南方发表重要讲话为标志,对社会主义现代化战略思想作了更为明确和具体的表述,深刻阐述了一系列新观点:要始终坚持"一个中心、两个基本点"的基本路线;社会主义也可以搞市场经济的思想;要大胆改革,锐意创新,敢于突破旧的条条框框;"发展是硬道理",隔几年上一个新台阶的设想;处理好"先富"与"共富"的关系,等等。同时,还针对现实中存在的具体情况,以新的角度和内容,重申了要解放思想、实事求是,要警惕右,但主要防"左",要反对形式主义,要坚持两手抓,要做好培养接班人的工作,要大力发展教育和科学技术等思想。这是邓小平社会主义现代化战略思想发展的新阶段。

邓小平的社会主义现代化理论

邓小平作为中国社会主义现代化的总设计师,在对世界和中国社会经济发展作了全面而深刻思考的基础上,充分汲取前人探索的经验和教训,成功地提出了社会主义现代化的战略思想。邓小平的社会主义现代化理论是马克思列宁主义普遍真理与中国社会主义现代化建设实践结合的产物,它的形成是历史与现实相统一的过程,是中国数代人辛勤耕耘的成果,是中国共产党人集体智慧的结晶。邓小平社会主义现代化战略思想为经济文化比较落后的国家建设社会主义开拓了一条新路子,它的理论和实践意义是世界性的,而且随着历史的发展,随着世界上发展中国家的问题愈加突出,将会变得更加重要和更加具有指导意义。

邓小平从中国的实际出发,从根本上解决了中国现代化的理论基础、基本路线、制度框架、战略目标、战略方针和战略部署。他用新的思想、观点,继承和发展了马克思主义。马克思早已形成关于"现代"的科学理论,对现代工业社会的特征也有深刻的认识,但却没有提出过"现代化"的范畴和理论。邓小平的主要理论贡献有以下几点:

第一,对社会主义本质作出了新概括,为如何建设社会主义的探索奠定了理论基础。邓小平高屋建瓴地抓住了"什么是社会主义,如何建设社会主义"这个首要的基本问题,对社会主义本质作出了新概括:"社会主义的本质,是解放生产力,发展生产力,消灭剥削,消除两极分化,最终达到共同富裕。"①有了社会主义本质的新概括,社会主义市场经济的提法才得以正式确立,建设社会主义市场经济体制才有可能成为中国经济体制改革和现代化建设的目标模式。实践证明,实行市场经济能够更快更好地实现社会主义的本质要求。

第二,从根本上揭示了现代化并不是西方化,提出了走中国式的现代化道路的著名论断。邓小平指出:"过去搞民主革命,要适合中国情况,走毛泽东同志开辟的农村包围城市的道路。现在搞建设,也要适合中国情况,走出一条中国式的现代化道路。"②鉴于把现代化等同于西方化、实现现代化便要"全盘西化"这种思潮在中国有着深厚的历史根源和现实基础,邓小平区分了现代化与西方化,区分了无产阶级干的现代化与资产阶级干的现代化,从而为现代化理论注入了新的思想。他认为中国要搞现代化,绝不能搞自由化,绝不能走西方资本主义道路。因而中国现代化是中国式的现代化,是新型的社会主义现代化。

第三,坚持以经济建设为中心,坚持解放和发展生产力。落后国家由于原有经济技术基础薄弱,因而必须始终不移地抓住经济建设这个中心任务不放。在各种现代化中,经济现代化是基础和核心。邓小平认为,经济现代化是解决国内一切问题的基础,是全部社会主义事业的基础,这是一个涉及到社会主义的吸引力和优越性,关系到中华民族的生存资格的问题。"抓住时机,发展自己,关键是发展经济"③。因为把发展经济、发展生产力放在首位,既是社会主义的本质要求,也是经济文化比较落后国家国情的必然要求。发展经济还必须制定适当的发展

---

① 《邓小平文选》第 3 卷,第 373 页。
② 《邓小平文选》第 2 卷,第 163 页。
③ 《邓小平文选》第 3 卷,第 375 页。

战略,既然落后国家经济实力比较薄弱,就必须把现代化作为奋斗目标提出来,充分抓住世界新技术革命来潮的时机,大力推进作为"第一生产力"的科学技术现代化,迎头赶上发达国家。

第四,为了实现经济腾飞,就必须实行改革开放政策。是改革、开放还是保守、封闭,这是现代工业文明与传统农业文明、新时代与旧时代在行为方式和思维方式上的根本区别之一。诚然,以公有制为基础,以按劳分配为主要分配形式的生产关系,在本质上适应生产力发展的要求,是社会主义制度优越性的所在。但是,社会主义制度确立后,还要找到公有制的具体实现形式,需要有一套与它相适应的具体体制和运行机制。而这一切都需要通过改革来实现。邓小平对社会主义现代化理论的巨大贡献之一,就是把改革和开放作为中国的基本国策。改革对现代化事业具有决定性的意义,正如邓小平所说:"如果现在再不实行改革,我们的现代化事业和社会主义事业就会被葬送①"。在中国现代化过程中,由于体制转换往往滞后于经济发展,所以改革又具有很大的爆发力。开放也是一种改革,社会主义国家要从计划经济体制转变为市场经济体制,必须充分吸取别国的长处和一切科学、合理的东西,这是加快发展自己的捷径。开放使我们走向世界,以世界生产力的标准来衡量我们自己。但又不可完全依赖外资,要量力而行,注重利用外资的质量和效益。同时,在吸引外资和技术的同时,对西方资本主义的意识形态和腐朽的生活方式的渗透要坚决抵制。

第五,要坚持"两手抓"、"两手都要硬"的方针。在抓经济建设的同时,绝不能忽视精神文明和其他方面的建设。邓小平一贯重视"两手抓"的方针,他提出一手抓改革开放,一手抓打击犯罪;一手抓经济建设,一手抓民主法制;一手抓物质文明,一手抓精神文明。他强调"两手都要硬"。也就是说,在社会主义现代化建设进程中,必须在指导思想上坚持"两点论"与"中心论"的统一;在抓经济建设时要打击经济领域

---

① 《邓小平文选》第 2 卷,第 150 页。

的犯罪活动,做好思想政治工作。

第六,现代化建设必须有一个稳定的社会环境。稳定压倒一切,这是邓小平对现代化建设所需环境的重要性的高度评价。他多次指出,一切国家不论是何种制度,搞现代化建设离不开社会稳定。如果国内政局动荡,社会动乱频繁,或外国入侵、爆发战争,要想在经济建设上有大的进展根本是不可能的。稳定是发展和改革开放的前提。没有稳定的社会环境和政治局面,不可能发展,更不可能实行改革开放政策。邓小平指出,社会主义国家要发挥政治优势,正确处理民族宗教问题,处理执政党与参政党的关系问题,处理历史遗留问题,注意有条不紊地推进社会主义民主和法制建设的进程,加强国防现代化建设,坚持"和平统一,一国两制"的方针,推进祖国统一大业,奉行独立自主的和平外交路线等。

第七,提出了"三步走"的现代化战略部署。邓小平从中华民族的未来着想,对我国的现代化建设进行了跨世纪的思考。他把中国现代化的目标放到世界环境中,与发达国家相比较,清醒地提出基本实现现代化分三步走的战略,即第一步,实现国民生产总值比 1980 年翻一番,解决人民的温饱问题;第二步,到本世纪末,使国民生产总值再翻一番,人民生活达到小康水平;第三步,到下个世纪中叶,人均国民生产总值达到中等发达国家水平,人民生活比较富裕,基本实现现代化。"三步走"的战略目标和战略部署,正确反映了我国社会主义现代化建设运动的历史过程的三个阶段。社会主义现代化建设是长期的,社会主义现代化战略目标的实现,不可能一蹴而就,毕其功于一役,必须有步骤分阶段地进行。

经过 18 年来的艰苦努力和积极探索,中国改革开放和现代化建设取得伟大的历史性成就,更使我们从历史的比较和国际的观察中认识到,邓小平社会主义现代化理论是正确的,是符合最广大人民的利益和要求的。邓小平的现代化战略思想,第一次比较系统地回答了在中国这样的经济文化落后的国家如何实现社会主义现代化的问题,不仅给中国的现代化实践提供了最高层次的指导思想,而且为世界现代化理论武库里增添了新的锐利武器,为我们继续研究和发展中国式的现代化理论开辟了广阔的前进道路。

中国现代化的内涵和基本特征

（一）中国现代化是一门综合性的交叉学科。

我们作为中国现代化这一领域的初涉者,已深深地被这座覆盖着众多学科的高山所吸引。我们虽然远未登上这座高山之巅,但也初步窥见到它的基本面貌。我们在认真学习邓小平社会主义现代化理论的基础上,结合中国的现实国情以及历史和国际的比较、考察,对中国现代化的内涵作如下归纳:以工业化为基干的经济现代化;以提高科技进步对经济增长的贡献份额和高新技术产业的比重为主要目标的科技现代化;以提高效率、兼顾公平为目的的体制创新和机制转换;与社会结构分化、重组相关联的政治民主化、法制化以及社会组织管理现代化;以人的素质全面提高和人的全面发展为归宿的精神文明建设。

为了更全面、深刻地理解中国现代化的内涵,需要突出强调以下三个方面:

第一,中国现代化是社会的转型、时代的转化,它的根本内涵和实质是用社会化的大生产代替原有的小生产的生产方式。

社会主义与资本主义、无产阶级与资产阶级之间是对立的,但无产阶级干的现代化与资产阶级干的现代化却有许多共性,它们共同否定的对象都是前工业社会的生产方式、生活方式、行为方式及价值观念,在生产的社会化、工业化方面来说是一致的。从这个意义上说,中国现代化的实质不是别的,是对小生产的生产方式的否定,即要把社会主义经济全面转到大生产的技术基础上来。中国现代化意味着社会经济活动方式的根本转变,不仅是从农业文明向工业文明的飞跃,从自给自足的自然经济小生产向以科学技术为第一生产力的工业大生产转变,而且还是从传统的计划经济向社会主义市场经济的根本转变。在世界现代化进程中,中国是一个后来者,为了缩短前一两个世纪所造成的差距,中国现代化必须树立长期奋斗的决心。90 年代以及 21 世纪初叶,或许是我们中国迎头赶上的难得的机会之一。从下个世纪中国在世界格局中的地位看，经济社会发展、科教进步和国民素质的提高是压倒一切的头等大事。中国人民唯有抓住时机，才能发展自己。

在这关键的历史时期，正确把握现代化内涵的根本，就要在现实社会经济生活中，抓住三个根本性的环节：一是必须以科学技术是第一生产力的思想统帅全部经济活动，按照现代化的根本特点，即由传统的生产—技术—科学的活动结构，转化为科学—技术—生产的现代活动结构，紧紧抓住科技现代化这个关键不放。谁能真正而不只是口头上做到这一点，谁就能在现代化的思考中站在别人前头。二是必须雷厉风行地推进生产的社会化。要靠深化改革和多层次、全方位的开放，彻底打破经济生活中地区、部门的行政分割和画地为牢的束缚，在全社会范围内合理配置资源。三是适应现代化社会活动节奏加速变化的特点，加大经济体制改革、政治体制改革的力度，始终保持党和国家的活力，克服官僚主义，提高工作效率，调动广大工人、农民、知识分子的积极性。

第二，中国现代化是一个内涵丰富的社会综合发展概念，其中的关键是经济、政治和精神文明三者的协调关系。

现代化反映了社会经济发展的综合状况。我们所理解的中国现代化是全面的，它包括经济、政治、科学技术、教育文化、社会活动、生活方式、人的现代化的总体概念。在各种现代化中，经济现代化是基础和中心。经济建设、发展生产力是中国现代化最基本的一个中心，是统帅一切的核心。只有经济，才具有归根结底的意义，因为"按照历史唯物主义的观点来讲，正确的政治领导的成果，归根结底要表现在社会生产力的发展上，人民物质文化生活的改善上"①。

但是，经济现代化必须同政治、思想、教育、人的现代化相互协调进行。经济与政治、法律等等，客观上都存在着相互依存的关系，不能顾

---

① 《邓小平文选》第2卷，第128页。

此失彼。比如,经济体制改革就要求政治体制改革,"只搞经济体制改革,不搞政治体制改革,经济体制改革也搞不通,因为首先遇到人的障碍"[1]。与此同时,中国现代化除了要加强物质文明建设,还要求建设社会主义精神文明。总之,现代化进程是整个社会各个因素、各个方面的整体前进,是相互协调发展的。

第三,中国现代化是世界现代化的重要组成部分,是人类文明进步的一条崭新道路。

从最广泛的世界意义来说,现代化的问题在本质上是社会生产力以及相适应的科学技术、教育文化发展水平问题。从这一层次看,社会主义和资本主义则是实现现代化的道路问题。当我们立足现代化发展的世界进程,看中国近18年来改革开放和现代化建设所取得的伟大成就完全能够断言,中国社会主义现代化必然成功!中国现代化的成功,不仅将为占全世界总人口3/4的发展中国家走出了一条新路,更重要的是向全世界宣告,社会主义是人类发展的必由之路,社会主义优于资本主义。

(二)在个性与共性的结合上把握中国现代化的基本特征

中国现代化与世界现代化的关系,是特殊与一般的关系。中国社会主义现代化若用一个公式表示,可以简单概括为:中华民族传统文化背景＋共产党领导＋社会主义市场经济＋高度发达的科学技术＋人类现代文明成果(包括社会结构文明、政治文明、精神文明)＝中国社会主义现代化[2]。这表明,除了在内涵上具有许多现代化的共性外,中国现代化至少有以下基本特征:

第一,中国现代化是社会主义现代化。

中国现代化的实现方式之所以必须是社会主义的,有多种原因:一

---

① 《邓小平文选》第3卷,第164页。

② 这是在王怀超博士提出的公式的基础上改进而成的,参阅《中国社会发展战略》1996年第2期,第15页。

是社会主义是中国历史的必然选择。近一个半世纪以来的全部历史证明,中国除了走社会主义道路外,没有其他别的道路可走,这是中国人民从 100 多年来的切身体验中得出的不可动摇的历史结论。二是只有社会主义才能以比资本主义更高、更快的速度发展社会生产力。社会主义的本质是解放和发展生产力,在世界资本主义已经发展了 200 多年后的今天,要以能够赶上和超过资本主义的发展速度来实现现代化,只有选择社会主义制度。三是只有社会主义才能解决中国现代化发展过程中所面临的问题。中国在人口众多、社会生产力水平较低的情况下,放弃社会主义结果只会使大多数人重新陷入极其贫困的状态,尽管可能有极少数人会富起来,但绝对解决不了百分之九十几的人的生活富裕问题。

社会主义现代化之所以不同于资本主义现代化,在于它具有一些特殊性。这种特殊性不仅是道路方面的,而且也是目标方面的。资本主义现代化,可以说基本上是自发地实现的,既没有谁事先设立过目标,也没有谁统一地规划出一定的道路。而社会主义现代化的特点在于:要以快于资本主义的速度实现现代化;以实现共同富裕作为现代化的目标;全社会的成员能合理利用所创造出来的社会财富发展自己,真正实现人的现代化;能充分综合研究别的已经现代化国家的优点和缺点,吸收它们的经验和教训,从而事先大体上规定现代化的目标和道路。

第二,中国现代化是突出大发展、突出开放性、改革性的现代化。

以科学技术为第一生产力的现代化的实践,正以前所未料的速度向前发展。对中国来说,"低速度就等于停步,甚至等于后退"。因为作为一个生产水平与发达国家存在巨大差距的发展中国家,中国只有比资本主义更高的发展速度和较好的效益,才有希望建立起比资本主义更发达、更先进的社会经济体系,才有可能改变目前的落后状况。中国社会主义制度的优越性就在于能以比资本主义更快、更高的速度发展生产力,如果做不到这一条,不仅不能取得最终的胜利,而且也不可能在世界现代化的浪潮中坚持到底。但中国多年的经验表明,一讲大发展、要有一定的速度,就会忽视经济质量和效益。转变经济增长方式效果不明显的原因很多、很复杂,但最主要的还是受经济体制和运行机制的严重制约,这就需要解放思想和转换观念。同时,在中国迈向现代化的整个历史进程中,体现现代文化的新的价值观念、思维方式、行为方式、民主和法制都还没有健全起来,而传统文化中的某些落后因素,比如权力崇拜、官本位、封建家族观念、官僚主义等还在对现代化产生负面影响。对于所有这些矛盾,必须通过改革来解决。中国要高速发展生产力、走向现代化,不仅要改革,还同步要求开放。开放是现代化必由之路。只有开放,才能使我们摆脱民族的局限、区域的局限,确立面向未来、面向世界的新的行为方式。只有开放,才能大胆吸引和借鉴人类社会创造的一切文明成果,加快发展自己。这就从根本上决定了中国现代化必定是大发展的、改革和开放的实践。

　　第三,中国现代化是自力更生、自主选择的现代化。

　　中国现代化过程中,无疑要大力实行对外开放,引进外资和先进的科学技术、经营方式和管理方法。然而,中国在对外开放中必须坚持自力更生为主,争取外援为辅的方针。中国绝不会做任何大国的附庸,看别人的脸色办事,也不会做别国的倾销市场或原料产地。世界上也不会有慷慨解囊帮助中国实现现代化的国家。中国在与世界经济和国际规则逐步接轨中,主要依靠自己的力量实现现代化。这与一般的中小国家的现代化有所不同。从空间上看,中国大地上现实国情决定了中国现代化进程中会遇到各种磨难,这是西方各国现代化所未曾碰到过的。加上,中国在实现社会生产力历史性跳跃的同时,还要完成由计划经济体制向社会主义市场经济体制的转变。在进行这一深刻的前无古人的社会变革的过程中,两种体制和机制的摩擦,各种市场主体的利益冲突,社会角色的冲突,紧紧交织在一起,使得事情更为复杂,增加了中国现代化的难度。从时间上看,中国现代化的特点是机遇与压力并存。丧失时间便是丧失机遇、丧失发展。所有这一切决定了中国现代化具有更多的自主选择性,必须更多地注意发挥本国的优势和潜力,理顺各方面的关系,保持政治和社会的稳定,调动全国人民的积极性,去推动现代化的进程。

第四,中国现代化是理想型的定向发展的现代化。

中国现代化是按照邓小平的总体设计,在中国共产党领导下,朝着既定目标一步步地前进的。中国现代化定向发展的特点集中反映在现代化总体设计的系统性和整体性上:一是从纵向的角度看,确立了"三步走"的现代化总方针,其中每一步不仅有战略目标意义,而且有定量操作的意义;二是从横向角度看,对现代化进行了大系统的把握,把经济、政治、思想、文化等作为一个整体来运转,形成一个有机整体;三是从发展的角度看,中国大约要经过50多年甚至更长的一段时间,同社会主义现代化相适应的经济、政治、思想体制才能初步定型,而现阶段正在向定型阶段前进。

中国在社会主义市场经济体制下,政府作为宏观经济的管理者和社会生活的组织者发挥了许多重要的职能。正如美国学者吉尔伯特·罗兹曼所说:"假如有一个特征使今日中国现代化的格局特别地不同于其他国家的话,那就是它的组织能力。"[①]在国家运用计划等手段实施有效宏观调控下,比较好地处理了积累与消费的关系,并在动员技术和资源投入经济发展方面显示出很强的能力。同时,中国政府还通过直接投资方式发展基础工业、基础设施。这一切是世界各现代化后发展中国家十分少见的。从70年代末期起,中国经济的年平均增长率就超过了其他相同发展阶段国家的水平。而中国人口的增长速度则走出了高速增长阶段,已相当接近高度发达的现代化国家。总之,较强的组织性和计划性保证了中国的现代化朝着既定的理想的目标向前发展。

第五,中国现代化是地区经济社会发展从不平衡到平衡的现代化。

目前,我国存在两方面的地区差距:一是沿海地区与中西部内地之间的差距;二是各省区内部发达地区与欠发达地区之间的差距。在某些省区,后一种差距的程度并不比前一种差距的程度小,只是涉及的方

---

① 罗兹曼:《中国的现代化》,江苏人民出版社1988年版。

面要窄一些。中国经济社会发展的这种不平衡性,正是长江三角洲、珠江三角洲、环渤海湾、厦漳泉三角洲等发达地区能够率先跨入初步现代化的基本依据。在中国现代化过程中,非但不应去抑制发达地区的发展,而是应该放手让发达地区继续走在全国的前列,率先推进现代化。有条件的地区发展快一些,有利于增强国家经济实力,这是事关中国现代化大局的问题,欠发达地区要服从这个大局。反过来,发达地区发展到一定时候,又要拿出更多的力量来帮助欠发达地区的发展,这也是一个大局,发达地区也要认清自己的历史使命,服从这个大局。承认地区差距正是为了有利于缓解地区差距扩大的走势,并朝着缩小差距的方向努力,形成地区共同前进的发展模式。在中国现代化进程中,中国共产党把从不平衡到平衡的客观规律与社会主义的共同富裕、共同发展,消除两极分化结合起来,从而使这一客观规律展现出社会主义的内涵。应当指出,中国现代化过程中这种由不平衡到平衡波浪式的发展,充分反映了辩证法的精神实质。部分有条件的发达地区率先现代化,只要能在正视地区差距负面影响的同时,充分发挥先行地区的示范和带动作用,就必定可以在全国形成一种新的共同发展的现代化过程。

中国现代化的目标模式

纵观 200 年来世界现代化的进程,这是一个充满矛盾的发展过程。现代化绝非人类发展的最高阶段,而是一个由传统农业社会向现代工业社会飞跃的阶段。由于时代条件、历史文化传统、经济发展的起点、社会制度和结构各不相同,每个国家和民族现代化所面临的任务及其实现方式、途径也不同,因而向现代工业社会的转变显然无法套用一种现成的模式和道路。凡是盲目崇外、照搬外国模式的现代化,没有一个不是屡遭挫折和失败的。中国现代化,要想保持经济持续增长和社会的创新活力,就必须从中国的实际出发,自主性地选择建设一个有高度弹性的社会有机体,并随着利益主体多元化而不断适应和变化。在当今中国,只有紧紧抓住社会主义市场经济这个带有全局性、关键性的环节,充分调动起最广大人民群众参与经济建设的积极性,通过体制改革解放和发展生产力,特别是优先大幅度地提高农业生产力,才能在这样一个大国中成功地实现向现代工业社会的转变。

现代化目标模式选择的意义

中国推进现代化,为什么要提出目标模式选择这个问题? 环顾全球,人口、资源、环境、粮食、能源是当代人类生存与发展共同关心的五大问题,也是决定中国现代化目标模式选择的基本因素。它们不仅影响并制约了中国工业化的发展道路和模式,对中国跨世纪发展的类型、经济增长方式、消费方式、社会结构有着决定性的作用。

从 1980 年开始,中国进入了为期 50 年左右的经济高速增长期。目前,正处于由低收入国家向中等收入国家过渡阶段,经济总量和生产规模迅速扩张,成为世界发展中国家的经济大国。1991—1994 年,我国经济年均增长率为 11.7%,不仅显著高于同期世界、发展中国家的平均水平,而且也高于经济增长较快的国家如韩国(8.4%)、新加坡(6.7%)、泰国(7.8%)、马来西亚(8.4%)、印度尼西亚(6.7%)。我国的国民经济结构不断变动,1994 年我国第三产业占国内生产总值比重为 32.7%,低于低收入国家平均水平(45%);第二产业比重为 48.5%,高于中等偏下国家平均水平(30%);第一产业比重为 18.8%,接近发展中国家平均水平(17%)。从生产结构上看,我国仍是一个以工业和农业为主的发展中国家。从经济结构总体上看,我国经济主要依靠大量的劳力和资本投入来推动,属于外延粗放型经济,社会劳动生产率低于俄罗斯、巴西、印度,是世界上社会劳动生产率较低的国家之一。单位能源消耗所生产的国内生产总值甚至低于低收入国家平均水平,仅相当于发达国家的 15%。但与此同时,居民消费水平增长较快,"八五"期间年均增长 9.0%,生活水平处于世界中下等地位。特别是对外开放所带来的发达国家消费示范效应,以及多种因素所形成的社会上那种过高、过急的消费期望和不合理的消费行为。这些需求压力都使我国日益短缺的资源和容量有限的环境不堪重负。而与资源环境联系最密切的农业,基础脆弱,发展后劲不足,多次发出主要农产品供求趋紧的信号。

由此不难看出,中国现代经济正处于发展的关键时期,我们正面临现代化目标模式选择的十字路口。为了民族的生存、发展,为了推进中国现代化,我们必须彻底抛弃诸如对人民的轻易许诺、过高的发展目标、各种主体的短期行为等等偏向,坚决拒绝可能会导致严重损害后代生存需求基础,影响中国 21 世纪长期发展能力的不可持续发展目标模式。

目标模式选择的依据

中国现代化的历史,要由我们中国人自己来写。但是,我们是在特定的国情和国际环境中推进现代化的。任何一个国家和地区的现代化模式都是人们选择的结果,而人们的选择又总是在具体的历史条件下进行。历史、现实、未来是一个发展链条,现实是过去和未来的连接点、结合部。中国现代化模式的选择既不能割断历史,又不能不考虑未来。这就是我们的结论。经过 18 年的积极探索和艰苦努力,中国现代化已进入以经济高速增长为显著特征的跨世纪发展的新阶段。这已不是纯理论争辩的话题,而是活生生的现实。与经济高速增长相关联的是居民消费将全面达到小康水平并进一步走向更加宽裕;工业化进程则进入最为关键的重化工业阶段,进而实现结构的高度化。在这个重要的历史时期,传统的现代化模式,无论是欧美,还是俄国、日本都是靠以资源特别是不可再生资源的高消耗和生活资料的高消费来支撑和刺激经济高速增长的。中国作为现代化的后来者,不仅在工业化初期遇到了与上述国家不同的发展环境和机遇,而且在今后三五十年的高速增长期也不能选择他们所采用的现代化模式。其原因在于:

首先,国际形势总体上虽对中国现代化是有利的,但世界经济的若干走势,特别是国际分工的动态性及其结构调整和产业转移,国际资本的游动性及其效应,使中国经济面临许多挑战和压力。世界经济在起伏中低速增长(2%上下),从外部刺激中国经济高速增长受到很大限制。国际剩余资本总量虽然可观,但游动性很强,加上来自发达国家和发展中国家以及原苏、东地区的国家,竞相以优惠条件参加对国际剩余资本需求的竞争,引进外资的条件日益苛刻,提高了中国现代化过程中利用国际资本的社会成本。从总体上看,中国目前仍处于国际贸易垂直分工位置上。由于发达国家针对发展中国家的贸易保护主义正在日益加剧,发展中国家之间竞争又十分剧烈,劳动密集和初级产品的贸易地位下降。同时,90年代我国终将会恢复在世界贸易组织的合法地位,这必然会引起对外经济关系的重大变化。尽管由此会给中国未来发展带来许多机遇,但这些机遇大多是潜在的,能否转化为现实还取决于我们自身发展模式的选择和改革的进程;而由此带来的冲击和影响则是非常现实的,中国将直接面对不对等的国际竞争。这对一些与发达国家处于水平分工领域的部门和企业是不利的,特别是机电工业和化学工业,如汽车、家用电器、计算机、化工产品、集成电路等,将受到严重挑战。而这些产业正是中国重化工业阶段产业升级所要进入的领域。可见,国际经济环境对中国现代化的压力和影响不可低估。

其次,世界新技术革命的冲击。科学技术日益成为现代生产力最活跃的因素和最主要的支撑力量,世界经济的竞争越来越多表现为物化在商品中技术水平的竞争。中国作为现代化的后来者,同发达国家相比,其生产技术水平、研究与开发利用资源能力,差距很大。1994年,我国科研经费占GNP的比重仅为0.51%;明显低于印度(0.9%)、韩国(1.9%)、日本(2.9%)、美国(2.9%)、德国(2.9%)。科学家和工程师人均科研经费,1994年我国为1683美元,而上述国家均高于我国十几倍和几十倍。据有的学者计算,我国科技进步对经济增长的贡献率仅占28%,而同期发达国家的这一比重为60%—80%。因此,发达国家新技术革命的加快及其所带来的世界性产业结构变革,对后发展国家与其说主要是提供了发展机遇,毋宁说主要是带来了冲击和挑战。在世界现代化进程中,先行优势在多数情况下是大于后发效应。随着世界技术革命加快,发展中国家有可能会被越来越甩向国际垂直分工的底层,处于更为不利的地位。

第三,本国资源的硬约束以及在资源利用上的差距。中国是一个人口大国,它的人口总数到2000年将达到13亿。从资源总量看,中国是个地大物博的大国；但从人均资源占有量看，中国又是一个资源小国、穷国。人均耕地数（公顷），1994 年全世界为 0.2，我国为 0.08，印度为 0.189，巴西 0.32，德国 0.14，美国 0.72。我国人均耕地仅为世界平均水平的三分之一。相当于美国的九分之一。我国人均占有森林面积、草原面积、淡水资源量，只分别相当于全世界平均水平的 16%、43%、20%。至于资源利用方面的差距更大。以 1990 年我国单位土地面积经济效益（美元/亩）为 1，美国为 7.9，日本为 115，德国为 62，法国为 30.9，英国为 58.7。再如我国目前人均能源使用量为 623 公斤，每公斤能源 GDP 产值为 0.6 美元，韩国 1993 年人均能源使用量为 2863公斤，相当于我国的 4.59 倍，每公斤能源 GDP 产值为 2.6 美元，相当于我国的 4.3 倍。而最为节能高效的日本，每公斤能源 GDP 产值为 9.3 美元，相当于我国的 15.5 倍。

　　当然，仅仅是人口多、资源少并不能算作中国独有的特点。因为日本、韩国与中国香港、台湾地区的人口密度都超过内地，而且资源也很贫乏，但恰恰是这些国家和地区，在二战后成为世界现代化新高潮中最引人注目的地区。然而，中国作为一个大国或巨国，人口多、资源少且利用水平低，则是特有的矛盾。小国（或地区）经济可以参与国际分工，利用世界资源，解决自身人口多、资源少的矛盾，而大国经济问题就复杂得多。有人会说从人口看日本也是一个大国，但日本人口规模只及中国的 1/10，而且日本发展模式有特定的历史时期和条件。我们姑且不说日本工业化初期主要靠对外发动侵略战争积累资本和掠夺别国的资源，因为这样的发展道路，社会主义中国不会去走。而五六十年代时日本经济高速增长利用廉价的不可再生资源，特别是石油（最低时仅为 2 美元/桶）的黄金时机，中国也不再会拥有。即使中国有条件走日本贸易立国之路，人们也很难设想在一个日本经济已经对世界经济产生重大影响的情况下，再发展相当于十个日本规模的中国经济。届时，世界经济关系将是何种格局，有没有那么多的资源可供这样多的人口去从事加工工业？有没有那么大的国际市场去容纳如此大规模的加工产品出口？显然，像中国这样的大国经济是不可能完全走进口资源—国内加工—出口到国际市场上去的工业化道路的。总之,国内资源的硬约束以及资源利用水平低的现实国情,客观上要求中国从已有的发展起点出发,面对发达国家在经济科技上占优势的压力,寻求一种既不同于欧美也不同于日本和"四小龙"的现代化目标模式。

中国现代化目标模式的核心和特点

通过国际比较,我们发现,不同的现代化模式在经济上反映了生产方式和生活方式选择的差异性,并进而形成对资源的不同消耗水平和承载负荷,也构成各国长期发展的不同轨迹和不同结果。根据前面的分析,中国要从本国的资源状况出发,选择一种适合自身特点的资源组合方式,选择一种区别于世界上既有模式的中国式现代化目标模式。该模式的核心和基础包括以下 7 个体系:

1. 主要依靠市场合理配置资源、低度消耗资源的生产体系;
2. 适度消费的生活体系;
3. 持续快速增长、经济效益不断提高的集约化经济体系;
4. 保证社会效率兼顾社会公平的社会分配与保障体系;
5. 立足创新并充分吸收国外新技术、新工艺、新方法的科学技术体系;
6. 积极参与国际分工和市场竞争的、更加开放的对外经贸体系;
7. 合理开发利用资源,防止污染,保护生态平衡的环境体系。

从现在起到 21 世纪上半叶,中国人均各类主要资源(粮食、能源、淡水)的消耗数量,应大体保持在目前水平或略有提高,而把主要的注意力和精力放到在现有资源消耗量的约束下如何去调整结构、提高质量上面。与此相关联的另一个问题是,在未来几十年当中,中国主要是刺激消费,还是刺激投资。对现代经济成长的动力来说,投资是源头,消费则是其后的河流。1994 年我国投资率(即投资总额占 GDP 的比重)为 36%,属于世界高投资率的国家之一。高投资率有力推动了国民经济高速增长,而且与中国进入重化工业发展阶段是相适应的。如果说 80 年代中国的经济增长方式是一种近消费增长,那么,进入 90 年代后便逐步转向远消费增长。从高新技术引进、开发,到应用高新技术改造工作母机和装备工业,再用现代水平的技术装备生产先进的成套设备,然后用其去改造传统加工业和基础工业,并装备社会生产的其他部门。可以说,这一整个过程都是在工业内部自身循环,最后才传导到消费品工业上,整个经济增长主要靠投资需求和中间需求带动,因而这种增长方式就是远消费增长。与此相适应,这一阶段的需求结构应主要增加投资需求,适当控制消费需求,特别是不要助长社会消费预期和心理上的"穷攀比"。当然,投资规模过大,特别是在投资体制尚未得到根本改革的情况下,对国民经济也会产生不利的影响,比如农业投资比重下降,投资外延化趋势上升、投资效果不理想等等。可见,保持较高积累和适度的消费绝不是理想的模式,但在一定的发展水平和资源总量条件下,也是一种迫不得已的选择,甚至是唯一正确的选择。因为,与消耗、破坏后代人赖以生存和发展的自然环境和资源基础所付出的巨大的代价相比,这种选择是值得的,也是必要的。

中国现代化进程中的地区性和阶段性

已有的现代化理论表明,从一个国家内地区的角度来研究和观察现代化问题,还是一种新的尝试。中国是一个地区之间经济发展和社会进步很不平衡的发展中国家,不同地区的现代化过程绝不可能是齐头并进的。因此,我们不仅要研究世界现代化、国别现代化,而且更应注意国内的地区现代化。从各个不同地区的实际情况出发,研究现代化过程在空间分布上的具体特点,以及现代化战略、步骤、途径随地区变化而变化的规律。这是实现中国现代化的客观需要。可以这样说,只要你研究中国现代化,就非要关注地区现代化特点不可。越是具有地区特色的现代化,就越有中国特色。

发达地区超前显现的中国现代化的地区性

在中国特别是改革开放以来,地方享有很大的自主性,这一点丝毫不比西方国家的"地方自治"差。

　　这里所说的现代化的地区性,是指中国不同地区在推进现代化过程中所表现出来的特殊性。每个地方在设计自己现代化的模式时,首先要考虑的是本地的历史文化特点以及人口、资源情况,不能套用某种固定的路数,更不能盲目崇外,照搬西方现代化模式。中国现代化的地区性主要是由其行为主体——地方政府作为一种组织资源集中表现出来的。改革开放以来,中国各级地方政府充分发挥组织、指挥、规划、协调经济社会发展,努力为市场主体企业服务的积极作用,比如以本地的经济和社会发展为基本目标,以开明、公正、民主、廉洁的作风参与社会资源的配置;制定切实可行、有效的地区产业政策;组织和培育市场;合理调节社会分配关系,建立健全社会保障体系;以法治理地方,执行国家的政策、法令,按照国家宏观调控的目标实施地区自主调节等等,加快了现代化的进程。展望未来,依靠深化改革和扩大开放,由各级地方政府集中体现出来的地区性,仍然是一个能在现代化进程中继续发挥作用的社会因素。

　　不难看出,地区性发挥作用的过程实质上就是地方政府把对国家宏观调控的全局负责和对行政管辖范围内经济社会的优化发展负责统一起来的过程。必须指出,在现实生活中,地方政府作为利益主体对地区发展负责与作为调控主体对宏观利益全局负责,常常是有矛盾和冲突的,客观上存在着种种短期化行为和无序行为,有一定的局限性。这在体制转换过程中,通过确立合理、规范的宏观经济管理体制是可以逐步予以解决的,达到既发扬地方的创造性形成特色,又避免"诸侯经济"的倾向的目的。

　　发达地区超前显现的现代化地区性还表现在社区建设上。目前中国农村和城镇中的基层组织——村、村民小组、街道、居委会都是具有行政职能的自治组织,如何使这类组织资源真正成为义务性或半义务性的社区组织,在促进中国社会发展方面具有十分重要的意义。从一部分经济发达地区的实践看,社区的发育是一定经济环境的文化反映,社区对经济发展的不断适应性,是地方政府行为调节的指示器,同时也反映了基层政府从管理型向具有多元化服务功能的服务型转变成长的过程。经过 18 年改革开放,苏南涌现出以张家港市、锡山市、华西村、三房村为代表的一大批城乡先进典型。这些典型经济社会结构超前发展的历程昭示人们,一个地区当经济发展和社会进步到达一定的阶段后,完全有能力在城镇和农村全面加强社区组织的建设,包括改造和克服那些早先以血缘和地缘关系为纽带的传统社区所固有的封闭性和分散性缺陷。把社区建设成为支撑中国现代化坚实可靠的社会基础结构。

中国现代化的阶段性和临界点

现代化是一个相当长的历史进程,从国际经验看,一些国家在现代化进程中,都曾经有过高速发展时期,或若干高速发展阶段。日本、韩国、东南亚一些国家和地区都是如此。经过长期、持续的艰苦奋斗,到 21 世纪初中国将全面消除贫困、实现小康。目前,正处于全面加速建设社会主义现代化的新时期。到 21 世纪中叶,中国将实现基本现代化。如果从鸦片战争失败算起,中国现代化过程前后约要用 200 年的时间,其中社会主义现代化则要用 100 年的时间。按照我们的理解,广义的工业化过程就是现代化过程,具体是由狭义工业化和狭义现代化(即高度工业化)两个时期组成。狭义工业化又由准备阶段、工业化初期阶段和基本实现工业化三个阶段组成;狭义现代化则由初步现代化、基本现代化、全面现代化三个阶段组成。其相互关系,可用以下简图来表示:

中国现代化进程示意图

·······狭义工业化·······			·······狭义现代化·······(高度工业化)		
准备阶段	工业化初期阶段	基本工业化阶段	初步现代化阶段	基本现代化阶段	全面现代化阶段
·················广义现代化(工业化)过程·················					

如前所述,由于地区经济社会发展的不平衡性,在中国现代化过程中,部分发达地区(如苏南等)现代化超前发展的特征将十分鲜明。到2000年,苏南等发达地区完全可以达到人均国内生产总值3000美元以上,加上其他经济社会发展目标,即可以在全国率先进入初步现代化阶段。然后,在这个基础上,花10年或者稍多一些时间,再翻一番,争取人均国内生产总值达到6000美元,并加上其他综合目标,发达地区的综合发展程度即可进入基本现代化阶段。再后,经过40—50年时间,即到21世纪中叶,随着全国基本上实现社会主义现代化,发达地区将全面实现现代化,进入现代化的成熟阶段,赶上世界上当时的中等发达国家的水平。如此看来,发达地区现代化加速发展时期的三个临界点,可以作如下概括:

1. 发达地区现代化的初步临界点为2000年,即进入初步现代化,指开始跨进现代化门槛,大致是人均国内生产总值3000美元,与小康相比,算是初步富裕了。

2. 发达地区现代化的基本临界点为2010年,即进入基本现代化,在初步现代化临界水平基础上翻一番,人均6000美元左右,大体上相当于亚洲"四小龙"80年代末的平均水平。

3. 发达地区现代化的全面临界点为2050年,即进入全面现代化,人均3万美元左右。

上述三个现代化发展阶段,是一个由低到高、步步向前迈进的三部曲,是一个循序渐进、相互连结的现代化战略步骤,是一个不可分割、完整的宏伟目标。需要着重说明的是,在现代化的相当长的历史进程中,每个发展阶段也是一个过程,从临界点到下一发展阶段经历着若干年,在经济与社会事业方面不断增长发展。人均国内生产总值折算成美元,是为了便于国际参照。除了人均国内生产总值,还有其他指标,特别是科技进步和结构优化。总之,这是一项既充满希望又非常艰巨的开创性事业,我们必须杜绝任何轻易许诺和降低标准的做法。

(原载《苏南现代化》,江苏人民出版社1996年版)

区域现代化

　　20 世纪末,按照邓小平同志"温饱、小康、基本现代化"三步走的现代化部署,中国人民如期实现了改革开放初期提出的由温饱向小康跨越的目标。在中国这样一个有 12 亿多人口的国家中,进入和全面建设小康社会,是一件有伟大意义的事情。这将会使中华民族实现新的腾飞,为更加有力地推进社会主义现代化开辟了新的起点。邓小平的社会主义现代化理论是马克思主义普遍真理与中国实践相结合的产物,它是一个涵盖理论基础、基本路线、制度框架、战略目标、战略方针和战略部署在内的完整的思想体系。其中,中国现代化的区域推进是邓小平现代化理论宝库中一件锐利的思想武器。邓小平充分运用平衡与不平衡的辩证法,深刻分析区域共同发展、共同富裕等复杂的社会运动,指导我国社会主义现代化建设的实践。他不止一次提出让一部分地区先富裕起来,带动和帮助后发展地区,最后共同实现现代化的目标。他说:"要让一部分地方先富裕起来,搞平均主义不行。这是个大政策,大家要考虑。"①又说:"一部分地区发展快一些,带动大部分地区,这是加速发展、达到共同富裕的捷径。"②他还具体要求一些有条件的地区,首先发展起来,比如广东,力争 20 年赶上亚洲"四小龙",江苏应比全国平均速度快,上海完全可以搞得更快一些。"沿海地区要加快对外开放,

---

① 《邓小平文选》第 3 卷,第 52、166、277~278 页。
② 《邓小平文选》第 3 卷,第 52、166、277~278 页。

使这个拥有两亿人口的广大地带较快地先发展起来,从而带动内地更好地发展,这是一个事关大局的问题"①。这就是采取区域推进的步骤和方法。

中国的社会主义现代化实践之所以必须采取区域推进的战略,是因为中国作为一个幅员辽阔的超大规模的发展中国家,由于区位、资源,特别是历史背景、现有基础和人文因素等方面的差异,经济社会发展的状况极不平衡。不仅在发展的问题上存在显著的地区差异,而且从改革开放所面临的初始条件看,也同样存在着显著的地区差异。由于客观存在着的差异,改革开放采用"区域推进",就成为一种必然选择。同时,我国市场化改革的推进又在很大程度上是同开放战略重合的。在体制效率和市场运行方面,改革开放先行的沿海地区对其他中西部地区具有明显的示范效应。在经济发展上,东部沿海地区的经济增长对中西地区具有带动作用,并为这些地区的加快发展提供了大量的对口支援和商业机会。

以江泽民同志为核心的第三代领导集体高举邓小平理论的伟大旗帜,及时科学地总结了我国现代化建设实践中的这一历史经验,在党的十六大政治报告中明确指出,"全面建设小康社会的目标,是中国特色社会主义经济、政治、文化全面发展的目标,是与加快推进现代化相统一的目标","有条件的地方可以发展得更快一些,在全面建设小康社会的基础上,率先基本实现现代化"。可见,率先基本实现现代化是党中央两代领导核心的殷切期望,也是东部地区广大人民义不容辞的责任。

区域率先是现代化过程的客观规律

一、区域现代化

现代化是以创新为动力,以工业化、城市化、民主化、世俗化为标

---

① 《邓小平文选》第3卷,第277～278页。

志,在经济、社会、政治、文化等方面的全方位进步和提高的过程。现代化在内容上随创新的层出不穷而日新月异,在不同的时代代表当时最先进的生产力、最先进的文化、最开明的政治、最具活力的制度。现代化包括三层含义:(1)现代化是长期性的过程。(2)现代化是多元性的目标,包括经济、社会、文化、政治以及人类自身。(3)现代化是动态性的进步,创新是进步的动力。

区域现代化,是指在一定地域范围内率先出现的现代性并进而实现现代化的现象。这里的区域有两种含义,一种是跨国性的地缘概念,另一种是一国(特别是大国)内部的地缘概念。因此,区域是指以自然地理的共处性为基础,或由经济共生性,或由文化共享性,或由政治共合性的某些国家或一国内的某些省市组成的地理集合。

本文所言现代化,特别指中国以及世界上为数众多的发展中国家,以西方发达国家为参照系,在经济社会发展方面赶上甚至超过西方工业化国家,实现从传统农业社会向工业社会的转变。现代化是发展中国家以经济现代化为动力与基础的经济社会发展的阶段性目标。这种较为狭义的现代化,更为现实,更能实现。

二、区域率先是世界现代化的一般规律

世界现代化的历史告诉我们:区域率先是世界现代化的一般规律。创新是世界现代化不断丰富和深化的内源动力,创新者也成为现代化的率先者。经济、社会、文化或政治方面的现代化,总是首先在一定的区域取得进展和突破,继而影响或带动周边地区的现代化,甚至因经济、政治需要而超越地域的约束与限制,而把现代化性带到另一特定区域。

区域率先实现现代化,从世界范围内看是某些国家或区域的率先现代化现象。英国的工业革命,首先使大不列颠成为十八、十九世纪的世界工厂,即世界工业的中心和基地。英国工业技术飘过英吉利海峡,在欧洲海岸登陆并扩散,使欧洲沿海国家率先工业化,并与欧洲大陆的民主化、多元文化融合成现代化的历史雏形,在世界的西方竖起第一道现代化黄金海岸线。随后,欧洲工业技术横渡大西洋在哥伦布发现的美洲新大陆上落地生根,从而在大西洋的美洲新大陆很快竖起又一道现代化黄金海岸线,其主体就是美国、加拿大的东海岸。美加在东部地区率先实现现代化后,为实现国家整体现代化,由政府制定优惠政策推动开发西部太平洋海岸,很快又在太平洋东岸竖起第三道现代化黄金海岸线。由是,在二十世纪,美国代替英国,成为全球的第二个世界工厂。在太平洋的西岸,也就是中国的东部沿海地区,这是世界上第四道黄金海岸线,其现代化的光芒正越来越显得绚丽光彩,世人都注视着这里有望成为全球的第三个世界工厂。

区域率先实现现代化,从一个国家内部看,是某些行政省份或经济区域率先实现现代化,是某些地区在经济社会发展方面所表现出来的超前性。美国、加拿大就是如此。在一些后发型的现代化国家,如前苏联、巴西等,同样也有一个现代化从"海洋文明"向内陆传递的过程。前苏联的波罗的海为中心的西部欧洲部分,这一地区是工业化的先发地区,十月革命前集中了全国 96％ 的工业产值。巴西 1968—1974 年经济高速增长,一跃成为当时世界居第十位的经济大国。但其经济主要集中于东南部沿海地区,中西部和北部内地十分落后。巴西政府在亚马逊大森林建立马瑙斯城并在中西部建新都城巴西利亚,有效地推动了中西部的发展。

无论是从世界现代化的演进历史,还是先驱国家现代化的实现过程,区域率先是其共同规律,昭示着中国的现代化必然要走区域率先的道路。

沿海地区率先基本实现现代化的基本评估

所谓基本实现现代化,按照邓小平同志的理论,有定性与定量的三种提法,即"接近发达国家水平"、"达到中等发达国家水平"、"人均 GDP 达到 4000 美元"。小平同志所指的 4000 美元是 1980 年代初的美元水平。按照物价变动与经济水平所计算的换算因子[①]，可以知道人均 GDP 的现代化标准，是随一定时期技术创新与社会进步所赋予的内容与要求而增加的。并且，不同地区经济发展的物价水平与区情也不同，因此，不同地区的现代化标准也略有不同。这种时间与空间上的差别决定了现代化的标准值是不同的，应该用区间值代替个值更为科学合理。由此可见，中国的基本现代化包含了三层含义：（1）以经济现代化为主，并以经济发展带动社会、文化发展；（2）达到上中等发达国家水平；（3）人均 GDP 达到 5000～8000 美元左右。

一、区域率先的必要性

我国走区域率先基本实现现代化之路，是世界现代化发展的历史规律与区域经济发展从平衡到不平衡发展的辩证规律的客观要求。只有经过不平衡的现实，才能达到平衡的理想。这是经济规律使然，这是经济法则的选择。

我国走区域率先基本实现现代化之路，是邓小平现代化理论的思想精髓。邓小平同志不止一次提出让一部分地区先富裕起来，带动和帮助后发展地区，最后共同实现现代化的目标。他说："要让一部分地方先富裕起来，搞平均主义不行。这是个大政策，大家要考虑。"[②]又说："一部分地区发展快一些，带动大部分地区，这是加速发展、达到共同富裕的捷径。"[③]这都告诉我们，全国各地区现代化的进程不是平行的，必须采取区域推进的步骤和办法。

我国走区域率先基本实现现代化之路，是因为中国作为一个幅员辽阔的发展中大国，由于区位、资源特别是历史背景、现有基础和人文因素等方面的差异，经济社会发展的状况极不平衡。现代化所面临的初始条件也同样存在显著的地区差异，主要有：（1）地区经济中非国有

---

①　郭克莎：《中国工业化的进程问题与出路》，《中国社会科学》2000 年第 3 期。

②　《邓小平文选》第 3 卷，第 52 页。

③　《邓小平文选》第 3 卷，第 166 页。

经济所占的比重不同,或者说是国有经济所占的比重不同;(2)所承受的财政上缴的压力不同,生产和贸易受中央计划控制的程度不同;(3)承接的国家建设项目的数量与规模不同,因而获取中央财力的直接投资不同;(4)推进改革开放所需要的"观念"和"知识积累"不同;(5)在对外开放中所具有的"地缘优势"不同。由于客观存在着这一系列的差异,改革开放采用"区域推进",就成为一种必然选择。

要形成这样的共识:同步现代化只能是同步停滞不前。那些认为"区域率先会导致区域经济失衡"、"不利于区域之间协调发展"、"对全局现代化不是福音"的观点,是脱离中国的大国国情,不符合经济发展与现代化的客观规律,因而是没有说服力的,也是不可取的。在区域经济发展过程中,只能以"效率优先,兼顾公平"为区域经济发展准则,必须允许和鼓励一部分地区率先基本实现现代化,以带动越来越多的地区逐步达到基本现代化。

二、区域率先的可能性

沿海地区率先基本实现现代化有基础,是因为从经济环境、经济实力与现代化现状等多方面的领先优势的综合体现;率先有可能,在于沿海地区区域性的经济区位、人文历史的内在优势与世界性的全球化、信息化趋势所提供的外在机遇的综合体现。

第一,率先改革开放,利用临海连洋之区位优势,形成了开放型、活力强的市场经济环境。改革开放以来,国家采取向东南沿海地区倾斜的发展政策。自1980年,中央先后建立了5个经济特区和上海浦东新区,确立14个沿海港口城市对外开放。东部沿海地区面向太平洋,处于我国对外开放的前哨。如果二十一世纪真如一些未来学家们所称的是"太平洋经济时代"的话,我国沿海地区无疑是地缘经济所指的"环太平洋经济圈"的重要一翼。沿海地区这种临海连洋的地缘地征,决定了其接受"海洋文明"的率先性,所谓"近水楼台先得月",这里的月指的是越洋而至的外国技术、资金、经营管理经验、市场经济理念。

对外开放吸引了大量外资涌入,开始了沿海工业化进程。体制改革改变了生产关系,解放了生产力。市场成为资源配置的主导机制,非国有企业大量涌现,微观经济活力空前加强。经过二十多年的改革开放,东部沿海地区改革开放的意识与实践都在全国达到了较高水平。改革开放促使沿海地区广大干部群众思想禁锢得以打破,市场经济的观念得以确立,经商致富的愿望得以实现。

第二,借民族工业发祥地之利,得中国工业化之先潮,工业化迈过中期阶段,积累了较为雄厚的经济实力。

东部沿海地区是中国工业的发祥地。十九世纪 60 年代,在清朝统治阶级内部才出现了一批主张兴办"洋务"即工业的"洋务派"。洋务运动催生了中国的民族资本主义工业,第一家民族资本主义工厂是 1869年开办于上海的发昌机器厂,第二家是 1873 年开办于广东南海的继昌缫丝厂,随后火柴面粉造纸印刷棉纺采矿的民族工业相继兴起。这些在十九世纪末期兴起的民族工业都集中于当时的东部沿海地区。二十世纪初,中国民族主义工业进一步发展,今天中国第一经济大市上海与第一经济大县广东顺德,都是当时民族工业中缫丝业最集中的地方。洋务运动和民族工业的发展在引进资本主义生产方式的同时,也引进了兴办实业求富自强的新思想、新观念。思想观念的革新伴随着生产方式的革新,并成为传之后人的宝贵的思想财富。

今天,东部沿海地区的工业化已经迈过了工业化的中期阶段,已经进入重化工发展阶段,并正在以现代信息工业技术改革传统工业。七省三市在占 10.7％的国土上,创造了占全国 70.8％的工业增加值。十省市在全国的经济地位突出。2001 年国内生产总值(GDP)在全国排名前 4 位的是:广东第一,达 10556 亿元;江苏第二,达 9515 亿元;山东第三,达 9438 亿元;浙江第四,达 6700 亿元。2001 年,十省市创造的GDP 总量为 60671 亿元,占全国的 63.2％,接近三分之二;利用外资393 亿元,占全国的 83.7％;出口总额 2432 亿美元,占全国的 91.3％。可见,东部沿海地区是我国经济成长的先发地区,率先实现现代化有较为雄厚的经济基础。

第三,基本现代化已进入起飞阶段,积累了向基本实现现代化目标冲刺的经济社会能量。

表 1   2001 年沿海省市经济发展基本情况   单位:元

地　　区	人均 GDP(美元/人)	城镇居民可支配收入	农村居民纯收入
全　　国	910	6860	2366
上　　海	3710	12883	5871
北　　京	2460	11578	5026
天　　津	2200	8959	3948
河　　北	1010	5985	2604
辽　　宁	1450	5797	2558
其中:大连	2200	6092	—
山　　东	1260	7101	2805
其中:青岛	1860	8016	3637
江　　苏	1560	7375	3785
其中:苏南	3020	9196	4990
浙　　江	1760	10465	4582
福　　建	1500	8313	3381
广　　东	1640	10415	3770
其中:深圳	4700	21626	9270
顺　　德	4300	13555	5282

注:(1) 苏南包括南京、苏州、无锡、常州、镇江。(2) 大连、青岛、深圳为 2000 年数据。

从由经济发展、社会结构、人文素质、生活质量和社会协调 5 个方面 20 项现代化指标综合评价:十省市的现代化综合指数 4 已接近 70%,正处于展翅欲飞阶段。多数省市现代化综合指数已经超过 70%,如广东、浙江、江苏、上海、北京与天津,这 6 个省市现代化已经进入起飞阶段 5。只要再加一把劲,经历爬高拉升阶段,就能达到基本实现现代化的光辉高度。在这些省市的部分地区,如上海、苏南地区、杭嘉湖甬绍地区、珠江三角洲地区,现代化综合指数都已超过 80%。

从表 1 的数据看,广东的深圳、顺德 2000 年人均 GDP 分别达到了 4700 美元/人和 4300 美元/人,上海、苏州、无锡的人均 GDP 分别达到了 3710、3680、3780 美元/人,这些地区有望在 2010 年左右率先基本实现现代化。浙江、广东、江苏、福建、辽宁五省的人均 GDP 在 1500 到 1800 美元/人之间,这些地区有可能在 2020 年前后率先基本实现现代化。

上述数据与事实也说明,中国的现代化将是由点(城市)到圈(珠江三角洲、长江三角洲),由点到带(海岸带),由带到区(沿海地区),由区扩展到全国的过程。

第四,人文荟萃,科教发达,形成了较强的人力资源优势。

自南宋以来,封建社会三分之二的状元出于江南。今天,这里更有著名的教授县。当今全国约半数的科学家、院士都是江苏、浙江籍人。其次是福建、广东、河北等省。以儒家文化为代表的中国文化,起源于鲁南大地。儒家文化以其积极入世、为国分忧、人有所为的思想,已在海外华人经济圈的形成与东亚地区的现代化过程中起到积极的作用。此外,岭南文化开放性与吴越文化的原富性也都是积极向上的。

第五,经济全球化、信息化提供进一步加速现代化的历史机遇。

世界经济的全球化、信息化大趋势为中国提供了溶入世界现代化主流的机遇。显然,全球化更大意义上指的是经济的全球化。全球化进程内涵着现代化的目标与历史内容,其实质是西方资本与技术的空间扩张过程。这一过程中西方工业国家也把现代性扩展到世界各地。二十世纪六十年代以来,当信息化、网络化、市场化和生产知识化为标志的现代中介客体,构成了现代国际社会交往的新特点、新形态、新趋势。进入新世纪,信息化技术与全球化运动更加密切地融合起来,推动了世界现代化的进程。如果中国真能继十九世纪的英国和二十世纪的北美、日本,成为二十一世纪的"世界工厂"的话,中国的东部沿海地区将凭借其优越的自然条件、深厚的文化底蕴、完善的基础设施、良好的投资环境,成为重要的"世界工厂"带。特别是华南珠江三角洲、华东长江三角洲、华北环渤海地区,将会成为世界性的工业生产基地。今年以来,无论是如世界500强之首的沃尔玛跨国商业企业,还是联合国这样的国际性组织,都开始把中国作为其工业品采购基地。狭义地讲,现代化就是工业化过程。中国加入 WTO 后,东部沿海地区的工业化或现代化将更加显示其世界性主题的一面。加入 WTO 后,标志着中国主动融入全球化过程,在面临更多的跨国投资和技术引进加速国内现代化的同时,也面临着国际竞争国内化、国内竞争国际化的严峻挑战,面临着在加速传统工业化的同时,同时要发展信息化来应对国际竞争的严峻挑战。

三、率先尚需创造条件

沿海地区率先基本实现现代化的程度是有限的,尚需创造更多有利条件。这是因为:一是我国的沿海地区毕竟是全国的一部分,这里率先基本实现现代化,关系到中国整体实现现代化的全局。一方面沿海地区对于我国基本实现现代化,肩负着创造经验、探索道路、提升国家竞争力的重要使命;另一方面,沿海地区"效率优先"的经济发展过程,会被中央政府"兼顾公平"的公共目标所影响,中央政府通过财政转移机制和地区经济发展政策机制,加快西部地区开发。二是沿海地区在经济实力上具有优势,有望率先基本实现经济现代化,但在社会、政治、文化、法制等现代化的多元目标系列中,实现进程是非同步的。特别是在政治体制改革方面,更大程度上要与全国相统一、相同步、相协调。三是沿海地区也仍然存在许多全国性的制约因素,如人口、资源与环境的压力,企业国际竞争力不强,区域内部各地区不平衡发展,特别是存在"三农"问题。

区域现代化的理论假设

一、空间律论:区域现代化不平衡论

现代化的基础与核心是经济现代化。区域经济由不平衡到平衡是经济发展的一般规律。区域经济学家们提出了增长极、区域梯度理论与反梯度理论、倒 U 型发展理论,这些理论的共同点是承认在自然条件、人文杰出的区域,都有可能率先在经济发展上走在其它区域的前列。而且,一旦这样的增长极形成以后,由于对周边地区的经济辐射所形成的新资本与新人才,将回流到增长极所在的区域,从而产生极化效应,更强化了这一增长极的率先程度。只有当政府采用财政与福利等特殊政策来扶助后发地区时,由是就产生"涓流效应",即政策性地推动后发地区的经济发展。

区域率先实现现代化,从一个国家内部看,是某些行政省份或经济区域率先实现现代化,是某些地区在经济社会发展方面所表现出来的超前性。美国、加拿大就是如此。在一些后发型的现代化国家,如前苏联、巴西等,同样也有一个现代化从"海洋文明"向内陆传递的过程。前苏联的波罗的海为中心的西部欧洲部分,这一地区是工业化的先发地区,十月革命前集中了全国 96％的工业产值。巴西 1968—1974 年经济高速增长,一跃成为当时世界居第十位的经济大国。但其经济主要集中于东南部沿海地区,中西部和北部内地十分落后。巴西政府在亚马逊大森林建立马瑙斯城并在中西部建新都城巴西利亚,有效地推动了中西部的发展。

史实证明:只有经过不平衡的现实,才能达到平衡的理想。这是经济规律使然,这是经济法则的选择。

二、时间律论:经济社会相变论

现代化水平是一个综合的时序状态变量。因此,现代化水平的度量,首先要建立一套能反映现代化丰富内涵和外延的指标体系,并以此为基础,运用科学的评价方法进行综合测评和分析。现代化水平是一个综合性很强的指标,它是一系列经济社会分指标的共同贡献。现代化水平的测评,通常可在建立指标体系的基础上,应用数学方法计算现代化水平综合指数来表征。

已有的有关现代化的定量研究都简单地用综合分值达到一个数量标准作为实现现代化的程度。这种方法在考察同一经济社会形态内的不同时段上的渐变过程,应该有其科学性、合理性和可比性。但是,当用来分析经济社会形态在不同形态之间的转变,若把一种复杂的经济社会形态的质变,仍用一种线性加总的量变来表现,这种方法则有局限性。

因为经济社会在不同形态之间的变化是一个非常复杂的过程,很难用一个综合指数的数量为界标进行划分。因此,综合指数所代表的经济社会含义,是否完全表示了客观的经济社会事实,要求有更为严谨的研究分析方法加以判断。这里,我们试图用经济社会相变理论加以分析研究。

经济社会相变论是物理学中的相变论在社会科学研究中的应用。物理学中的相变理论指出,物质在相变点时,有潜热、两相共存、过热与过冷等相变现象。潜热现象是指:液体气化或固体熔解过程中不断从外界吸收热量,但温度保持不变;液化或流体凝固过程中不断向外界放热,温度也保持不变。也说是我们所说的,从 0℃的冰溶化成 0℃的水,要吸收大量的热量,从 100℃的水蒸气变成 100℃的水,要释放大量的热量。在相变点的这种热量吸放现象,称为潜热。潜热用于改变分子相互作用与热运动的力量对比,决定物质系统从较低有序态变为较高有序态。或者说,内部结构变化要消耗热量。

一切经济社会系统都由不同层次的经济社会单元(企业、个人、政府部门等)组成。这些经济社会单元的活动是经济社会发展的活跃因素,其活动及相互作用使经济社会出现相对稳定的结构,称为一种经济社会相态,简称经济社会相。在一定的条件下,经济社会单元的活动,促使经济社会内部结构的变化力量,积聚到一定的数量后,就会引起经济社会从一种相(初相)到另一种相(新相)的转变,称为经济社会相变。

从一种经济社会相态到另一种经济社会相态的转变,除了有经济社会指标量的跌升外,更主要的是经济社会内部结构的变化。而引发这种经济社会内部结构的变化,不仅要花费较长的时间,而且要消耗大量经济社会能量。

经济社会相变是经济社会系统内部结构和性质上的突变。伴随着结构的变化,经济社会性质也发生变化。与物理学中的相变所不同的是,经济社会相变一般是不可逆的。

在经济社会相变从一种相态到另一种相态转变的临界点上,存在着如下的临界现象:① 潜能。正如物理学相变中有潜热现象一样,经济社会相变也有潜能现象。经济社会变化过程中的潜能现象是指,从一种低级的经济社会相态发展到一种高级的经济社会相态,要积聚一定量的潜能,只有所积聚的潜能达到一定的阈值后,才能促使经济社会内部结构完成由低级向高级的转化。在相变点的这种能量积聚现象,称为潜能。引起经济社会相变所积聚的潜能,就是经济社会相变的结构能耗。因此,经济社会内部结构的变化要消耗经济社会能量。② 两相共存。即在相变临界点,新相与旧相共存。无论是在国家现代化还是地区现代化过程中,总存在区域性差异。这种差异导致新相与旧相共存。只有当发展的能量足以引起整体结构进化时,才能完成一次经济社会发展的飞跃,实现整体的现代化。

与物理学中的物质之间的相变是均质的所不同的是,经济社会相变的过程更为复杂。经济社会相变不是均质的,而是有差别的。即不同地区存在不同的相变进程,不同的经济社会内容方面也有先后进化之差。

应用经济社会相变论,在现代化进程测评中,究竟是否完成了向现代化社会的转变,不能看经济社会发展的综合指数,或者是一些代表性具体分指标(如人均国内生产总值),达到了某个数量界限,就是说实现了现代化,而且要在达到某一个数量界限后,再有一个经济社会结构升级的能量积聚过程,经历一个向现代化社会转变的临界发展过程。这一临界发展过程,我们称之为过渡期。在过渡期内所积聚的经济社会能量,具体的是一些分指标差,如人均国内生产总值,就是经济社会相变势垒。

在过渡期内,经济社会继续向前发展,如人均国内生产总值持续增长,全社会人的平均文化素质提高,社会基础设施更加完善,等等。当完成了这一临界发展过程后,社会才可称真正实现了现代化(如图 1 所示)。

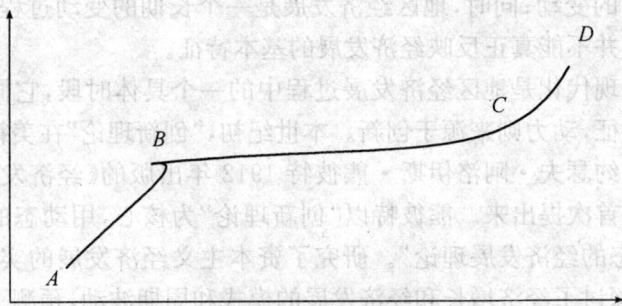

图1 经济社会相变潜能图

图中横轴是人均 GDP,纵轴为现代化水平的综合指数。图中曲线是经济社会相变曲线。在 AB 段,是前现代化时期,以综合指数表示的经济社会发展水平连续变化。在 B 点综合指数满足一定的阈值(如90)则达到现代化的临界点。在 BC 段,综合指数将在阈值与极限值100 之间略有变化,现代化进入临界发展状态,直到 C 点,完成现代化的临界发展过程,并最终实现现代化。CD 段再次走向更高级的经济社会发展形态。

三、内容律论:动态创新论

地区经济增长实质是地区经济总量的增长,表现为一系列的经济指标值的增加,以及地区人均收入水平的提高和人口的增加,并最终导致地区经济结构和空间分布格局的演进。而地区经济发展则是在经济增长的基础上,一个国家经济结构、社会结构不断优化和高度化的演进过程。大卫·巴金在其所著的《国际社会发展展望》中写道:"无论就一个国家还是就一个地区而言,发展都是一个包括了致富和结构变动的双重进程:一方面通过有效的利用现有资源和积累追加资源,促进和增加生产来提高收入;另一方面,通过包括经济结构的转变——从一个建立在初级农业和仅能维持简单再生产基础上的经济结构变为更加多样化的商品经济结构。"显然,地区经济发展是一个多层次的变动过程,不仅涉及物质产品生产的增长,而且涉及社会和经济制度的完善和人们价值取向的变动;同时,地区经济发展是一个长期的变动过程,短期的经济波动并不能真正反映经济发展的基本特征。

区域现代化是地区经济发展过程中的一个具体时段,它同样具有动态的特征,动力则来源于创新。本世纪初,"创新理论"在美籍奥地利经济学家约瑟夫·阿洛伊斯·熊彼特1912年出版的《经济发展理论》一书中被首次提出来。熊彼特以"创新理论"为核心,用动态的方法创立了"动态的经济发展理论"。研究了资本主义经济发展的实质、动力与机制,探讨了经济增长和经济发展的模式和周期波动,预测了经济发展的长期趋势,提出了独特的经济发展理论体系。熊彼特认为,"创新"就是把生产要素和生产条件的新组合引入生产体系,即"建立一种新的生产函数",其目的是为了获取潜在的利润。这种"创新"或生产要素的新组合包括五种情况:

一是引进新的产品,即产品创新。制造一种消费者还不熟悉的产品,或一种与过去产品有本质区别的新产品。

二是采用一种新的生产方法,即工艺创新或生产技术创新。采用一种产业部门从未使用过的方法进行生产和经营。

三是开辟一个新的市场,即市场创新。开辟有关国家或某一特定产业部门以前尚未进入的市场,不管这个市场以前是否存在。

四是获得一种原料或半成品的新的供给来源,即开发新的资源,不管这种资源是已经存在,还是首次创造出来。

五是实行一种新的企业组织形式,即组织管理创新。如形成新的产业组织形态,建立或打破某种垄断。

熊彼特的创新概念主要属于技术创新范畴,也涉及到了管理创新、组织创新等,但他强调的是把技术与经济结合起来,因而他所说的创新是一个经济学的概念,是指经济上引入某种"新"的东西,不能等同于技术上的发明,只有当新的技术发明被应用于经济活动时,才能成为"创新"。他把发明与创新分开,强调第一个将发明引入生产体系的行为才是创新。到了50年代以后,熊彼特的拥护者和追随者把"创新理论"发展成为当代西方经济学的另外两个分支:以技术变革和技术推广为对象的技术创新经济学,以制度变革和制度形成为对象的制度创新经济学。

归结起来,"创新"来自于两个方面,技术创新以及制度创新。区域现代化客观规律的体现除了有自然资源条件的因素以外,也许更重要的是人为的差异因素,正如技术和制度因素。技术层面比如像生产工艺的改善,新产品的出现等等,这种技术层面的进步使得地区经济发展过程中积聚优势,最终形成区域现代化过程中的比较优势;技术上一次大的突破可以将生产函数出现很大变化,或者在资源条件不便的情况下,将生产可能性曲线外推,或者产生新的资源在生产能力不变的情况下减少资源的使用量。在制度层面,包括正式规则和非正式规则两个方面。正式规则包含了宪法、法律、规定等;非正式的规则有惯例、行事准则、行为规范、信念、价值取向等等。制度给人们的选择活动提供了激励。制度的作用在于使一种经济行为可以在稳定的状态下持续下去,而不致使过多的不确定性阻碍经济主体的创造行为。比如专利制度的实行,可以保障创新者的利益进而有效促进技术的不断创新;对经济主体的经济利益以法律的形式确定,保障经济主体的合法权益,能够让经济主体在经济活动过程中的预期更加稳定。

率先实现现代化从根本上来说体现的是一种地区优势,它形成原动力来自于创新。事实证明这样的推论。江苏经济的腾飞从乡镇企业的异军突起开始,在九十年代中后期的乡镇企业改制开始实现经济的再次腾飞;广东发展外向型经济,浙江大力发展民营经济都是在制度创新的基础上得以实现的。区域现代化过程中动力的客观要求就是不断创新。

(原载《区域现代化》,吉林人民出版社 2002 年版,与章寿荣合作)

江苏现代化的总体战略

　　21世纪初叶,中国沿海地区的经济社会发展进入了社会主义现代化建设的新时期。这个新时期的一个主要特征是:巨大的国内需求将逐步成为经济发展和现代化建设的主要发动机。

　　从二次大战后的历史看,世界上所有成功的经济发展与再发展都是以外向型经济为核心的,从日本到德国,从亚洲"四小龙"到毛里求斯,出口市场和外来的直接投资都在其发展战略中处于主导地位。这种将对外开放置于核心地位的发展战略,通过实现规模经济、形成竞争压力,推动技术转移和技术进步,使上述国家和地区在发展社会生产力,增强综合实力,提高国民生活水平等方面均获得了骄人的业绩。

　　在改革开放最初的20多年中,中国沿海地区率先实施外向型经济发展战略,同样取得了显著的成效。尤其是珠三角、长三角、山东半岛等区域的对外贸易增长十分迅猛,外资流入位居全国的最前列。外向型经济发展战略实施所带来的规模经济、竞争压力和技术进步已使这些沿海地区的许多产业迅速现代化,整个区域的现代进程明显加快。随着经济增长和全球经济环境的变化,这种过分依赖外需的战略已逐渐显现出它的局限性,沿海地区正面临继续改善资源配置,实现社会生产力跨越式发展的新挑战。

　　那么,我们应当如何应对呢? 在进一步扩大对外开放,增加市场约束的同时,沿海地区必须更多地向国内经济注入新的活力,在扩大内需方面发挥更大的作用。一个精心设计的用来推动国内市场成长的战略,同样可以达到规模经济、竞争压力和技术进步的目的。面对如此庞大的且处于高成长阶段的国内市场需求,正是发展的一种最大机遇!因此,沿海地区要在全国率先基本实现现代化,首要的问题是抓住机遇,迎接挑战,选择新的发展思路。这条现代化建设的新思路概括起来就是,以邓小平理论与江泽民同志"三个代表"重要思想为指导,继续深化改革,扩大开放,通过理论创新、制度创新、技术创新,在主动融入国际经济体系的同时,着力从经济、社会、文化等方面全方位地构建现代化的内源动力,不断提高沿海地区的国际竞争力和综合实力。

沿海地区现代化发展新思路,在本质上就是现代化建设整体推进的科学观,它不是一种政策调整,而是兼有战略和体制的双重转换。同时,它还需要通过进一步的梳理,提出一系列新对策,来构建其实现平台。根据沿海地区的实际情况,在率先实现现代化进程中,只要有可能各个方面都要走在全国前列。在体制机制和发展环境上率先市场化,率先与国际接轨,继续保持率先发展的优势。现就其中若干重大问题,初步考虑如下:

一、推进政治体制改革和实现政治文明

无论是继续深化改革、攻坚转轨,或者是应对入世、扩大开放,政府都首当其冲。沿海地区在率先实现现代化进程中,如何正确发挥政府作用,是一个不断探索、不断实践和不断总结的过程,同时又是借鉴国际先进经验的过程。主要对策是:

1. 在充分发挥市场配置资源功能的同时,实施有效的宏观调节

要进一步解放思想,更新观念,加快政府职能的转变。政府按照市场经济规律,既要从不该管或者管不好的领域退出来,又要继续在促进市场发育、提供公共产品和服务,调控宏观经济运行等方面实施有效的干预。

2. 通过制定中长期战略规划,体现国家长远利益,通过政策导向体现战略意图,通过经济杠杆和必要的行政手段,保障政策的实施

针对产业结构和地区结构不合理的矛盾,政府应提出正确的经济社会发展战略和产业政策及组织政策。政府提出的宏观规划目标对企业经营决策和微观经济活动具有指导作用,但不具有直接约束力。凡

由政府提出的重大规划项目,都要给予财政和政策性贷款支持,并考虑市场竞争和供求关系的变化,运用多种经济杠杆和经济政策保证其建设目标的实现。

3. 建立市场经济体制需要的法律制度

从某种意义上讲,市场经济就是法制经济、信用经济。实际上,法制正成为现阶段政府转变职能的基础和关键。沿海地区应围绕市场经济的主要环节,诸如规范市场主体、完善宏观调控、建立社会保障、振兴基础产业和支柱产业等,进一步加强和完善社会主义市场经济体系的法制建设,为率先实现现代化提供重要的法制环境。

4. 推进政府机关管理的现代化

首先是物的现代化,要努力摈弃“衙门”现代化,按照“数字政府”的要求建立数据处理中心和网络中心。其次是制度现代化,通过信息化建设来引发机关管理制度的变革,从直接干预经济活动、配置资源转变为服务管理型政府。第三是人的现代化,机关要放胆变革管人、用人的传统模式,推行“以德为先,以能为本”的“能级管理”制度。在信息化的新环境和能级管理的新机制中,实现机关公务员的价值观念迅速从“官本位”、“权本位”向“能本位”转变,从对“官”、“权”的追求转向对“德”、“能”的关注。

二、积极发展非公有制经济

沿海地区现代化的实践证明,以民间资本为主体,让各种形式的非公有制经济充当生力军,形成一个以市场需求为导向的民营经济体系,对于满足社会多样化的需求,广泛吸引社会分散资金,缓解就业压力,增加公共积累和国家税收,提高城乡居民收入水平具有举足轻重的作用。社会主义的共同富裕主要通过“富民”来实现,坚持公有制为主体并不意味着以国有经济为主体,也不意味着公有制经济在整个经济中的比重越大越好。进入新世纪,沿海地区的民营经济面临加入 WTO、国有经济布局的战略性调整和西部大开发三大发展机遇。从世界潮流和我国发展的趋势看,民营经济将由沿海地区现在新的经济生长点变为 21 世纪率先实现现代化进程中的经济主流。国有经济的主导作用,则主要体现在控制力、影响力和竞争力上。为充分发挥民营经济的活力，克服其发展中的困难，其主要对策是：

1. 创造公平竞争的市场环境

针对民营企业仍然存在产业壁垒和要素获取障碍，政府"关心"、干预过多，受到许多不平等待遇和歧视等现象，应从体制和机制上解决民营企业的国民待遇问题，解决融资难和用地难的问题，使企业真正享受到国家的扶持政策，及时得到制度、技术、信息及融资等方面的实际支持。真正实行一种自由企业制度，即从各个方面大幅度地降低民营经济进入市场时间成本和货币成本。同时，要继续转变观念，改善民营企业的社会氛围和舆论环境切实做到"三有"、"四不限"、"三个一视同仁"，即政治上有荣誉，社会上有地位，经济上有实惠；不限发展比例，不限发展速度，不限经营范围，不限经营规模；在市场主体上一视同仁，在市场准入上一视同仁，在资源配置上一视同仁。全面将个体私营经纳入国民经济和社会发展计划，让社会各界都能充分认识民营经济的重要作用，形成合力，以利于发展。

2. 建设有利于非公有制经济发展的载体

首先，加快市场建设，培育各类市场。要把这项工作放在优先发展的地位，作为龙头来抓，加大投入，努力形成各具特色、具有较大规模和档次的专业市场，并使市场建设过程成为非公有经济资产经营的过程，让个体私营业主在广阔的市场舞台上大显身手、施展才干。其次，加快个体私营经济小区或园区的建设，不断进行引申开发，为民营经济发展打造新"引擎"。通过这类园区的建设、开发，迅速广泛吸引社会管理精英、技术精英进区投资、创业和创新，集聚规模优势、产业优势，形成各具特色的区域块状经济。第三，组建和发展以民营企业家为主体的商会，围绕"公平、效率、民主、诚信、团结"的价值目标，作为民营经济与政府联系的桥梁和对外开展经济合作与商务活动的中介组织。我们要敢于突破传统理论的束缚，科学地进行政府与商会的关系定位，及早明确商会的法律地位，加大对它的政策扶持，促进其健康、规范和有序发展。

3. 依靠技术进步和科学管理,促进非公有制经济健康发展

　　沿海地区大部分民营企业是投资者和经营者一体化,在其发展的初级阶段家族控制的特色相当普遍。这种家族式企业是利弊并存。有利之处在于,能动员和利用既有的经济和社会资源,降低创业的机会成本,便于理顺利益关系,降低内部沟通成本,降低代理、监督费用,有利于有效地完成原始累过程;不利之处在于,会压抑家族外员工的创新主动性和积极性,不利于高科技人才的引进,不利于决策信息的正常传递,从而妨碍采用先进管理模式,难以适应新经济时代技术创新和管理创新的需要。当企业度过创业时期并快速发展后,积极引入法人治理结构,建立现代企业制度,不断更新技术,开发新产品,创立自己的品牌、标准,走科学管理之路,就成为决定民营企业兴衰的重要对策。

三、加快发展大公司和企业集团提高国际竞争力

　　我国加入 WTO,标志着我国经济在更大范围和更深层次参与世界经济的激烈竞争,这对沿海地区做大做强大企业提出了更为迫切的要求。今年国务院负责同志明确提出要培育和发展 20～50 家具有国际竞争力的大企业。在列入国家 516 户重点企业中,2/3 以上是在沿海地区。应当指出,沿海地区发展大型企业集团在国内具有相对优势,但同世界 500 强相比,同世界性同行业 10 强相比,则明显偏小。资料显示,沿海地区大企业集团的总资产平均值和销售总额平均值,分别仅相当于同期 500 强平均规模的不足 1% 和 3% 左右。如何打造一批具有自主知识产权、主业突出、核心竞争力强的大公司和企业集团,是 21 世纪初叶沿海地区调整经济结构的一个主要内容。其主要对策有:

　　1. 统一认识,增强信心,要站在经济全球化的高度,理解加快组建大企业、大集团的重要性,增强危机感和责任感。有关的企业要改变"宁为鸡头,不为凤尾"的小农意识,在入世后有限的过渡期内,积极对外重组扩张,实现跳跃式超常规发展。

　　2. 将政府引导与市场推动紧密结合起来。应当指出,培育和发展具有国际竞争力的大企业应当依靠市场的力量和企业自身扩张的动力来实现,这一基本对策思路不能变。但在我国市场体系发育尚不完备,

生产要素和企业资产流动性都不强,条块间利益关系复杂的情况下,企业间完全通过市场进行联合重组常常会遇到很多困难,尤其是优势企业的强强联合更是难上加难。因此,政府主动按照市场经济规律,采取必要行政手段,推进企业联合重组,是一种现实的选择。沿海地区各省(市)政府在大企业的调整重组中,应负起在省级层次上推进企业资产重组的责任来,清除影响重组的各种体制性障碍。

3. 正确处理"做大"和"做强"的关系,确立"立足做强,努力做大","先比强,后比大"的基本对策思路。具体地说,沿海地区的大企业要瞄准国内乃至世界同行业一流企业找差距,尽快明确市场定位和发展方向,整合企业内部资源,实施优化配置,不断提高技术创新能力,培育企业核心竞争力。

4. 加快大企业集团公司的改革步伐,尽快构造出大企业的股东层,使大企业资产证券化、社会化。采取这一对策,一方面能够体现真正意义上的以企业为主体,依靠市场的力量来加快发展大企业的理念;另一方面可以放大国有资本的功能,使大企业通过控股、参股、吸引、调动和组织更多的社会资本,并有利于实现大企业的机制转换,进而形成企业自主依据市场竞争的格局决定企业重组与分立的内在机制。

5. 培养、选用高素质的企业家。加快发展大型企业集团,具备远见卓识、雄才大略的高素质企业家是最稀缺的资源。组建大型企业集团,当务之急是选拔、培养、大胆启用一批通晓市场经济运作规则的高素质的大企业领导班子,特别是董事长和总经理。在当前大企业领导班子素质尚不完全具备的情况下,政府可以通过相关机构(如经贸委、资产经营公司等)适当牵头,帮助企业解重组中涉及的资源配置、分流富余人员,不良资产和债务处理等棘手问题。

四、关于打破地方保护、发展地区合作

改革开放以来,沿海地区在经济高速成长的同时,区域发展不够协调的问题也相当突出。各地加快发展的积极性普遍提高,但也存在着地方保护主义。特别是由于市场经济体制还不完善,市场体系很不健全,各种非市场力量导致的市场分割仍很严重,还存在着各种行政的、

技术的、经济的甚至是法规的地方保护措施，以及行业和部门垄断。从沿海地区在中国经济发展中所处的地位出发，综合考虑其发展基础和潜力，面对加入 WTO 带来的机遇和挑战、内外环境的变化，客观上要求沿海地区特别是长江三角洲、珠江三角洲、厦漳泉三角洲、环渤海湾地区等经济发达地带进一步加强经济合作，形成整体优势，增强参与国际竞争的能力，强化作为全国经济增长极的功能和作用。21 世纪初，大力发展上述发达地区的合作，推动区域经济一体化，对沿海地区率先基本实现现代化的战略目标具有十分重要的意义。其主要对策是：

　　1. 正确处理行政区划与经济区的关系

应当看到，区域经济发展不够协调的问题与改革开放以来以行政区划为边界的地方利益强化的大格局有密切关系。分割市场、阻碍区域经济内在的分工合作的"诸侯经济"，不仅有悖于改革的大方向，而且也不符合 WTO 的规则。我们绝不能以行政区来分割经济区。反过来，我们同样不能依靠行政区划的变更去实现区域经济一体化。应当把"市场主导，政府推动，多边协商，互补联动，互惠互利，共同繁荣"，作为抓进区域经济协调发展的基本对策。

　　2. 依靠系统的法制建设打击地方保护主义

最近一个时期，中央和地方政府都在加快修定不适应市场经济新环境的现行法律法规。还要进一步制定一系列规范市场主体和政府行为的法律、法规。我们认为，立法固然很重要，可司法、执法更重要。要改进现行的司法体制，加强执法的统一管理和协调，防止司法行为地方化，要依靠系统的法制建设使司法队伍由地方保护的工具成为维护市场统一的"武器"！同时，还要进一步加大执法力度，规范执法程序，打击严重分割市场的地方保护主义，实现公正执法。

　　3. 构筑统一、规范和开放的一体化市场体系

实现区域内市场一体化是推动区域合作与发展的基础条件和关键。依靠市场的力量，可以打破行政阻隔，促进区域资源的合理流动与整合。要培育消费品、资本、技术、劳动力、旅游和产权交易等六类一体化市场，同时在市场规则上尽快与国际接轨。并通过进一步提高区域

内各中心城市的市场开放度,增强其辐射和服务功能;通过以网络化为目标,建设现代化交通通讯体系,为区域市场一体化提供整合的硬件基础。

4. 协同整合产业优势,推进区域产业一体化

沿海地区率先基本实现现代化,需要加快发展中心城市的现代服务业,增强区域的综合服务功能;整合、强化区域先进的制造业,增强区域竞争力。推进区域产业一体化,一靠整合支柱产业,整合的对象应是区域内各主要城市所确定的支柱产业,如汽车、石化、钢铁、家电、电子通讯等;二靠培育战略产业,通过营造良好的发展环境,促进信息产业、新材料产业、生物工程与医药等新兴产业的发展;三靠优化传统产业,通过建立和完善跨地区的产权交易体系,采用市场化的产权交易方式,发挥比较优势,使机械、纺织、轻工、金品等传统产业的资源向优势企业、优势产品、优势地区和优秀企业家集中,主动参与国际竞争。这里关键是要有一个公平、发达、跨地区的产权交易系统,减少产权交易的障碍,降低企业产权的成本,促进行业优化。

5. 加强生态环境治理和保护的整体规划和协同,实现区域可持续发展

在沿海有关的各区域内,要制定生态环境建设和可持续发展的共同标准和统一规划,加强生态网络建设,实现环境治理和保护的协同动作。对区域内的重点污染项目进行综合整治,抓好骨干工程,着力提高区域整体的抗灾、减灾能力。要优化能源结构,协调各地的能源政策。对区域内的重点经济发展区位要加强环保规划和开发,同时加强环境保护领域的国际合作。

五、进一步提高对外开放的水平,逐步走向经济国际化

加入 WTO,沿海地区将面临第二次改革开放,整个区域经济不失时机地由发展外向型经济走向经济国际化,仍然是沿海地区推进现代化不可缺少的重要动力。具体对策是:

1. 调整外贸结构,实施市场多元化

加大出口商品结构调整的力度,实施品牌战略。加强国际质量体

系(ISO9000)、环境管理体系(ISO14000)和国际职业安全卫生管理体系(OHSAS18000)的认证工作,争取更多的商品获得"绿色通行证",以便在更大程度上去拓展国际市场。利用不可申诉的补贴条款加快产业的技术升级,形成有比较优势的高技术含量、高附加值的出口产品群。继续推行市场多元化战略,利用 WTO 非歧视原则和互惠互利原则,采取多种贸易方式并举,增加重点市场的占有率,不断扩大新兴市场的开拓力度,充分利用贸易争端仲裁机制解决进入市场过程中发生的贸易摩擦。与此同时,加快发展技术贸易,通过多种方式,大力促进技术出口,以"科技兴贸"促进外贸出口更高层次上的飞跃。为此,要确立和培育一批高技术产品及其出口基地,培养造就一批复合型的高级外贸人才。

　　2. 调整吸引外商投资政策,校正引资方向

　　加入 WTO 后,沿海地区必须适应 WTO 的规则,针对当前世界资本流动的特点和跨国公司的战略动向,及时调整吸引外商直接投资的政策,从税收减免优惠土地使用费优惠等,向实行国民待遇转变。取消外资企业产品外销比例的规定,放开更多的领域让外商投资,鼓励外商向基础产业和高新技术领域的直接投资。同时,还要及时校正引进外资的方向:① 吸引跨国公司的战略性研发项目。政府应推动并支持具有实力的科研院所与本国企业联合起来同跨国公司谈判,在重大项目上结成战略联盟,以推动和促进战略性研发项目的建设。② 加强与完善国内企业与跨国公司在价值链上的后向联系,以使能最快提高和有效地获得"技术外溢",迅速提高区域内配套企业的整体素质,有利于产业升级和结构优化。③ 积极提高通过跨国并购和证券市场利用外资的新方式。除关系国家安全和经济命脉的企业外,放宽对外商控制股权的限制,并提供适当的优惠,吸引外资前来并购,以缓解某些国企的困境,消化银行的不良资产,有利于国有经济布局的战略调整。在跨国并购时主要采用换股的运作方法(并购方发行新股换取被购方的旧股),这样既能合法避税,又节约交易成本,增大公司市值。

3. 加快实施"走出去"战略，积极拓展对外技术经济合作的领域

沿海地区应采取积极措施，推动企业特别是大公司、大型企业集团开展跨国经营。对外直接投资要选择适当的经营方式，应更多地采用并购的方式，充分利用汇率变动带来的机遇和当地的生产要素，特别是应尽可能运用当地人才，引进外智为我所用，这样，境外投资企业就能实施低成本扩张。要让企业在实施"走出去"的过程中得到实实在在的利益，就必须在境外办企业过程中，建立一套与国际接轨的企业运作机制，按现代化企业制度的要求运行。同时要加强协调和管理，简化到境外投资建厂的审批条件和程序。尽快出台一些相关法律和法规，以引导和规范企业的对外直接投资行为，制定必要的优惠政策，加强政府间的国际合作与协调，为企业跨国投资经营创造良好的环境，促进其迅速健康的发展。

六、关于增加农民收入，减免农民的税赋，切实解决"三农"问题

"三农"问题的核心是农民问题，解决"三农"问题的关键是在保持农业持续稳定发展的同时，增加农民的收入，减免农民的负担，缩小城乡之间和地区之间的差距。具体对策有：

1. 调整农村产业结构和就业结构，探索农村劳动力转移的有效途径

这是增加农民收入，实现农民和农村经济现代化的根本出路。加快农业科技创新和体制创新，依靠科技进步增加农业产量，改进农产品种和质量，不断按照经济发展的要求调整农业生产结构。依靠体制创新，培育现代营销方式，参照国际标准制定和普遍执行农产品质量、卫生标准，提高农产品附加价值和市场竞争能力。同时，大力发展具有比较优势的劳动密集产业，创造非农就业机会，为农村劳动力转移提供出路。

2. 大胆进行农村新型土地制度创新的探索，把土地产权真正还给农民

我国农村土地制度的历史变迁表明，农业是一个最不具有规模经济因而适宜于家庭经营的产业，把农村土地的产权，即实际控制权（物

权)配置给农民家庭是最佳选择。农村土地集体所有制已推行多年,既不公平又无效率,严重侵犯了农民的根本利益和财产权利。在农地集体所有制基础上的家庭承包制,在实践上第一次把土地承包权看做是一种"物权",表现出农民"土地还家"的无比威力。但是,由于集体所有者缺位,土地成为政府代管的无主财产,因而受到多方面的侵蚀。土地使用权物权化的努力常常被以"集体"的名义化为泡影。农民时刻担心土地自主经营权被剥夺,而且有可能使土地成为少数人的所有物和垄断物。宪法规定的"土地归农民集体所有",在实际生活中只突出了"集体所有"这个侧面,而"农民"则被抛弃了。这种土地制度根本无法保护农民的利益。土地制度创新的基本思路是把土地的产权真正交给农民,并使之成为农民的一种财产。土地所有权,可分割为地底权和地面权两部分,地底权仍归集体所有,集体可凭借地底权收取相当于地租的公积金和公益金,地面权则归劳动农民个体所有,由集体与农户签订永佃合同,农民可以永远经营土地,并可对永佃权(即地面权)进行继承、租赁入股、转让和抵押等。这种土地制度有利于保障农民的利益,增加农民收入,提高其经营土地的积极性,更加珍惜和爱护土地,合理利用土地;有利于实现农用地土利用效率与公平的统一;有利于农地利用真正按市场规则进行运作。

3. 大幅度地减免农民的负担,从根本上调整城乡分配格局

当前,对农村社会更为紧迫的问题是"种田正成为一种负担"。国家计委统计显示,六种主要农作物(小麦、玉米、稻米、大豆、棉花、油菜)全国每亩成本已占每亩产值的 74.5%,如加上税费负担,则每亩产值与成本之比为 1∶1.01,实际上已无经济效益可言。在这种情况下,土地还谈不上是财产,而是生存保障。现行的农业税及其附加,实际上等于对农民的社会保障征税。据了解,世界上只有中国、越南两国向农民征税,而且越南还是向中国学的。与此同时,农民为现代化建设作出了超常贡献,且不说过去,即使在改革开放后 1979—1994 年间国家通过剪刀差从农村取得了 1.5 万亿元,年均 938 亿元,而农业税同期年均仅109.7 亿元。据统计,江苏农村税费改革前,农牧业仅占全省财政总收

入的 1.54％；在村税费改革后，2001 年新的农牧业税（含合同内负担）也仅相当于全省财政总收入的 2.35％。沿海其它省（市）的情况可能也差不多。在这种情况下，大幅度减征和免征农牧业税，从根本上调整城乡利益分配格局，不仅是短期内缓解"三农"困境的最直接、有效的途径，同时也是完全可行的。理论分析与实践都已证明，免征农业税不仅能提高农民种田的积极性，而且有利于理顺和降低种植业的成本，进一步增强我国农产品的国际竞争力，减少农民面对进口农产品时所遇到的困难，最终有利于我国的粮食安全。

4. 加大对农业的支持保护力度，进一步提高农业综合生产力

目前，按 WTO 规则，我国保护支持农业的"黄箱政策"远未用足，"绿箱政策"空间很大，对农业的综合投入支持量是负数。沿海地区有条件率先加大对农业的支持保护力度，扩大农业的投入规模，调整投入结构，改变目前财政的农业投入用于购销经营者、消费者大大超过生产者的格局。应加大对生产农业环节的支持，特别要在农业基础设施建设、农业科技教育、开发推广、质量标准、农产品加工流通、市场信息体系建设，农业生态环境治理和社会化服务等方面增加投入，建立支持保护农业发展的社会氛围，提高农业综合生产能力。在这里我们还建议在事业单位改革中，不能一刀切对农业科研单位"断奶"、实行"企业化"管理。我们还呼吁，增加对农业院校的财政拨款，以便其恢复免费上学的制度。

七、关于加快发展现代服务业，增强综合服务功能

沿海地区率先基本实现现代化，首先需要中心城市大力发展第三产业，强化经济中心城市的综合服务功能，成为区域集聚功能强大的信息中心，功能完善的服务业中心，能够汇集优秀人才的研发中心，真正成为经济持续增长、经济结构优化的动力源泉。具体对策：

1. 采取积极措施，主动调整第三产业内部结构

加快发展第三产业，必须从各个经济中心城市的实际出发，突出重点、优化结构，坚持可持续发展战略。要在继续大力推动商贸、餐饮、运输、邮电和仓储等传统行业升级换代的同时，重点发展物流业、信息服

务业、金融保险业、旅游业等新兴第三产业,逐步形成以传统行为为基础,新兴行业为支撑,布局合理,城市乡共同发展的第三产业结构。

2. 改革体制机制,健全法制

发展第三产业离不开市场体系培育,与改革密不可分。第三产业只有实行市场化,才能商品化、产业化和社会化,才能提高其效率,扩大其覆盖面。信息服务、金融保险、旅游等现代服务业的发展,都要以培育相应的市场为条件,否则不会有灵活的机制与生命力。与此同时,发展第三产业,还要建立和健全有关法制,促其规范、健康地发展。当前,第三产业在快速发展中存在不少矛盾,甚至信息、咨询等属于智能化的行业也存在一些混乱,亟待以法制去加以监督和保障。

3. 大力发展与区域现代化关系密切的新兴现代服务业

物流业:国际经验表明,现代物流等将成为沿海地区新的经济增长点。政府要加大对发展物流业的政策支持,制定高起点的发展规划,加快物流基础设施建设,形成配套的运输网络、完善的配送设施,先进的信息网络平台,为企业建立现代物流体系,培育发展“第三方”物流企业提供良好的生成基础和环境条件。

电信服务业:电信服务业是入世后挑战大于机遇的行业。在未来2—6年内,我国沿海地区应采用高新技术加快电信网建设,启动和实施“政府上网工程”,加大电信业务领域投资,扩大市场占有率。深化改革,实现政企分开,引入竞争机制,增强抗衡外部竞争的整体实力。尽快建立普遍服务基金,保障沿海地区内部的欠发达地区和农村电信网络建设不因引入竞争而受阻。

旅游业:旅游业是一个关联性和依托性很强的产业,沿海地区的旅游业在全国旅游业中具有举足轻重的地位。要整顿旅游市场秩序,营造良好的市场环境,有效开发旅游资源,建立健全符合 WTO 规则的法规体系,吸引国外旅游商社参与沿海地区的旅游建设,构筑区域旅游新优势。积极推行引进旅游倍增计划,占领更大的国内旅游市场份额。加快旅游企业的改革步伐,组建股权多元化的跨地区、跨行业的大型旅游企业集团,增强竞争力。

金融业:金融业是扩大对外开放的新领域。应把加入 WTO 带来的压力化为动力,加快国有金融企业改革步伐,积极与外资金融机构合作,抓紧培训经营管理人才,加快金融创新。分业来说,银行业的对策重点在于加快经营机制和管理体制的转换,明确市场定位,有针对性地进行业务品种创新,抢先占据潜在市场;保险业的重点在于加强市场开发、险种设计和配套服务,在保住已有市场份额的同时,尽量做大市场总体规模。证券业的重点在于加快推进证券业的资产重组,扩大规模,增强实力,从单一的债券发行、经纪、自营业务,发展到对更多的金融产品的创新和应用。

八、关于积极稳妥地推进城市化

进入 21 世纪后,沿海地区出现了城市化新高潮,率先进入了全方位、快速推进城市化进程的新阶段。本来城市化和工业化是现代化的两翼,城市化进程加快是件好事。但是,也出现了一些值得注意的倾向。例如,以建设代替发展;把城市"做大、做美"的决心和行动远远超过了"做强",等等。现在的问题已经不是要不要推进城市化,而是如何推进城市化的问题。具体对策如下:

1. 依靠产业支撑和市场化的力量,推进城市化

城市的核心是"市",城市化的核心应当把市场化作为主动力。城市在本质上是一种高水平专业化分工,这种分工要实现经济效益,就必须充分发挥市场机制的作用。过去,城市化落后的根本原因就在于市场机制未能充分发挥作用。因此,市场化,充分发挥市场机制在城市化过程中的作用,应成为加快城市化进程的基本对策思路和政策取向。充分发挥市场机制在城市化中的作用,一是要尊重客观的规律,正确理解城市化的含意。城市化不只是扩大城区,增加人口,绿化亮化美化,更为重要的是要有发达的制造业和现代服务业的支撑,不断提高城市对周边区域的综合服务功能、集聚力、辐射力和竞争力。

2. 加强宏观调控和区域规划并分步加以实施

城市化是现代化进程中的一项繁重的历史任务,其内涵丰富又复杂。由于市场也会失灵,市场机制下的城市化难免带来一些负面影响。

根据国际经验和已有的实践,沿海地区要在顺应市场经济规律的前提下,对城市化实施有效的宏观调控。通过宏观调控,将城市体系中的各级城市和城镇的发展和建设置于区域的城市化规划之中。区域城市化规划要从区域的整体发展出发,对区域内城乡之间的分工协作,对各级城市和城镇的性质、人口规模、产业结构和城市功能作出方向性的规划。并以此为基础,制定各个城市和城镇的总体规划,以求区域协调发展。城市化必须与区域发展相结合,不能孤立推进城市化。更不能重城轻乡,重走城市偏好的老路。城市化一定要有利于"三农"问题的妥善解决,实现城乡协调发展。城市规划应保持长期性、稳定性和法定的严肃性,不能随政府换届、领导者交替而任意变更。规划和建设城市,不能只凭书记、市长高兴,要多虚心听取各方面专家和市民的意见。

3. 尊重客观规律,量力而行,实现可持续发展

在沿海地区的现代化进程中,城市化是一项贯彻始终的长期历史任务。加快城市化必须坚持实事求是,稳步推进,分步实施。不能贪大求快,企图一个早晨把好事办完。更要防止急功近利,一哄而上,盲目发展,互相攀比,甚至行政命令层层压指标的做法,否则就会造成"有场无市"、"有屋无人"、"有人无事"的城市泡沫现象。城市化当然要搞城市建设、要投资,但是一定要量力而行,尤其负债要有度,不要换届后使继任者"坐腊"。城市建设投资方向和结构,要实行环境与经济综合评价,防止单项论证,讲究机会成本,不断提高投资的经济效益社会效益和生态环境效益,实现城市的可持续发展。城市建设中,还应十分重视人居环境的改善。那种单纯考虑开发利用垂直空间,不顾人居环境,拼命提高城市整体容积率的作法是不可取的。良好的人居环境虽然不能直接增加经济产出,但有利于提升城市的竞争力。因为良好的人居环境能够有利于人才这个最重要的生产要素的集聚,还能促进提高居民的创新能力和工作效率,有助于实现提高居民生活水平和生活质量这一现代化的最终目标。

九、关于教育现代化,造就高素质的人才

教育现代化和人才群体的培育开发,是沿海地区能否率先实现现

代化的成败关键。进入新世纪,面对国内外发展的新形势,各地都已感到人才严重不足,既有数量差距,又有素质差距。因此实现教育现代化,大力开发人才、留位和用好人才,不仅是现代化的一个基本内含,更是推进现代化进程不可或缺的重要因素。主要对策是:

1. 确立提升人才资源竞争力的思路,实现劳动力的优化配置

加强人才资源能力建设,提高人才资源的竞争力是优化配置和提高使用效益的关键,也是实现教育现代化的出发点和归宿。提升人才资源的竞争力,一是要加快专业教育层次结构的改革步伐,专业教育重心上移。一方面大学以本科教育为主;另一方面,大力加强职业教育和培训,克服技工"断层"现象,培养大批"中国制造"的升级者。二是倡导和加强终身教育,提升现有具有中专以下学历人才的素质,使其中50%以上的人达到大专以上水平。三是吸引高层次学历人才,只要是大学本科以上的人才,有录用单位,即可办理城市居住许可证。四是进一步提升人才管理水平、布局水平和效益水平,使之达到国内领先,进而达到国际水平。

2. 推进人才国际化,在自由流动中增强人才竞争力和综合优势

沿海地区要在人才培养和管理的观念和方法上与国际接轨,培养出一批进入国际科技前沿,与国际同行交流密切并有较大影响的高科技人才,培养出一批精通国际惯例、善经营会管理的跨国经营人才和国际商务人才。要在大进(吸引大批海外优秀人才来沿海工作),大出(把大批人才送到海外工作、学习、进修和交流)的同时,逐步形成能与国际接轨的又具有区域特点的人才培养、使用和激励机制。要尊重人才的个性需要,许多人才的生活方式和生活态度每每与常人相异。沿海地区要努力创造自由、宽松的政策环境,并以灵活、富有弹性的工作安排,具有挑战性的工作任务留住人、用好人。对于关键人才,要形成像篮球和足球引进外援那样的动力机制,不惜以高价放手加以引进。

3. 加快人才结构调整,为经济结构调整提供可靠的人才保证

沿海地区要建立人才资源协调机制,定期会商、交流人才资源总量供需平衡的情况,综合协调人才的教育市场和配置市场,从宏观上调整

人才资源的结构,确保经济结构调整战略的实现。要根据经济结构调整的需求调整院校的专业结构和课程设置,从人才增量的源头上解决人才结构问题。要根据人才特点加大人才社会保障力度,解决人才的后顾之忧,并使人才在结构调整中有转向提高的机会,促进人才的结构性流动。沿海地区还应建立终身教育贷款制度,鼓励各类人才主动学习提高,改善自己的知识结构和技能素质。要努力加强人才市场建设,建立人才就业及结构调整的信息系统,改善流动的环境,畅流渠道,强化导向,提高效率,为人才结构调整创造条件。

4. 超前投资,确保人才资源持续健康发展

沿海地区超前的人才投资,目的是为了发展和保护人才资源及其后备资源,改善人才环境,提高人才素质和全民素质。对人才超前投资一是要加大教育投资的力度,确保教育经费占 GDP 的比例逐年上升,达到国内领先、世界比较先进的水平。二是巩固小学教育和初中教育,发达地区可以试行 12 年义务教育制,现有的中专教育尽快转为职业化或技术化教育,教育重心上移,稳步发展大学教育,防止大起大落。三是积极扶持社区大学、民办大学,取消大学教育的年龄限制,鼓励企业成为人才教育的投资自主,鼓励个人自主投资接受教育和培训,尤其是要采取积极措施,鼓励低学历下岗人员通过教育培训提高和转换自己的知识与技能,调动他们学习的积极性。四是建立人才区域调节基金,适当弥补沿海地区内的欠发达地区因接受高等教育而造成的人才流失和财力损失。五是加大研究和开发的投入、科研三项经费和研发费用占 GDP 的比例应逐年提高,争取达到世界中等发达国家的水平。

十、关于精神文明建设和民主法制建设

从总体上说,沿海地区在政治现代化方面,必须要与全国相统一、相同步、相协调。应当把加强精神文明和民主法制建设,作为有特色的中国社会主义现代化的重要内容。要加快精神文明建设,发展社会主义民主,健全社会主义法制,推动社会全面进步。这里仅提出如下几点:

1. 继续加强精神文明建设

坚持用邓小平理论和"三个代表"重要思想武装干部、群众，深入开展爱国主义、集体主义、社会主义教育。贯彻落实"公民道德建设实施纲要"，倡导社会公德、职业道德、家庭美德。加强科普宣传，提倡科学、文明、健康的生活方式。坚持重在建设的方针，从解决群众普遍关心的实际问题入手，广泛开展群众性精神文明创建活动。

2. 加强文化产业政策的创新

制定积极的文化产业政策，构建既与 WTO 的原则相通又符合我国国情和文化发展需要的文化管理和文化产业政策。放宽市场准入，以市场机制为基础调整和重组文化经济利益关系。改革文化外贸体制，积极实施"走出去"战略，大力鼓励文化产品出口，拓展国际和国内两个市场。建立国家文化安全预警系统，加强文化安全立法建设。要进一步改善我国文化产业政策创新的环境，加强相关文化产业的理论研究，以制度创新的公共产品支持文化政策创新，为文化产业的可持续发展提供人文社会科学研究基础。

3. 推动反腐败和廉政建设的现代化

加入 WTO 后，不仅要求经济体制、政府管理制度与国际接轨，而且与会带来对整个政治体制进一步变革的要求。国内外物质产品、文化产品和人员的大规模交流，势必拓宽人们的视野，公民意识增强了，公民对公仆的要求会更高，广大干部群众对贪污腐化、官僚主义、形式主义的义愤会更加强烈。加入 WTO 也很有可能会出于对外经济贸易发展的需要而不断增强政治改革的推动力。市场经济、法制社会要求加强廉政建设。为了适应世贸组织对廉政的要求，反腐倡廉也应引入现代化的新手段——充分运用新闻媒体舆论监督。新闻本应成为反映人民群众心声的喉舌，每个公民都有权利在新闻传媒上揭发贪官污吏，任何人都无权阻拦，凡是举报贪污腐化无须经过任何上级部门批准，都可以公开发表。至于反腐报道的质量，由于存在法律制度的约束和市场竞争的经济压力，媒体岂敢掉以轻心！总之，用法律手段和经济手段规范新闻自由，落实舆论监督，提高社会反腐倡廉工作的效率，不失为适应对外开放推进政治改革的一种新对策思路。

4. 大力促进哲学社会科学事业发展繁荣

认真学习、全面落实江泽民同志关于"四个同样重要"的重要讲话。增强创新意识,适应变化着的时代条件,推动理论创新、制度创新和科技创新。深入改革开放和现代化建设的实践,努力对全局性、战略性、前瞻性的重大课题作出理论回答,为党和政府的决策服务,为改革开放和现代化建设服务。要立足中国面向世界,努力继承和弘扬中华民族的优秀文化,积极学习借鉴各国人民创造的有益文化成果。坚持严谨治学、实事求是、民主求实的学风。坚持用马克思主义的立场、观点和方法来指导哲学社会科学的发展。广大哲学社会科学工作者要不断增强贯彻"三个代表"要求的自觉性和坚定性。具体对于沿海地区各省市地方社科院来说,在地区率先实现现代化进程中,尤其要抓住一些重点问题进行研究,提出若干事关长远的战略建设,当好党委政府的"参谋部"、"智囊团";抓住一些难点问题进行研究,提出一些针对性很强的对策建议,为党委政府排忧解难;抓住一些热点问题进行研究,澄清一些理论是非,为干部群众释疑解惑;抓住人民群众创造出的新鲜经验,认真进行科学总结和创造性的理论探索,为党委、政府决策提供理论支持和参考。

现代化是一个涉及范围广,内容极为丰富的系统工程。由于时间仓促,我们对沿海地区的调查仅仅是初步的,很不深入,加上受水平所限,浅陋错误之处在所难免,有待进一步深化研究和校正。公开亮出我们的观点,目的是引起大家研讨,推动沿海地区率先实现现代化。

（原载《区域现代化》,吉林人民出版社 2002 年版）

世界农业现代化的发展趋势与
中国农业现代化的历程

农业是中华民族的生存之本,中国是世界农业的主要发源地之一。作为世界上历史最悠久的农业大国,中国为人类社会的发展作出了巨大贡献。近几十年来,在由传统农业向现代农业转变的过程中,中国取得了举世瞩目的成就。中国农业在转变过程中有经验也有教训,特别是伴随着现代市场农业的发展,也日益暴露出一些深层次的矛盾。当前正值世纪之交,如何在不断总结自己经验的基础上,借鉴外国的经验,正确把握农业现代化的内涵,推进农业向市场化、产业化、现代化转变,是全国广大干部和群众共同关注的重大课题。

经济现代化进程中农业的基础地位

1996 年,我国人均国民生产总值为 5539 元(现价),按当年汇率折算,我国人均国民生产总值为 667 美元。以创立"发展形式"理论著称的钱纳里和赛尔奎因两位外国经济学家在 70 年代,运用 130 个变量的20000 个观察值,分析比较了 1950—1970 年期间 101 个国家(地区)经济结构转变的全过程后认为,当一个国家的人均国民生产总值达到300～1000 美元时,就进入了经济结构加剧变动的时区[①]。显然,目前我国正处于这个阶段。这一时期经济结构变动最显著的结果是,在现

---

① 钱纳里等:《发展形式,1950—1970》,经济科学出版社 1989 年版。

代经济增长中,以农业资源生产率和农业劳动生产率提高为基础的社会整体生产率明显提高,并最终导致农业部门在总资本和总就业结构中的比重显著下降。

1978—1996 年的 15 年中,农村非农产业产值比重提高了 42.6 个百分点,年平均提高 4.96%。农业产值比重的下降和农村非农产业产值比重的上升,说明农村经济的发展已从主要依靠农业推动转向主要依靠非农产业推动的经济增长模式。但是,经济增长模式的转换,丝毫不能改变农业在我国现代化进程中的基础地位。农业作为我国国民经济基础地位的作用在今后相当长的时期内,非但不能动摇,相反还要加强。党的十五大坚持把农业放在经济工作的首位,正确反映了我国经济现代化进程的客观要求。

(1) 随着现代化进程的加快,我国对农产品的需求将日益增加。农产品需求主要来自三个方面,一是不断扩大的人口需求。人口调查资料显示,本世纪末到 21 世纪初的 10—20 年里,我国将进入第三次人口生育高峰期。在此期间,每年人口平均净增 1700 万人。21 世纪头 10 年,我国人口将会从目前的 12 亿增加到 14 亿,如此庞大的不断增长的人口群体,无疑会带来巨大的农产品需求压力。二是工业与其他非农产业的需求。我国是一个现代化后发展国家,现阶段经济发展的比较优势决定了我国工业特别是轻工业的相当一部分生产在很大程度上要依赖于对农产品的深度加工。农业能否提供足够的原料,对轻工业发展的状况影响很大。三是人民消费水平提高的需求。未来的 10—20 年,也是我国人均消费水平从温饱向小康水平转化并向中等富裕水平迈进的时期,食物消费将从以谷物为主向动物蛋白制品、高脂肪制品转换,肉禽蛋等制品的需求迅速扩张,而各种饲料用粮的大幅度增长是肉禽蛋等动物制品充分供给的关键。据测算,到 2010 年,随着我国城乡居民食物结构的改变,要求我国粮食年供给量至少要达到 5.6 亿吨。要实现这一目标,在未来的 14 年中,粮食产量的年平均增长率必须达到 1.5% 的水平。这一水平要比 1990—1996 年我国粮食生产的年平均增长率高出 30% 以上。

（2）现代化进程中土地非农化趋势难以遏制，不可再生农业资源的供给日趋减少。农村非农产业迅速发展，以及与非农产业相关的城镇建设、交通运输等基础设施的建设，占用了大量的农业用地。1978—1995 年，全国农业耕地面积累计减少 1018.4 万公顷，相当于两个农业大省的总耕地面积。如果在未来的 14 年中，我国的耕地继续以前 17 年的速度减少，到 2010 年全国耕地还要减少近 840 万公顷，大体相当于三个半广西壮族自治区耕地面积之和。同时，农村非农产业发展起点低，设备陈旧，工艺落后，所产生的废水、废气、固体废料污染严重，加上化肥、农药、农用薄膜使用不当，农业的生态环境日益恶化。农业生态环境的修复不仅需要大量的投入，还需要很长的时间。因此，在我国跨世纪现代化建设的进程中，与农业生产相关的不可再生资源的供给，无论从数量上还是从质量上看，都处于偏紧的状态，这一态势将直接影响到农产品的生产和供给。

（3）在我国现代化进程中，农业作为国民经济的重要产业部门，仍然是农民就业和获得收入的重要来源。目前，农业部门就业的劳动力将近 3.3 亿人，占乡村总劳力的 75%，占国民经济三次产业总就业人口的 56.4%。1979—1993 年，以实行家庭联产承包责任制为契机，我国乡镇企业异军突起对转移农村剩余劳动力做出了突出的贡献，职工人数由 2827 万人增加到 12345 万人，净增近 1 亿个工作岗位。由于乡镇企业面对越来越激烈的市场竞争，近几年出现了资本替代劳动的趋势，使得乡镇企业吸纳剩余劳动力的趋势开始减弱。目前，全国农村仍有 1.2 亿个剩余劳动力。可以说，农业不但是目前我国最大的就业部门，即使到下个世纪初，农村非农产业劳动力比重可能将会有明显的提高，但农业劳动力的绝对量预计不会有明显的下降。要解决上述农村剩余劳动力转移所面对的矛盾，挖掘农业内部潜力，走相对集约的农业现代化道路，仍将是一条重要途径。农业作为我国最大的就业部门的地位还不会为其他产业部门所取代。

农业不仅在很长一段时间里由于就业量最大，就业弹性最高，从而对我国劳动力人口就业发挥了积极作用，而且农业生产的好坏还直接关系到我国大部分农民的收入状况。据估计,目前我国农村居民家庭平均每个人的纯收入中,仍然有 45％左右是来自于农业。农民收入的状况不仅直接影响到在本世纪末使 7000 万人摆脱贫困,实现"九五"扶贫攻坚目标,而且还关系到从小康到富裕的历史性跨越,关系到我国社会主义现代化建设的第三步战略目标能否实现。离开了农民的富裕,离开了农村的现代化,中国社会主义现代化便无从谈起。

总之,无论从我国今后农产品供给需求将处于紧张平衡的状况看,或是从农民和获得收入的重要来源看,虽然农业不再是推动国民经济增长的发动机,但其作为国民经济基础的地位仍不能动摇。尤其像中国这样拥有众多人口,吃饭问题不可能通过国际市场来解决,而且工业化程度还未进入完全摆脱农业部门支持的发展阶段,农业的基础地位不能削弱,只能加强。

然而,在现实经济生活中,特别是在农业加快向市场经济过渡的背景下,确有一些人对农业的基础地位发生了或多或少的怀疑。这种怀疑不能不影响到我国农业政策的取向和贯彻。90 年代以来,在一些中低级干部中有两句话广为流传,一句是"农业是国民经济的基础,要优先发展农业";另一句是"农业是一种'口号农业'、'任务农业'和'形势农业'"。这两句话既生动形象又深刻准确地反映了对农业基础地位认识的摇摆和怀疑。我们认为,无论从何种角度、以何种方法来"重新认识",农业的基础地位决不会因生产力的发展,经济结构的变化,特别是工业化程度的提高而改变。而实行从计划经济到市场经济的转变,是属于经济体制的变革,这种变革并没有改变工业和国民经济对农业的依存关系。

(1)农业具有工业和国民经济其他部门无法替代的作用。农业不仅为人类生存提供了所必需的基本生活资料,而且还为人类的生存和发展提供了所必需的良好生态环境。如果没有农业,劳动力的再生产就难以维持,社会生产也就难以正常进行。离开了农业提供的剩余劳动力和剩余产品,工业和国民经济其他非农产业部门就失去了赖以存在和发展的基础和前提。

（2）现代化进程中农业份额的下降，工业以及其他非农产业份额的上升，总是建立在农业劳动生产率提高的基础上的。由于农业劳动生产率提高了，一方面把农业内部剩余劳动力推向非农产业，同时促成农业总产值增加与农业份额下降始终呈反向并存的态势。显然，这恰恰是农业基础地位增强的结果。

（3）以广义的农业观来看，农业不仅生产粮食、棉花、肉禽蛋等农畜产品，也生产良好的生态环境；不仅生产初级农产品，还向农业的产前、产后延伸，生产高附加值、高技术含量的农业加工产品。这种广义的大农业观反映了传统农业向现代农业转变的客观要求，反映了农业的产业化、商品化、服务化、技术化、生态化的发展趋势。农业是大有前途的基础产业和战略产业，从而可以克服传统农业基础论的局限。

（4）改革从农业起步，农业是我国改革的基础。近20年改革实践已反复证明，什么时候农业形势好，农业基础稳固，整个改革就比较顺利，重大改革措施就比较容易出台，社会公众对改革的承受能力就比较大。如果没有率先获得成功的农村改革，没有丰富的农副产品这一物质基础做保证，没有繁荣的农村经济和广阔的农村市场，就不可能有我国改革的顺利推进。稳定的农业基础是实现党的"十五大"提出的我国跨世纪发展的两大课题，是建设比较完善的社会主义市场经济体制，保持国民经济持续快速健康发展的可靠保证。

综上所述，发展社会主义市场经济，仍然要坚持以农业为基础，农业的基础地位丝毫不能改变。邓小平多次指出："农业是根本，不要忘掉。"[①]"农业问题要始终抓得很紧。"[②]我们要高举邓小平理论的伟大旗帜，充分抓住建立社会主义市场经济体制的机遇，深化农业、农村改革，在巩固完善家庭联产承包责任制的基础上，逐步创造条件，发展适度规模经营，增强农业发展的内在动力，使农业和农村经济登上新台阶。与

---

① 《邓小平文选》第3卷，第23页。
② 《邓小平文选》第3卷，第355页。

此同时,通过对农业的引导、支持、保护、调控,改善农业发展的外部环境,开创农业发展的新局面,更好地发挥农业在我国现代化建设中的基础作用。

世界农业现代化的主要特征、内涵和趋势

世界农业发展到今天,先后经历了原始农业、传统农业、现代农业三个阶段。当代世界农业的主题是现代农业与农业现代化。一部分发达国家正在对现代农业进行完善和提高,朝着高科技农业、持续农业的方向发展,包括我国在内的多数发展中国家正在逐步实现农业的现代化。这样,世界上处于两种不同发展阶段和水平的农业就形成了两类不同的过渡态势:① 传统农业向现代农业过渡;② 现代农业向高科技农业、持续农业过渡。当我们以全球的大视野从生产力的角度来观察这两类农业的变动轨迹时,就能比较准确地把握现代农业的特征、内涵和趋势,从而为我国的农业现代化找到一个科学的参照系。

1. 什么是传统农业

传统农业又称古代农业,是人类农业史上的一个重要阶段。在传统农业阶段,主要的生产工具是铁木制农具,以人畜力作为动力(有时也使用风力和水力,如风车、水磨等),生产者依靠大量的手工劳动,根据世世代代直接观察和经验积累所形成的农业技术,组织和从事农业生产活动。同原始农业相比,传统农业在生产工具和利用自然界能力两个层面上,都有明显进步。其中,畜力牵引铁犁耕作是传统农业生产工具进步的显著标志。同时,传统农业改变了原始农业只靠自然力去恢复地力的状况,创造了利用人工施用有机肥的办法来提高土壤肥力;发明了用选择农作物和牲畜良种的办法来提高农牧业生产的产品产量和品质;还创造了间种、套种等复作制。可以说,传统农业的农业技术和耕作制度大多是在适应当地自然条件和保护自然生态环境的条件下利用自然力的。从总体上说,传统农业建立在人力畜力工具、手工劳动基础上的生产力水平一直很低,只能维持在自给自足和半自给自足的

水平上。因此,传统的农业制度表现为分散、孤立的个体小农的生产方式。著名经济学家、1979 年诺贝尔奖获得者舒尔茨·西奥多曾指出,传统农业是一种特殊类型的经济均衡状态,其主要特点是:① 技术状况长期保持不变;② 持有和获得收入的偏好和动机,长期以来也很少变化;③ 人力资本稀缺①。

必须指出,东方和西方的传统农业在土地利用能力、利用水平和利用方式上,存在明显的差异。这里所谓东方是指东亚、东南亚、南亚、西亚和北非;而西方则指欧洲。东方传统农业在耕作制度和集约化水平上都明显高于西方。

在欧洲,典型的传统农业是休闲、轮作并兼有放牧地的二圃或三圃耕作制。它的优点是把种植业和畜牧业结合起来,弱点是土地利用率很低。在耕作中,只有 1/2 或 1/3 的面积种植农作物,其余耕地休闲并借以保持地力。所以,西方的传统农业都不施肥,几乎不进行田间管理,耕作粗放。显然,这种耕作制度只适宜于人少地多的地方采用。19世纪欧洲产业革命后,从改革二圃制及三圃制的耕作制度开始,西方各国逐渐抛弃了传统农业。

东方的传统农业在中国最为典型,曾有过高度发展,取得了辉煌的成就。早在春秋战国时期,我国就已形成了传统农业的基本框架和体系:作物轮作的无休闲耕作制度,尤其是在作物种植周期中加入豆科作物、绿肥作物,来培养地力;采用施有机肥的方法提高土壤肥力;通过中耕、锄地等特有的农艺技术,使中国农业成为精耕细作的农业。在此后的 2000 多年中,这种以精耕细作为核心的传统农业技术,又有一些发展。我国有世界上传统农业最发达的犁形,中国农民还创造了多种碎土和平整土地的农具,如耙、耱等,汉代发明的播种耧沿用至今。北方发展灌溉农业,在南方发明了圩田、沙田,在山区则修筑梯田,以及各种提水工具和灌溉排水系统。间作、混作、套作等复种技术的应用,充分

---

① 舒尔茨·西奥多:《改造传统农业》,商务印书馆 1987 年版。

利用了土地。作物轮种和有机肥的施用,提高了土地单位面积产量。所有这些以精耕细作为核心的农作技术,再加上适应性很强的小农家庭经营制度,使中国农业成为劳动力集约、土地利用率、土地生产率都较高的传统农业,获得高度成功,并一度领先于世界。而且不少传统农业技术一直沿用到如今。德国农业化学家李比希称赞中国农业以经验观察为指导,创造了保持土壤持久肥力,不断提高产量的农业耕作法,是"合理农业的典范"。

2. 从传统农业向现代农业过渡

农业现代化是一个世界性的历史过程。因此,我们应当坚持用马克思主义的宽广眼界观察世界农业,对现代农业的总体特征和内涵,对发达国家现代农业发展的经验和教训,对发展中国家谋求农业现代化的得失,进行正确分析。

(1) 发达国家农业现代化的发生。从 18 世纪末到 20 世纪初,一场农业技术革命先后在西欧和美国兴起,世界上的现代农业由此开始逐步形成。18 世纪末,随着产业革命,英国首先使用马拉条播机、中耕机;19 世纪又推广四圃制①,农牧业生产水平随之明显提高。这些技术变革迅速由英国传遍欧洲大陆,带动了欧洲农业技术的进步。但是,所有这些还只是为现代农业提供准备,并不是现代农业。在 19 世纪的美国,由于地广人稀,劳动力缺乏,各种畜力农具先后发明和推广开来。作业机具的广泛运用,必然带来对动力机械的需求。从 1850 年到 1920 年是蒸汽动力时期,开始是蒸汽脱谷机的固定作业,尔后又是蒸汽拖拉机。1920 年以后,汽油的内燃机取代了蒸汽机和畜力,开始进入现代农业阶段。可以说,农业机械化贯穿于美国农业现代化的全过程中。欧洲各发达国家则从 20 世纪 30 年代开始农业机械化,到 50 年

---

① 四圃制又称诺福克耕作制。它取消了原来三圃制的休闲地,即把放牧地也改为耕地,把土地分为四个区,轮换种植芜菁、大麦、三叶草和小麦。这样,既扩大了种植面积,改变了三圃制的粗放耕作,又为牲畜提供了优良饲料,从而变牲畜放牧为圈、厩舍饲。

代中后期才完成农业机械化,大约比美国晚了 10 年。

欧美发达国家在推行农业机械化的同时,还逐步增加施用化肥和农药。在耕作制度上,由轮作制转变为专业化的自由种植;在耕作措施上,也从粗放经营转化为集约经营;并在栽培、养殖等农业技术上发生了重大的变化。到本世纪中叶,世界上的发达国家,包括北美和欧洲各国、澳大利亚、新西兰、日本先后进入了现代农业的阶段。从这些发达国家农业发展的实际状况看,现代农业的总体特征包括以下三个方面,即现代化的生产手段、科学化的农业技术、市场化社会化的生产经营和组织管理。现代农业实质上是用机器大工业的物质技术装备的,以科学技术为先导,以满足市场需求实行区域布局、专业化生产、一体化经营、社会化服务,从事商品生产为主的农业。发达国家发展农业的实践表明,现代农业是现代工业发展的结果。现代工业技术应用于农业,不但改造了农业的整体技术,而且改造了农业面貌,在使农业生产成为商品生产的同时,也使农业生产成为社会化的生产,许多原来在农业生产过程中进行的作业,逐渐同农业生产部门分离成为为农业生产服务的部门。例如,农业机械耕作、农产品运输和加工等都可以由专业服务公司来承担,种植业生产主要只是进行田间管理了。再如,畜牧业的育种、繁殖,兽医和防疫,饲料生产和配制,屠宰等也都可以由专业公司经营,畜牧业生产只需负责饲养管理了。这样,农业生产就成为社会上许多部门共同进行经营活动的社会化的生产部门了。同时,这也使农业生产与其他经济部门之间的联系日益紧密,形成了种养加、农工贸、产供销一体化。伴随着农业及其相关部门产业联系的加强,农业生产的地区间分工也越来越细,区域化布局、专业化生产的趋势不断深化。研究发达国家由传统农业向现代农业转变的历史,人们还发现,这一阶段不仅为提高农业劳动生产率和土地生产率创造了条件,而且还使大量的农业人口转变为工业人口,使众多的乡村人口转变为城镇人口。一方面把大部分农业劳动力转移到工业部门中去,以满足现代工业部门的需要;另一方面用农业机械代替转移到工业中去的劳动力,促使农业机械化,并建立与现代农业相适应的社会化、专业化的农业生产组织形式。可见现代工业的发展从根本上改变了传统农业的面貌。

（2）发达国家现代农业的完善和提高。从 20 世纪 40 年代以来，北美、欧洲、日本、澳大利亚等发达国家先后实现了大规模农业机械化，并在农业中大量使用化肥、农药、农用薄膜等化学制品，到 60 年代都已基本上建立了现代农业体系。机械和化学工业提供的大量物质技术，极大地提高了农业劳动生产率和产量，使发达国家的农业成为世界上效率最高的、产品丰盛的农业。

应当指出，发达国家实现农业现代化是在一些特定条件下进行的。① 这些发达国家特别是北美和澳大利亚各国的土地资源都比较丰富，按人平均土地面积远远高于世界平均水平，加上工业发达又吸收了大量农村劳动力，因而这些国家是在农业劳动力短缺，换言之是在劳动力价格昂贵的条件下实现农业现代化的。所以，他们首先要解决的是以机械代替人力，进行农业机械化。农业机械化既是发展农业生产的迫切需要，也是降低农业生产成本，以机械替代劳动力的内在经济要求。② 当时机械和化学工业所能提供的物质技术，亦即现代科学技术所取得的成果能够达到的水平，只能是以石油为动力的拖拉机，有机氯、有机磷等剧毒化合物制成的农药，大量消耗石油资源的化学肥料等等。换言之，当时的科学技术水平还不能提供低石油消耗的农机、化肥和高效、低毒、低残留的农药。③ 机械和化学工业生产的产品只有以农业为广阔的市场，企业的利润才能够得以实现。因此，无论是工业资本还是金融资本都支持并控制着农业，以便获得其垄断利润。特别是随着农机、化学工业集中程度的提高，大型工业企业为了推销它们的产品，总是想方设法在农业中创立一整套依赖农机和化工产品的农业增产技术体系。事实上，这样的农业增产技术体系早已在欧美各国确立了，这就使得欧美的农业生产日益依赖农机、化工产品。④ 在 70 年代以前，世界石油价格低廉（每桶仅 3 个多美元），供应充足，因此农机、化学工业产品成本低，农业用得起，从而形成了以石油为主要能源的农业技术体系。于是，现代农业便日益朝着大量消耗石油的方向发展。

显然，正是由于现代农业对石油等不可再生资源的过度依赖，使其成为不合理的畸形农业。它的突出表现有以下几点:一是这种农业消耗的石油等矿产资源数量太大,要以很大的能量来换取农业的高产,这在依靠石油输出国提供廉价石油的时代对发达国家是有利的。但自1973年以后,石油价格上涨至 20 美元/桶左右,农业生产成本越来越高。在这种情况下,不但使发达国家的农产品价格上涨,农业需要巨额的财政补贴,而且还使发展中国家很难采用这种主要依赖石油能源的现代农业技术体系。二是化肥、农药等农用化学制品的大量使用,在土壤、水体等环境介质中形成残留,随着这些有毒化合物不断蓄积并通过物质循环进入农作物和牲畜体内,最终损害人类健康。三是片面依靠化肥增加产量,忽视有机肥料的作用,必然导致土壤中有机质减少,土壤微生物活动能力降低,从而改变了土壤理化性状,最终造成土壤板结,肥力下降,土地生产能力萎缩。四是过度依赖农机、化肥等措施和不合理的耕作引起水土流失,滥用化学杀虫剂也杀死了大量的天敌,所有这些都使全球的环境污染日益严重,生态平衡受到破坏。

鉴于以机械和化学工业产品为基础的现代农业技术存在上述种种弊病,发达国家中的有识之士强烈要求保护环境和资源,广大居民尤其是富裕阶层的居民则从维护自身健康出发纷纷要求消除现代农业产生的负面影响。在这种情况下,要求发展有机农业或者要求采用措施纠正现代农业畸形发展的主张便应运而生。早在本世纪二三十年代,就已有农学家提出有机农业学说,到1973年美国还出现了有机农业的实践,后来又逐渐扩展到欧洲和日本。与此同时,还出现了生态农业或超工业农业以及生物农业等各种新的农业学说。这些农业学说,虽然在理论上有一定的差别,但都主张不用或少用化肥、农药、作物生长调节剂和牲畜饲料添加剂;多用有机肥,实行轮作、间作等耕作制度来改变单一种植,主张免耕或少耕,采用生物防治或综合防治技术杀灭病虫草害等。企图通过这一系列措施来增加土壤有机质,减少以至消除化学污染。可见,有机农业等理论主张是针对现代农业的弊病提出来的,它们是为了纠正或改造现代农业使其成为合理、科学的农业。

然而,有机农业实际推行的进度却相当缓慢。一方面,是由于那些掌握机械化工企业的工商金融垄断集团从自身利益出发,阻碍有机农业的发展。它们继续在世界各国推销各种化学肥料和新农药,并研究和宣传推广与之相适应的耕作栽培技术。另一方面,有机农业本身需要投入较多的手工劳动,产量低,成本高,农产品的价格也较高,因而发展有机农业往往要受到劳动力价格昂贵和消费者购买力有限的制约。虽然从 60 年代以来欧美、日本等国都相继出现了有机农场,但在全国耕地面积中采用有机农业的比重仅占 1% 左右。总之,有机农业、生态农业在国际上尽管呼声很高,而步入实践却并不尽如人意。

　　实行有机农业的农场(亦称有机农场)具有如下特征,正确阐明这些特征有助于全面把握现代农业的内涵:① 规模大小不等,但都有较高的生产水平和经营水平。有机农场绝不是过去的小农经营或传统农业的经营。② 一般不使用任何化学制品,但有的有机农场仍在特殊应急情况下施用少量化肥和农药。可见,有机农业并非绝对不施用化肥农药。③ 所有的有机农场都使用农业机械,因为发达国家农业劳动力短缺,离开农业机械是无法耕作的,这也说明有机农业不是要恢复手工劳动的传统农业。④ 在耕作制度上,有机农业注意采用轮作和种植豆科作物,以增加土壤中的氮素供给,保持地力和减少水土流失;注意种植业与畜牧业结合,以保证有机肥的充足来源;注意适时中耕锄草,以减少或不用除草剂;注意改进灌溉方式,采用水土保持措施。⑤ 由于有机农业需要投入较多的劳动力,农业生产成本较高,加上实行多种作物轮作,特别是种植产量较低的豆科作物面积较大,所以有机农场的经济收益较之一般农场要低一些。至于生态农业,在上述农业制度上它与有机农业具有相同的特征。只不过生态农业更强调建立生态平衡和物质循环。主要是利用森林、灌木、牧草、绿肥以及农作物来增加土壤中有机物质的积累,提高土壤微生物的活力,并要求把作物秸秆、根茬、杂草等农业生产过程中的一切废弃物和厩肥以及城市垃圾、粪便等物质都用到农业生产中去,乃至进一步把种植业、养殖业和农产品的加工业结合起来,连结成一个完整的产业链,形成一个物质大循环系统。

　　综上所述,有机农业或生态农业试图建立起一个稳定的、能持续提高土地生产力的农业制度。它是现代农业的改良性制度,是使现代农业趋于合理化的道路。可见,有机农业或生态农业只是对现代农业的完善和提高,但还称不上是现代农业之后的新的农业发展阶段。因为它仍然是以现代工业装备与传统农业技术结合为基础的,但它已为现代农业运用高新技术和向未来持续农业、高技术农业阶段过渡,创造了理论和实践的条件。

(3) 发展中国家向现代农业的转变。地处亚洲、非洲、拉丁美洲的广大发展中国家,农业基本上正处在从传统农业向现代农业过渡的阶段。在绝大多数发展中国家,农业在国内生产总值(GDP)中所占的比重很大,农村人口在全国总人口中所占的比重也很大。换言之,农业在发展中国家的国民经济中占有重要地位,农村的状况对于这些国家的社会、经济、文化的发展关系重大。但是,这些国家的农业仍然以手工劳动和畜力耕种为主或至少仍占很大比例。农业劳动生产率低,农村居民文化教育水平低,文盲人数很多。

发展中国家实现农业现代化,是否一定要走发达国家的路子,即首先发展现代工业,然后以机械和化学工业去装备农业,建立现代农业呢?起初,许多发展中国家的领导人和经济学家都是这样认识的。从二次世界大战以后直到 60 年代,在片面强调工业化的指导思想下,发展中国家纷纷以发展工业,尤其是重工业为目标,几乎完全忽视了农业发展,甚至用损害农业的办法去发展工业。这样做的结果,虽然工业有明显的增长,但是整个社会经济没有得到发展,尤其是农村贫穷、落后的面貌没有得到改变,因而国家仍然处于不发达状态。这一历史经验证明,仅仅注意工业化,忽视农业现代化,就会陷入有增长而无发展的怪圈。当然,没有工业化,也不可能实现农业现代化。就是说,发展中国家在推进现代化的历史进程中,必须保持工业和农业的协调发展,工业化和农业现代化要保持同步发展的关系。那么,怎么协调发展和同步发展呢?

发展中国家实现农业现代化存在一个发达国家不曾遇到过的难题,就是农村人口众多。这些廉价的农村劳动力阻碍着农业机械的广泛使用,强行推进农业机械化势必带来农业劳动力过剩。这些剩余劳动力或者流入城市,加入城市失业贫民队伍,或者滞留农村仍然是以农业谋生的廉价手工劳动者。于是,问题的症结可归结到如何把众多的农村劳动力转移到工业及各种非农产业中去。这就又回到发展工业的路子上了,似乎陷入了恶性循环之中。至于发展中国家发展工业所面临的问题,除了与发达国家工业品的竞争之外,还受到本国农村居民购买力低下的制约。由于农村居民占全国人口的多数,农村市场是多数发展中国家发展工业的重要国内市场。农村市场的购买力则取决于农民的富裕程度,而农民富裕的程度又取决于农业发展的状况。这就意味着,首先应该在传统农业的基础上让农业生产有所增长,使农民收入有较快的增加,而不是首先进行农业机械化,然后再逐步使农村人口转移到工业和非农产业,从而打破上面所说的那种恶性循环。

自 60 年代中后期以来,发展中国家在探索一条适合本国实际的农业现代化道路上,已经积累了一些经验。这些探索主要有两方面的内容:一是绿色革命;二是农村开发。应该说,发展中国家在这两者的探索中,对打破上述恶性循环、启动农业现代化问题上,都做出了有益的贡献。

所谓绿色革命,说白了就是推广小麦、水稻等作物的高产品种。从 1965 年开始,绿色革命在世界上沸沸扬扬被鼓吹了 10 多年。当时主要由美国和另外几个国家的农学家培育的麦、稻等高产品种,比原先的品种产量要高出 2 倍。10 年间,在亚洲、非洲、拉丁美洲推广的麦、稻良种面积达 5400 万公顷,其中 80% 在亚洲。尤其在印度,种植的稻、麦良种达到 2800 多万公顷,占全印度稻、麦面积的 50%。所以,人们常常把印度作为绿色革命的代表性国家。透过对印度状况的分析,可以看出绿色革命有以下的作用与局限性:① 推广稻、麦高产良种的措施,确实可以增产。印度 1976 年的粮食产量比 60 年代前期增长 46%,从而使印度从 1966 年这个世界粮食第二进口国一变而为粮食自给国。② 粮食增产推动了农业现代化的起步。由于高产作物品种栽培需要相应地扩大灌溉和增施肥料,从而增加了劳动投入。从 1966 年推广高产良种以后的 15 年中,全印度灌溉面积增加 2385 万公顷,是前 15 年增加灌溉面积的 2.8 倍,化肥施用量增加 6 倍,每公顷施用量从 5 公斤增加到 32 公斤,拖拉机数量增加近 9 倍。③ 推广高产良种是需要一定条件的。在缺乏灌溉设施的地方,在土壤贫瘠的地方,在农民没有钱购买化肥的地方,特别是当政府压低粮食收购价格的时候,高产作物品种是难以推广的。可见绿色革命的增产效果是有限的,在一定条件下也就到头了。这就是印度等国 70 年代中后期出现的局面。④ 在生产资料占有和分配不合理的情况下,绿色革命带来的农业增产所增加的收益,主要落入占有较多优等土地的大农户和富裕农民的手中,进一步加剧了农村中的收入差距。所以,在生产资料所有制关系不平等的条件下,农业生产增长并不一定能够使大多数农民富裕起来。

但是,绿色革命的增产成绩说明,在人口众多,社会占有方式不完全公正的发展中国家,只要有正确的政策指导,农业现代化的起步方式,就可以不照搬发达国家已经走过的道路,即不从农业机械化开始起步,而从生物措施开始起步。

鉴于绿色革命虽然增加了农业的劳动投入,但它不能解决农村劳动力向非农产业转移的问题,从而不能解决农村剩余劳动力的就业问题。因此,人们的注意力又开始转向了农村发展(农村开发)。农村发展的意义在于:一方面在农村内部扩大就业门路,另一方面努力提高农村人口的收入水平和文化教育水平。

扩大农村内部就业门路有两条途径:一是提高农业生产集约化的程度(如实行精耕细作),调整农业生产结构(如扩大费工多、价格高的特种作物和经济作物,发展养殖业等多种经营);二是发展农村工业,包括政府投资修建农村道路、电力、通讯等基础设施。农村发展,是 70 年代以来在亚非拉许多发展中国家实行的农村综合开发的重要内容。农村综合开发除包括生产方面的内容外,还包括土地改革、组织农民参加合作社以及农村教育等社会发展的内容。

综上所述,绿色革命和农村发展的本身还不能看做是现代农业的特征,但它们确实改变了传统农业的生产方式,使农业生产活动不再停留在传统的、封闭的状态中进行。随着新的农业技术和生产资料的引进,打破了传统农业旧的经济平衡,促进了面对市场的农村商品市场的发展,提高了农村的收入水平。即便主要提高的是富裕农民的收入,也会促进农村购买更多的现代化的农业生产资料。显然,这些都有利于促进传统农业向现代农业的转变。

经过多年的努力,经过各种既有成功又有失败的探索,许多发展中国家正在经历着由传统农业向现代农业的转变。但是,对这些国家来说,全面实现农业现代化仍将是一个长期的过程。发展中国家实现农业现代化不会很快,除了上面提到的工业化和农村剩余劳动力等因素外,能源条件的制约以及农民教育水平低也是重要的原因。这样,发展中国家推进农业现代化客观上就存在着一个矛盾,一方面,必须急起直追,积极采用现代农业技术,不能长期停留在传统农业阶段;另一方面,又不能照搬发达国家过分依赖石油能源和机械、化学的农艺措施,而必须寻找新的能源,采用高新技术,继续探索适合本国情况的现代化道路,所以这些国家在短期内不可能实现农业现代化。这就意味着,在发展中国家实现农业现代化的历史使命中,除了要用现代农业技术去改造传统农业之外,还包括大胆采用高新技术,迎接世界新一轮的科技革命挑战的任务。

3. 持续农业和高科技农业开创了农业发展新阶段

自 70 年代以来,发达国家就一直寻找和探索既能减少石油、化工资源用量与财政补贴,又能提高农产品质量与保护环境资源的"替代农业"模式。在 80 年代中期以来的短短几年中,"持续农业"的理论由美国向全球迅速传播,成为现代化农业发展的新趋向。持续农业具有农学、环境、生态、经济、社会等多方面的含义,它强调产品质量、效率、环境、资源、结构五个因素并重。持续农业主要包括以下内容。① 增强农业的社会功能,增加农畜产品数量,提高产品质量,并提供多样化的安全食品。② 提高农业生产率,即提高资金、土地、劳动力等生产要素的投入产出比以及其他资源的利用效率。③ 维持并改善生态环境,使农业系统内的物质和能量处于良性循环的状态。④ 维持农业资源的持久生产能力,采取恰当的耕作技术措施使土壤的侵蚀和肥力流失减少到最低程度。⑤ 调整宏观经济政策和农业政策,保证农业的合理布局和适当规模,促进农业生产采用有助于农业持续发展的技术。⑥ 为农村提供各种非农产业的就业机会,不断降低农业劳动力在全社会就业总人数中的比重。

持续农业与有机农业、生态农业相比,在强调减少石化能源的使用量、防止产品污染、保护资源和环境上是有共同点的。所不同的是,持续农业不再局限于只注重资源环境保护与产品质量,而是提倡增加产量、提高生产效率和经济效率与环境保护同时并重。在技术措施上,持续农业虽然也强调尽可能少用或更科学地使用各种农用化学品,但是又不一概排斥化学品的使用,而把这种从农业系统外部投入适当数量的物质和能量,看做是系统内物质转化和能量循环中的必要补充,并认为这样可以强化和控制系统内的初级生产和次级生产,增强农业系统的整体功能。由此可见,持续农业主张农业系统应是一个开放系统。总之,持续农业作为一种农业制度或农业技术体系,它追求公平、协调和效益,以实现农业和农村的持久永续发展。持续农业指明了现代农业趋于合理化的道路,已为现代农业运用高新技术和向未来高科技农业阶段过渡创造了条件。

第二次世界大战以来,科学技术突飞猛进。信息技术、生物工程技术、新能源技术、新材料技术、海洋开发技术和空间技术等当代新技术不仅开始萌发,而且已有个别的初步成果应用于生产,形成了前景广阔的高新技术产业。可以预见,上述高新技术一旦成熟,并在农业生产中得到普遍应用和推广后,将使未来的农业发生根本性的变化,导致一场深刻的农业革命。这将使处于农业发展第三阶段的现代农业,进一步发展到农业的第四阶段——高科技农业。本世纪末,发达国家将站到第四个农业发展阶段的入口处,到 21 世纪将逐步向高科技农业转变;发展中国家也将部分采用高科技成果,而且也会有部分发展中国家和地区逐步向高科技农业过渡。

由高科技形成的生产力比起现代农业的生产力来,将会有以下进步：从全盘农业机械化到自动化；从依靠石油化工能源到利用多种再生能源，实现全盘电气化；从采用有性杂交选育农作物和禽畜良种到利用生物工程技术定向创造新品种；从依靠机械和化学工业提供旧物质技术装备去提高耕地和牧场的生产率到合理利用和保护耕地、草原、森林和渔场；从很大程度地依赖自然到局部地人工控制和创造农业生产环境和条件；从现有的陆地和水面扩展到海洋以及可以利用太阳光能和热能的一切空间。高科技农业将使发达国家中的农业劳动力进一步减少并向工业及其他经济部门转移，留在农业的劳动力素质将会有更大的提高。他们必须受过良好的教育，有较高的科学知识水平以掌握高新技术。高科技一方面使得更多的人造纤维代替天然纤维，合成橡胶代替天然橡胶，但另一方面又使得更多的农作物作为工业的原料或作为能源作物来种植。届时，农业在整个国民经济中的比重会进一步下降，但在国民经济中的重要性将有新的提高。

从世界农业发展的轨迹可以看出，现代农业是对传统农业的继承和否定，现时高科技农业又是对现代农业的继承和否定。一方面，高科技农业继承并发展了现代工业所提供的物质技术基础，尤其是农业机械化技术；另一方面，高科技农业又从根本上否定了现代农业技术存在的种种弊病，使农业成为合理化的农业和持续发展的农业。必须强调指出，高科技农业不可能建立在依靠手工操作的繁重体力劳动及没有农业机械的基础上去实现。从这个意义上说，现代农业是从传统农业到未来高科技农业的必经阶段，避免发达国家现代农业技术畸形发展的错误，绝不等于要去否定现代农业发展阶段。对于还处在传统农业阶段的国家和地区来说，不能因为下个世纪将在农业中应用高科技，而在目前阶段就不搞农业现代化，放慢乃至停止农业科技进步。我们切不可相信那些认为可以超越阶段来发展农业的神话！没有农业现代化，就不能使农村剩余劳动力转移到其他非农产业，也就不可能有整个社会的进步和国民经济的现代化。

中国农业现代化的历程

中国农业经过近50年的发展,取得了举世瞩目的成就,有着极其丰富的经验教训。中国在农业现代化进程中所付出的实践代价和理论代价,对丰富世界农业现代化理论做出了巨大贡献。如果我们从中国农业现代化的运行机制和发展水平两方面考察,大体上可以1978年农村改革启动为界划分为两个时期:传统计划体制下农业现代化的变迁;改革开放中农业现代化的变迁。考察中国农业现代化的历程,不能静态地只作短期的形势估量和政策分析,也不能仅就农业论农业孤立地研究,而必须透过经济现代化的总过程来探索农业现代化的规律性,从社会主义现代化建设的总体战略中寻求农业发展多次起落的根源,从而确立正确的农业现代化战略。

1. 传统计划经济体制下农业现代化的历程

新中国成立后,最早提出建设农业现代化任务的是周恩来总理。1954年9月周总理在第一届全国人民代表大会第一次会议的《政府工作报告》中指出:“如果我们不建设起强大的现代化的工业、现代化的农业、现代化的交通运输业和现代化的国防,我们就不能摆脱落后和贫困,我们的革命就不能达到目的。”[①]后来,1955年毛泽东主席在《关于农业合作化问题》一文中又指出:“中国只有在社会经济制度方面彻底地完成社会主义改造,又在技术方面,在一切能够使用机器操作的部门和地方,统统使用机器操作,才能够使社会经济面貌全部改观。”并“估计在全国范围内基本上完成农业方面的技术改革,大概需要四个至五个五年计划,即20年至25年的时间。”[②]在集体化加机械化这一方针指导下,我国农业现代化建设也取得了不少成绩。50年代,主要推广

---

①　《周恩来选集》下卷,人民出版社1984年版,第132页。

②　《毛泽东著作选读》(甲种本),人民出版社1964年版,第424~425页。

劳动模范在种植业和养殖业方面的经验技术,以及推广由农家品种评选出的地方良种和农业科研机构选育出的少量良种,也开始着手现代生产要素的试验、示范和推广应用,大力兴办农业科教事业,由此拉开了我国农业现代化建设的序幕。进入 60 年代以后,主要致力于农业物质装备的技术改造,农业机械化、电气化、水利化、化肥化都取得了不同程度的进展。特别是农业机械化的进程较快,从 1966 年 7 月到 1978 年 1 月,国家曾先后召开过三次农业机械化工作会议,采取一系列措施大力推动农业机械化的发展。到 1978 年全国农业机械总动力由 1952 年的 18 万千瓦增加到 11749.9 万千瓦,增长 651 倍;机耕面积由 13.6 万公顷提高到 4067 万公顷,增长 298 倍;机电灌溉面积占总灌溉面积的比重由 1.6% 提高到 55.4%;机种机收等技术也得到广泛应用。与此同时,生物技术改造推进的力度虽不如物质装备技术改造,但在某些方面仍有重大进展,农业科学研究取得了许多重大成果并应用于农业生产中。尤其值得一提的是,70 年代初以袁隆平为代表的农业科学家成功地实现了籼稻杂交水稻的"三系"(即不育系、保持系、恢复系)配套,并于 1976 年开始大面积应用于生产,单位面积产量比常规水稻高出 10% 以上,对促进我国粮食生产的发展起了重大作用。更为重要的是,我国杂交水稻研究的重大突破,丰富了遗传育种理论和实践,对世界农业科学的发展作出了重大贡献。

　　应该强调指出,这一时期由于我国的社会主义工业化刚刚起步,工农业都十分落后,农业现代化又是在传统计划经济体制下进行的,行政手段是推进现代化的主要方式,因而集体化加机械化的农业现代化道路并未使我国农业面貌发生根本改变。按改革前 1977 年统计资料计算,粮食、棉花、油料的人均占有量还不及第一个五年计划结束时的水平。土地生产率仅粮食、棉花提高较快外,油料增长缓慢,糖料还是下降的。按每个劳动力生产粮食和净产值计算的农业劳动生产率都是下降的。详见表1。

表 1　1957—1977 年我国农业劳动生产率、土地生产率和商品率的状况

年　　份		1957	1977	1977 比 1957±％
人均占有量（公斤／人）	粮食	306	274.5	−2.2
	棉花	2.6	2.15	−17.3
	油料	6.6	4.25	−35.6
	糖料	18.4	21.3	15.8
单位面积产量（公斤／亩）	粮食	97.5	156.5	60.5
	棉花	19	28	47.4
	油料	40.5	47.0	16.0
	糖料	1861.5	1569.0	−15.7
每个劳动力产出	粮食（公斤）	1035.5	962	−6.6
	农业净产值（元）	335	317	−10.7
农副产品商品率*（％）		40.5	39.7	−2.0

　　* 集市贸易额未包括在内。如加上集市贸易额，1957 年农副产品商品率约为 47％，1977 年为 45％。

　　资料来源：张思骞等：《中国农业发展战略问题研究》，中国社会科学出版社1988 年版，第 24 页。

　　农业的缓慢发展，使得在改革前我国农民生活的改善极为有限。1978 年全国农民人均年纯收入仅为 133.57 元，比 1957 年增长 60.62元，年平均递增率只有 2.9％，同时约有 2 亿多农村人口尚不能解决温饱。在这样的社会经济条件下，农业现代化的目标必然严重受挫。除了少数粮食生产基地和部分国营农场技术改造取得显著成绩外，全国绝大部分农村仍然未脱离人畜力为主的手工操作和传统农业技术的阶段。社会劳动力的 80％以上仍然滞留在农业中特别是种植业中。

　　回顾这一时期的农业现代化历程，主要经验教训有以下几条。

　　（1）农业现代化主体是农民，必须充分调动农民在推进现代化过程中的主动性和创造性。在计划经济体制下,国家确定的农业现代化目标和任务,主要是通过行政命令层层分解和下达的方式发动农业生产单位去完成。这种自上而下强制性的技术变迁,发生了主体错位,政府成了技术选择的主体而不是农民。农民对农业现代化技术的选择和采用完全是被动的,抑制了对更有效的技术方案的积极探索,导致效益损失。更严重的是,这一时期的技术改造过分夸大了主观能动性的作用,做了一些违背自然规律和经济规律的事。例如,提出了1980年基本实现农业机械化的目标,并把机械化与政治联系起来,运用行政手段强行推进农业机械化的目标。这不仅严重脱离了我国的实际,而且由于当时物化劳动成本高于活劳动成本违背了经济规律。结果非但没有按预定目标实现农业机械化,反而延缓了生物技术改造的进程。

　　(2)国家财力的支持,对实现农业现代化具有不可替代的作用。这一时期的农业现代化建设资金来源,一靠国家拨款,二靠集体组织自身积累。其中,国家财政用于农业的份额以及农业基本建设投资占国有基本建设总投资中的比重,除"一五"时期较低外,均呈现在高位上波动的态势。详见表2。

表2　国家财力对农业的支持状况(%)

时期 比重	"一五" 时期	"二五" 时期	1963— 1965年	"四五" 时期	"五五" 时期
财政总支出中农业支出所占比重	7.4	12.5	15.0	10.2	13.2
农业基建投资占国家基建投资的比重	7.1	11.3	17.6	10.7	9.8

资料来源:《农业经济问题》1997年第5期,第34页。

　　国家财力对农业的大力支持,主要用于整修和治理大江大河,兴修农田水利,发展农用工业,兴办农业科研和推广事业等,这对农业现代化建设事业起了重要作用。与此同时,农业集体经济组织的资金积累和劳动积累对于农业基础设施的改善也发挥了重要作用。1956—1978年间,以集体经济为依托兴建了大批农田水利工程,开展了植树造林活动,添置了大批农业机械,推广了先进技术,使农业生产条件不断改善。

(3)"工业化偏好"的宏观经济环境,制约着农业现代化的进程。为了实现国家工业化的战备目标,同时又受到苏联计划经济模式的影响,我国政府作出了一系列特定的社会经济制度安排,主要有:对农产品实行统购统销制度;建立集体生产经营、政社合一的人民公社体制;实行城乡两个社会经济系统隔离的制度等。其目的就是低价收购农产品,获得稳定的农产品资源,以保障城市农产品供给、工业品原料供给,并从农业中提取剩余,以确保国家工业化战略的实施。这些制度安排和政策取向尽管对于实现工业化的战略目标起了历史作用,但同时也阻滞着农业现代化的进程:一是以统购统销取代市场机制后,切断了地区之间、城乡之间以及生产者与消费者之间的有机联系,致使农村经济形成结构单一的产品经济封闭体系。经济运行缺乏内在的自动调节机制,生产者无法根据市场价值规律和供求关系形成的价格信号对资源进行有效的配置,农村资源的流动和重组受阻,各地的比较优势无从发挥。二是工农产业价值交换和流转关系的失衡,削弱了农业自我积累和自我发展的能力。据有的学者估算,1952—1978年工农业产品价格"剪刀差"幅度扩大 44.92%[①],1952—1957年从农业部门聚集的净积累 475 亿元,占同期财政收入的 30.9%,1959—1978年为 4075 亿元,占同期财政收入的 21.3%。农业剩余向工业转移,影响了农业现代化水平的提高。三是为了确保农产品供给目标和提高农业剩余的转移能力,政府大力推进农业合作化,并很快选择了人民公社的经营管理体制。这使农产品收购由面向千家万户改为面向集体经济组织,从而有利于国家落实统购政策,保障城市和工业所需农产品的供应。但是,

---

① 严瑞珍等:《我国工农业产品剪刀差的现状、发展趋势及对策》,《生存、改革、发展(1988)》,中国展望出版社 1989 年版,第 18 页。

在政社合一的人民公社体制下,劳力、资金和土地等生产要素集中起来统一使用,不仅产权模糊,劳动贡献与报酬脱节,无法形成有效的激励机制,窒息了微观经济的活力,而且要素的自由流动受到严格的控制,特别是农业劳动力被强制地束缚在土地上,农民几乎完全丧失自由择业和流动的权力。四是城乡二元化分割,粮食配给和户籍制度人为地割裂了城乡之间统一的资源配置,使城乡变成了两个相对封闭的经济系统,农村剩余劳动力失去了正常进入城市的就业机会,从而在制度上把广大农民排斥在工业化进程之外。这样,在我国工业化过程中,就业结构转换严重滞后于产值结构转换;城市在集聚和生长现代生产力的同时,抑制了农村剩余劳动力的转移。农业占工农业总产值的比重由1949年的70%下降到1978年的25.6%;而农业人口占总人口的比例,1952年为85.6%,1978年为84.2%,20多年中几乎没有变化。这种经济结构的重心早已转移到城市和工业上来,而仍然保持如此之众的农业人口,这在世界工业化历史上绝无仅有[①]。农业剩余劳动力无从转移的结果,必然是农业劳动生产力无法提高(详见表1)。总之,宏观经济上的工业化偏斜战略及其相应的城乡社会经济制度的安排,是这一时期农业现代化进程滞缓的根本原因。

　　2. 改革开放中的农业现代化历程

　　党的十一届三中全会揭开了我国农村改革的序幕,作出了加快农业发展的重大决策,从此我国的农业现代化进入了新时期。这一时期,虽然工业化偏斜运行仍是农业现代化的宏观经济环境,但在市场取向改革中农户成为农村经济的微观主体,经济利益成为推动农业现代化的基本动力,农业现代化的运作呈现出一些新的特点。

　　(1) 农民是农业现代化技术选择的主体,经济利益机制成为决定

---

　　① 工业化先行国的产值和劳动力向工业转换基本上是同步的。如果以农业劳动力的份额的下降与农业产值份额的下降速度之比来衡量,英国在1801—1961年间为1∶1.01;美国在1839—1965年间为1∶1.06;加拿大在1870—1965年间为1∶1.04(雷锡禄等,1988)。

农业现代化变迁内容、方向和速度的核心因素。通过建立家庭联产承包责任制和逐步推进农产品流通体制的改革,农民获得了经营自主权和财产权,成为相对独立的商品生产者,开始以追求经济利益最大化为生产经营目标,利益机制对生产要素配置和现代化进程起着重要作用。1979—1984 年期间,农民对科技的需求迅速扩张,农业科技成果迅速得到推广应用。从 1985 年起,开始分品种渐进式地推进农产品流通体制改革,先行放开需求弹性大的水果、蔬菜、水产品和畜产品,实行市场调节,价格由市场形成。而需求弹性小的粮、棉等大宗农产品,后进入市场,仍然全部或部分由国家定购、专营,并由国家定价。在两种价格形成机制的条件下,市场化程度高的一些部门,如蔬菜、水果、养殖等产品比较效益较好,生产经营的效率较高,逐步确立了自我积累、自我发展、自我调节的经营方式和运行机制,专业化、社会化生产水平不断提高,现代要素的集约程度也提高较快,推进了高产、优质、高效农业的发展。相比之下,粮、棉等大宗农产品的市场化程度较低、比较效益较低,生产的现代化进程还要慢些。这就导致农业内部各部门的现代化进程表现出差异。据测算,科技进步在农业各业生产增长中的贡献率,渔业为 48%,畜牧业为 47%,种植业只有 34%①。

(2) 农业现代化投资主体多元化。改革开放以来,随着农户成为农村经济微观主体,农户成为农业现代化建设投资的一支重要力量,与国家、农村集体经济组织一起,逐步形成投资主体多元化的格局。国家对农业的投资主要是用于水利建设和兴建粮、棉等生产基地,组织实施了农业综合开发等项目建设,这对改善农业基础条件起到了一定的作用。据统计,1988—1995 年期间,全国农业综合开发累计投资约达 367亿元。其中,中央的农业发展基金投入占 34.1%,地方财政配套投入占 25.1%,农业综合开发专项借贷款占 18.5%,集体和农民集资占15.1%。此外,8 年来农民还投入活劳动 40 亿个工日,折合资金约 280

---

① 《农业科技贡献率显著提高》,载《农民日报》1996 年 12 月 30 日第 1 版。

亿元。在科技投入方面,在组织科技攻关的同时,从 80 年代中期开始
建立农业技术推广中心,建立良种繁育体系,开展"丰收计划"、"星火计
划"等科技推广项目,以此来推广先进的农业配套技术。后由于科技投
入不足,特别是进入 90 年代,一些地区要求农技推广机构"脱钩"、"断
奶",严重地影响了农业技术的推广应用。农业特别是粮、棉生产比较
效益低,致使投资主体对农业现代化投入缺乏动力和热情,各地农业资
金向非农产业流转的现象相当普遍。这一时期农业现代化建设投资严
重不足,影响了农业现代化的进程。不仅农业基本建设投资占国家基
本建设投资总额的比重呈下降趋势①,而且"六五"、"七五"两个计划时
期农业基本建设投资绝对值比 70 年代末有所减少,到 1989 年以后才
开始增加,结果使农业基础设施老化失修,带病运转,抗灾能力明显下
降。在全国 8.4 万座小水库中,带病运行的占 1/3,灌区工程基本完好
率仅有 30%,有效灌溉面积减少了 200 多万公顷②。

　　(3) 农村工业化为农业现代化创造了必要的经济前提。具有中国
特色的乡镇企业,是在特殊的社会经济条件下产生和发展的,因而决定
了它在农业的历史性变迁中具有特殊的地位和作用,它与农业现代化
进程有着特殊的内在联系,主要表现:乡镇企业吸纳农业剩余劳动力,
逐步增强了农业采用现代物质技术装备的现实需求与购买力;乡镇企
业发达的农村"以工补农"或"以工建农"的资金,为农业现代化提供了
资金支持,在一定的区域范围内实现了工业反哺农业的转变;发展农业
产业链中的农产品加工和农用工业,促进了农业产业一体化经营的进
程;乡镇企业的发展,带动了农村城镇化发展,进一步促进了农村剩余
劳动力的转移和农村市场经济的发展。所有这些都为农业现代化的运
作创造了必要的社会经济条件,并成为农业现代化的重要环节。

---

　　①　这一比重"五五"时期为 9.8%,"六五"、"七五"时期为 3.3%,1994 年降至
最低点,仅为 2.5%。

　　②　农业部:《中国农业发展报告》,中国农业出版社 1985 年版,第 27~28、
33 页。

(4) 不断扩大的对外开放政策加快了我国农业现代化进程。改革开放以来,农业领域的国际交流与合作不断拓展,引进了大量的外资和许多先进实用的农业技术、装备、工艺和管理经验。引进外资已成为我国农业现代化的资金来源之一。截止 1992 年,我国整个农业领域利用外资规模已超过 100 亿美元[①]。90 年代以来,我国农业利用外资明显增加,引进了优良品种和先进技术,提高了农产品的品质和产量,使许多农产品打入国际市场;引进设备、工艺和管理经验,促进了一批生产、加工、销售一体化经营的大型企业集团的形成。总之,对外开放促进了优质、高效农业的发展,促进了由传统农业向现代农业的转变。

改革开放以来,我国农业现代化建设取得了举世瞩目的成就。

(1) 科技进步在农业增产中的作用显著增强。80 年代全国农业科技成果有了大幅度增长,1990 年产生的科技成果数为 1980 年的 190.3%;1990 年每万名农民中有 3.5 人受过中等以上的农业教育,是 1980 年的 194.4%[②]。农业科技事业成绩斐然,一是动植物品种资源和良种选育进展迅速,主要农作物和禽畜品种已更新 3～4 代,全国的良种覆盖率已达到 80% 左右;二是动植物病虫草害综合防治技术有新突破;三是研制并推广应用了一批农副产品加工设备和加工增值新技术、新工艺;四是农业高新技术如细胞杂交、胚胎移植、微生物发酵工程等取得较大进展,并已开始应用于农业生产;五是农业高产高效栽培技术研究和应用有突破,多种作物间套复种多熟技术迅速发展等等。农业科技事业的成就特别是大量成果的推广应用,使得农业科技进步在农业增产中的作用显著增强。据农业部 1996 年底测算,"八五"时期农业科技进步在农业增长中的贡献份额已达 34%,1996 年又提高到 39%[③]。

---

① 农业部:《中国农业发展报告》,中国农业出版社 1996 年版,第 59 页。

② 国务院研究室、农业部"中国农业综合生产力研究"课题组:《中国农业综合生产力研究》,农业出版社 1993 年版,第 202 页。

③ 《农业科技贡献率显著提高》,载《农民日报》1996 年 12 月 30 日。

(2) 在农业生产中的现代生产要素使用量明显增加。在农业机械方面,1995 年全国农业机械总动力比 1978 年增长 2.07 倍,农田作业机械化水平有了提高,机耕面积的比重达 56.3%,机播面积比重为 20%,机械植保面积比重为 15%,机械收获面积比重 11.2%,机械铺膜面积和机械脱粒数均比 1978 年有较大幅度增长。全国化肥施用量,1978—1985 年期间增长 2.8 倍,每亩施用量由 3.93 公斤增加到 15.98 公斤,增长 3.07 倍。灌溉面积,1995 年达到 4928.1 万公顷,比 1978 年增长 9.6%。农村用电量,1995 年达到 1655.7 亿千瓦小时,比 1978 年增长 5.5 倍。与此同时,农膜、塑料大棚使用量增大,设施农业开始兴起,被誉之为"白色革命",为棉花等农作物生产创造了更好的条件,反季节的商品性蔬菜等生产基地迅速发展,对增加产量、提高品质、供应市场起了重要作用,从而大大提高了土地的生产率和经济效益,开始迈向集约型的农业发展道路。

应当指出,这段时期由于工业偏斜的宏观经济发展战略仍未改变,农业投入不足,影响现代化进程,但农业现代化建设仍取得了可喜的进展,农业综合生产能力有了新的提高。同时,由于农村改革给农村经济注入了活力,使得农业综合生产能力很好地发挥出来,进而使农业快速增长。1978—1994 年,按可比价格计算,我国农业总产值年平均增长 5.1%,比 1952—1978 年的平均增长 2.6% 的速度高出 2.5 个百分点。

综上所述,我国农业现代化历程中两个时期变迁的实践表明,农业现代化的目标取向和制度安排上的差别,是农业现代化运行机制与发展速度出现迥异的深层次原因。由计划经济向市场经济体制转轨中释放出来的巨大能量,说明制度创新对农业现代化进程的影响至关重要。

(原载《中国经济现代化》,南京出版社 1998 年版)

中国农业现代化的特殊道路

　　实现农业现代化一直是以毛泽东为核心的党的第一代领导集体关心和重视的一件大事。但由于受"左"倾思想的影响,脱离了当时中国农业发展的实际情况,使得我国农业现代化长期处于曲折艰难的境地。我国农业现代化道路应该怎么走,历史的重任落到了以邓小平同志为核心的党的第二代领导集体的身上,他们在总结历史经验教训的基础上,着重解决了两个问题:一是提出了中国式农业现代化;二是探索了中国式农业现代化的道路。所谓中国式的农业现代化,不是要否认世界农业现代化进程中的共同规律,更不是要降低现代化的标准,而是要从我国国情出发,实事求是地寻找一条有效的途径。刚进入 90 年代,邓小平同志就及时地把握农业未来发展方向,提出中国社会主义农业的改革和发展,从长远的观点看要有两个飞跃,第一个飞跃是废除人民公社,实行家庭联产承包为主的责任制;第二个飞跃是适应科学种田的生产社会化的需要,发展适度规模经营,发展集体经济①。邓小平关于农业"两个飞跃"的论述,为我们指明了实现中国式农业现代化的发展道路。

---

　　① 《邓小平文选》第 3 卷,第 355 页。

农业现代化要从中国的国情出发

具有中国特色的农业现代化需要借鉴世界发达国家农业现代化发展的成功经验，但是决不能照搬照抄别国的模式。早在1979年《中共中央关于加快农业发展若干问题的决定》就明确指出："为了实现这样的目标（指农业现代化——笔者注），必须从我国人口多、耕地少、底子薄、科学文化水平低，但幅员广阔、自然资源比较丰富、有众多劳动力等特点出发，认真总结我国自己的经验，虚心学习外国的先进经验，尽可能避免技术先进国家曾出现的弊病，走出一条适合我国情况和农业现代化的道路。"①中国的国情决定了由传统农业向现代农业转变的前景是乐观的，但困境和挑战也是严峻的，面临着一系列长期不容忽视的制约因素。那么，中国国情有哪些因素构成对现代农业发展的挑战呢？归纳起来，大致如下：

（1）人口多，耕地少，人均农业资源日趋紧张。我国有12多亿人口，其中80％在农村。中国自然资源总量，如耕地、林地、草地、水面等的绝对量虽然居于世界前列，但是按人口计算，人均占有量显著低于世界平均水平。我国人均占有土地仅相当于世界平均数的30％；人均占有耕地仅相当于世界平均数的31％；人均占有林地仅相当于世界平均数的12％；人均占有草地仅相当于世界平均数的35％。这说明我国是世界上农业资源相对稀缺的国家。近几年，我国十分重视人口问题，实行计划生育政策，有效地控制了人口的盲目增长，但人口由于基数过大，仍会呈现增长趋势；而作为农业最主要的生产资料——耕地，却年年呈现减少趋势，人均占有耕地的水平还会有较大的下降。再加上局部地区供水能力不足，一起构成了我国人口与资源矛盾的基本格局。

---

① 《新时期农业和农村工作重要文献》，中央文献出版社1992年版，第42页。

这种供需不平衡的矛盾,随着全国总人口的不断增长,国民经济进入高速增长阶段,资源需求量和消费量迅速增大而变得更加尖锐。

从农业经济资源衡量,在中国现代农业的发展过程中(人均收入低于 1000 美元以前)农业部门的资源向非农业部门的转移趋势在不断增强。根据有的学者计算,中国农业资源流失量 1982 年为 256.42 亿元,1984 年为 727.90 亿元,1986 年为 178.09 亿元,1988 年为 152.46 亿元,1990 年为 148.67 亿元①。由于在中国经济现代化过程中,农业是工业化资金积累的重要来源,人们在赞扬农业这种贡献的同时,却往往忽视这种资源外流对现代农业发展所造成的负面影响,从而使这种流失的趋势难以逆转。

综上所述,农业自然和经济资源的日趋紧张,必然对中国未来现代农业的发展形成严峻的挑战。

(2) 环境污染,生态失衡,制约着农业的持续发展。资源和环境是人类生存和发展的基础,也是决定我国农业发展水平和速度最基本的限制条件之一。根据测算,到 2030 年中国人口将达到或接近资源承载极限,形成人口压迫资源的局面。超负荷、超速度地过量开采资源,使生态环境造成很大程度的破坏②。环境质量下降主要表现在:① 环境污染严重,已由城市向农村蔓延。目前,我国城乡的"三废"污染已经相当严重,大气、水体、土壤等环境介质污染的总体水平,已相当于发达国家五六十年代的严重时期,而且还具有跨地域、影响范围大、滞留时间长、治理困难等特点。据有关部门统计,全国每年排放废污水 365 亿吨,80％未经处理直接进入水域。根据国务院技术研究中心统计,早在80 年代中期全国受工业三废、乡镇工业和农药污染的耕地近 3 亿亩,仅农药污染的耕地就占总耕地的1/7。② 水土流失面积有增无减。由

---

① 程国强:《江苏社会科学》1996 年第 1 期,第 15 页。
② 胡鞍钢等在《生存与发展》报告中认为,中国生态环境现状为先天不足,并非优越;后天失调,人为破坏;退化污染,兼而有之;局部改善,整体恶化。

于在国土面积中山地比重大,很容易引起水土流失。到 1993 年,全国水土流失面积达 367 万平方公里,比解放初期增加了 216.7%,每年流失泥沙 50 亿吨左右,带走了大量的有机肥力。③ 森林减少,草原退化,沙化、风蚀灾害严重。尽管全国森林覆盖率比解放初有较大提高,但按航片测算还不足 10%①。虽然建设了近 1 亿亩的人工草场,但是全国草原退化面积已达 7.7 亿亩。另外,沙化土地面积平均每年扩展 1500 平方公里,占国土面积的 11.4%,并且主要是人为活动造成。自然资源和自然环境是农业持续发展的基础,水土流失不断增加,生态环境日趋恶化等问题,使未来中国现代农业持续发展面临着严峻的挑战。

(3) 社会对农产品的需求加速增长,农产品生产的增长却受到诸多制约。在未来的发展时期,随着中国人口增长和收入水平的不断提高,尤其是农民收入水平的提高以及城乡人口结构的变动,必然使农产品的社会需求总量大幅度增加,其中人们对高价值食品的需求将呈现高速增长。而消费处于食物链较高层次的高价值食品所间接耗费的初级农产品,较之人们直接消费初级农产品所需要的数量要大得多,因此,全社会实际总的农产品需求将加速增长。从粮食需求看,随着人口持续增长,粮食生活消费需求量,2000 年预计将达到 44691 万吨,其中由于新增人口所引起的需求量占需求增量的 40%②。而粮食生产达到 5 亿吨的目标,平均每年要递增 1.35%,届时人均占有粮食 384 公斤,还未达到 1984 年人均 392.8 公斤的水平,2010 年预计总产量将达到 57633 万吨,平均每年递增 1.43%,人均 412 公斤,略微超过人均 400 公斤这一很低水平标准③。中国农产品生产增长的制约因素主要来自三个方面:其一,仅靠提高单产增加产量,在农业科学技术没有较大突破的条件下,增长的潜力是有限的。特别是耕地面积逐年下降,更加重

---

① 中科院环委会:《中国 2000 年生态环境预测及对策》。

② 同前胡鞍钢等《生存与发展》国情报告。

③ 笔者根据国家计委经济研究所课题组《1996—2010 年中国农业发展》报告的资料与《中国农村统计年鉴(1996)》的统计数据重新计算的。

了对提高单产的压力。其二,农业资源积累水平一时难以显著提高,农业现代化所需的资金、物质投入不足。由于我国是在积累少、底子薄的基础上推进工业化的,且长期以来所选择的是一条向重工业倾斜、激进工业化的道路,农业基础脆弱的状况一直没有得到改变。随着工业化中期阶段的到来,国民经济重心仍在非农产业部门,农业现代化资金短缺的矛盾还将继续存在。其三,农业资源数量和质量将在更大程度上呈现下降趋势,进一步加剧了中国农业资源不足的矛盾。

(4)地区之间发展不平衡加剧,影响资源配置效率,阻碍农业的均衡发展。中国是个幅员辽阔的大国,地区之间在资源禀赋条件以及社会经济基础条件等方面存在很大的差异性,因而各地的经济发展水平很不平衡。在市场经济条件下,由于竞争基础不同使得地区之间的经济差距在一个相当长的时期内非但不会缩小反而可能扩大。一方面沿海城郊发达地区农业已进入初步现代化阶段;另一方面欠发达地区、贫困地区和少数民族地区仍停留在传统农业阶段。区域经济发展失衡就很难使整个中国的农业以较快的速度发展。特别是经济体制转轨过程中的利益格局,强化了地区贸易壁垒和保护主义意识,在地区经济中农业逐渐又走向抑制区域分工、追求自我平衡的轨道,从而降低资源配置的效率,阻碍农业的持续发展。

(5)农村劳动力科学文化水平低,农民的整体素质也较低。长期以来,自然经济、半自然经济在农业中居主导地位,运用简单的手工工具和畜力耕作,从事自给自足的农业生产,农村劳动力素质普遍低下。改革初期,农民中有文盲、半文盲要占 1/3,大专生、本科生更是凤毛麟角,边远地区、贫困地区农村劳动力科学文化水平更加低下。

总之,人口多与资源相对稀缺的矛盾以及由此派生的其他矛盾始终是中国现代农业发展进程中的核心问题,农业现代化战略目标、途径和措施的选择,都必须从这个基本的国情出发,才能登上持续发展的坦途。

农业现代化要准确地把握所处的历史方位

衡量中国农业现代化所处的历史方位,可以有多种方法,我们这里从现代农业发展的水平、状态和阶段几个侧面,对现阶段我国农业现代化的历史方位做一些分析和判断。

1. 农业发展的水平、状态

40 多年来,特别是改革开放以来,我国农业发展的水平获得了显著提高,主要表现在以下几个方面。

(1) 农业综合生产能力迅速提高。在改革开放前的 1952—1978 年期间,我国农业生产总产值平均以 2.6% 的速度增长,高出同期人口增长率 0.5 个百分点。从国际经验看,这一速度属于正常和可以接受的增长。改革开放以来,农业综合生产能力得到了大幅度的提高,仅 1979—1984 年期间农业综合生产能力就提高了 60.7%,其中粮食、经济作物、畜牧业、渔业生产能力,分别提高了 24.4%、33.6%、64%、67%[①]。从实物量看,种植业的综合生产能力,70 年代基本上在 3 亿吨标准粮食单位的水平上,80 年代初突破 4 亿吨大关,90 年代又登上 4.5 亿吨的台阶。联合国粮农组织(FAO)曾经进行过估计,与 1980 年相比,1992 年全世界平均农业生产增长指数为 127.6%,而中国为 188.3%,中国农业综合生产能力提高的速度在全世界是最高的。国际舆论普遍把改革开放以来中国经济发展称之为"世界经济史上的奇迹",而这一奇迹的取得首先得力于农业综合生产能力的提高。正是由于农业综合生产能力的提高,我国才能够在 80 年代中期基本解决了温饱问题,并于 90 年代初步入了高产、优质、高效农业发展的新阶段。

(2) 农业生产结构日益合理化。农业现代化过程,从某种意义上

---

① 国务院研究室、农业部"中国农业综合生产能力研究"课题组:《中国农业综合生产能力研究》,农业出版社 1993 年版。

说就是农业内部结构不断得到优化,并向高级化持续演进的过程。40多年来,我国农业生产结构获得了明显的合理化调整。1952—1995年期间,结构变化值达到了56.94[①]。详见表1。

表1 我国农业内部结构的变化(%)

年份\产业	1952	1978	1995
种植业	86.9	79.99	58.43
林 业	0.7	3.44	3.49
牧 业	12.0	14.98	29.72
渔 业	0.4	1.58	8.36

资料来源:《中国统计年鉴》;《中国农村发展报告》,中国农业出版社1996年版。

分阶段看,改革以前我国农业生产结构变化比较缓慢。1952—1978年期间,结构变化值只有13.81,并且在结构中长期突出了"三个为主",即农业以种植业为主,种植业以粮食为主,粮食生产又以高产粮食作物为主,其核心是追求粮食高产和解决吃饭问题。这一时期的农业生产结构人们称之为单一的"一头沉"的粮食型结构。应该看到,这一农业生产结构的形成有一定的历史必然性。1949年新中国成立时,全国人均粮食产量仅为209公斤,以后虽有所提高,但长期在300公斤上下徘徊。对政府而言,所面临的首要任务是保证全国人民食品消费的基本需求,与饥饿作斗争,解决人民的温饱问题。由于人口过快地增长但又缺乏粮食稳定增长的生产能力和物质基础,在相当长的一段时

① 结构变化值是反映经济结构变动进程的速度指标,等于各部门报告期与基期结构指标的偏离值(绝对值)之和,计算公式为:$K=\sum |q_{iL}-q_{io}|$,其中q_{iL}为报告期第i项产业的产值在农业总产值中的比重,q_{io}为该i项产业在基期的比重。

期内,粮食问题对我国政府构成严重的挑战,使得政府的农业政策取向偏重于农产品总量增长的目标,尤其是追求粮食产量的增长,强调"以粮为纲",尽可能地解决粮食供给短缺的压力,实现粮食安全的目标。就广大民众来说,由于为贫穷所困,对农产品的消费倾向在于"充饥填肚",而绝无"精细"、"营养"之奢望,因而也形不成对农产品需求结构转换的拉动。政府的政策取向与民众消费倾向的合力导致以粮食生产为主的种植业比重居高不下,农业生产结构长期得不到合理的调整。

改革开放以来,我国的农业生产结构进入了加速调整的阶段。党的十一届三中全会揭开了对农村产业结构进行调整的序幕,1981年中共中央、国务院在《转发国家农委关于积极发展多种经营的报告的通知》中,制定了"决不放松粮食生产,积极开展多种经营"的方针。这一时期我国的农业生产结构调整之所以能够取得长足的进展,一方面固然是因为农业生产的物质基础较之过去有所增强,但更为重要的原因是改革开放形成了一系列有利于结构调整的新机制。其中主要有:市场需求的诱导;技术进步的支持;市场取向改革所形成的制度创新的激励;国家通过大量进口粮食,减轻了粮食生产的压力,为结构调整提供了物质保证等。所有这些因素都有力地促进了农业生产结构的合理调整,不仅在农业总产值构成中种植业产值的比重迅速下降,其他各业的产值比重大幅度上升,而且农业生产各部门内部也发生了明显的结构重整。在农产品供给总量大幅度增长和供给结构日趋多样化的同时,农业生产也开始向优质、高效的方向转变。这样演变的结果,不仅从总体上提高了农产品的质量,能够更好地满足日益增长的社会需求,而且使农业作为一种就业门路逐步具备了增加农民经济收入的功能。总之,前10多年来农业生产结构的不断调整,持续不停地释放出结构效应,拓展了农业内部的开发空间,促进了农业生产效率水平的提高和农村经济的综合发展。

(3)科技进步已成为决定农业发展速度和水平的重要因素。40多年来,特别是改革开放以来,是农业科技进步最快的时期。科学技术进步的最重要体现是投入产出比率的提高。最近10多年来的实践证明,在粮食增产中,扩大耕地面积占 20％,提高土地生产率——单位面积产量却占到 70％。在提高土地生产率中,良种的选育、更新和推广占 20％～30％,良好的灌溉条件和增施化肥占 40％～50％。80 年代,我国提高土地生产率的重要因素首推作物杂交种和其优良品种的大面积推广应用。例如,经测算,山东省棉花增产中有 45％应归功于棉花良种的推广应用,良种成为增产的第一位重要因素。又如,经计算,江苏省杂交稻比常规稻增产 15％,其中 85％应归功于杂交稻的杂交优势。作物栽培的地膜覆盖技术是提高土地生产率的又一个重要技术因素。另外,叶龄促进栽培技术、配方施肥技术、病虫害防治技术、合理灌溉技术以及改变耕作制度等都明显提高了土地生产率。在畜禽增产中,采用综合技术措施蛋鸡提高 54％,肉鸡提高 73％,瘦肉猪提高 42％[1]。农业科技事业的巨大进步有力地推动了我国农业由传统型向现代型的转变,科技进步已成为在农业生产要素组合中最活跃的因素。就整个农牧生产来说,据测算,科技进步在我国农业增长中的贡献份额,70 年代为 27％,"六五"期间达到 35％,"七五"期末为 40％[2],目前为 45％左右,尽管这一份额尚不及发达国家的 60％,科技进步的速度也不算高,但从我国农业科技进步的历史来看,改革开放以来的 10 多年确实是最好时期。随着农业科技的进步,为各种资源潜能的发掘和释放拓展了空间。从我国国情出发,依靠科学技术发展是农业最终的出路。在我国单纯依靠增加土地和劳动力投入来实现农业总量增长的时代已经结束。从现代农业的长远发展看,以下三条道路是行不通的。一是我们不能走拼资源消耗发展农业的道路;二是我们不能走高投入或超常规投入发展农业的路子;三是我们不可能单纯走"生态农业"或"有机农业"的路子。我国的具体国情决定了我们只能走以科技为先导

---

① 农业经济问题编辑部:《农业最终是科学解决问题》,载《农村经济问题》1989 年第 9 期。

② 朱希刚:《技术创新是我国农业技术进步的主攻方向》,载《中国农村重大问题观点荟萃》,中国农业科技出版社 1994 年版,第 383～384 页。

的资源密集型和技术密集型的现代农业的发展道路,利用技术创新及其相应的要素投入来提高农业生产率已成为农业增长的重要源泉。

（4）农业开始向产业一体化的经营方向转变,传统分散的、小农式的产业弱质性有了明显改观。改革开放以来,我国农业逐步由自给半自给生产向商品生产转变,并进而向现代市场农业的方向转变。在这一转变过程中,一些地方本着因地制宜、发挥优势、相对集中、高产高效的原则,统一规划,合理布局,农业经营方式发生了重大的变化。沿海一些发达的省、市在政府推动、"龙头"企业带动、市场牵动、利益联动的综合作用下,已经走上了产加销、贸工农一体化经营的发展道路。农业产业化最初由山东省提出,继而成为全国发展现代农业的重要途径。农业向生产专业化、布局区域化、经营一体化、服务社会化、管理企业化方向转变的格局正在形成。它们突破了所有制和行政区域的限制,也突破了城乡分隔传统体制的束缚以及行业隶属关系的界限,在改革和发展中创建了一系列新型的农业经营模式,如"龙头"企业带动型公司（公司＋基地＋农户）,市场带动型（专业市场＋农户）,主导产业带动型（主导产业＋农户）,中介组织带动型（农民专业协会或联合体＋农户）。这是我国农业的组织结构和经营方式朝着现代化方向迈出的坚实步伐。

2. 农业现代化所处的阶段

为了对现阶段我国农业现代化的历史方位作出进一步的分析和评估,我们还可以通过国际比较和个案实证分析进行判断。

从农业的产出指标看,尽管我国的许多农产品的总产量已居世界前列,从农业生产的效率与发达国家相比还存在很大差距。据国家统计局统计,1996 年我国平均每一农林牧渔业劳动者创造的农业增加值仅为 4106 元,平均每一劳动者生产的粮食、肉类（猪、牛、羊肉）和水产品分别为 1485 公斤、125 公斤和 72 公斤[①],这些指标只有发达国家的

---

① 马洪:《经济白皮书 1996—1997》,中国展望出版社 1997 年版,第 18～19、23 页。

几十分之一,有的甚至还低于世界平均水平。1996 年我国单位播种面积的粮食产量为 291 公斤/亩,农业综合商品率不足 55%,与发达国家的水平比也存在明显的差距。从农业现代化的条件指标看,差距同样明显。

(1) 我国目前科技进步在农业增长中的贡献份额只有 40%～45%,而发达国家已达 70%～80%。新中国成立后,我国共培养了 140 多万农业科技人员,但其中有 50% 以上流动到非农业部门,使得我国每万名农业人口中仅拥有 6 名农业科技人员[1]。同时,广大农民对科学技术的内在需求和他们的科技文化素质还没有得到实质性提高,而是仍然按照传统或习惯认为是理所当然的经验方式去组织生产经营,人力资本稀缺的状况并未有明显的改观。

(2) 物质投入偏低,化肥、农机、农药的投入水平和利用效率都低于发达国家。以化肥为例,1995 年我国每公顷播种面积施用化肥平均约为 240 公斤,明显低于发达国家 80 年代每公顷施用 300～450 公斤的水平,特别是由于施肥技术落后、氮磷钾肥比例失调等原因,目前我国的化肥利用率仅为 35%,而世界平均水平是 60%,技术先进国家达 70%。

大量实证分析的资料也表明[2],在我国的农业生产中,传统的生产要素和技术手段仍然占主体地位,特别是中西部欠发达地区,农业生产的各个环节还是以手工劳动和畜力耕作为主,机械为辅。在一些地区和生产环节中,按照世代相传的经验和技能组织从事农业生产活动的现象还普遍存在。

最后,对发达地区案例的指标化分析和类比分析,也充分说明我国农业现代化仍然处于较低阶段。表 2 是江苏省无锡县(现锡山市)1991 年农业现代化指标的分析。

---

[1] 杨忠源等:《提高农民科技文化素质的对策研究》,农业部软科学委员会基金资助课题,1995 年打印稿。

[2] 张留征:《中国农村经济发展探索》,中国经济出版社 1990 年版。

表 2　无锡县农业现代化指标分析（1991 年）

分类总体指标	权重	主体指标	权重	群体指标	权重	单位	1991 年实际值	2010 年目标值
成果指标	0.4	劳动生产率	0.35	劳均产品能量产出量	0.6	万千卡/年	1750	3000
				劳均农业产值	0.4	万元/年	0.68	4.0
		土地产出率	0.35	亩均粮田产量	0.4	公斤/年	646.2	800
				亩均耕地年产值	0.6	元/年	588	1000
		商品率	0.30	农产品出售率	1.0	％	62	80
条件指标	0.6	操作机械化	0.30	亩均耕地农机动力	0.4	千瓦/亩	0.63	1.0
				粮田机耕率	0.2	％	99.6	100
				机播（栽插）率	0.2	％	4.5	8.0
				机械收获率	0.2	％	16.7	80
		农田标准化	0.20	永久性排渠受益率	0.5	％	0.8	80
				标准圩岸比率	0.5	％	51.3	100
		农艺规范化	0.20	良种使用率	0.5	％	80	80
				粮田化肥施用量	0.2	公斤/亩	35（纯氮）	40（纯氮）
				化学除草面积率	0.3	％	80	95
		服务社会化	0.10	标准化服务站普及率	0.5	％	49	100
				乡村统一供种率	0.5	％	72	95
		生产专业化	0.10	粮田专业集约经营	0.6	％	3.4	80
				专业场圃生产率	0.4	％	29.9	70

分类总体指标	权重	主体指标	权重	群体指标	权重	单位	1991年实际值	2010年目标值
条件指标	0.6	管理科学化	0.10	百亩粮田拥有技术人员数	0.6	名	0.10	1.50
				副业技术人员占副业劳动力比重	0.4	％	3.2	10

　　上表比较全面系统地列出了能够反映农业现代化的各项具体指标,表中2010年目标值的选择有的是根据国际水平设定的,如每亩年均谷物产量800公斤;有的是根据以往已达到的发展速度然后进行趋势外推得出的,如"农产品出售率"、"亩均农机动力"等指标;还有一些是根据指标体系内在联系进行相关性预测的结果,如"标准化服务站普及率"、"百亩粮田拥有技术人员数"等。在确定了各项指标后,再根据各项指标的相对重要性,运用经验法(亦可采用德菲尔法即专家意见咨询法——笔者注)规定其权重。通过计算得出1991年锡山市农业现代化各主体指标的综合系数分别为:劳动生产率0.418,土地产出率0.676,农产品商品率0.775,操作机械化0.504,农田标准化0.257,农艺规范化0.93,服务社会化0.624,生产专业化0.197,管理科学化0.168。分类总体指标的综合指数为:成果指标0.615,条件指标0.487。总体指标的综合评价指数为0.538。根据农业现代化发展阶段的经验性划分,这一指数值表明1991年锡山市农业现代化的总体水平还处于初步现代化阶段[①]。

　　于是,我们据此可得出这样一个基本认识,既然作为全国百强县之首、代表全国土地规模经营和"以工补农"、"以工建农"最高水平的锡山

---

① 唐金虎等:《无锡县农村现代化指标研究》,载《改革与试验》1993年第10期。文中用以衡量农业现代化阶段的综合指数值是:准备现代化—0.5以下;初步现代化—0.5~0.6;基本现代化—0.6~0.8;现代化—0.8以上。

市的农业现代化尚处于初步现代化阶段,那么,在我国东部、中部、西部三大区域农业现代化发展水平极不平衡的情况下(见表3),全国农业现代化的整体水平的综合评价指数必定是远远低于0.5指数值。这一类比分析结果显示,我国目前的农业现代化仍处于较低的水平阶段。

表3　我国三大区域农业现代化主要指标分析(1992年)

主要指标	单位	东部地区	中部地区	西部地区
农民人均纯收入	元/人	1700～2500	700～1000	400～800
农村人均社会总产值	元/人	11000～17000	2000～7000	1000～3000
农村人均农业总产值	元/人	1500～2700	1000～1500	700～1500
农业劳动力占农村劳动力比重	%	＜60	70～85	75～99
农业商品率	%	60～80	60～80	35～65
单位耕地面积粮食产量	公斤/公顷	435～1000	400～700	66～700
人均肉类产量	公斤/人	44～141	20～90	15～40
林牧副渔所占比重	%	40～55	30～50	17～50
每日公顷农机总动力	千瓦	37～69	24～40	平均15
有效灌溉面积比重	%	80～100	平均83	平均49
化肥有效成分施用量	公斤/公顷	30～40	20～35	平均15
农技人员占农业劳动力比重	%	10	2～4	—

资料来源:《中国统计年鉴》,收入和产值指标系当年价。

综上所述,新中国成立后,特别是改革开放以来,我国农业现代化取得了显著成就,农业物质生产条件有很大改善,科学技术取得了长足进步,加上制度变革给农业带来活力,使农业发展水平获得明显提高。但与此同时还应看到,我国农业经营规模小而分散,组织程度低;农业基础设施薄弱,科技普及程度低;市场意识和经济发展水平低,地区间存在很大差别；国家的综合国力尚有限，不能对农业作大量的投入。所有这些，就决定了我国农业现代化还处在低水平的历史阶段。

农业现代化要有恰当的
战略目标和新的发展思路

　　农业现代化作为一个历史的渐进过程，包含了农业发展战略的全部内容。由于各个历史阶段科技发展水平的不同，自然、经济、社会条件的差异，各国各地区采取了不同的实现农业现代化的道路，但其基本的目标是共同的，都是旨在大幅度地提高劳动生产率、单位面积土地和单位养殖的生产率、投入产出率、商品率和改善农业资源的环境质量，发展高产、优质、高效农业，以提高农业的综合生产力水平与效益，使农业发展同整个国民经济的现代化相适应。

　　对待国外实现农业现代化的经验，一直存在着盲目排外与全盘照搬两种倾向。西方国家或前苏联、东欧国家，在实现农业现代化过程中偏重于生产手段的现代化，以提高劳动生产率为主要目标。过去，我们曾把农业现代化片面地理解为农业机械化、电气化、化学化和水利化，以"老四化"的水平作为我国农业现代化的目标，基本上照搬照抄了当时苏联的一套模式，这是不完全适合我国实际情况的。早在1975年8月，邓小平同志就指出："农业现代化不单单是机械化，还包括应用和发展科学技术等。"[①]

　　中国的特殊国情决定了没有任何国家农业现代化模式可以模仿，同时也决定了中国农业现代化实施过程要比其他国家难度更大，要求更高，必须走具有本国特色的农业现代化道路。根据中国的实际情况，农业现代化的目标，就是要按照邓小平同志关于农业发展要实现"两个飞跃"的指导思想，用现代化的生产资料、现代化的科学技术和现代化

①《邓小平文选》第2卷，1994年版。

的经营管理方法武装农业,促进农业的大发展,尽快提高农民的生活水平,使其逐步走向共同富裕。

正确的发展思路是我国实现农业现代化奋斗目标的有力保障。由于现代化是一个复杂的社会发展过程,因此,农业现代化的发展思路不仅应该具有高度的概括性、综合性,即在物质与精神、自然与社会、硬件与软件的交互作用和全面协调中探索中国式农业现代化的发展思路,而且应该体现出社会历史变革的辩证法,即中国农业现实的发展是以历史的发展作为基础,同时更要注重中国农业的未来。中国农业现代化发展新思路,在本质上不是某一种政策的调整,而是兼有战略和体制的双重转换。换句话说,必须针对我国农业目前的现实状况,实行一系列战略转变,形成新的发展思路。

1. 必须把提高单位产出率放在农业现代化的首位,同时努力提高劳动生产率、投入产出率和环境生态效益

只有首先着眼于提高单产,即提高单位土地面积的产量或单位养殖的产量,才能在有限的国土资源上不断提高农产品的社会总产量,以缓解人口与资源日益加剧的矛盾以及由此派生的其他矛盾,从而适应整个国民经济现代化对农业发展的需要。我国目前农业劳动生产率很低,3亿多劳动力从事农业生产,这是我国农业落后的一个重要表现,也是农业比较利益低的重要原因。毫无疑问,提高劳动生产率是今后我国农业努力的方向,是农业现代化所追求的目标之一。提高农业劳动生产率的现实选择是增加农业的技术装备,提高农业机械化水平。从一些发达国家农业现代化转变看,它们在提高农业机械化水平初期,都曾不同程度地降低了土地生产率。这种现象如果出现在我国,可能将引起更为严重的问题。我国农业有精耕细作的传统,农作物复种指数高,产量也较高,农业机械化如果不能与农艺技术有机结合,很可能降低复种指数和单产,从而降低土地生产率。在我国人增地减、需求扩张及人均粮食占有量下降的现实约束下,我国是无法接受土地生产率降低和农作物总产量降低的选择。由我国的特定国情所决定,我们必须在土地生产率提高、至少是不变的前提下来提高劳动生产率。与此

同时,必须十分注意提高农业的经济效益和生态环境效益,以不断增强农业自我发展的内在机制。提高农业经济效益,既是农业现代化追求的目标,也是推进农业现代化的动力。但我们既不能以粗放经营、不求提高单产、加剧供求关系的办法来取得较高的投入产出率,也不能只顾眼前和自身的经济效益,忽视长远的生态环境效益。事实上,以牺牲生态环境质量来谋求经济效益已不是个别农户的行为,甚至已成为部分地方政府的行为。而对生态环境的破坏已不仅危及后代人,而且直接威胁着我们这一代。农业资源与环境恶化主要来自三个方面:城市工业"三废"和生活垃圾、污水;乡镇企业"三废";农业生产中大量使用的工业品。为了保持生态环境,应主动采取措施,在积极发展农业生产、提高经济效益的同时,追求在更高层次上的生态平衡。从农业自身讲,尽量利用生态系统内能量转换和物质循环过程,不断优化农业结构,走"优质、高产、省工、节本"的路子。同时,积极发展与运用相关技术,努力优化环境(如植树、种草等),以实现经济效益和生态环境效益的统一。鉴于对农业资源与环境的破坏并不完全来自农业,提高生态效益应为全社会的责任。对于农业由于牺牲自身经济效益所形成和提高的生态效益,本质上是一种社会效益,因此理应得到社会相应的补偿。

2. 必须十分重视农田水利和农业现代化的基础设施建设,增加现代化生产要素投入,走集约经营的路子。

(1) 必须大规模地进行治水改土,建设高标准的高产稳产农田,这是中国农业现代化的基础和前提。我国由于人口多而资源相对稀缺,这就在一定程度上限制了人们对大自然的选择,迫使广大农民在一切可以耕作经营的土地上开荒造田,高至海拔 3000 米以上的高寒山地,低至接近海平面的低洼荡滩。我国各地的降雨量在年际和时空上分布很不平衡,处于不同气候地带的所有农田,经常受到水、旱灾害的袭击,兴修水利,平整土地,防灾抗灾,建设稳产高产农田,一直视为农业发展的命脉。在山区大规模营造梯田,兴建水库,引水上山,开山引水;在平原洼地建造防洪堤坝,灌排泵站,规划路林沟渠网络,并按农业机械化的要求,建设河网化、条田化的高标准农田。为防止水土流失和抵御台风,所有农田要建造防护林网。

（2）增加物质投入与科技投入。实现农业现代化必须要有大量生产要素投入。因为农业是开放式的物质循环过程,产量愈高,原土壤中被摄取的各种营养元素愈多,因之需要用更多的肥料给予补充。高产作物生长繁茂,伴之以病虫害和倒伏的危险增加,在综合防治中杀虫剂、灭菌剂和生长调节剂等农药是重要的保证措施。为了有效地防治草害,节省用工,施用化学除草剂也是现代农业的先进技术措施。在现实中,我国农业虽然在总体上物质投入严重不足,但已出现某些要素投入报酬递减。比如化肥（主要是氮肥）,1984—1994 年我国化肥用量由 1739.8 万吨增加到 3318 万吨,增加 90.7％。同期粮食增长 9.1％,每亩平均使用量已超过世界平均水平 1 倍以上,在部分地区边际收益已接近零。所以必须加大科技投入,增加科研、开发、推广、教育培训费用,推进技术进步,提高技术层次和科技在农业增长中的贡献率。一个严重的问题是,我国农业科技投入扣除物价上涨因素呈现负增长。这直接导致 80 年代以来,我国农业基本上没有重大技术创新,有分量的农业科技成果数量下降,科技成果转换率低,科技成果推广受阻,单位产出率速度变慢。当然,农业物质投入与科技投入不可截然分开,某些要素如复合化肥、低毒低残留农药等有着较高的科技含量,物质投入与科技投入在一定程度上具有相互替代性。目前,科研投资边际投入产出比率要远高于物质投入边际产投比率,因而应成为加大农业投入的重点,使有限的财力获得尽可能大的收益。投资重点应放在重大技术创新项目和高科技成果转化率上。农业生产的复杂性要求我们必须将物质投入与科技投入相匹配,中性技术与偏向技术相结合,以期提高边际效益而获得总体最大收益。

3. 必须综合应用先进的农业机械技术和生物技术

农业生产技术的科学化是多方面的,不仅指理化技术的现代化,而且包括生物技术的现代化;不仅包括农业生产手段的改进和优化组合,而且包括农业生产对象（动物、植物和微生物）的改进和优化。实施科技兴农,提高农业生产力的整体科技水平和综合经济效益,基本上存在两种发展思路：一是在农村第二产业、第三产业发达的地区，让农业机械化成为发展生产力的第一要素。这是大幅度提高劳动生产率、提高农事作业质量和防灾抗灾能力、实现农业高产稳产的重要手段。农业机械技术和生物技术一起配合应用，迅速地推进这些地区农业现代化的进程。二是在农村第二产业、第三产业不发达的地区，开始往往并不具备全面实施机械化的条件，可先从生物技术入手，提高种植业、养殖业的产量、品质和经济效益，积累资金，逐步实施农业机械化。

　　在机械技术方面，无论是耕翻、播种（或栽插、收获的机械）都首先要服从高产的要求，以中小型机械为主，发展适合于不同地形、不同作物和栽培制度的多种机型，并注意一机多用。同时建立农艺与农机相互配套的技术体系。由于国外的机械技术大部分还不能现成地直接拿来应用于我国农业生产，要努力创造出适应我国农业发展需要的农机体系来。在生物技术方面，一手要抓住可能在 5—10 年内对农业发生作用的项目，不断培育出适应于不同生态地区的高产、优质、多抗的农、林、牧、渔新品种，特别是农作物品种；另一手要在可能对下个世纪农业带来巨大好处的重大科技创新项目上组织攻关，逐步增加科技储备。其主要市场产品包括种子（抗病毒、抗虫、抗除草剂、营养品质得到改良的转基因植物）、转基因微生物（用作生物农药、生长促进剂或生物肥料）、动植物病害的诊断试剂、兽用疫苗，以及动物胚胎和转基因动物等。在生产技术方面，要分别研究出同一地区不同条件下的高产、优质、省工、节本栽培技术体系。在科学施肥方面，由于在同一地区的土壤类型、作物种类和栽培制度十分多样，生产和应用配合肥料时要注意多配方，小批量，甚至以乡为单位搞实地测土配方施肥。

　　4. 必须以粮食供需平衡为基础调整农业结构，发展小规模复合式的专业化生产

　　世界上一些人均土地资源丰富的国家，都实行大区域的专业化生产。这种大区域的分工生产，有利于资源的优化利用和生产要素的优化组合，有利于机械技术和生物技术的专业化，有利于开展社会化服务和节省成本提高效益，有利于生产、加工、流通一体化，发展大规模商品

生产和大范围的商品流通,是农业现代化的一个重要特征。但是,对我国来说由于人均耕地资源稀缺,农业的首要问题是解决吃饭问题、工业原料问题。从生产加工、运输等条件综合考虑,各地都必须抓好"米袋子"、"菜篮子"。因此,我国农业结构要达到的基本目标是以粮食的产需平衡为基础,在粮食与其他种植业生产之间合理分配耕地资源,在种植业与林业、畜牧业、渔业之间合理分配农用土地资源。只有这样才能够在保证粮食、主要副食品基本自给或提高自给率的前提下,因地制宜发展经济作物和林、牧、渔、果业,形成复合式的、小区域的专业化生产。对林业、牧业和渔业来说,逐步推行一乡多品、一村一品的做法。围绕一个产品,每个农户都有一定的专业化经营规模,联结各户的是社会化服务体系,形成组合规模。在一乡乃至一县范围内,形成某个主导产业的区域规模,配套以加工业和批发市场的建设,形成现代化的农业商品生产基地。对种植业生产来说,土地规模经营曾被看做是提高农业劳动生产率、提高农业比较利益、特别是种粮效益的唯一选择。但是,实践中农业土地规模经营的进展不大。这固然有制度上的障碍,更主要的是现实条件的制约,由于实行家庭联产承包责任制,每人一份很少的耕地,已成为农民谋生立命的依靠。农户首先都要为保证自身的粮食、副食品生产而耕作,要一部分农民让出耕地,而使另一部分农民扩大耕地规模经营,在绝大多数地方是不现实的,实现耕地规模经营最基本的条件是,大批农业剩余劳动力稳定地转移到非农产业,耕地经营不再作为他们的谋生手段。从全国范围看,目前能具备这一条件的地区极少。前几年土地规模经营进展较大的少数经济发达地区,由于乡镇工业效益滑坡,亏损面扩大,土地规模经营发展趋缓。可见,农业土地规模经营是一个渐进的、艰难的历史过程。当然,我们又不能消极等待。在现实条件约束下,我们可以通过扩大社会化规模来实现和扩大土地规模经营。本来意义上的土地规模经营有两层含义,扩大农业生产单位对农业自然资源的占有;提高农业资源的利用系数。显然,即使难以扩大前一种,也可以通过扩大社会化服务规模来提高土地生产能力,从而实现土地规模经营。总之,中国农业的专业化生产,除林区、牧区外,只能是小区域的、小规模的复合式专业化。

5. 必须树立农村劳动力产业转移和地域转移的正确思路,多层次实现农业剩余劳动力转移

中国的农业现代化是一场广泛而深刻的社会变革。整个农业现代化的历史过程,涵盖了农村几乎所有的科技进步,能量投放内容和形式的变迁,物质要素转换效率的提高等等。然而,农村一切物质、能量、信息的变化都离不开农业现代化的主体——农业劳动者的变化。国际经验表明,农业劳动者的变化在很大程度上是在其流动或转移中实现的,而且农业劳动力迅速转移之时,就是农村经济结构,乃至整个二元经济结构实现转换,就是农业经营规模不断扩大,农业技术进步顺利实现之日。因此,对农业现代化的研究还必须注重研究农业劳动力的流动或转移,用发展主体的变化来反映农业现代化的发展变化。

我国的特殊国情加上传统的经济发展战略,形成了劳动力结构与经济发展阶段不相称的超稳定状态,从而使农村劳动力转移呈现出就业结构转换严重滞后于产业结构转换的非典型化的特征[①]。因此,我们必须树立正确的指导思想,合理选择农村劳动力产业转移和地域转移的途径,并从宏观上加强对转移全过程的调控和指导,才能有效地克服农村剩余劳动力过多而就业岗位不足的矛盾,完成农村剩余劳动力转移这项极为复杂的社会工程。

70 年代末开始的经济体制改革,特别是与农村剩余劳动力转移有关的投资体制和就业城乡壁垒制度的改革,推动农村剩余劳动力以建国后前所未有的速度进行转移,从而使我国就业结构转换滞后的状况开始缓解。1978—1988 年期间,全国农业就业的比重下降了 11.2%,有近 1 亿农村劳动力进入非农产业[②]。然而,据中国社会科学院农村

---

① 严英龙:《中国农村剩余劳动力转移的特征和道路选择》,《发展经济学与中国经济的发展》,南京出版社 1991 年版,第 18 页。

② 根据《中国统计年鉴(1989)》计算。

发展所的一项研究推测,目前我国仍有农村剩余劳动力1亿人左右,而到本世纪末,全国每年还要新增872万农村劳动力,累计新增将近1亿。这样,本世纪内我国将有2亿农村剩余劳动力需要转移,但农村只能增加1亿左右的就业岗位①。矛盾更尖锐的是,我国不仅农村劳动力过剩,城市劳动力也过剩,这就使农村劳动力的大量转移成为我国现代化进程中一项艰难而又长期的历史任务。加之,我国人口、劳动力的地域分布极不平衡。不仅东、中、西三大经济地带之间,就是同一经济地带、同一省区,乃至同一县乡的内部,由于自然、经济、社会等方面的差异很大,人口、劳动力的分布也很不平衡。这种不平衡的状况,进一步增加了劳动力转移在流向和地域安排上的艰巨性和复杂性。

鉴于我国农村劳动力转移的紧迫性和艰巨性,为实现劳动力的供给与需求基本一致,要做到两个相结合。

(1)切实把农村劳动力转移与传统农业的改造结合起来。农村劳动力转移绝不仅仅是一个如何安排农村剩余劳动力和避免劳动力闲置的问题,也不只是消极地为其他产业提供劳动力的问题。它的重要意义还在于农村剩余劳动力转移带来结构的转变,在于积极地促进整个农业生产方式的转变,即采用先进的现代化生产要素,发展社会分工以深化技术利用和提高效率,扩大经营规模等等。换言之,农村劳动力转移过程实质上也就是农业由传统方式向现代方式转化的过程。一度时期,我国理论界在探讨农村劳动力转移途径时,大多是以刘易斯的"零值劳动力"假说为前提的②。因而,在强调加速农村劳动力转移时,往往忽视了劳动力转移为改造农业生产方式提供的契机。在这种情况

---

① 《中国人口报》1991年1月7日。

② 刘易斯把发展中国家的经济结构概括为两大部门:资本主义部门与农业自给性部门。前者在生产中使用再生性资本,劳动的边际生产率较高;后者在生产中不使用再生资本,劳动力隐蔽失业,劳动的边际生产力很低,甚至为零或负数。阿瑟·刘易斯:《劳动无限供给条件下的经济发展》,载《现代国外经济学论文选》第8辑,商务印书馆1984年版。

下,农村劳动力转移非但不会提高劳动生产率,反而出现了农业总产出徘徊、下降的局面。实践雄辩地证明,向非农产业转移的劳动力绝不都是农业零值劳动力,而主要是边际生产率大于零小于农民最低生存费用的隐蔽型剩余劳动力。所以,劳动力转移必须和传统农业的改造结合起来,克服那种为转移而转移的指导思想,努力推进农业生产方式的现代化。

(2)必须把农村劳动力转移与产业结构的调整结合起来。从国民经济现代化的长过程看,农村劳动力的持续、稳定转移必须建立在产业结构的转变和飞跃上。农村劳动力转移的核心问题是怎样实现劳动力向第二产业和第三产业稳定、持续的转移,但长期实行的向工业倾斜的经济发展战略却使我国产业结构出现了两方面的失衡,从而形成了一种超稳态的产业结构。宏观环境使得农业长期处于脆弱地位和周期波动之中。而大约每5年一次的周期性农业波动又总是引发整个国民经济的同步周期性震荡,从而使农村劳动力转移时快、时慢、时顺、时滞。因此,实现农村劳动力持续、稳定转移,就必须把农村劳动力转移与国民经济产业结构调整结合起来。

从总体上看,我国农村劳动力转移的思路可从两个层面上加以考虑:一是劳动力的产业转移,即农村劳动力在各产业间、部门间的流动,它反映了社会分工的深化;二是劳动力的地域转移,即农村劳动力在地域间的流动,它反映了社会分工在地域空间上的表现。解决我国农村剩余劳动力问题的具体思路,可以归纳为如下几个方面:

(1)在农业内部,实行集约化经营和综合开发,向农业的深度和广度进军。在深度发展方面,除继续发扬精耕细作的优良传统外,集中力量改造、治理全国近10亿亩中低产耕地,并积极发展农业的前后续生产部门。这样,既是农村剩余劳动力转移的一个重要方面,也是农业现代化和农村经济发展的重要条件。在广度方面,主要着眼于开发、利用大量的非耕地资源,组织种植业中一部分剩余劳动力向林、牧、副、渔业流动,实现农业经营的多样化。据有关专家估算,以上几个方面只要安排好,全国可容纳劳动力9000万人,比现在增加4000万人左右。还值得一提的是,近年来在全国各地农村出现的庭院经济。它能在仅几百平方米的家前屋后的土地上,通过种植园艺作物,发展养殖业,加工储藏业,容纳较多的劳动力,并获得很高的收益。这也不失为解决我国农村剩余劳动力一条成效显著的路子。

(2) 大规模开展农村基础设施建设,有计划地让一部分农村剩余劳动力去从事劳动积累。包括有计划地治理水土流失,以水利建设为主要内容的流域整治工程,修筑农村公路,建设和扩大农产品仓储及农村饮水工程等等。大力发展农村基础设施,是提高农业综合生产力水平,发展农村经济的根本性措施,同时因需要投放大量劳动力,也是就地消化农村剩余劳动力的一条重要途径。

(3) 因地制宜发展农村非农产业,走农村经济综合发展的道路。在我国具体条件下,发展第一产业的采掘业,第二产业的加工工业,以及第三产业的商业、服务业,这是大量解决农村剩余劳动力的主要途径。正是原先隐蔽在农业部门的劳动要素,向具有更高生产率的部门转移,才大大增加了社会总财富,提高了国民经济的整体效率。农村劳动力向非农产业转移并不存在固定模式,具体选择何种类型的产业结构,决定于下列社会经济因素:自然资源条件,城市经济的辐射作用,商品经济发展的基础,劳动力的素质,以及与海外联系的区位和血缘关系等。这些差异,决定了我国农村剩余劳动力产业转移的多样性。目前,以乡镇工业为主体的农村非农产业,已容纳了9300多万农村剩余劳动力,其比重已占农村总劳动力的22%左右。根据我国经济发展的趋势,到本世纪末,农村非农产业安置的总劳动力将达到1.8亿~2亿人左右,比目前增加1倍以上。总之,除在宏观层次上要注意保持农业和工业的协调发展外,在农村也必须处理好农业现代化、农村工业化、农村城市化三者的关系,使三者之间形成相互促进和共同发展的机制,才能确保农业现代化的顺利实现和国民经济持续、健康、快速发展。

(4) 开展城乡、地区之间的劳动力流动。打破城乡和地区之间的行政壁垒,合理组织农村剩余劳动力向城市及其他地区转移,是发展社会主义市场经济必不可少的条件。城乡、地区间劳动力的流动,有利于在较大范围内带动科学技术的横向联系,为农村培养市场经济人才,生产力要素可以在自由流动中实现优化组合。同时打破城乡择业的限制,可以抑制城市工资、资金、福利的膨胀,有助于平衡城乡劳动力收入水平,缩小城乡差别。随着国民经济的发展,应允许农村一部分剩余劳动力继续向城市工矿企业、商业、服务业流动。在劳动力剩余比较严重的地方,还要继续鼓励农民离乡、离县,甚至去边疆做工和对外劳务输出,经商或承包基建工程等,以减轻当地劳动力过剩的压力。

加速农业现代化要进行一系列技术变革与组织制度创新

我国40多年农业现代化的历史经验表明,加速农业现代化,是解决农产品有效需求供给和农民收入问题的迫切需要,同时也是整个国民经济现代化的重要组成部分与内在要求。加速我国从传统农业向现代农业的转变,需要进行一系列技术变革和组织与制度的创新来实现。技术变革与组织制度创新是实现农业现代化的基本手段和关键所在。应当指出,农业技术变革与农业组织制度创新是一个统一的有机整体,技术变革需要组织制度创新的激励来支撑,技术变革在客观上也会产生进行组织制度创新的需求,组织制度创新需要以技术变革作为内在动力来推进。

1. 加快传统农业的技术改造,重视现代生物技术及其相应设备的研究和引进,以推广和普及现代常规农业新技术为主

传统农业的技术改造与农业现代化乃是同一含义的两种提法,但前者强调必须从实际出发,要以传统农业已经达到的水平作为实现农业现代化的起点。后者强调改造传统农业的终极目标是实现农业的现代化。传统农业的技术改造过程实质上就是现代物质技术逐步渗入农业,并引起农业物质技术基础发生质变的过程。我国是世界上农业起源最早的国家之一,传统农业至今仍有旺盛的活力,但是它也存在着局限性,迫切需要现代科学技术的武装,加强对传统农业的技术改造,并

不是对传统的农业技术体系的彻底否定,而是给它提供现代科学基础,使其变为现代化的集约经营。因此,我们应一方面注重农业高技术的理论、方法和先进设备的研究与引进,以增强改造传统农业的科技能力;另一方面要注重适用技术的研究与引进,达到尽快提高农业生产力的目的。国际经验表明,优良品种,先进的灌溉,轮作技术,动物营养学,这些大小农业都可以应用的"规模中性"的技术,在发掘发展中国家农业生产潜力上起着先导的作用。我国在中长期内,应把现代生物技术、管理技术以及相应的先进设备的研究和引进放在优先考虑的位置上。我国农业素有精耕细作的传统,农民在实践中积累了许多运用生物技术的直接经验,在农业中推广科学的生物技术具有广泛的群众基础。因此,我们完全可以在家庭联产承包责任制的条件下,通过现代生物技术的广泛应用,在发展中充分吸收各种科学技术,实现集约化经营,建立符合国情的农业现代化技术体系,并使我国农业能以最小的代价直接从传统方式跃迁到运用先进的科学技术集约化方式。总之,我国的农业技术变革在今后相当长的时期内,要把传统精耕细作的农业技术与现代科学技术有机地结合起来,以推广和普及现代常规农业新技术为主。例如:重点推广应用农作物模式栽培、地膜覆盖、间套种、优化配方施肥、病虫草害综合防治、优化配方饲料、淡水产品精密养殖及农产品保鲜、加工、贮藏、运输等技术,以综合提高我国农业科学技术水平,实现农业增长方式向集约型转变。

至于农业技术变革的长远方向,应该重视并积极开展可能会有所突破的生物技术,主要包括:① 生物固氮机理及人工模拟研究。豆科植物与其根瘤菌的共生系统具有固氮功能,可满足所需氮素的 2/3,还有大约 170 种非豆科植物与放射菌联合也有固氮功能,许多非共生的细菌也有固氮能力。生物固氮是一个非常复杂的化学过程,其催化剂是含有钼和铁原子的固氮酶,这两种分子结构现已基本弄清,研究它的反映机理并人工合成之,可以用空气代替氮肥。② 生物工程研究。主要是把解析固氮反映机理与遗传操作结合起来,从而把豆科植物及根瘤菌的固氮基因转移到单子叶的粮食作物(如小麦、水稻、玉米等)上去,使之成为"自养型"植物。重组 DNA 技术还能控制植物衰老,延长固氮时间,提高植物的生长及结实效率,还有可能让同一株植物既提供粮食又提供能源物料。③ 光合作用研究。粮食作物生产的基本过程是植物通过叶绿素的光合作用把二氧化碳和水变为有机物并放出氧气,这是所有植物利用太阳能的唯一形式。揭开植物生长的奥秘一直是人类的理想,200 年来对光合作用的观测已取得了很多成就。现已研究的结果表明,大多数植物只能吸收太阳能的 1‰～3‰,而理论上可达 12%。因此,提高光合效率,至少可使产量提高 3 倍。光合作用仅能利用 600～700 纳米波长的部分。若有办法将其他波长的阳光转化为有用波长,或培育出能利用阳光全波段进行光合作用的植物,则作物对太阳的利用率必将大大提高。此外,限制作物"光呼吸",或将光呼吸较少的 C4 型植物(如玉米)基因,转移到 C3 型植物(如水稻)上去,也是提高光合效率的途径之一。必须强调指出,这里只是说今后生物技术可能会取得的一些突破,关于农业技术变革的长远方向尚待进一步探讨。但重点还是要加强适合我国现代化技术路线的现代常规新技术的研究。

为了加快我国农业技术变革的进程,需要对有关政策进行适当调整。

(1) 政府必须保证一定的农业科研投资水平,逐步改善农业科研条件。80 年代中期,我国的农业科研经费,包括农、林、水、气各业事业费以及科技三项费用、基建费,总计占农业总产值的 0.25% 左右,不仅大大低于发达国家 2% 的水平,而且还明显低于发展中国家 0.5%～0.6% 的水平以及全世界平均 1% 的水平。因此,政府今后应加强对农业科研的支持,特别是要把政府对农业科研予以重点投资的做法,通过制度化的方式坚持下去,以增强农业科研成果的供给能力。

(2) 完善农业科研成果的扩散机制。对于已出现的技术推广承包制、技术服务企业化、贸工农一体化企业中技术服务与生产经营有机结合等形式,应继续提倡。现阶段重点是改变农业科研推广部门"线断、网破、人散"的状况,改善农技推广人员的生活待遇,改变"一张嘴,两条腿"的推广方式。

（3）高度重视对农民的人力资本投资,大力提高农民的科技文化素质。多形式、多渠道、多层次的农民教育事业,尽管在农业现代化建设中是一个慢变量,但却是一个至关重要的变量。研究资料表明,我国农村教育收益率远低于国际水平,因而影响农村劳动力、人力资本的投入。提高农村人力资本投资,国家应做为主体,改变农村个人教育收益率偏低的状况,包括完善劳动力流转就业制度,实行有偿和义务培训相结合的劳动力教育制度,增加农村教育投资等。

（4）大力扶持农用工业的发展,增加化肥、农药、农膜、农机具和配混饲料等的产量,增加与农业技术变革相配套的现代要素的投入。

2. 在长期坚持和不断完善家庭联产承包责任制和双层经营的前提下,针对农户经营分散、规模狭小的缺陷,努力进行组织制度创新

我国由传统农业向现代农业转变的过程,同时也是由传统的计划经济体制向社会主义市场经济体制过渡的过程。为了适应市场经济发展的要求,需要以农户承包经营形式确定土地使用权和自主经营权。如前所述,传统的精耕细作的农业技术与现代农业技术相结合,这是我国农业现代化的特点和优点,而农户经营则是实现精耕细作的最有效的形式。我国农业以家庭经营为基础,是农业生产的规律决定的,也是生产关系一定要适应生产力发展的要求决定的。家庭经营再加上社会化服务,能够容纳不同水平的农业生产力,既适应传统农业,也适应现代农业。因此,家庭联产承包责任制和统分结合的双层经营体制是一项需要长期保持稳定的基本制度,任何时候都不能动摇。

当然,家庭经营的形成在我国绝大部分地区是以平均分配土地经营权为前提的。现阶段以小块土地为基本农业生产资料且规模狭小的农户,还面临着不少的困难和问题:① 由于生产规模狭小,农户的劳动成本加大,降低了要素生产率和农业收入水平,同时也影响农户采用农业新科技的积极性。② 土地经营权平均分配后,沉淀了大量剩余劳动力,这一方面拉低了平均劳动生产率,加大了工农业之间的收入差距;另一方面,造成了农民兼业经营,诱导农业资源流失,在一些地方还发

生过较严重的弃耕撂荒现象,导致稀缺性土地资源的浪费和利用率低下。③ 农户小生产与社会化大市场之间的矛盾,加剧了农产品价格波动,从微观上增加了农户从事商品生产的信息成本、流通成本和市场风险,影响了农户商品生产的积极性,从而阻碍了整个农业市场化的进程。④ 农户生产规模狭小、商品交易量小以及分散经营、组织程度低等特点,也使得农户在农业生产产前、产后的市场交易中处于极为不利的地位,在价格上只是一个被动的接受者,缺乏参与市场谈判和自我保护的能力。所有这些户营经济的弱质性和遇到的困难,都将阻碍市场经济条件下农业现代化的发展。

因此,我国农业现代化所面临的根本任务不仅要加快技术变革和技术进步,同时更为重要的是要在长期坚持和不断完善家庭联产承包责任制的前提下,进行一系列组织制度创新。为了给农户经营提供良好的发展环境,并对其小生产方式进行现代改造,我国农业现代化进程中的组织制度创新主要包括以下内容。

(1)推行土地适度规模经营。在稳定家庭联产承包责任制的基础上,深化产权制度改革,明晰产权关系。产权关系明晰化,是提高劳动者责任意识与积极性的关键,有利于建立起合理的土地使用权流转机制,形成有利于土地相对集中的适度规模经营,以及使土地的经营与农业的结构调整相适应的机制。在一些经济发达地区,已开始探索在坚持土地集体所有制的前提下,允许在承包制内以土地入股,进行股份合作。还有集体经济实力强的地方,实行土地承包权与经营权的分离,即集体在不改变农户的土地承包权的前提下,在支付给原承包户合理租金后,再对土地进行统一规划,转给从事高效农业生产的农户经营。这些做法都为土地适度规模经营提供了有益的思路。应当指出的是,推进土地适度规模经营是一种经济行为,必须按经济规律办事,具备一定的条件,本着自愿互利的原则,循序渐进,切不可强制推行,一哄而起,重犯一刀切的错误。

(2)逐步推进农业的专业化。农业现代化的重要内容之一是生产的专业化改造。我国的农业专业化实施要经历一个相当长的过程,而且如前所述专业化的规模也并不大。现在,一些地方结合本地优势,以家庭联产承包责任制为基础,通过龙头企业或专业市场带动,在一定区域因地制宜发展一种或几种主要产品,形成了专业化生产和区域经济优势。这种区域性专业生产,反过来又为专业市场和专业购销队伍的形成提供了物质基础,专业市场和购销队伍将千家万户连接起来,这就在相当程度上解决了小生产与大市场的矛盾。同时,农村区域性专业化生产规模的扩大,降低了采用新技术的成本,使一家一户难以应用的农业新技术在生产中得以迅速推广,从而推动了农业现代化的进程。实践证明,这是一条对农户小生产分散经营进行专业化改造和规模化改造的有效途径。

(3)建设社会化服务体系。从总体上看,农业社会化服务体系的建立,是以县以上有关科技、推广、经济部门为依托,以乡、村两级集体服务组织为基础,各种民间协会为辅助的体系。重点是加强乡村集体服务组织建设,开展产前、产中和产后的系列化服务,在推进农业现代化的过程中,发挥综合的功能。具体地说,在种植业方面,乡建立农业和农机服务站,为村服务组织提供种子、零配件、维修、技术指导、技术示范、培训等服务。村建立以农机为手段,先进技术为内容的农业服务队,为所有农户提供从种到收的各种农事作业服务。在多种经营方面,可根据经营项目的情况,一般以一乡或数乡建立牧、蔬、林、果、渔等服务站,为所有农户提供种苗、饲料、防疫、植保、技术培训和指导,以及加工、销售等服务。所有各类服务组织,实行有偿服务。为了优惠农户,服务组织应开展多种经营,办成经济实体,走自我积累和自我发展的路子。乡村两级基层服务也是县以上的科研、推广、教学等部门通向农村、服务农民的基点和纽带,应不断增强相互之间的联系与合作。县以上部门通过对基层服务组织开展培训,合作进行新良种和新的生物、化学、机械技术成果的示范试验,联合进行技术承包,加速科技成果转化为生产力,提高基层组织的社会化服务水平。商业流通系统也要和基层农业服务组织加强联系和合作,通过基层服务组织连接千家万户,形成四通八达的流通网络,推进农村市场经济的发展。应当指出,农业社会化服务体系的建设需要农户经营项目适当集中,作物连片,农田方整,沟渠路林成网。同时,服务组织功能的增强又有利于推进农田和农村建设现代化的实施。

总之,农业社会化服务体系可以作为科技兴农的载体和农业机械化的载体,解决许多一家一户办不了、办不好的事,从而经济地利用资源,优化组合各种生产要素,为实现提高单位产出率、劳动生产率、投入产出率提供条件和保证。特别是集体服务组织以低利优质的服务解决农户生产经营中的困难,使农民懂得勤劳致富离不开集体的支持,增强了对集体的向心力,提高了农民的组织化程度,使社会主义制度的优越性得以充分体现。

(4) 培育农业市场体系。由于几千年来自给自足的小农意识和长期计划经济、统购统销体制的影响,在明确了社会主义市场经济体制的目标模式以后,实现农业现代化就有一个大力加强农业市场体系、加快对农产品经营进行市场化改造的过程。首先,要逐步形成开放有序、布局合理、分工明确、透明度高的统一的市场体系,特别是要培育一批具有现代商业行为特点的专业市场。专业市场不仅能进行商品交换,而且能带动信息等要素的流动。专业市场加农户的经济发展模式,实质上就是通过市场规模的拓展克服小生产的局限性,提高农户市场化经营的能力。其次,培育新的市场主体,改革现行的国有商业在农产品流通中的垄断地位,使其成为独立的市场主体参与市场竞争。通过公司加农户的模式,发展贸工农一体化,以内外贸企业为龙头,或以加工企业为龙头,以广大的农户为龙身,通过合同方式形成较紧密的利益共同体,把农户带入国内外市场,而不是简单地将农民推向市场。只有这样,才能提高农产品市场化的经营水平,为提高农业总体生产效率提供良好的市场环境,以加快农业现代化进程。第三,强化政府对农业的宏观调控机能,实现国家对于农业的有效干预。由于农业的弱质性,农业的现代化过程离不开政府的有效干预。但是政府对农民必须由过去直接干预变为通过市场引导;由以管理、控制为主变为以服务为主。运用制度创新确立农民生产经营主体地位,加强保护,使农业发展有一个宽松的社会环境,增强农民适应市场的能力;建立风险保障体系,使农民有能力抵御自然风险与市场风险。综观世界各经济发达国家农业现代化无一例外地是在国家保护下实现的,这是不可或缺的条件。

3. 农业产业化经营能够突破农业的深层次矛盾,排除传统的体制障碍,增强市场农业发展的内在动力,是实现有中国特色农业现代化的有效途径

农业产业化是"农工贸一体化,产供销一条龙"经营的简称。农业产业化是以市场为导向,以加工企业为依托,以广大农户为基础,以科技服务为手段,通过将农业再生产过程的产前、产中、产后诸环节联结为一个整体,实现种养加、产供销、农工贸一体化经营。它是引导分散的农户小生产转变为社会化大生产的组织形式,是系统内的"非市场安排"与系统外的市场机制相结合的资源配置方式,是商品性农业自我积累、自我调节、自我发展的基本经营方式,是建立在各参与主体共同利益基础上的经济共同体。农业产业化经营从涵盖面来说,可以从两个层面上去理解和实施:一是主导产业层面,例如肉蛋奶、瓜果蔬菜花卉之类,将其产前、产中、产后各环节联结为完整的产业链条,以最终产品上市;二是要素层面,例如良种之类,将良种培育、繁殖、整理、包装、推广或运销连成一个产业链条,为农户提供优质良种。当然,不是任何要素都实行一体化经营,不要乱套、滥用一体化这个概念。农业产业化经营的核心是利益驱动,关键是"龙头"带动,基础是农户参与,本质是由有关各方组成"风险共担,利益共享"的经济共同体,使各个组成主体都能获得整个产业链条的平均利润,进而最终形成全国统一市场下同行业、同产品的平均利润。从根本上说,这是发展产业化经营的经济学意义。

农业产业化经营是我国农村经济体制深化改革的产物。大家知道,家庭联产承包责任制重新确立了农户的经营主体地位,而流通体制的改革则又引入了市场机制。到80年代后期和90年代初,我国一些地方以农业产业一体化作为解决农业深层次矛盾的突破口,着手改革农业和农村经济的产业组织方式、资源配置方式、农业产业化经营方式

和管理体制。从这个角度说,实施农业产业一体化经营是农业经营体制的第二次革命。如果说在这以前的改革是单项突进的话,那么农业产业化经营则标志着进入融家庭承包制、改革农业经营方式和管理体制、发展农业市场于一体的整体推进的改革新阶段。由此可见,农业产业化经营是社会生产力与生产关系矛盾运动的必然,必将引起农民组织形式的选择,农业经营方式和产销制度的演变。这种选择和演变,是在市场经济条件下,经济发展内在动力所引致的自发性制度创新,属于诱致性制度变迁,并非政府强制推行的变革,更非主观臆造的产物。此种制度创新之所以发生,是因为它具有排除小农进入大市场的障碍,降低交易成本,形成规模优势等功能,各参与主体的预期经济利益大于其参与所付出的成本,即经济利益驱动的结果。从上述简要分析中就可以看出,农业产业化经营发展的过程,也是从传统农业向现代农业转变的过程。

(1) 农业产业化经营的形成本身就是一种组织制度创新的过程,它能有效地克服分散经营小生产与社会化大市场这一农业现代化最主要的制度性障碍,从而使我国以家庭经营为主的农业生产,逐渐具备了生产专业化、经营市场化、服务社会化的现代农业特征。

(2) 农业产业化经营加速了农业现代化过程中的技术变革。如前所述,我国的农业技术变革往往受到农民拥有的要素结构和人力资本的限制,而在农业产业化经营发展过程中,“龙头”企业在追求自身利益过程中向农民提供优惠的技术服务和与此相应的要素,以及对农产品生产基地的农民进行技术培训,从而强化了农民对新技术接受的意识和能力。

(3) 农业产业化经营在一定程度上可以改变农业的弱势地位,减少农业资金的流失,并为农业现代化吸引更多的外部资金。一方面,由于在农户与企业结成的经济共同体的收入分配中,农民可以获得较之原来生产经营更多的来源于加工增值的收入,从而提高了农业的比较经济利益,强化了农民对农业投入的激励;另一方面,龙头企业为了能够稳定地获得所需的农产品原料,也会投入一定的资金,兴建自己的原料生产基地。这就在一定程度上缓解了农业投资长期不足对农业现代化的束缚。

（4）农业产业化经营也是世界农业现代化变迁中的共同选择。比如，美国的农业一体化在其发展过程中，农场对产前、产后经济部门的依赖越来越大，农场与非农产业部门相互依存关系的发展，最终使两大部门融合为一体化的产业系统，美国称之为"食品与纤维系统"。这个系统一般包括三个紧密联系的产业部门：① 农业投入部门，包括为提供一切生产要素的经济部门，如农机、种子、饲料、化肥、农药、油料的生产和供应，以及农场建筑、农业研究和保险等部门；② 农场生产部门，指生产各种农畜产品的农场；③ 农产品加工和销售部门，包括农产品加工、包装、运输、贮存、销售等部门。该系统具有鲜明的农工商一体化特征。可见，发达国家的实践充分证明了农业产业化经营与农业现代化是紧密联系在一起的。

进入 90 年代后，我国的农业产业化经营取得了一定的进展，但从总体上看尚处于起步阶段，还有不少需要解决的问题。宏观上，主要是粮食、棉花、蚕茧等农产品的现行购销体制，极大地制约了农业一体化发展进程。微观上，"龙头"企业不强，产业和区域的覆盖面不宽，绝大部分农副产品加工企业和基地规模偏小，档次不高，也存在"小而全"、"小而散"、"小而低"的问题，低水平重复建设和过度竞争的现象也较突出。大部分"龙头"企业与基地、农户的连接，还仅停留在以买卖关系为基础的低层次的产销合作上，尚未能与基地、农户真正地形成利益共同体。不少企业与农户没有稳定的经济关系，仅有的购销合同也常因市场行情的变动，不能履行或执行不理想。其原因在于对农业产业化尚缺乏整体的指导性政策，相关部门之间由于政府职能转换滞后而未能形成合力。

鉴于目前我国农业产业化尚处于起步阶段，我们不应排除主要依靠政府组织或主要依靠"龙头"企业来带动农业产业化。因为这两种思路在特定的地区和特定的条件下，有其不可替代的独特作用。但就全国而言，特别是在政府财力紧张、大中型工商企业稀少的中西部农村，则应主要依靠农民推进农业产业化。当然，依靠农民推进农业产业化也有其不可避免的弱点。如从一个地区看,需要较长的发动时间,产业形成规模较慢,科技含量和加工深度较低等。但若从全局看,农民的这种瞻前顾后、投入谨慎的循序渐进行为,恰恰可以避免一个地区的某些产业规模猛然扩张带来的自然风险和市场风险。因此,它尽管在表面上不如前两种思路那样轰轰烈烈,但它的推进更为扎实有效。

要依靠农民推进产业化,目前主要应制定有针对性的、整体性的政策措施来保护他们的利益,充分调动他们推进农业产业化的积极性。

(1)土地制度安排要鼓励农民的生产积极性。农业产业化要求合理配置资源,而农业不可替代的资源就是土地。为了推进农业产业化,土地承包期应延长 30 年不变,生死不动,农民就会把土地看成自家的,舍得投入,精耕细作。

(2)对市场的开拓和管理是支持农民推进产业化的关键环节。要使农户能够把握市场顺畅地卖出产品,就要努力开拓市场。国内外的经验都证明,市场越大,配置资源的效率越高,供求和价格越稳定。我国农产品市场虽然大,但相对于 9 亿基本自给自足的农村居民来说,3 亿城市居民的农产品市场并不大,更经不住国外农产品的冲击。所以,要制定统一的农产品内外贸政策和适应国情的农产品质量标准政策,以保护我国的农产品市场。

(3)正确处理各种中介组织与农民的利益关系。全国各地的大量实践证明,农民自办的股份制、股份合作制企业和农村合作基金会、各种农村专业协会等中介组织,由于根植于农民,易于与农民结成利益共同体,所以应该给予政策优惠,着重扶持。而在农业产业化过程中表现活跃的农民专业大户和农村个体、私营经济,由于其经营主体是农民中的能人,具有强烈的示范、带动作用。尽管他们有时为自身的利益而较少顾及其他农民,但从总体上看他们的经营行为还是有利于广大农民与市场的连接,所以也应继续鼓励其发展。

(4)确立主导产业和规划生产基地应充分尊重农民的意愿。农民对于生产什么、生产多少等经营问题,因直接与他们的利益密切相关,无时无刻不在认真考虑,并随时随地总结自己和别人的经验教训。因此,农民在确定自家的产品结构时是很谨慎小心的,对市场的判断,理性的成分也不断地提高。这样,一个地区主导产业的确立和生产基地的建立,就应该以农民的成功实践为基础,项目规模和具体实施要循序渐进。如果农民有所怀疑,应允许其观望,让实践来教育他们。也许这些农民的怀疑反而有利于主导产业和生产基地确立所需的科学论证和有效实施,他们的观望则有利于主导产业的平衡增长。

　　综上所述,农业现代化是一个动态的、整体推进的历史过程,世界各国农业现代化既有共性,又有个性,我国要走一条适合国情的、有中国特色的社会主义农业现代化道路。从我国40多年农业现代化的经验教训中,我们可以认识和把握农业现代化的发展规律,主要有:工农业协调发展是农业现代化建设必须首先具备的宏观政策环境;要正确处理好农业现代化、农村工业化、农村城市化的关系,形成三者相互促进和共同发展的机制;农业现代化技术路线的选择要适应我国资源禀赋的要求;农业现代化经营制度的选择要适应农业生产的特点,实现规模经营的产业组织形式和经营方式的选择又应该是多样化的;家庭联产承包责任制基础上的农业产业化经营是实现我国农业现代化的有效途径;政府加强对农业科研和技术推广的支持是农业技术进步的重要保障;要正确处理农业现代化建设与生态环境保护的关系。根据我国国情和未来农业发展的趋势,借鉴国外农业现代化的经验,我国的农业现代化至少应具有以下特征:我国农业现代化的根本任务是提高农业生产总体水平和农民的收入水平,缩小城乡差别和地区差别,实现共同富裕。就大部分地区而言,在相当长的时期内,只能通过劳动集约和技术集约为主的集约方式,提高农业综合生产效率,走以提高效率为中心的内涵发展的农业现代化之路。确立以生物技术为主,以机械、化学技术为辅的农业现代化技术方向,寻求传统精细农作技术与现代农业技术相结合。在以农户为生产经营主体的条件下,实现农业专业化、服务社会化、经营市场化。凡此都将是在相当长的时期内作为我国农业现代化的主要标志。

　　　　　　　　(原载《中国经济现代化》,南京出版社1998年版)